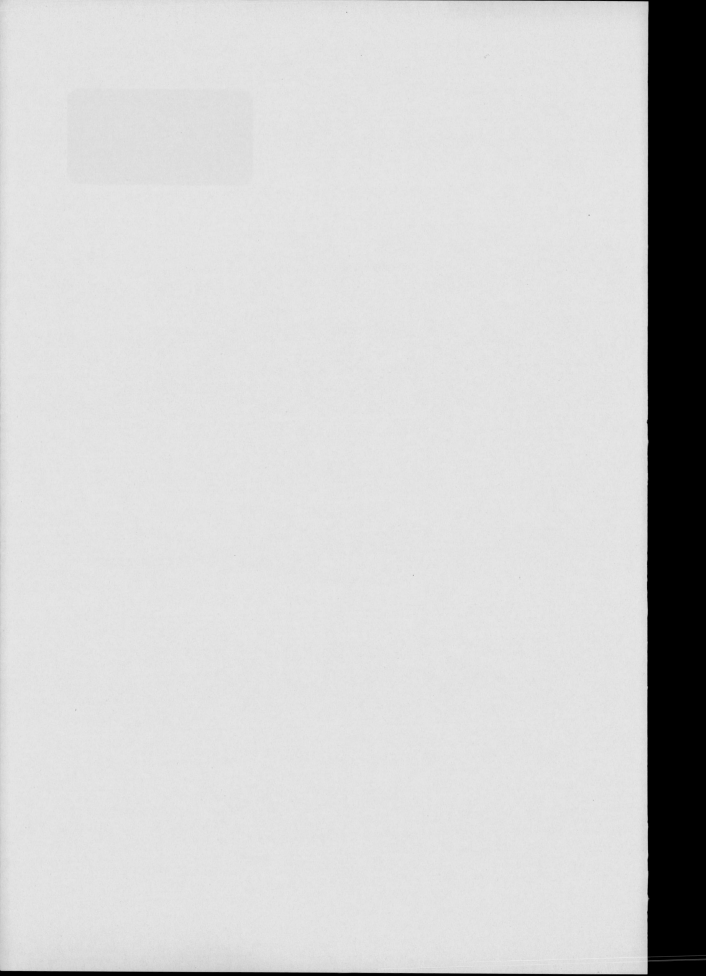

日本大学付属高等学校等

基礎学力到達度テスト 問題と詳解

〈2021 年度版〉

地理歴史・公民

収録問題　平成 30～令和 2 年度
日本史／世界史／地理／倫理政経
3 年生 9 月

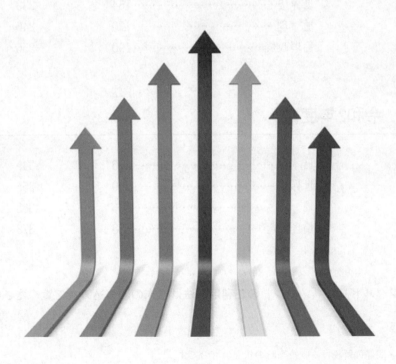

清水書院

目　次

デジタルドリル「ノウン」のご利用方法は巻末の綴じ込みをご覧ください。

・問題の解説は，執筆当時の状況のものです。

平成30年度

基礎学力到達度テスト
問題と詳解

（Ⅰ～Ⅳは必須問題。Ⅴ・Ⅵについては，どちらか1題を選択し，計5題を解答すること）

Ⅰ 次のA・Bの文章や年表について，あとの各問い（1 ～ 10）に答えよ。

A 縄文時代は基本的には狩猟・漁労などが中心の食料採取の段階にあり，自然条件に左右される時代であった。そのため，縄文時代には，あらゆる自然物や自然現象に霊威が宿ると考えるアニミズムがみられ，呪術的風習によって災厄を避け，豊饒が祈られた。また，死者の埋葬も行われるようになった。
　a

　弥生時代になると，食料生産の段階に入り，生活は大きく変化した。大規模な集落が各地にあらわれ，収穫をめぐる祭祀が行われた。青銅製祭器の分布から共通の祭器を用いる地域圏の存在がうかがわれる。墓制のあり方にも地域的な変化がみられ，弥生時代前期に近畿に出現した，墳丘のまわりに溝をめぐらせた d や，九州北部で多くみられる，土器の中に埋葬した e など，墓制は多様化していった。

1 下線部aに関して，縄文時代の呪術的風習についての次のA～Cの記述の正誤の組合せとして最も適切なものを，あとのうちから選べ。
　A．土偶は被葬者の権威を示す副葬品であったとされる。
　B．抜歯や研歯は，最も重要な医療行為の手段であったとされる。
　C．屈葬は縄文時代の一般的な葬法で，死霊の活動をおさえるために行われたとされる。
　① A－正　　B－正　　C－正　　　　② A－正　　B－正　　C－誤
　③ A－正　　B－誤　　C－正　　　　④ A－正　　B－誤　　C－誤
　⑤ A－誤　　B－正　　C－正　　　　⑥ A－誤　　B－正　　C－誤
　⑦ A－誤　　B－誤　　C－正　　　　⑧ A－誤　　B－誤　　C－誤

2 下線部bに関する記述として最も適切なものを，次のうちから選べ。
　① この時代の住居は竪穴住居が一般的で，須恵器が使用されるようになった。
　② この時代の文化である弥生文化は，北海道や南西諸島にはおよばなかった。
　③ この時代の前期から，乾田の開発が進められた。
　④ この時代，稲の収穫は石包丁による根刈りが一般的であった。

3 下線部cに関して，右の写真の青銅製祭器についての記述として
最も適切なものを，次のうちから選べ。
　① 銅戈で，近畿を中心に分布している。
　② 銅戈で，九州北部を中心に分布している。
　③ 銅鐸で，近畿を中心に分布している。
　④ 銅鐸で，九州北部を中心に分布している。

4 空欄 │ d │・│ e │ に該当する語句の組合せとして最も適切なものを，次のうちから選べ。
    ① d－方形周溝墓　　e－甕棺墓　　　　② d－方形周溝墓　　e－墳丘墓
    ③ d－支石墓　　　e－甕棺墓　　　　④ d－支石墓　　　e－墳丘墓

B

西暦	おもな出来事
592年	推古天皇が即位する f
646年	改新の詔が出される g
710年	平城京に遷都する
741年	国分寺建立の詔が出される h
794年	平安京に遷都する
866年	応天門の変がおこる i
894年	遣唐使の派遣が中止される j
969年	安和の変がおこる
1052年	この年が「末法初年」とされる k

5 下線部 f に関して，592年に時の天皇が暗殺されたことを受けて推古天皇が即位したが，この暗
  殺された天皇を，次のうちから選べ。
    ① 欽明天皇　　　　② 継体天皇　　　　③ 崇峻天皇　　　　④ 敏達天皇

6 下線部 g に関して，次の史料は改新の詔の一部である。改新の詔は後世の潤色が多くみられるが，
  史料文中で，後世に書き改められたと思われる語句を，次のうちから選べ。

> 初めて京師を修め，畿内・①国司・②郡司・関塞・斥候・③防人・④駅馬・伝馬を置き，及
> び鈴契を造り，山河を定めよ。

7 下線部 h が出される契機の一つとなった前年の事件に関する記述として最も適切なものを，次の
  うちから選べ。
    ① 恵美押勝（藤原仲麻呂）が，孝謙太上天皇の寵愛を受けた道鏡を除こうと挙兵した。
    ② 藤原氏4兄弟の策謀によって謀叛の疑いをかけられた長屋王が自殺した。
    ③ 橘諸兄の子の橘奈良麻呂が藤原仲麻呂を倒そうとはかった。
    ④ 藤原広嗣が，吉備真備・玄昉を除こうと九州で挙兵した。

8　下線部 i を題材とした絵巻物を，次のうちから選べ。
　　① 『伴大納言絵巻』　　② 『信貴山縁起絵巻』　　③ 『春日権現験記』　　④ 『男衾三郎絵巻』

9　下線部 j に関する記述として**適切でないもの**を，次のうちから一つ選べ。
　　① 第 1 回の遣唐使には犬上御田鍬らが派遣された。
　　② 留学生の阿倍仲麻呂は船の遭難で帰国できず，唐にとどまった。
　　③ 遣唐使の航路は渤海との関係悪化のため，8 世紀には南路をとるようになった。
　　④ 遣唐使派遣の中止を宇多天皇に提案した人物は，藤原時平の策謀により大宰権帥に左遷された。

10　下線部 k の翌年に落成した阿弥陀堂がある場所を，次の略地図のうちから選べ。

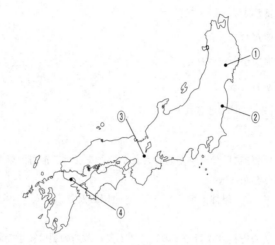

Ⅲ 次のA～Cの史料や文章について，あとの各問い(11 ～ 20)に答えよ。

A　(文治元年十一月)十二日辛卯。…凡そ今度の次第，関東※1の重事たるの間，沙汰の篇，始終の趣，
a 太だ思し食し煩ふの処，因幡前司広元申して云く，「世已に澆季にして※2，梟悪の者※3，尤も秋※4
を得るなり。天下に反逆の 輩 有るの条，更に断絶すべからず。…」と云々。…

(注)※1　関東…鎌倉幕府
　　※2　世已に澆季にして…世も末となって
　　※3　梟悪の者…極悪な行いをする者
　　※4　秋…時

(『吾妻鏡』)

11　史料Aは，守護・地頭設置の経緯について述べたものである。下線部aの主語を，次のうちから
　　選べ。
　　① 源頼朝　　　　　② 源義経　　　　　③ 北条義時　　　　④ 北条政子

12　下線部bの人物が初代長官をつとめた鎌倉幕府の機関は何か。次のうちから選べ。
　　① 侍所　　　　　② 公文所(政所)　　　③ 問注所　　　　④ 京都守護

13　鎌倉時代の守護・地頭に関する次のA・Bの記述の正誤の組合せとして最も適切なものを，あと
　　のうちから選べ。
　　A．守護は，大犯三カ条の職務のほか，半済令により権限が拡大した。
　　B．新補地頭には，刈田狼藉を取り締まる権限が与えられた。
　　① A－正　　B－正　　　　　　　　② A－正　　B－誤
　　③ A－誤　　B－正　　　　　　　　④ A－誤　　B－誤

B　関東御事書の法
　　一　質券売買地の事　　永仁五年三月六日
　　右，地頭御家人買得の地に於いては，本条を守り，廿箇年を過ぐるは，本主取り返すに及ばず。
　　　c
　　非御家人幷びに凡下の輩買得の地に至りては，年紀の遠近を謂はず，本主これを取り返すべし。

(東寺百合文書)

14　下線部cはある法律の第8条をさしている。この法律に該当するものを，次のうちから選べ。
　　① 公家法　　　　　② 本所法　　　　　③ 御成敗式目　　　④ 新補率法

15　史料Bの法令に関する記述として適切でないものを，次のうちから一つ選べ。
　　① この法令は1297年に出された。
　　② 御家人が非御家人や借上などに売却した所領は無償で返却させることなどを内容としている。
　　③ 貨幣経済の発展や蒙古襲来(元寇)の動員などによる御家人たちの窮乏などが背景にある。
　　④ この法令は御家人たちに歓迎され，幕府に対する御家人の信頼が回復される契機となった。

C 足利尊氏は，1336年に建武式目を制定して政治の基本方針を示した。そして，1338年には北朝の天皇から征夷大将軍に任ぜられ，弟と政務を分担して政治を行った。室町幕府は，3代将軍足利義満のときに南北朝の合体を実現させ，有力な守護の勢力を削減して，幕府の機構も整備された。しかし，義満が亡くなると，次第に守護の勢力が強まった。その後，足利義教が6代将軍に就任する際には一揆がおこった。義教は，将軍権力の強化と守護の勢力抑制をはかろうとした。そのため，1439年，幕府に反抗的な態度をとっていた鎌倉公方(関東公方)の g を討った。しかし，義教の専制政治に対する守護の不満は募り，1441年，弾圧を恐れた播磨の守護 h によって義教は殺害された。この事件を契機に将軍の権威は急速に低下し，幕府政治が揺らぐなかで，応仁の乱がおこった。

16 下線部dに関する次のA・Bの記述の正誤の組合せとして最も適切なものを，あとのうちから選べ。
　A．室町幕府の財政は，全国に散在する御料所(直轄領)からの収入が大半であったため，安定していた。
　B．室町幕府が編成した奉公衆とよばれる直轄軍は，ふだんは京都で将軍の護衛や御所の警護にあたる一方，御料所の管理を委ねられた。
　　① A－正　　B－正　　　　　　　② A－正　　B－誤
　　③ A－誤　　B－正　　　　　　　④ A－誤　　B－誤

17 下線部eに関して述べた次の文のうち，下線部が適切でないものを，次のうちから一つ選べ。

> 　足利義満は相次いで有力な守護を攻め滅ぼした。1390年，①美濃など3か国の守護を兼ねていた土岐氏を討ち(土岐康行の乱)，翌年には西国11か国の守護を兼ね，②四職の一つであった山名氏一族の内紛を利用して，山名氏清を滅ぼした(明徳の乱)。そして，1395年には九州で大きな力を持っていた③九州探題の今川了俊(貞世)を罷免し，失脚させた。さらに，1399年には中国地方など6か国の守護であった④管領の大内義弘を討伐した(応永の乱)。

18 下線部fに最も関係の深い一揆を，次のうちから選べ。
　　① 正長の徳政一揆　　② 嘉吉の徳政一揆　　③ 加賀の一向一揆　　④ 山城の国一揆

19 空欄 g ・ h に該当する人物名の組合せとして最も適切なものを，次のうちから選べ。
　　① g－足利持氏　　h－上杉禅秀　　　② g－足利持氏　　h－赤松満祐
　　③ g－足利基氏　　h－上杉禅秀　　　④ g－足利基氏　　h－赤松満祐

20 下線部iに関する記述として適切でないものを，次のうちから一つ選べ。
　　① 全国のおもな守護は，東軍(山名方)と西軍(細川方)の二つにわかれて戦った。
　　② この乱は11年間も京都を主戦場に戦われたため，京都の大半は焼失して荒廃した。
　　③ この戦乱を避けて公家や僧が地方に下ったため，都の文化が地方に波及した。
　　④ この乱では，軽装で機動力に富む足軽とよばれる雑兵が活躍した。

III 次のA・Bの文章を読んで，あとの各問い(21 ～ 30)に答えよ。

A 戦国時代，全国統一の事業にまず着手したのが織田信長であった。そして，これを完成したのは豊臣(羽柴)秀吉であった。秀吉は山崎の合戦で明智光秀を討ち，その後，柴田勝家を破って，信長の後継者としての地位を確立した。そして，大坂城を築いて全国統一の拠点とした。また，武力だけでなく，律令制の枠組みや天皇・朝廷の伝統的権威を利用することで，統一を実現させた。

21 下線部aと関係の深い次のA～Cの出来事を年代の古い順に正しく並べたものを，あとのうちから選べ。

A．長篠合戦　　　B．安土城の築城開始　　　C．足利義昭を奉じて入京

① A→B→C　　　② A→C→B　　　③ B→A→C
④ B→C→A　　　⑤ C→A→B　　　⑥ C→B→A

22 下線部bは武士に仕える武家奉公人(兵)が町人や百姓になることや，百姓が商人や職人になることなどを禁じる法令を定めた。この法令が出されたのはいつ頃か。次の年表中のうちから選べ。

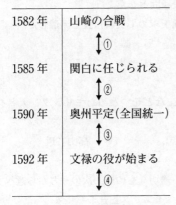

1582年	山崎の合戦
	↕①
1585年	関白に任じられる
	↕②
1590年	奥州平定(全国統一)
	↕③
1592年	文禄の役が始まる
	↕④

23 下線部cはある寺院の跡に築かれた。その寺院の宗派を，次のうちから選べ。

① 浄土宗　　　② 浄土真宗(一向宗)　　　③ 日蓮宗(法華宗)　　　④ 臨済宗

B　徳川家康によって開かれた江戸幕府は，初めは貿易をさかんにするためにキリスト教の布教を黙認していたが，キリスト教徒の増加，貿易による西国諸大名の強大化などを恐れるようになった。そのため，キリスト教の禁圧と貿易の統制をしだいに強化していった。

　　2代将軍の徳川秀忠は，1616年に中国船を除く外国船の寄港地を長崎・平戸に限った。3代将軍の徳川家光は，1624年に　f　船の来航を禁じた。1635年には　g　とした。翌年には　h　人を長崎の出島に移した。1637年に島原の乱（島原・天草一揆）がおこると，1639年に　h　船の来航を禁止した。そして，1641年には平戸にあったオランダの商館を出島に移して，鎖国体制が完成した。

　　鎖国の完成によって，長崎が国外に開かれた唯一の窓口となったと考えるなら，それは誤りである。対馬藩が朝鮮との通交の窓口となっていた。また，薩摩藩の支配下におかれた琉球王国は中国との貿易を継続し，その利益の大半を薩摩藩が得ていた。蝦夷地では，松前藩がアイヌとの交易で利益を得ていた。このように，江戸幕府は四つの窓口を通して外国・異民族との交流をはかった。

24　下線部dの頃の外交政策に関する次のA・Bの記述の正誤の組合せとして最も適切なものを，あとのうちから選べ。
　　A．徳川家康は，ヤン＝ヨーステンとヴァリニャーニを外交顧問とした。
　　B．徳川家康は，スペイン領メキシコ（ノヴィスパン）に通商を求めて支倉常長を派遣した。
　　①　A－正　　B－正　　　　　　　　　②　A－正　　B－誤
　　③　A－誤　　B－正　　　　　　　　　④　A－誤　　B－誤

25　下線部eに関して，1614年にマニラに追放された，高槻城主などをつとめたキリシタン大名を，次のうちから選べ。
　　①　有馬晴信　　　　②　大友義鎮（宗麟）　　　③　大村純忠　　　　　④　高山右近

26　空欄　f　・　h　に該当する国名の組合せとして最も適切なものを，次のうちから選べ。
　　①　f－スペイン　　　　h－ポルトガル　　　②　f－スペイン　　　　h－イギリス
　　③　f－ポルトガル　　　h－スペイン　　　　④　f－イギリス　　　　h－スペイン

27　空欄　g　に該当する文として最も適切なものを，次のうちから選べ。
　　①　日本船の海外渡航を朱印船に限る
　　②　日本船の海外渡航を奉書船に限る
　　③　日本人の海外渡航を東南アジア向けに限る
　　④　日本人の海外渡航および在外日本人の帰国を全面的に禁止する

28　下線部iに関する記述として適切でないものを，次のうちから一つ選べ。
　　①　対馬藩主の尚氏は，朝鮮と条約を結んで貿易を行った。
　　②　対馬藩と朝鮮との貿易は，釜山の倭館で行われ，貿易の利益が知行のかわりになった。
　　③　朝鮮使節は，当初は朝鮮侵略の際に連行された朝鮮人捕虜の返還を目的とした使節であった。
　　④　新井白石は，経費削減のために朝鮮通信使の待遇を簡素化した。

29 下線部 j が成立した世紀を，次のうちから選べ。

① 14世紀 ② 15世紀 ③ 16世紀 ④ 17世紀

30 下線部 k に関して，1669年に松前藩の不当な交易に不満を持っていたアイヌが蜂起した。この事件を，次のうちから選べ。

① シャクシャインの戦い ② コシャマインの戦い
③ クナシリ・メナシの蜂起 ④ サン＝フェリペ号事件

Ⅳ 次のA～Cの文章を読んで，あとの各問い(31 ～ 40)に答えよ。

A 　6世紀後半から7世紀前半にかけて，奈良盆地南部の飛鳥地方を中心に仏教を中心とした文化が
発展した。これを飛鳥文化という。朝廷が仏教を積極的に奨励したこともあって，飛鳥寺や百済大寺・
四天王寺・法隆寺(斑鳩寺)などの寺院が建立された。これらの寺院には仏像のほか，絵画・工芸品
　　　　　　　　b　　　　　　　　　　　　　　　　　　　　　　　　　　　　c
などの美術作品も伝えられている。

31 下線部aに関する記述として適切でないものを，次のうちから一つ選べ。
　① 日本で最初の本格的な伽藍を持つ寺院である。
　② 蘇我入鹿が建立した寺院で，法興寺ともいう。
　③ 塔の心礎から古墳の副葬品と同じ種類の品が出土している。
　④ 飛鳥寺釈迦如来像(飛鳥大仏)は鞍作鳥(止利仏師)の作とされている。

32 下線部bに関連して，法隆寺式伽藍配置を，次のうちから選べ。
　　　　① 　　　　　　　② 　　　　　　　③ 　　　　　　　④

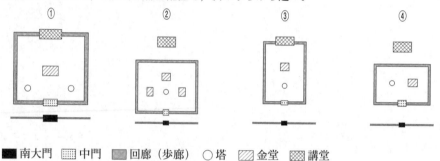

　■南大門 ▦中門 ▥回廊（歩廊） ○塔 ▨金堂 ▧講堂

33 下線部 c に関して，飛鳥文化の時期の作品を，次のうちから選べ。

① ② ③ ④

B　鎌倉に武家政権が誕生したのちも，文化面では，伝統を引き継いだ公家文化が中心であった。しかしやがて，中国の文化を取り入れながら，素朴で力強い武士の気風に合い，武士や庶民の生活に根ざした文化が生まれた。宗教においては，内面的な深まりを持ちつつ，庶民など広い階層を対象とする新しい仏教の教えが広まった。このような新しい仏教の動きに刺激された旧仏教も，新仏教に対抗してさまざまな改革を行った。こうして，武士や庶民にも受け入れられた文化が，鎌倉文化の潮流を形づくっていった。

34　下線部dに関して，公家文化を代表するものに和歌があるが，後鳥羽上皇の命で編纂された和歌集を，次のうちから選べ。
　　① 『古今和歌集』　　　② 『新古今和歌集』　　　③ 『金槐和歌集』　　　④ 『山家集』

35　下線部eに関して，鎌倉時代の武士や庶民の生活がうかがわれる備前国福岡の市の様子を描いた絵巻物を，次のうちから選べ。
　　① 『一遍上人絵伝』　　　② 『平治物語絵巻』
　　③ 『石山寺縁起絵巻』　　　④ 『北野天神縁起絵巻』

36　下線部fに関する記述として適切でないものを，次のうちから一つ選べ。
　　① 親鸞は悪人正機の教えを説き，浄土真宗の祖と仰がれた。
　　② 日蓮は題目(南無妙法蓮華経)をとなえれば救われると説いた。
　　③ 法然は只管打坐によって悟りを開くことを説いた。
　　④ 栄西は中国から臨済宗を伝え，京都に建仁寺を開いた。

37　下線部gに関して，奈良に病人の救済施設である北山十八間戸を建てた律宗の僧を，次のうちから選べ。
　　① 叡尊(思円)　　　② 忍性(良観)　　　③ 貞慶(解脱)　　　④ 明恵(高弁)

C　江戸の文化は18世紀後半に行われた幕府の厳しい風俗取締りによって一時停滞したが，19世紀に
入ると息を吹き返した。半世紀におよんだ将軍徳川家斉の治世には，三都の繁栄を背景として町人
文化がいちだんと成熟した。この江戸時代後期の文化を化政文化という。この文化は，都市の繁栄，
商人・文人の全国的な交流，出版・教育の普及，交通網の発達などによって，全国各地に伝えられた。
さらに，庶民教育が普及してきたことも，町人文化の発展をもたらす要因の一つとなった。
　一方，学問・思想の分野では，幕藩体制の動揺という現実をふまえて，科学的・考証的な考え方
や批判的精神がめばえ，近代につながる新しい動きもみられた。

38　下線部hと最も関係の深い人物を，次のうちから選べ。
　　①　田沼意次　　　　　②　徳川吉宗　　　　　③　水野忠邦　　　　　④　松平定信

39　下線部iに関する次のA～Cの記述の正誤の組合せとして最も適切なものを，あとのうちから選
　　べ。
　　A．寺子屋は，村役人・僧侶・神職・富裕な町人などによって運営された。
　　B．寺子屋の師匠には浪人の武士や女性もおり，読み・書き・そろばんなど日常生活に役立つこ
　　　　とを教えた。
　　C．出版物や貸本屋の普及により，文学が広く民衆のものになった背景には，庶民の識字力の向
　　　　上があった。
　　①　A－正　　B－正　　C－正　　　　　②　A－正　　B－正　　C－誤
　　③　A－正　　B－誤　　C－正　　　　　④　A－正　　B－誤　　C－誤
　　⑤　A－誤　　B－正　　C－正　　　　　⑥　A－誤　　B－正　　C－誤
　　⑦　A－誤　　B－誤　　C－正　　　　　⑧　A－誤　　B－誤　　C－誤

40　下線部jに関して，次の史料は本多利明の著書『経世秘策』の一部である。史料中の空欄に該当す
　　る文を，あとのうちから選べ。

　　　…日本は海国なれば，　　　　　　　　，国用の要用たる産物，及び金銀銅を抜き取て日本へ入れ，
　　国力を厚くすべきは海国具足の仕方なり。…

　　①　国内の物産を買ひ取り，…近傍の国と交易すべき物をば
　　②　何国の浦江も心に任せて船を寄らるゝ事なれば
　　③　渡海・運送・交易は，固より国君の天職最第一の国務なれば，万国へ船舶を遣りて
　　④　態々送り来り候者を，何事も取合申さず，直に打払に相成候はゞ

Ⅴ 次の文章を読んで，あとの各問い（41 ～ 50）に答えよ。

　2017年に，2019年５月から元号（年号）がかわることが決定された。そもそも元号とは何か。一定の元（起算点）を決めて年数を数える方法で，始まりは紀元前140年，<u>前漢の武帝</u>が定めた「建元」とされている。武帝は人民と土地を統治するだけにとどまらず，人民の「時」をも支配しようとして元号を定めたという。この元号は，中国に朝貢している周辺諸国でも使用された。日本では，ヤマト政権による支配が確立していくなかで，独自の元号を定めようという意識が高まっていくが，推古朝の<u>遣隋使</u>の派遣においても，独自の元号をたてるにはいたっていない。<u>金石文</u>や木簡などから，干支の組み合わせにより年をあらわすことが多かったことがわかる。日本独自の元号は，645年に<u>中大兄皇子を中心とする新政府</u>が，　e　という元号をたてたのが始めとされる。続いて，「白雉」「朱鳥」と元号が定められたが，広く使われるにはいたらなかった。元号が広く使われるようになったのは，701年に　f　令によって公式文書に元号を用いることが定められ，　f　という元号がたてられてからである。

　では，どのようなときに改元が行われたのか。708年に武蔵国から銅が献上された際に，元明天皇が和銅という元号を定めたように，天皇の即位時だけでなく，慶事や凶事，さらに自然災害がおきたときなど，<u>さまざまなきっかけで改元が行われた</u>。すなわち，元号は今日のように天皇一代で一つの元号という一世一元ではなく，<u>後醍醐天皇</u>や孝明天皇のように，その治世の間に複数回改元が行われることもあった。元号の制定は朝廷の専決事項であったが，<u>後鳥羽上皇らの討幕挙兵</u>が失敗に終わると，幕府が改元に干渉するようになった。特に，<u>室町幕府３代将軍足利義満</u>は改元への干渉を強め，天皇が定めた新元号を将軍が宣言するという形がとられた。江戸時代には元号決定に幕府が介入するようになったが，幕末の<u>尊王思想</u>の高まりのなかで，一世一元が主張されるようになった。一世一元制となるのは明治時代からで，長い元号の歴史からすると古いことではない。

41　下線部ａと最も関係が深い史料を，次のうちから選べ。
　　① 倭国大いに乱れ，更 相攻伐して歴年主なし。
　　② 倭の国王帥升等，生口百六十人を献じ，請見を願ふ。
　　③ 倭の奴国，貢を奉じて朝賀す。使人自ら大夫と称す。
　　④ 夫れ楽浪海中に倭人有り。分れて百余国と為る。歳時を以て来り献見すと云ふ。

42　下線部ｂに関する次のＡ・Ｂの記述の正誤の組合せとして最も適切なものを，あとのうちから選べ。
　　Ａ．『隋書』倭国伝には，朝廷が600年に遣隋使を派遣したことが記録されている。
　　Ｂ．607年に遣隋使として中国に渡った小野妹子は，国書を隋の皇帝煬帝に渡した。
　　　① Ａ－正　　Ｂ－正　　　　　　　② Ａ－正　　Ｂ－誤
　　　③ Ａ－誤　　Ｂ－正　　　　　　　④ Ａ－誤　　Ｂ－誤

43 下線部 c に関して，次の写真の鉄剣の銘文には「獲加多支鹵大王」という人名がみられるが，この鉄剣が出土した古墳の所在地はどこか。右の略地図のうちから選べ。

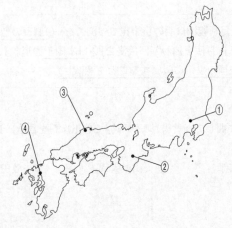

44 下線部 d に関して，留学生・留学僧のなかで国博士に任じられた人物を，次のうちから選べ。
　① 旻　　　　　　② 観勒　　　　　　③ 曇徴　　　　　　④ 蘇我蝦夷

45 空欄　e　・　f　に該当する元号の組合せとして最も適切なものを，次のうちから選べ。
　① e−天平　　f−養老　　　② e−天平　　f−大宝
　③ e−大化　　f−養老　　　④ e−大化　　f−大宝

46 下線部 g に関して，次の元号群に共通することとして最も適切なものを，あとのうちから選べ。

　　　　　　　　養和・寛永・享保・天明・天保

　① 外国勢力との大規模な戦争が行われた。
　② 都が移された。
　③ 大飢饉が発生した。
　④ 大きな政治改革が行われた。

47 下線部 h と関係の深い次の I ～ III の出来事を年代の古い順に正しく並べたものを，あとのうちから選べ。
　I. 鎌倉幕府滅亡　　II. 正中の変　　III. 中先代の乱
　① I→II→III　　　　　② I→III→II　　　　　③ II→I→III
　④ II→III→I　　　　　⑤ III→I→II　　　　　⑥ III→II→I

48 下線部 i の事件名を，次のうちから選べ。
　① 治承・寿永の乱　　② 承久の乱　　③ 宝治合戦　　④ 和田合戦

49　下線部 j が始めた勘合貿易に関する次の文の下線部①～③のうちで，適切でないものを選べ。すべて適切であれば④を選べ。

> 　1401年，足利義満は明の皇帝宛ての国書を，①側近の僧祖阿，博多商人の肥富に託して送った。翌年，明は冊封使を遣わし，義満を「②日本国王源道義」とする返書と明の暦を与えた。③暦の授受は宗主国の皇帝に服属することを意味した。

50　下線部 k に関して，著書『柳子新論』で尊王斥覇を説き，1767年に死罪となった人物を，次のうちから選べ。
①　竹内式部　　　②　山県大弐　　　③　藤田幽谷　　　④　平田篤胤

Ⅵ 次のA・Bの文章を読んで，あとの各問い(51〜60)に答えよ。

A　1874年，板垣退助らによって，民撰議院設立の建白書が左院に提出された。この建白書が新聞に
掲載されると，自由民権論は急速に高まり，各地で政治結社が成立したが，いずれも士族主導のも
のであった。しかし，　b　後は地租軽減を要求する地主・豪農や，政府の政商保護に不満を抱
く商工業者なども参加して，自由民権運動は急速に発展した。これに対して政府は懐柔策と弾圧に
よって運動の弱体化をはかろうとした。

　　こうした情勢のなかで，1881年，開拓使官有物払下げ事件がおこり，政府非難の世論が高まった。
政府はこれを沈静化するため，詔勅を発して，1890年を期して国会を開くことを約束した。

　　国会開設の時期が示されたことを受け，自由民権運動は政党の結成へと進んだ。一方，政府は憲
法制定の準備に本格的に取り組み，秘密裏に憲法草案の作成を進めた。そして，伊藤博文らの起草
した憲法草案は，　e　で審議された後，1889年に大日本帝国憲法(明治憲法)として発布された。

51　下線部aに関して，建白書に加わりながら，提出後に政府に対して佐賀で反乱をおこした人物を，
　次のうちから選べ。
　　①　副島種臣　　　　　②　由利公正　　　　　③　江藤新平　　　　　④　後藤象二郎

52　空欄　b　・　e　に該当する語句の組合せとして最も適切なものを，次のうちから選べ。
　　①　b−西南戦争　　　　　e−元老院　　　　　②　b−西南戦争　　　　　e−枢密院
　　③　b−明治六年の政変　　e−元老院　　　　　④　b−明治六年の政変　　e−枢密院

53　下線部cに関連して，明治時代の民権運動をめぐる動きについての次のA・Bの記述の正誤の組
　合せとして最も適切なものを，あとのうちから選べ。
　　A．全国組織の愛国社が大阪で設立されると，同年，政府は集会条例を出して政府批判を封じた。
　　B．井上馨外相の条約改正交渉が失敗すると，三大事件建白運動がおこったが，政府は保安条例
　　　を公布して弾圧した。
　　①　A−正　　　B−正　　　　　　　　②　A−正　　　B−誤
　　③　A−誤　　　B−正　　　　　　　　④　A−誤　　　B−誤

54　下線部dに関して，国会の早期開設を主張し，開拓使官有物払下げ事件での政府を攻撃する世論
　に関与したとして罷免された人物が，のちに組閣したときに実行した政策を，次のうちから選べ。
　　①　軍部大臣現役武官制の復活　　　　　②　治安警察法の制定
　　③　治安維持法の制定　　　　　　　　　④　二十一カ条の要求

55　下線部fに関する記述として適切でないものを，次のうちから一つ選べ。
　　①　この憲法が臣民に保障している自由や権利は永久不可侵とされた。
　　②　この憲法は，天皇が定めて臣民に与える欽定憲法であった。
　　③　この憲法が発布された時の内閣総理大臣は黒田清隆であった。
　　④　この憲法において，天皇は軍隊の統帥，条約の締結など議会の関与できない強い権限を持つ
　　　ものとされた。

B　1918年にドイツが連合国と休戦協定を結び，第一次世界大戦が終結した。翌1919年，パリにおいて連合国とドイツとの講和会議が開かれ，講和条約が調印された。講和条約において，日本は　　g　　の旧ドイツ権益と赤道以北の旧ドイツ領南洋諸島の委任統治権を認められた。第一次世界大戦中の日本の中国進出や太平洋方面への勢力拡大を警戒したアメリカは，ワシントン会議を開いて，新たな国際秩序を構築しようとした。こうした国際情勢を背景に，日本は　　g　　の権益を返還するとともに，中国への内政不干渉を唱え，中国市場への経済進出に重点をおき，アメリカやイギリスとの武力対立を避ける，協調的な外交政策を展開した。しかし，その一方で，中国東北部(満州)における権益を，武力を用いても確保すべきであるとする主張が存在していた。そして，1926年に中国で蒋介石が　　j　　を始めると，政府は満州の日本権益を実力で守る方針を決定した。1931年には，関東軍が奉天郊外の柳条湖で南満州鉄道の線路を爆破し，これを中国軍のしわざとして軍事行動をおこして満州全域を武力制圧した。これ以降，日本はアジア各地への進出を進めていったが，その一方で国際社会で孤立を深めていった。

56　空欄　　g　　・　　j　　に該当する語句の組合せとして最も適切なものを，次のうちから選べ。
　① ｇ－山東省　　　ｊ－北伐　　　　　　② ｇ－山東省　　　ｊ－五・四運動
　③ ｇ－遼東半島　　ｊ－北伐　　　　　　④ ｇ－遼東半島　　ｊ－五・四運動

57　下線部ｈに関して，この会議で締結された条約の一部として最も適切なものを，次のうちから選べ。
　①　第一条　支那国以外ノ締約国ハ左ノ通約定ス
　　　（一）　支那ノ主権，独立 並 其ノ領土的及行政的保全ヲ尊重スルコト
　②　第三条　…三締約国中何レカノ一国カ，現ニ欧州戦争又ハ日支紛争ニ参入シ居ラサル一国ニ依テ攻撃セラレタルトキハ，三国ハ有ラユル政治的，経済的及軍事的方法ニ依リ相互ニ援助スヘキコトヲ約ス
　③　合衆国 及 日本国両政府ハ，領土相近接スル国家ノ間ニハ特殊ノ関係ヲ生スルコトヲ承認ス，従 テ合衆国政府ハ日本国カ支那ニ於テ特殊ノ利益ヲ有スルコトヲ承認ス
　④　第一条　締約国ハ国際紛争解決ノ為戦争ニ訴フルコトヲ非トシ，且其ノ相互関係ニ於テ国家ノ政策ノ手段トシテノ戦争ヲ抛棄スルコトヲ其ノ各自ノ人民ノ名ニ於テ厳粛ニ宣言ス

58　下線部ｉに関して，この外交政策を進めた外相として最も適切な人物を，次のうちから選べ。
　①　石井菊次郎　　　②　小村寿太郎　　　③　幣原喜重郎　　　④　松岡洋右

59　下線部ｋに関して，柳条湖事件についての記述として最も適切なものを，次のうちから選べ。
　①　この事件は，関東軍の河本大作らが中心となっておこした。
　②　この事件を収拾できなくなった第2次若槻礼次郎内閣は総辞職した。
　③　この事件の翌年，高橋是清蔵相らが暗殺される血盟団事件がおこった。
　④　この事件ののち，三・一五事件や四・一六事件がおこり，日本共産党が弾圧された。

60 下線部1に関して述べた次のⅠ～Ⅲの文を年代の古い順に正しく並べたものを，あとのうちから
　選べ。

　　Ⅰ．日本軍による南部仏印進駐を受けて，アメリカは対日石油輸出禁止を決定した。

　　Ⅱ．近衛文麿首相は「国民政府を対手とせず」と声明し，国民政府との和平の道を閉ざした。

　　Ⅲ．リットン報告書が採択されると，日本は国際連盟からの脱退を通告した。

　　　　① Ⅰ→Ⅱ→Ⅲ　　　　② Ⅰ→Ⅲ→Ⅱ　　　　③ Ⅱ→Ⅰ→Ⅲ

　　　　④ Ⅱ→Ⅲ→Ⅰ　　　　⑤ Ⅲ→Ⅰ→Ⅱ　　　　⑥ Ⅲ→Ⅱ→Ⅰ

平成30年度　世　界　史

（Ⅰ～Ⅵは必須問題。Ⅶ・Ⅷについては，どちらか1題を選択し，計7題を解答すること）

Ⅰ 次の古代の世界に関する文章を読んで，あとの各問い（1～8）に答えよ。

　古代のオリエント世界では，前3000年頃から<u>メソポタミア</u>で都市国家が栄え，エジプトではナイル
　　　　　　　　　　　　　　　　　　　　ａ
川の流域を統一して支配する国家が現れた。これらの地域では，大河の治水・灌漑の必要から宗教的
権威による神権政治が行われ，オリエント文化は周辺の地域や後世の世界に大きな影響を及ぼした。
東地中海沿岸では，オリエント文明の影響を受けて<u>エーゲ文明</u>が成立した。前1200年頃にエーゲ文明
　　　　　　　　　　　　　　　　　　　　　　　　　　ｂ
が崩壊した後，ギリシアではポリス社会が形成され，<u>アテネでは民主政が発展した</u>。また，ギリシア
　　　　　　　　　　　　　　　　　　　　　　　　　ｃ
では<u>人間中心的で合理的な文化</u>が生み出された。イタリア半島中部に成立した都市国家ローマは，前
　　　ｄ
6世紀末にエトルリア人の王を追放して<u>共和政</u>となった。イタリア半島を統一したローマは地中海沿
　　　　　　　　　　　　　　　　　　ｅ
岸にその支配を広げ，<u>地中海帝国</u>をうち立てた。ローマ帝国の支配下にあったパレスチナで誕生した
　　　　　　　　　ｆ
<u>キリスト教</u>は，帝国内に急速に広まり，ギリシア文化を継承・発展させたローマ文化とともに後世に
ｇ
大きな影響を与えた。

　こうして勢力を広げたローマ帝国であったが，やがて属州の反乱が相次ぎ，さらにゲルマン人の大
移動の影響を受けて大きく混乱した。4世紀末に帝国は東西に分割されたが，西ローマ帝国が5世紀
後半に滅亡する一方，<u>東ローマ帝国（ビザンツ帝国）</u>はその後長く存続した。
　　　　　　　　　ｈ

1　下線部ａの歴史に関する次のア～ウの出来事を年代の古い順に正しく並べたものを，あとのうち
　から選べ。
　　ア．北メソポタミアで台頭したミタンニ王国がシリア方面へ勢力を広げた。
　　イ．バビロン第1王朝（古バビロニア王国）のハンムラビ王がハンムラビ法典を発布した。
　　ウ．アッシリア王国が鉄製の武器などを用い，全オリエントを統一した。
　　　①　ア→イ→ウ　　　　　②　ア→ウ→イ　　　　　③　イ→ア→ウ
　　　④　イ→ウ→ア　　　　　⑤　ウ→ア→イ　　　　　⑥　ウ→イ→ア

2　下線部ｂに関する次のA・Bの記述の正誤の組合せとして最も適切なものを，あとのうちから選べ。
　　A．クレタ文明は，複雑で壮大な構造を持つ宮殿建築に特徴があり，クノッソスの宮殿はその代
　　　表例とされる。
　　B．ミケーネ文明では，ミケーネやティリンスなどに巨石でできた城塞王宮を中心とした小王国
　　　が建てられた。
　　　①　A－正　B－正　　　　　　　　　②　A－正　B－誤
　　　③　A－誤　B－正　　　　　　　　　④　A－誤　B－誤

3　下線部ｃに関して，アテネの民主政についての記述として最も適切なものを，次のうちから選べ。
　　①　ヘシオドスが法律を成文化し，法による秩序の維持をはかった。
　　②　ソロンが貴族と平民の対立を調停し，債務奴隷を承認した。
　　③　ペイシストラトスが財産額によって市民の参政権を規定した。
　　④　クレイステネスが部族制を改革し，陶片追放（オストラキスモス）の制度を定めた。

4 下線部 d に関して，ギリシア文化に関する分野と，その分野で活躍した人物の組合せとして最も適切なものを，次のうちから選べ。
① 自然哲学－ホメロス
② 歴史記述－トゥキディデス
③ 喜劇－フェイディアス
④ 彫刻－アリストファネス

5 下線部 e に関して，共和政時代のローマについての記述として最も適切なものを，次のうちから選べ。
① 没落農民などを小作人として働かせるコロナトゥスと呼ばれる生産体制が広まった。
② ホルテンシウス法によってコンスル(執政官)のうち一人は平民から選ばれるようになった。
③ 軍事力低下を打開するためグラックス兄弟が改革を行ったが，失敗に終わった。
④ ポンペイウス・カエサル・アントニウスが第1回三頭政治を行った。

6 下線部 f に関して，次の略年表中のア〜エのうち，ローマ帝国の領土が最大となった時期に該当するのはどれか。あとのうちから選べ。

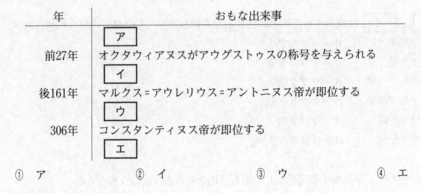

年	おもな出来事
	ア
前27年	オクタウィアヌスがアウグストゥスの称号を与えられる
	イ
後161年	マルクス＝アウレリウス＝アントニヌス帝が即位する
	ウ
306年	コンスタンティヌス帝が即位する
	エ

① ア　　　　　② イ　　　　　③ ウ　　　　　④ エ

7 下線部 g に関する記述として最も適切なものを，次のうちから選べ。
① イエスはパリサイ派を批判し，その教えを自ら『新約聖書』としてまとめた。
② ピラトは異邦人への伝道を行い，キリスト教をパレスチナ以外の地域に広めた。
③ ニケーア公会議では，ネストリウス派が異端とされた。
④ テオドシウス帝はアタナシウス派のキリスト教を国教とし，他の宗教を厳しく禁じた。

8 下線部 h に関する記述として最も適切なものを，次のうちから選べ。
① カールが教皇レオ3世からローマ皇帝の帝冠を授けられた。
② フランドル地方の支配をめぐって，フランスとの間で百年戦争を繰り広げた。
③ ユスティニアヌス大帝が『ローマ法大全』の編纂などを命じた。
④ オットー1世がレヒフェルトの戦いでマジャール人を撃退した。

Ⅲ 次の古代のインドと中国の歴史に関する文章を読んで，あとの各問い(9～15)に答えよ。

　古代のインドでは，前1500年頃に中央アジアから進入した　a　が，先住民と混合して新たな社会を形成した。前6世紀頃になるとガンジス川中・下流域に都市国家が生まれ，その過程で伝統的な宗教を批判する新たな宗教が誕生した。前4世紀の終わり頃に成立した　b　は，前3世紀にはインドのほぼ全域を支配下に置いた。その後，中央アジアにおこった<u>クシャーナ朝</u>が北インドに入ってガンジス川中流域に至る地域を支配し，4世紀になると　d　が北インド全域を支配した。

　古代の中国では，現在確認できる最古の王朝の殷が前11世紀頃に周に滅ぼされた。周は前8世紀に周辺民族の圧力を受けて都を移したが，その勢力は衰え，<u>春秋・戦国時代</u>と呼ばれる分裂と抗争の時代となった。前3世紀後半に中国を統一した<u>秦はわずか15年で滅亡し</u>，<u>漢</u>が統一支配を復活させた。その後，後漢は3世紀前半に滅亡し，以後，<u>中国は再び分裂の時代</u>となった。分裂していた中国を統一したのが隋で，隋滅亡後には<u>唐</u>が統一支配を引き継いで安定した支配体制を築いた。

9　空欄　a　に該当する民族を，次のうちから選べ。
　　①　ドラヴィダ人　　　　②　ソグド人　　　　③　エフタル　　　　④　アーリヤ人

10　空欄　b　・　d　に該当する王朝の組合せとして最も適切なものを，次のうちから選べ。
　　①　b－グプタ朝　　　　　　d－ヴァルダナ朝
　　②　b－グプタ朝　　　　　　d－マウリヤ朝
　　③　b－ヴァルダナ朝　　　　d－グプタ朝
　　④　b－ヴァルダナ朝　　　　d－マウリヤ朝
　　⑤　b－マウリヤ朝　　　　　d－グプタ朝
　　⑥　b－マウリヤ朝　　　　　d－ヴァルダナ朝

11　下線部 c の時代のインドに関する記述として最も適切なものを，次のうちから選べ。
　　①　宮廷詩人のカーリダーサが戯曲『シャクンタラー』を残した。
　　②　アショーカ王によって，第3回仏典結集が行われた。
　　③　大衆の救済を重視する大乗仏教がクシャーナ朝に保護され，仏像が制作されるようになった。
　　④　玄奘が中国から訪れ，ナーランダー僧院で仏教を学んだ。

12　下線部 e に関する次の A・B の記述の正誤の組合せとして最も適切なものを，あとのうちから選べ。
　　A．鉄製農具の使用や牛耕が始まって農業生産力が高まり，商工業が発展して銀貨が各地で用いられた。
　　B．孔子を祖とする儒家や，老子・荘子の法家など，諸子百家と総称される多くの思想家や学派が現れた。
　　　　①　A－正　B－正　　　　　　　　②　A－正　B－誤
　　　　③　A－誤　B－正　　　　　　　　④　A－誤　B－誤

13　下線部 f に関して，秦の滅亡のきっかけとなった出来事として最も適切なものを，次のうちから選べ。
　　①　陳勝・呉広の乱　　　　　　　　②　儒学の官学化
　　③　郷挙里選の施行　　　　　　　　④　党錮の禁

14　下線部 g の時代に関する記述として最も適切なものを，次のうちから選べ。
　　①　均田制が施行され，農民の生活の安定がはかられた。
　　②　匈奴を攻撃するため，張騫が大月氏へ派遣された。
　　③　歴代の皇帝が雲崗・竜門などに石窟寺院を造営した。
　　④　外戚の班固に漢の帝位が奪われ，漢王朝が一時途絶した。

15　下線部 h に関して，唐の都について述べた文(次のアまたはイのいずれか)と，唐の都の位置(次の略地図中のAまたはBのいずれか)の組合せとして最も適切なものを，あとのうちから選べ。
　　ア．日本の平城京や渤海の上京竜泉府の模範となった。
　　イ．後漢や三国時代の魏，南北朝時代の北魏でも都とされた。

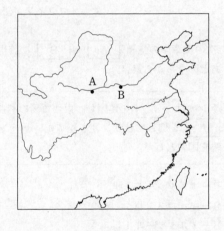

　　①　ア－A　　　　　②　ア－B　　　　　③　イ－A　　　　　④　イ－B

III

次の西アジアの歴史に関する文章を読んで，あとの各問い(16～22)に答えよ。

アレクサンドロス大王の大帝国は，彼が急死すると部下たちによって分割され，西アジアは
 a がおさめることとなったが，前3世紀半ばに a の領土は大幅に縮小した。その後の西
アジアでは，イラン系の勢力が有力となった。7世紀前半，ムハンマドがイスラーム教を創始すると，
これを受容したアラブ人勢力は大規模な征服活動を行い，西はイベリア半島から東はインダス川流域
にその支配領域を広げた。8世紀半ばに成立したアッバース朝はイスラーム帝国を築き上げたが，や
がてその勢力は衰え，トルコ系のセルジューク朝が11世紀半ばにスルタンの称号を得て西アジアの政
治的支配者となった。13世紀半ばになると，モンゴル軍が西アジアに進出してイル＝ハン国を建国した。
14世紀後半には，中央アジアに建国されたティムール朝が西アジアを支配下におさめた。13世紀末頃
にアナトリア西北部に成立したオスマン帝国は，16世紀にかけて支配領域を拡大し，ヨーロッパ・ア
ジア・アフリカの三大陸にまたがる広大な地域を支配下に置いた。

16　空欄 a に該当する王朝を，次のうちから選べ。
① セレウコス朝　　　　　　　　　② プトレマイオス朝
③ アンティゴノス朝　　　　　　　④ メロヴィング朝

17　下線部bに関して述べた次の文章中の空欄 A ・ B に該当する語句・人物名の組合せ
として最も適切なものを，あとのうちから選べ。

> 前3世紀半ば，遊牧イラン人は A を建国し，東西貿易の利益を独占して繁栄した。後
> 3世紀前半， <u>B</u> は A を倒してササン朝を建てた。ササン朝は広大な領域を支配下
> におさめ，ゾロアスター教を国教とした。

① Ａ－バクトリア　　　Ｂ－アルダシール1世
② Ａ－バクトリア　　　Ｂ－キュロス2世
③ Ａ－パルティア　　　Ｂ－アルダシール1世
④ Ａ－パルティア　　　Ｂ－キュロス2世

18　下線部cに関して，7世紀の西アジアについての記述として波線部が適切でないものを，次のう
ちから一つ選べ。
① ムハンマドは大商人の迫害を受け，メッカからイェルサレムに移住した。
② ムハンマドはメッカのカーバをイスラーム教の聖殿とした。
③ シリア総督のムアーウィヤは，ウマイヤ朝を開いた。
④ 第4代正統カリフのアリーとその子孫のみをムハンマドの後継者と認めるシーア派が生まれ
　　た。

19 下線部dに関する記述として最も適切なものを，次のうちから選べ。

① イスラーム教徒でもアラブ人以外の信者にはジズヤ（人頭税）を課した。

② フランク王国に侵入したが，トゥール・ポワティエ間の戦いで敗れた。

③ ニハーヴァンドの戦いで，西進してきた唐の軍隊を撃退することに成功した。

④ バグダードに知恵の館を設立し，ギリシア語文献をアラビア語に翻訳させた。

20 下線部eは11世紀後半に西アジアにおいて勢力を誇った。11世紀後半のイスラーム王朝の名と，その位置（次の略地図中のAまたはBのいずれか）との組合せとして最も適切なものを，あとのうちから選べ。

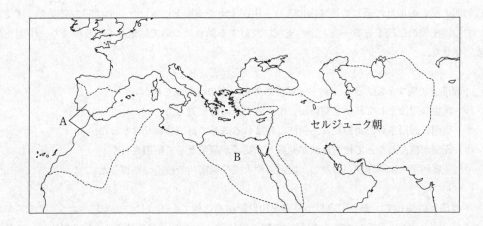

① ファーティマ朝－A   ② ファーティマ朝－B

③ ムワッヒド朝－A   ④ ムワッヒド朝－B

21 下線部fに関する次のA・Bの記述の正誤の組合せとして最も適切なものを，あとのうちから選べ。

A．ティムールは，アンカラ（アンゴラ）の戦いでオスマン帝国を破った。

B．首都サマルカンドは中央アジアの商業・学芸の中心として繁栄した。

① A－正　B－正   ② A－正　B－誤

③ A－誤　B－正   ④ A－誤　B－誤

22 下線部gに関する次のア～ウの出来事を年代の古い順に正しく並べたものを，あとのうちから選べ。

ア．レパントの海戦でスペイン・ヴェネツィアなどの連合艦隊に敗れた。

イ．スレイマン1世がウィーン包囲を行った。

ウ．メフメト2世がビザンツ帝国を滅ぼした。

① ア→イ→ウ   ② ア→ウ→イ   ③ イ→ア→ウ

④ イ→ウ→ア   ⑤ ウ→ア→イ   ⑥ ウ→イ→ア

IV 次の宋代から清代の中国の歴史に関する文章を読んで，あとの各問い(23〜29)に答えよ。

　唐の滅亡と五代十国の動乱を経て，10世紀後半に宋(北宋)が中国の再統一を果たしたが，北方民族の圧迫を受けてその対応に苦しんだ。13世紀に入ると，モンゴル高原を統一したモンゴル人が西方に大きくその支配を広げる一方，中国全土をも支配下に置き，日本や東南アジアに遠征軍を送った。モンゴル人による中国支配は14世紀の　d　をきっかけに終わり，中国は明の支配下に置かれることになった。明は皇帝独裁体制を強化し，安定した支配体制をつくり上げるとともに，東アジアからインド洋に至る広い範囲の国々との間で朝貢貿易を進めた。しかし16世紀頃から明は北虜南倭に苦しみ，財政難への対処策として進めた増税策などは反乱を誘発した。中国東北地方で自立した清は，17世紀半ばの明の滅亡の混乱に乗じて長城内に入り，中国全土を支配下に置いた。清は明の制度をほぼ受け継いで中国王朝の伝統を守る一方，清の支配に反対する動きについては厳しく取り締まり，中国支配を安定させた。

23　下線部aに関する記述として最も適切なものを，次のうちから選べ。
　①　官吏登用法として科挙を整備し，中正官を全国に配置した。
　②　宰相に起用された司馬光は，新法と呼ばれる改革で富国強兵をはかった。
　③　商業が盛んとなって貨幣経済が発展し，交子が紙幣として使用された。
　④　金属活字による印刷が普及し，羅針盤や火薬の実用化の技術が進展した。

24　下線部bに関して，宋を圧迫した民族が10世紀初めに建てた国家について述べた文(次のアまたはイのいずれか)と，その国家の位置(次の略地図中のAまたはBのいずれか)の組合せとして最も適切なものを，あとのうちから選べ。
　ア．契丹の耶律阿保機が建国者で，宋との間に澶淵の盟を結んだ。
　イ．女真(女直)の完顔阿骨打が建国者で，女真人には猛安・謀克を適用した。

　①　ア－A　　　　②　ア－B　　　　③　イ－A　　　　④　イ－B

25 下線部 c に関する次のA・Bの記述の正誤の組合せとして最も適切なものを，あとのうちから選べ。

A．ビルマ（ミャンマー）のパガン朝は元軍の進出を退けたが，ベトナムの陳朝は敗れて崩壊した。

B．国際交易都市として発展したマラッカ王国の王は，イスラーム教に改宗した。

① A－正　B－正　　　　　　　　② A－正　B－誤

③ A－誤　B－正　　　　　　　　④ A－誤　B－誤

26 空欄　　d　　に該当する語句を，次のうちから選べ。

① 紅巾の乱　　　　② 黄巣の乱　　　　③ 黄巾の乱　　　　④ 八王の乱

27 下線部 e の時代に関する記述として波線部が適切でないものを，次のうちから一つ選べ。

① 長江の下流域で綿花や桑の栽培が普及した。

② 長江の中流域は「江浙熟すれば天下足る」と称される穀倉地帯となった。

③ 山西商人や徽州（新安）商人が活躍し，会館や公所がつくられた。

④ 手工業の発展に伴い，生糸や陶磁器が海外に輸出される国際商品となった。

28 下線部 f に関して，東南アジアやインド洋方面の国々に対して明への朝貢を要求した皇帝と，その要求のため現地に派遣された人物の組合せとして最も適切なものを，次のうちから選べ。

① 永楽帝－鄭和

② 永楽帝－張居正

③ 正統帝－鄭和

④ 正統帝－張居正

29 下線部 g に関して，次の略年表中のア～エのうち，清がジュンガルを滅ぼして東トルキスタン全域を占領し，同地を「新疆」と称した時期に該当するのはどれか。あとのうちから選べ。

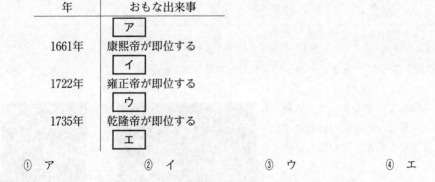

年	おもな出来事
	ア
1661年	康熙帝が即位する
	イ
1722年	雍正帝が即位する
	ウ
1735年	乾隆帝が即位する
	エ

① ア　　　　　　② イ　　　　　　③ ウ　　　　　　④ エ

V 次の近世ヨーロッパの歴史に関する文章を読んで，あとの各問い(30～36)に答えよ。

　ヨーロッパでは，15世紀後半以降，社会のあらゆる側面で新しい動きが目立つようになった。それは，ヨーロッパ人がアジアなどの富を求めて探検・航海に乗り出していわゆる大航海時代を現出したり，中世とは違って人間の個性を尊重しようとする文化運動であるルネサンスをおこしたり，カトリック教会に対する批判から宗教改革がおこったりしたことなどに象徴される。このような状況のもと，ヨーロッパでは主権国家が形成されるようになった。16世紀に入り，いち早く国力を強めたのはスペインであった。また，イギリスやフランスでは中央集権的な支配体制が強化されたが，イタリアやドイツにおいては中央集権化が進まなかった。

30　下線部 a に関して，大航海時代の航路(次の略地図中のA～D)と，その航路を通った航海者の組合せとして適切でないものを，あとのうちから一つ選べ。

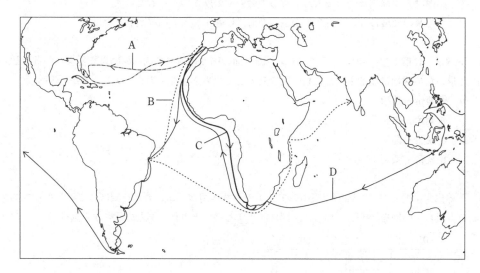

　　① 　A－コロンブス　　　　　　② 　B－カボット
　　③ 　C－バルトロメウ゠ディアス　　④ 　D－マゼランの船隊

31　下線部 b に関して，右のルネサンス期の美術作品A・Bと，その作者の組合せとして最も適切なものを，次のうちから選べ。
　　① 　A－ラファエロ
　　② 　A－ブリューゲル
　　③ 　B－ラファエロ
　　④ 　B－ブリューゲル

A

B

32 下線部cに関して，宗教改革やこれに対するカトリック教会の対応についての記述として最も適切なものを，次のうちから選べ。
　　① マルティン゠ルターは，教皇から破門された後，『新約聖書』のラテン語訳を完成した。
　　② 予定説を説いたツヴィングリの教えは，商工業者の間に広く普及した。
　　③ イギリスのヘンリ8世は統一法を発してカトリック世界から離脱し，イギリス国教会を成立させた。
　　④ ローマ教皇の許可を受けたイエズス会（ジェズイット教団）は，カトリック教会の勢力回復に貢献した。

33 下線部dの歴史に関する記述として最も適切なものを，次のうちから選べ。
　　① スペインの王位についたハプスブルク家のフェルナンドは神聖ローマ皇帝を兼ねた。
　　② フェリペ2世はデンマーク王を兼ね，デンマークとの同君連合を形成した。
　　③ フェリペ2世はネーデルラントにカトリックを強制し，オランダ独立戦争を招いた。
　　④ スペイン継承戦争の結果，ヴァロワ家のフェリペ5世のスペイン王位継承が国際的に承認された。

34 下線部eの歴史に関する次のア〜ウの出来事を年代の古い順に正しく並べたものを，あとのうちから選べ。
　　ア．アジアとの貿易を推進するために，イギリス東インド会社が設立された。
　　イ．クロムウェルが終身の護国卿となり，厳格な軍事的独裁体制をしいた。
　　ウ．国民の生命・財産の保護などを定めた権利の章典が制定された。
　　① ア→イ→ウ　　　② ア→ウ→イ　　　③ イ→ア→ウ
　　④ イ→ウ→ア　　　⑤ ウ→ア→イ　　　⑥ ウ→イ→ア

35 下線部fの歴史に関する次のA・Bの記述の正誤の組合せとして最も適切なものを，あとのうちから選べ。
　　A．アンリ4世がナントの王令（勅令）を発してユグノー戦争を終わらせた。
　　B．ルイ13世がコルベールを財務総監に任命して重商主義政策を推進した。
　　① A−正　B−正　　　　　　　② A−正　B−誤
　　③ A−誤　B−正　　　　　　　④ A−誤　B−誤

36 下線部gの歴史に関して述べた次の文章中の空欄　A ・ B 　に該当する語句の組合せとして最も適切なものを，あとのうちから選べ。

　　　17世紀前半，ドイツを戦場として　 A 　がおこった。外国勢力が介入したことも加わり，ドイツの荒廃は深刻なものとなった。また，この戦争の講和条約によってハプスブルク家の勢力は後退し，フランスに　 B 　を奪われた。

　　① A−七年戦争　　B−シュレジエン　　　② A−七年戦争　　B−アルザス
　　③ A−三十年戦争　B−シュレジエン　　　④ A−三十年戦争　B−アルザス

― 31 ―

Ⅵ 次の近代の欧米の歴史に関する文章を読んで，あとの各問い(37〜43)に答えよ。

　近代世界が成立する契機となったのは，18世紀後半の<u>産業革命</u>とアメリカとフランスでおこった革命であるとされる。産業革命では，機械制工業による生産が普及し，資本主義体制が確立した。<u>アメリカ独立革命</u>では，イギリスからの独立を果たすなかで，近代民主政治の基本原理が明らかにされた。<u>フランス革命</u>では，フランスの政治体制がめまぐるしく変わったが，革命のなかで形成された国民国家の理念は，<u>ナポレオン</u>の大陸支配によりヨーロッパ各地に広がった。ナポレオンが失脚した後のヨーロッパでは，保守的な<u>ウィーン体制</u>が樹立されたが，自由主義的改革を求める動きがやまず，<u>1848年革命</u>でウィーン体制は崩壊した。一方，19世紀のアメリカ大陸では，ラテンアメリカ諸国が次々に独立を果たした。また，<u>アメリカ合衆国</u>は西部に向かって大きく領土を広げ，19世紀半ばにはその領土が太平洋岸に達した。

37　下線部aに関して，イギリスの産業革命についての記述として最も適切なものを，次のうちから選べ。
　　① ハーグリーヴスが発明した飛び杼により，綿織物の生産量が急速に増えた。
　　② カートライトによって改良された蒸気機関が，紡績機や力織機の動力として使われた。
　　③ フルトンが蒸気機関車の実用化に成功し，鉄道が急速に普及した。
　　④ マンチェスターやバーミンガムのような大工業都市が生まれた。

38　下線部bに関する次のア〜ウの出来事を年代の古い順に正しく並べたものを，あとのうちから選べ。
　　ア．イギリス本国が定めた茶法に対する反発が強まり，ボストン茶会事件がおこった。
　　イ．トマス゠ジェファソンらが起草した独立宣言が大陸会議で採択された。
　　ウ．ロシアのエカチェリーナ2世の提唱で武装中立同盟が成立した。
　　① ア→イ→ウ　　　② ア→ウ→イ　　　③ イ→ア→ウ
　　④ イ→ウ→ア　　　⑤ ウ→ア→イ　　　⑥ ウ→イ→ア

39　下線部cに関して，次の略年表中のア〜エのうち，フランスが革命に敵対的なオーストリアに宣戦を布告し，戦争を始めた時期に該当するのはどれか。あとのうちから選べ。

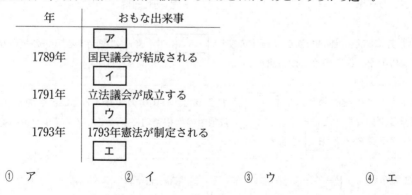

年	おもな出来事
	ア
1789年	国民議会が結成される
	イ
1791年	立法議会が成立する
	ウ
1793年	1793年憲法が制定される
	エ

　　① ア　　　　　　② イ　　　　　　③ ウ　　　　　　④ エ

40 下線部dに関する次のA・Bの記述の正誤の組合せとして最も適切なものを，あとのうちから選べ。

　A．西南ドイツの諸国をあわせてライン同盟を結成した。

　B．大陸封鎖令を発し，大陸諸国に対してイギリスとの通商を禁じた。

　　① A－正　B－正　　　　　　　　② A－正　B－誤

　　③ A－誤　B－正　　　　　　　　④ A－誤　B－誤

41 下線部eに関して，次の絵画がテーマとしたウィーン体制期の出来事と，この絵画を描いた画家の組合せとして最も適切なものを，あとのうちから選べ。

　　① 七月革命－ゴヤ

　　② 七月革命－ドラクロワ

　　③ カルボナリの蜂起－ゴヤ

　　④ カルボナリの蜂起－ドラクロワ

42 下線部fに関する記述として最も適切なものを，次のうちから選べ。

　　① フランスのパリで二月革命がおこり，シャルル10世が亡命した。

　　② 第二共和政下のフランスで，ルイ゠フィリップが大統領に当選した。

　　③ ドイツで三月革命がおこり，フランクフルト国民議会が開かれた。

　　④ ベーメン（ボヘミア）でコシュートを指導者とする民族運動が高揚した。

43 下線部gに関して，19世紀のアメリカ合衆国についての記述として最も適切なものを，次のうちから選べ。

　　① ミシシッピ川以西のルイジアナをスペインから購入した。

　　② ジャクソン大統領は，先住民をミシシッピ川以西の保留地に強制移住させる政策を推進した。

　　③ カリフォルニア併合を機にメキシコと戦争となり，テキサスを領土に加えた。

　　④ 南北戦争が北部の勝利で終結すると，リンカン大統領は奴隷解放宣言を発した。

Ⅶ 次の文字の歴史に関する文章を読んで，あとの各問い（44～50）に答えよ。

　古代オリエント世界では，メソポタミアで　a　によって楔形文字が発明され，エジプトで象形文字の神聖文字(ヒエログリフ)が発明された。東地中海沿岸地方では，<u>フェニキア人がフェニキア文字をつくった</u>。また，アラム人がアラム文字をつくったが，この文字は東方の文字体系に大きな影響を与えた。エーゲ文明においては独自の線文字がつくられた。一方，インドでは<u>インダス文明</u>においてインダス文字が使われた。また，中国では<u>漢字</u>が使われたが，漢字は<u>東アジアや東南アジアの諸民族に大きな影響を与え</u>，各地域・民族で独自の文字がつくられた。アメリカの古代文明では，ユカタン半島の　g　文明において　g　文字が用いられたが，南米のインカ帝国では文字は用いられず，縄の結び方による　h　によって情報の伝達を行い，記録を残した。

44 空欄　a　に該当する民族を，次のうちから選べ。
　① アッカド人　　　② カッシート人　　　③ シュメール人　　　④ ヒッタイト人

45 下線部ｂに関して，19世紀に神聖文字を解読した人物と，その人物が解読にあたって利用した歴史的遺物の組合せとして最も適切なものを，次のうちから選べ。
　① シャンポリオン－ベヒストゥーン碑文
　② シャンポリオン－ロゼッタ＝ストーン
　③ ローリンソン－ベヒストゥーン碑文
　④ ローリンソン－ロゼッタ＝ストーン

46 下線部ｃに関して述べた次の文章中の空欄　A　・　B　に該当する語句の組合せとして最も適切なものを，あとのうちから選べ。

　　A　を行ったフェニキア人は　B　と交流してフェニキア文字を　B　人に伝えた。フェニキア文字は後のアルファベットの起源となった。

---

　① A－地中海を利用する海上交易　　　B－ギリシア
　② A－地中海を利用する海上交易　　　B－ローマ
　③ A－内陸都市を結ぶ中継交易　　　　B－ギリシア
　④ A－内陸都市を結ぶ中継交易　　　　B－ローマ

47 下線部dに関して，インダス文明において整然とした計画に基づいてつくられた都市遺跡の名と，その遺跡の位置(次の略地図中のAまたはBのいずれか)の組合せとして最も適切なものを，あとのうちから選べ。

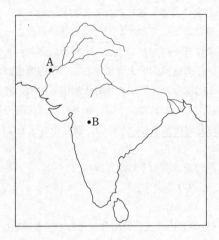

①　アジャンター−A　　　　　　　②　アジャンター−B
③　モエンジョ゠ダーロ−A　　　　④　モエンジョ゠ダーロ−B

48 下線部eに関する次のA・Bの記述の正誤の組合せとして最も適切なものを，あとのうちから選べ。
　A．漢字の原型となった甲骨文字は，占いの結果の記録に使われた。
　B．秦の始皇帝の統一政策により，漢字の字体が統一された。
　　①　A−正　B−正　　　　　　②　A−正　B−誤
　　③　A−誤　B−正　　　　　　④　A−誤　B−誤

49 下線部fに関連して，東アジアや東南アジアの文字についての記述として最も適切なものを，次のうちから選べ。
　①　元のフビライは，公文書に字喃(チュノム)を使わせた。
　②　ベトナムの国字である訓民正音(ハングル)は，おもに民衆の間で使われた。
　③　朝鮮では，漢字の部首をもとにパスパ文字がつくられた。
　④　漢字とウイグル文字の影響を受けて契丹文字がつくられた。

50 空欄　g　・　h　に該当する語句の組合せとして最も適切なものを，次のうちから選べ。
　①　g−チャビン　　　h−パピルス
　②　g−チャビン　　　h−キープ
　③　g−マヤ　　　　　h−パピルス
　④　g−マヤ　　　　　h−キープ

VIII

次の第一次世界大戦以降の世界に関する文章を読んで，あとの各問い(51〜57)に答えよ。

「ヨーロッパの火薬庫」と呼ばれた　a　のサライェヴォでおこった事件を機に勃発した第一次世界大戦は，参戦した国々の思惑をこえて長期にわたる総力戦となった。そして参戦した各国の政治・社会構造に大きな影響を与えることとなり，ロシアでは大戦中におこった革命を機に社会主義政権が樹立された。第一次世界大戦後はヨーロッパで　d　が形成され，また　e　が締結されて国際協調の気運が高まったが，アメリカ合衆国で大恐慌がおこると国際協調の気運は一気に衰え，第二次世界大戦が引きおこされることとなった。第二次世界大戦後も冷戦と呼ばれる世界的な緊張状態が続いたため，20世紀は「戦争の世紀」といわれた。一方，長らく欧米諸国の植民地支配下に置かれてきたアジア・アフリカでは多くの独立国が誕生したものの，独立後も深刻な問題をかかえる国が多い。

51　空欄　a　に該当する語句を，次のうちから選べ。
① バルカン半島　　② クリミア半島　　③ ユトランド半島　　④ イベリア半島

52　下線部 b に関する次のA・Bの記述の正誤の組合せとして最も適切なものを，あとのうちから選べ。
A．オスマン帝国は，ドイツ側に立って参戦した。
B．イタリアは三国協商を離脱し，イギリス側に立って参戦した。
① A−正　B−正　　　　　　　② A−正　B−誤
③ A−誤　B−正　　　　　　　④ A−誤　B−誤

53　下線部 c に関して，ロシア革命によって成立した社会主義政権についての記述として最も適切なものを，次のうちから選べ。
① レーニンらの指導によるロシア二月革命(三月革命)でメンシェヴィキが主導権を握った。
② ドイツ側とサン゠ステファノ条約を結び，戦線から離脱した。
③ 反革命勢力との内戦期に戦時共産主義を実施し，農民から穀物を強制徴発した。
④ 世界革命を推進するため，モスクワで第2インターナショナルを創設した。

54　空欄　d　・　e　に該当する語句の組合せとして最も適切なものを，次のうちから選べ。
① d−ブレトン゠ウッズ国際経済体制　　　e−不戦条約
② d−ブレトン゠ウッズ国際経済体制　　　e−サンフランシスコ平和条約
③ d−ヴェルサイユ体制　　　　　　　　　e−不戦条約
④ d−ヴェルサイユ体制　　　　　　　　　e−サンフランシスコ平和条約

55 下線部 f に関して，1943年，連合国側の米英ソ 3 カ国の首脳が第二戦線の形成について会談を行った都市の名と，その都市の位置(次の略地図中の A または B のいずれか)の組合せとして最も適切なものを，あとのうちから選べ。

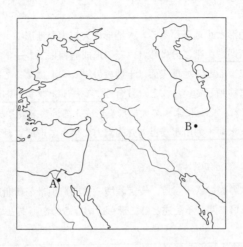

① カイロー A   ② カイロー B
③ テヘランー A   ④ テヘランー B

56 下線部 g に関して，1947年にソ連の勢力拡大を封じ込める政策を提唱したアメリカ合衆国の大統領と，同年にヨーロッパの経済復興の援助計画を発表したアメリカ合衆国の国務長官の組合せとして最も適切なものを，次のうちから選べ。
① トルーマン大統領ージョン＝ヘイ国務長官
② トルーマン大統領ーマーシャル国務長官
③ アイゼンハワー大統領ージョン＝ヘイ国務長官
④ アイゼンハワー大統領ーマーシャル国務長官

57 下線部 h に関して述べた次の文章中の空欄 A ・ B に該当する人物名・語句の組合せとして最も適切なものを，あとのうちから選べ。

サハラ以南のアフリカでは，1957年に A を指導者として B が最初の自力独立の黒人共和国となった。これに続いて1960年にはアフリカで一挙に17の独立国が生まれた。

① A ーエンクルマ（ンクルマ） B ーガーナ
② A ーエンクルマ（ンクルマ） B ーコンゴ
③ A ーナセル B ーガーナ
④ A ーナセル B ーコンゴ

Ⅰ　次の地形に関するA～Cの文章・地形図について，あとの各問い（1～10）に答えよ。

A　地球上の地形には大地形と小地形がある。大地形は大規模な地形で，形成された時期によって<u>安定陸塊・古期造山帯・新期造山帯に分けられ，その形成過程はプレートテクトニクスの考え方</u>によ_aって説明される。それによると，地球表面は十数枚のプレートによって覆われており，そのプレートはゆっくり水平方向に移動している。となり合う<u>プレートとプレートの境界</u>には内的営力が集中_bするため大きな力が生まれ，それによって大地形を形成する地殻変動や<u>火山活動</u>が起こるとされる。_c
　一方，小地形は<u>降水・氷河・河川水などの外的営力によって形成された規模の小さい地形</u>で，さ_dまざまな種類がある。

1　下線部aに関して，次の図のA～Cは，安定陸塊・古期造山帯・新期造山帯のいずれかの分布を示したものである。A～Cに関する記述として最も適切なものを，あとのうちから選べ。

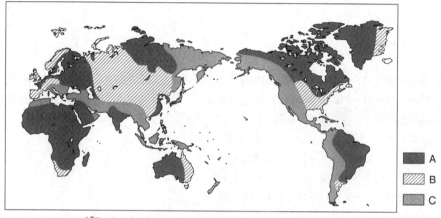

（『Earth：An Introduction to Physical Geology（Sixth Edition）』より）

　① Aは安定陸塊の地域で，その多くは丘陵性の山地になっている。
　② Bは古期造山帯の地域で，楯状地や卓状地が発達している。
　③ Cは新期造山帯の地域で，現在も地殻変動が続いており，高峻な山地が多い。
　④ 火山はAの地域に最も多く分布し，BやCの地域ではあまり見られない。

2　下線部bに関する次のa・bの記述の正誤の組合せとして最も適切なものを，あとのうちから選べ。
　a．太平洋・大西洋・地中海の海底にはプレートの広がる境界があり，海嶺とよばれる海底山脈が発達している。
　b．日本列島は，4つのプレートが押し合う，プレートの狭まる境界に位置するため，世界的な地震の多発地帯となっている。
　　① a－正　　b－正　　　　　　② a－正　　b－誤
　　③ a－誤　　b－正　　　　　　④ a－誤　　b－誤

3 下線部cに関して，2014年9月の噴火によって60
名以上の死者・行方不明者を出した火山名と，その
地図中の位置の組合せとして最も適切なものを，次
のうちから選べ。

① 御嶽山 － J
② 御嶽山 － K
③ 雲仙岳（普賢岳） － J
④ 雲仙岳（普賢岳） － K

4 下線部dに関して，次のア・イの写真についてのa・bの記述の正誤の組合せとして最も適切な
ものを，あとのうちから選べ。

ア

イ

a．アは氾濫原で，河川の流路周辺には自然堤防や後背湿地が発達している。

b．イは扇状地で，主に砂礫が堆積しているため全体的に水はけが悪い。

① a－正　b－正　　　　② a－正　b－誤

③ a－誤　b－正　　　　④ a－誤　b－誤

B　長期的な海面変動のほか，潮の干満・沿岸流・波の力などの影響を受けて，海岸にはさまざまな
地形が発達している。例えば，土地が隆起したり海面が低下したりすると　P　海岸が形成され，
逆に，土地が沈降したり海面が上昇したりすると　Q　海岸が形成される。リアス海岸やフィヨ
ルドは　Q　海岸の事例として知られる。　P　海岸と　Q　海岸の海岸線を比較すると，
一般的に　Q　海岸の方が　P　海岸よりも　R　である。

5　空欄　P　～　R　に該当する語句の組合せとして最も適切なものを，次のうちから選べ。

	①	②	③	④
P	沈　水	沈　水	離　水	離　水
Q	離　水	離　水	沈　水	沈　水
R	単　調	複　雑	単　調	複　雑

6　下線部 e に関して，次の図は，沿岸流がつくった地形の一部を示したものである。図中のカ・キ
の地形の名称の組合せとして最も適切なものを，あとのうちから選べ。

	①	②	③	④
カ	砂　嘴	砂　嘴	砂　丘	砂　丘
キ	トンボロ	ラグーン	トンボロ	ラグーン

7　下線部 f に関する記述として最も適切なものを，次のうちから選べ。
① リアス海岸は平地に乏しいが，湾内は波が穏やかで，天然の良港が発達しやすい。
② リアス海岸は，三陸海岸や室戸岬に発達している。
③ フィヨルドの湾奥は広大な平野であり，大都市が発達しやすい。
④ フィヨルドは，主に低緯度地域の海岸に発達している。

C 次の地形図は，国土地理院発行の地形図「砺波」の一部を原寸で示したものである。この地形図に
関するあとの問いに答えよ。

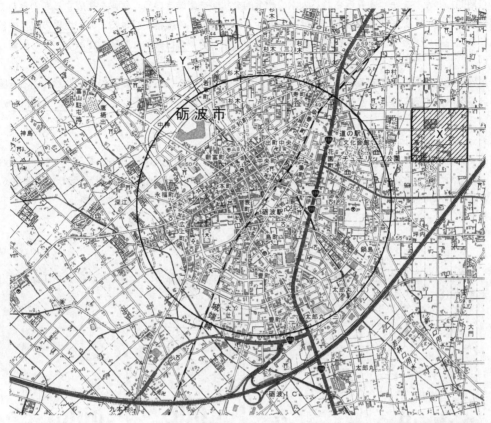

（平成28年調製，平成28年発行）
（本書の地形図は原寸を84％縮小しています）

8 地形図中の斜線部Ｘは，地図上で1.6 cm×1.8 cmの大きさである。この斜線部の実際の面積に最
も近いものを，次のうちから選べ。
① 0.072 km² ② 0.18 km² ③ 1.8 km² ④ 7.2 km²

9 地形図中のＹの範囲内に見られる施設の組合せとして適切でないものを，次のうちから一つ選べ。
① 税務署・郵便局 ② 市役所・老人ホーム
③ 裁判所・消防署 ④ 図書館・博物館

10 地形図から読み取れることがらに関する次のa・bの記述の正誤の組合せとして最も適切なもの
を，あとのうちから選べ。
a．JRの砺波駅付近には城跡があり，Ｙの範囲内には職人町を示す多くの町名が見られる。
b．砺波市街地の南西郊外には水田が広がり，環村（円村）形態の集落が分布している。
① a－正 b－正 ② a－正 b－誤
③ a－誤 b－正 ④ a－誤 b－誤

Ⅱ　次の気候に関する文章を読んで，あとの各問い(11〜18)に答えよ。

　長期間にわたって毎年繰り返される大気の総合的な状態を気候という。気候を構成するものとして気候要素があり，気候要素は地形・緯度・海流などの気候因子の影響を受けるため，世界の気候の分布は多様なものとなる。また，気候は植生・土壌の分布，地域の伝統的な服装や住居などにも影響している。
　　　　　　　　　　　　　　　　　　　　　a　　　　　　　　　　　　　　　　　　　　　　　　　　　　　b
　　　　　　　　　　c　　d　　　　　　　　e

　世界各地の気候を比較する場合はケッペンの気候区分が用いられることが多い。しかし，ある一国の気候を区分するにはあらすぎるため，日本では降水量の季節的パターンなどから独自の気候区分が
　　　　　　　　　　　　　　　　f
用いられている。
　　　　　　　　　　　　　　　　　　g　　　　　　　　　　　　　　h

11　下線部 a に関する次の a・b の記述の正誤の組合せとして最も適切なものを，あとのうちから選べ。
　　ａ．海流は，北半球の中緯度地域では時計回り，南半球の中緯度地域では反時計回りに循環する。
　　ｂ．日本列島の太平洋岸では，暖流の親潮が北流し，寒流の黒潮が南流している。
　　　① ａ－正　　ｂ－正　　　　　　　② ａ－正　　ｂ－誤
　　　③ ａ－誤　　ｂ－正　　　　　　　④ ａ－誤　　ｂ－誤

12　下線部 b に関して，次の雨温図は，あとの図中のいずれかの都市のものである。ダブリンに該当するものを，次のうちから選べ。

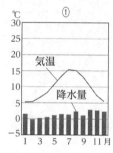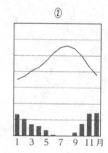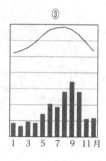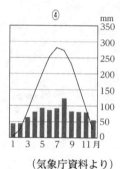

（気象庁資料より）

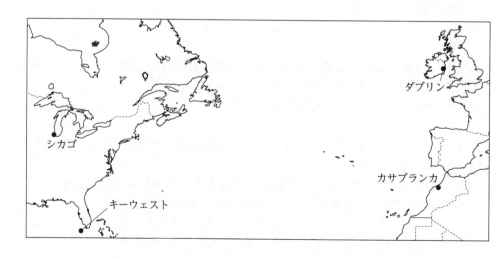

13　下線部cに関して，亜寒帯(冷帯)の地域に典型的に見られる植生として最も適切なものを，次のうちから選べ。

　　① ジャングル　　② ツンドラ　　③ タイガ　　④ セルバ

14　下線部dに関して，チェルノーゼムと同じ性質をもつ，湿潤ステップや温帯の長草草原に分布する成帯土壌として最も適切なものを，次のうちから選べ。

　　① ポドゾル　　② ラトソル　　③ レグール　　④ プレーリー土

15　下線部eに関する説明として波線部が適切でないものを，次のうちから一つ選べ。

　　① インドなど南アジアの女性が着用するサリーは，風通しがよい。
　　② 冬の寒さが厳しい朝鮮半島では，オンドルとよばれる床暖房を備えた家屋が見られる。
　　③ 一年中湿度の高い東南アジアの農村では，湿気を防ぐための高床式住居が見られる。
　　④ 寒冷地に住むイヌイットは，アルパカの毛皮でつくられた防寒着を着用している。

16　下線部fに関する記述として最も適切なものを，次のうちから選べ。

　　① 熱帯気候は，赤道付近の低緯度に分布しており，一年中気温が高い。
　　② 乾燥気候は，大陸の内陸部のみに分布しており，沿岸部では見られない。
　　③ 温帯気候は，四季の変化が小さく，植生も特定の樹種に限られている。
　　④ 寒帯気候のうち，氷雪気候は南極大陸のみに分布している。

17　下線部gに関して，日本では初夏に梅雨前線が形成され，降水量が多くなる。梅雨前線を形成する二つの気団の組合せとして最も適切なものを，次のうちから選べ。

　　① オホーツク海気団・小笠原気団　　　② オホーツク海気団・揚子江気団
　　③ シベリア気団・小笠原気団　　　　　④ シベリア気団・揚子江気団

18　下線部hに関して，次の図は，日本の気候を8つに区分したもののうち，一部の気候区を示したものであり，あとの①～④の文は，図中のア～エのいずれかの気候区の特徴を述べたものである。イに該当する記述として最も適切なものを，あとのうちから選べ。

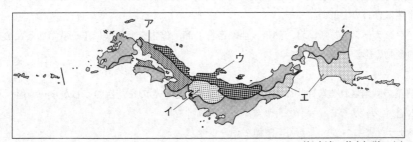

(松本淳・井上知栄ほか)

　　① 冬は寒く夏は暑い。冬に大量の積雪がある。
　　② 冬は寒く気温の年較差が大きい。降水量は年間を通じて少ない。
　　③ 冬はやや寒く夏は暑い。降水量は年間を通じて少ない。
　　④ 冬は非常に寒く夏は涼しい。冬の雪の量は少ない。

Ⅲ 農林水産業に関して，次の各問い(19~26)に答えよ。

19 次の図は，ある農産物について，主な産地と移動(2013年)を示したものである。図に該当する農産物を，あとのうちから選べ。

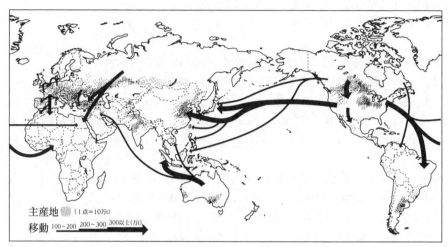

(FAOSTAT ほかより)

① 米　　② 小麦　　③ 大豆　　④ トウモロコシ

20 オアシス農業，園芸農業，企業的穀物・畑作農業，プランテーション農業に関する記述として最も適切なものを，次のうちから選べ。
① オアシス農業では，地下水路で灌漑用水を供給することがあり，このような水路は北アフリカではカレーズ，アフガニスタンではカナートとよばれる。
② 園芸農業は，市場出荷を目的として野菜・花卉などを栽培し，多くの資本を投入して集約的に行われるが，単位面積当たりの収益は低い。
③ 企業的穀物・畑作農業は，広大な耕地で大型の農業機械を用いて穀物を栽培するため，労働生産性はきわめて低い。
④ プランテーション農業は，熱帯・亜熱帯性の商品作物を大規模に単一栽培するため，国際価格の変動の影響を受けやすい。

21 焼畑農業で栽培される農作物の組合せとして適切でないものを，次のうちから一つ選べ。
① 水稲・ジャガイモ　　② ヤムイモ・タロイモ
③ バナナ・モロコシ　　④ 陸稲・キャッサバ

22 次のA〜Cのグラフは，天然ゴム，バナナ，綿花のいずれかについて，生産量の上位4か国と世界計に占める割合を示したものである。A〜Cと農産物名との組合せとして最も適切なものを，あとのうちから選べ。

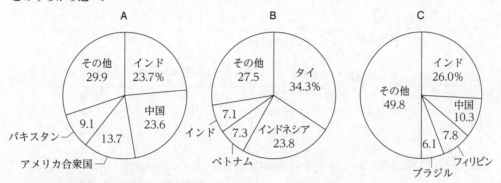

A

その他 29.9
インド 23.7%
中国 23.6
13.7
9.1
パキスタン
アメリカ合衆国

B

その他 27.5
タイ 34.3%
インドネシア 23.8
7.3
7.1
インド
ベトナム

C

インド 26.0%
中国 10.3
7.8
6.1
その他 49.8
フィリピン
ブラジル

統計年次は2014年。

（『データブック オブ・ザ・ワールド』2018年版より）

	①	②	③	④	⑤	⑥
A	天然ゴム	天然ゴム	バナナ	バナナ	綿花	綿花
B	バナナ	綿花	天然ゴム	綿花	天然ゴム	バナナ
C	綿花	バナナ	綿花	天然ゴム	バナナ	天然ゴム

23 次の写真は，アメリカ合衆国のグレートプレーンズに広がる円形の農地を上空から撮影したものである。この農地に関するa・bの記述の正誤の組合せとして最も適切なものを，あとのうちから選べ。

a．この農地は，フィードロット方式によってつくられた灌漑農地である。
b．地下水をくみ上げ，360度回転するアームを用いて散水や施肥などが行われている。

① a－正　　b－正　　　　　② a－正　　b－誤

③ a－誤　　b－正　　　　　④ a－誤　　b－誤

24 次の表の①～④は，オーストラリア，カナダ，バングラデシュ，ブラジルのいずれかについて，森林面積の対国土面積比，木材伐採高，木材伐採高に占める用材・薪炭材の割合を示したものである。カナダに該当するものを，表のうちから選べ。

	森林面積の対国土面積比（%；2014年）	木材伐採高（万 m³；2015年）	用材（%）	薪炭材（%）
①	9.7	2,679	1.0	99.0
②	34.8	15,600	97.0	3.0
③	58.1	25,440	53.6	46.4
④	16.1	3,210	85.2	14.8

森林面積の対国土面積比は，国土面積（内水面面積を含む）に対する森林面積の割合。

（『世界国勢図会』2017/18年版より）

25 世界の水産業に関する記述として最も適切なものを，次のうちから選べ。
① 大陸棚やバンク（浅堆）が分布する海域は，プランクトンが豊富で好漁場になりやすい。
② 1970年代になると，排他的経済水域を設ける国が増えたため，日本の沖合漁業による漁獲量は激減した。
③ 南アメリカのペルーは，マグロを大量に漁獲し，主に食用の缶詰に加工して輸出している。
④ 近年，人工的にふ化した稚魚を成魚になるまで人間の手で育てる栽培漁業が注目されている。

26 2014年現在，水域別漁獲量が世界最大の水域として最も適切なものを，次のうちから選べ。
① 北東大西洋漁場　　② 北西大西洋漁場
③ 北西太平洋漁場　　④ 南東太平洋漁場

Ⅳ　資源・エネルギー・工業に関して，次の各問い(27〜34)に答えよ。

27　次の図のA〜Cは，すず鉱，石炭，銅鉱のいずれかについて，世界の主な産出地を示したものである。資源名とA〜Cとの組合せとして最も適切なものを，あとのうちから選べ。

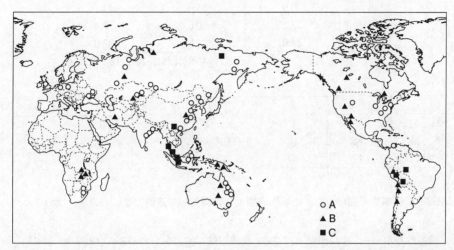

(UN Comtrade ほかより)

	①	②	③	④	⑤	⑥
すず鉱	A	A	B	B	C	C
石　炭	B	C	A	C	A	B
銅　鉱	C	B	C	A	B	A

28　資源とエネルギーに関する記述として最も適切なものを，次のうちから選べ。
　①　エネルギー資源を1次エネルギーと2次エネルギーに分けたとき，風力や水力は2次エネルギーである。
　②　電力の主な発電方式は国によって異なり，大河川に恵まれるオーストラリアやカナダでは水力発電が主流になっている。
　③　地球上での存在量が少ない，または純粋なものとして取り出すのが難しい金属をレアメタルという。
　④　石油資源に恵まれない日本は，OPEC に加盟して海外から安価な原油の輸入に努めている。

29 次の表は，日本の１次エネルギー総供給の構成（％）を示したものであり，表のＪ～Ｌは，原子力・石油・天然ガスのいずれかである。エネルギーの種類とＪ～Ｌとの組合せとして最も適切なものを，あとのうちから選べ。

	2000年度	2010年度	2015年度
Ｊ	13.0	17.3	22.3
Ｋ	50.9	43.5	44.7
Ｌ	12.1	10.6	0.4
その他	24.0	28.6	32.6

（『日本国勢図会』2017/18年版より）

	①	②	③	④	⑤	⑥
原子力	Ｊ	Ｊ	Ｋ	Ｋ	Ｌ	Ｌ
石　油	Ｋ	Ｌ	Ｊ	Ｌ	Ｊ	Ｋ
天然ガス	Ｌ	Ｋ	Ｌ	Ｊ	Ｋ	Ｊ

30 立地による工業の分類のうち，市場指向型工業の例として適切でないものを，次のうちから一つ選べ。

① 清涼飲料水　　② 印刷　　③ 高級服飾　　④ アルミニウム

31 世界各地の工業に関する記述として波線部が最も適切なものを，次のうちから選べ。

① 中国では，華南の沿海部に経済特区が設置され，国内市場向けの消費財を生産する輸入代替型の工業化が進められた。

② インド南部のバンガロールでは，付近で産出される鉄鉱石や石炭を利用した鉄鋼業が発達している。

③ イタリアのヴェネツィアやフィレンツェは，皮革・繊維・家具などの伝統産業の集積地として知られる。

④ フランスのマルセイユにあるユーロポートは，貿易港として重要なほか，石油化学コンビナートが立地している。

32 アメリカ合衆国の工業都市とその都市の代表的な工業業種との組合せとして適切でないものを，次のうちから一つ選べ。

① シアトル－航空機工業　　② ピッツバーグ－自動車工業

③ ヒューストン－宇宙産業　　④ シカゴ－食品加工業

33 アジア諸国の工業に関する次のa・bの記述の正誤の組合せとして最も適切なものを，あとのうちから選べ。

　a．韓国は，工業化が進んでアジア NIEs とよばれるようになり，近年は半導体などの分野の発達が著しい。

　b．ベトナムは，1980年代半ば頃からドイモイ(刷新)とよばれる市場開放政策を導入して工業化を進めた。

① a－正　　b－正　　　　　　② a－正　　b－誤

③ a－誤　　b－正　　　　　　④ a－誤　　b－誤

34 次のX～Zの図は，日本における自動車工場，セメント工場，半導体工場のいずれかの所在地を示したものである。工場の種類とX～Zとの組合せとして最も適切なものを，あとのうちから選べ。

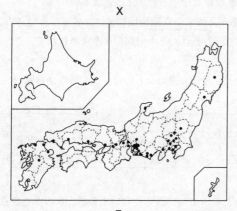

X　　　　　　　　　　　　　　　　　Y

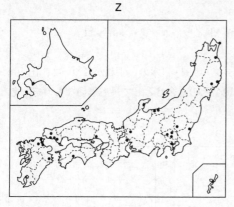

Z

自動車工場は組立工場のみ。
半導体工場は半導体チップの製造工場のみ。
統計年次は2016年。
(『日本国勢図会』2017/18年版より)

	①	②	③	④	⑤	⑥
自動車工場	X	X	Y	Y	Z	Z
セメント工場	Y	Z	X	Z	X	Y
半導体工場	Z	Y	Z	X	Y	X

Ⅴ 次の地球的な課題に関するA～Dの文章を読んで，あとの各問い(35～42)に答えよ。

A　2017年現在，世界の総人口は75億人をこえており，最も人口が多い国は中国で，次はインドである。
　人口の増加には地域差があり，自然環境，社会・経済の形態などの地域的特徴を反映している。
　b
B　都市が発展するにつれて，さまざまな都市問題が発生している。早くから市街地化が進んだ先進
　国の大都市では，都心部で住宅環境が悪化し，行政区の存立が危うくなる　P　が発生し，地域
　の再開発や活性化が課題となっている。一方，都市人口が急速に増加した発展途上国では，プライ
　メートシティとよばれる都市が見られるようになった。
　c
C　1970年代以降，地球環境問題を討議するさまざまな国際会議が開催されてきた。例えば地球温暖
　d　　　　　　　　　　　　　　　　　　　e
　化については，1997年の気候変動枠組条約第3回締約国会議(COP3)において　Q　が採択され
　た。しかし，各国の利害の対立などもあって足並みがなかなかそろわず，課題は多い。
D　2017年現在，世界には190か国余りの独立国があるが，国家の形態や民族構成はさまざまである。
　　　　　　　　　　　　　　　　　　　　　　　　f
　国内や周辺諸国との間で民族・領土問題を抱えている国もあり，その早期解決が求められている。
　　　　　　　　　g

35　空欄　P　・　Q　に該当する語句の組合せとして最も適切なものを，次のうちから選べ。

	①	②	③	④
P	インナーシティ問題	インナーシティ問題	スプロール現象	スプロール現象
Q	京都議定書	モントリオール議定書	京都議定書	モントリオール議定書

36　下線部aに関して，2017年現在，人口が1億人以上の国として適切でないものを，次のうちから
　一つ選べ。
　① インドネシア　　② ナイジェリア　　③ ドイツ　　④ メキシコ

37　下線部bに関して，次のア～ウの図は，スウェーデン・中国・日本のいずれかについて，出生率・
　死亡率の推移と予測を示したものである。ア～ウと国名との組合せとして最も適切なものを，あと
　のうちから選べ。

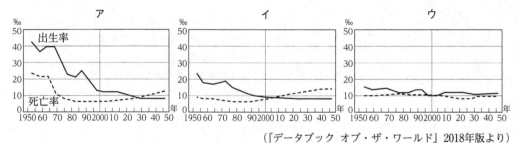

(『データブック オブ・ザ・ワールド』2018年版より)

	①	②	③	④	⑤	⑥
ア	スウェーデン	スウェーデン	中 国	中 国	日 本	日 本
イ	中 国	日 本	スウェーデン	日 本	スウェーデン	中 国
ウ	日 本	中 国	日 本	スウェーデン	中 国	スウェーデン

38 下線部 c の日本語での呼称として最も適切なものを，次のうちから選べ。

① 巨帯都市 　　② 首位都市 　　③ 巨大都市 　　④ 衛星都市

39 下線部 d に関する記述として最も適切なものを，次のうちから選べ。

① 越境大気汚染の例として，貿易風に乗って中国内陸部から日本に飛来する大気汚染物質 PM2.5 があげられる。

② フロンの大量使用によってオゾン層の破壊が進み，赤道上空にオゾンホールが出現した。

③ アメリカ合衆国では，東部に比べて西部で酸性雨の被害が大きく，土壌や湖沼の酸性化が問題となった。

④ モルディブでは，地球温暖化に伴う海面上昇により国土が水没することが懸念されている。

40 下線部 e に関して，1992年に開催された国連環境開発会議（地球サミット）で採択されたものの組合せとして最も適切なものを，次のうちから選べ。

① アジェンダ21・砂漠化対処条約 　　② アジェンダ21・生物多様性条約

③ 人間環境宣言・砂漠化対処条約 　　④ 人間環境宣言・生物多様性条約

41 下線部 f に関して，連邦国家の例として**適切でない**ものを，次のうちから一つ選べ。

① アメリカ合衆国 　　② スイス 　　③ ブラジル 　　④ フランス

42 下線部 g に関して，下のカ～クの文は，次の図中の X～Z のいずれかの地域における民族・領土問題についての記述である。X～Z とカ～クとの組合せとして最も適切なものを，あとのうちから選べ。

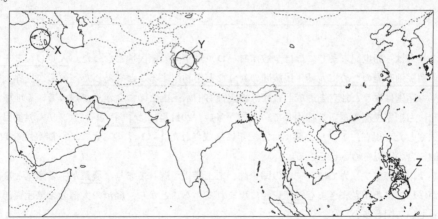

カ．ヒンドゥー教徒とムスリム（イスラム教徒）の対立と，この地域の帰属をめぐる周辺国家の対立が複雑に絡み合っている。

キ．各国の国境地域にまたがって居住するクルド人が，自治や独立を求める運動を展開している。

ク．ムスリムのモロ人が，カトリック教徒の多い国からの分離独立を求めて活動してきた。

	①	②	③	④	⑤	⑥
X	カ	カ	キ	キ	ク	ク
Y	キ	ク	カ	ク	カ	キ
Z	ク	キ	ク	カ	キ	カ

VI 次のアフリカに関する地図と文章について，あとの各問い(43〜50)に答えよ。

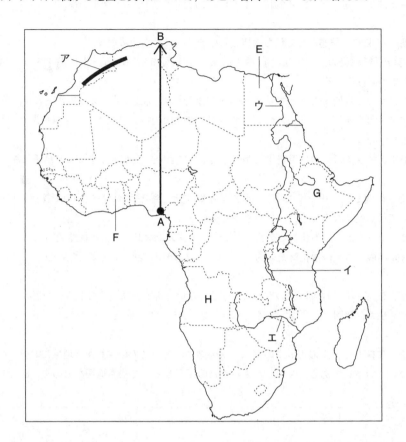

I アフリカは，19世紀末までにほぼ全域がヨーロッパ諸国の植民地となった。<u>入植したヨーロッパ人は，植民地支配のために人種・民族間の対立などを利用することもあった。</u>第二次世界大戦後にアフリカ諸国は次々と独立を達成したが，独立後も旧宗主国とのつながりが残っている地域が多く，<u>公用語</u>にも旧宗主国の言語を採用している国が多い。2011年には P がアフリカ54番目の国として独立した。現在，アフリカ諸国は2002年に結成された Q のもとで，一層高度な政治的・経済的統合の実現をめざしている。

II サハラ以南のアフリカでは，一部の国を除いて工業化が遅れており，<u>農業</u>が主要産業となっている国が多い。また，さまざまな<u>鉱産資源</u>に恵まれていることから，経済の大部分を鉱産資源の輸出に頼っている国も多い。

43 図中のア・イの山脈・湖の名称の組合せとして最も適切なものを，次のうちから選べ。

	①	②	③	④
ア	アトラス山脈	アトラス山脈	ドラケンスバーグ山脈	ドラケンスバーグ山脈
イ	ヴィクトリア湖	タンガニーカ湖	ヴィクトリア湖	タンガニーカ湖

44 図中のウ・エの河川に関する次のa・bの記述の正誤の組合せとして最も適切なものを，あとのうちから選べ。

a．ウの河口部には，大規模な三角州が発達している。

b．エの河口付近は，油田地帯となっている。

① a−正　　b−正　　　　　② a−正　　b−誤

③ a−誤　　b−正　　　　　④ a−誤　　b−誤

45 図中のA地点からB地点にかけて分布する気候区（ケッペンの気候区分）を順に並べたものとして最も適切なものを，次のうちから選べ。

① Af(Am)→Aw→BS→BW→BS→Cs　　② Aw→Af(Am)→BW→BS→Cs→Cw

③ Af(Am)→Aw→BW→BS→Cs→Cw　　④ Aw→Af(Am)→BS→BW→BS→Cs

46 空欄 　P　・　Q　 に該当する語句の組合せとして最も適切なものを，次のうちから選べ。

	①	②	③	④
P	西サハラ	西サハラ	南スーダン	南スーダン
Q	APEC	AU	APEC	AU

47 下線部aに関連して，アフリカ諸国の人種・民族についての次のa・bの記述の正誤の組合せとして最も適切なものを，あとのうちから選べ。

a．南アフリカ共和国では，有色人種を差別する白豪主義政策がとられていた。

b．ルワンダでは，多数派のツチ人と少数派のフツ人が対立し，内戦に発展した。

① a−正　　b−正　　　　　② a−正　　b−誤

③ a−誤　　b−正　　　　　④ a−誤　　b−誤

48 下線部bに関して，図中のE〜Hの国の公用語についての記述として最も適切なものを，次のうちから選べ。

① Eでは，旧宗主国の言語であるフランス語が公用語となっている。

② Fでは，旧宗主国の言語である英語が公用語となっている。

③ Gでは，旧宗主国の言語であるドイツ語が公用語となっている。

④ Hでは，現地の共通語であるスワヒリ語が公用語となっている。

49　下線部cに関して，次の図のX～Zは，アフリカ大陸におけるカカオ・コーヒー・茶のいずれか
　　の主な産地を示したものである。X～Zと作物名との組合せとして最も適切なものを，あとのうち
　　から選べ。

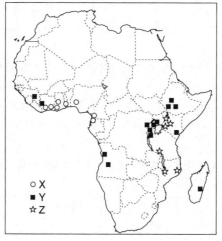

(Atlas of Africa ほかより)

	①	②	③	④	⑤	⑥
X	カカオ	カカオ	コーヒー	コーヒー	茶	茶
Y	コーヒー	茶	カカオ	茶	カカオ	コーヒー
Z	茶	コーヒー	茶	カカオ	コーヒー	カカオ

50　下線部dに関して，次の表は，ある鉱産資源の生産上位5か国と世界計に占める割合（%）を示し
　　たものである。この鉱産資源に該当するものを，あとのうちから選べ。

国名	世界計に占める割合
ロシア	29.0
ボツワナ	17.7
コンゴ民主共和国	12.0
オーストラリア	9.0
カナダ	8.1
その他	24.2

統計年次は2013年。

(『世界国勢図会』2017/18年版より)

① 金鉱　　② ニッケル鉱　　③ ダイヤモンド　　④ ボーキサイト

平成30年度　倫理政経

（Ⅰ～Ⅵは必須問題。Ⅶ・Ⅷについては，どちらか1題を選択し，計7題を解答すること）

Ⅰ 次の会話文を読んで，あとの各問い（1～4）に答えよ。

生徒A：「青年期の課題」のグループ発表にこのグラフを使おうと思っているんだけど，どうかな？

生徒B：日本と諸外国の若者を対象にした「自分について誇りを持っているもの」の調査ね。これは若者の自己肯定感について聞いているのね。<u>このグラフからどんなことがわかるかな</u>。

生徒C：アメリカの心理学者 b が人間の欲求を5つの階層に分類し，下位の欲求が満たされることで，より高位の欲求が出現し，より幸福な人生を送ることになると説いたよね。

生徒A：それによれば，この調査で聞いている自己肯定感は5つの階層の中でも c の欲求に該当するかな。

生徒B：日本の若者が諸外国の若者に比べて低めなのは，謙虚な発言をする国民性かもしれないけれど，それにしても日本の若者は自分に対して<u>欲求不満</u>の状態になっているということだよね。

生徒C：自分自身も思いあたるのだけれど，私たちのような青年期にはいろんな悩みがあって，なりたい理想の自分と，なれない自分とのギャップに苦しむよね。

生徒B：わかるよ。私自身は，それを乗り越えて自分という人間を理解して成長していくのが大人になるってことかなと思っているんだけど？

生徒A：いろんな哲学者が<u>「人間とは何か」</u>に答えようとしてきたね。この悩みは青年期だけで終わらないのだと思う。生涯を通じて人間というもの，自分というものを知ろうとすることが大切だと思うよ。

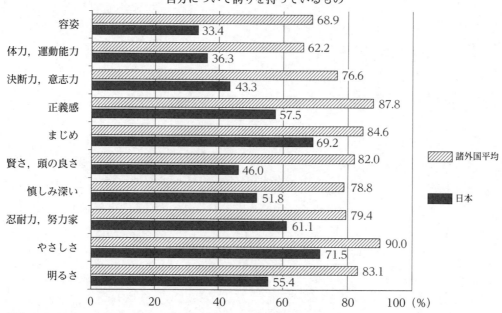

自分について誇りを持っているもの

容姿　68.9／33.4
体力，運動能力　62.2／36.3
決断力，意志力　76.6／43.3
正義感　87.8／57.5
まじめ　84.6／69.2
賢さ，頭の良さ　82.0／46.0
慎しみ深い　78.8／51.8
忍耐力，努力家　79.4／61.1
やさしさ　90.0／71.5
明るさ　83.1／55.4

諸外国平均

日本

「あなたは，以下のそれぞれについて，誇りを持っていますか」との問いに対し，
「誇りを持っている」「どちらかといえば誇りを持っている」と回答した者の合計。

内閣府「子ども・若者白書」平成26年版より作成

1 下線部 a に関して，グラフから読みとれる内容として最も適切なものを，次のうちから選べ。

① 日本の若者は「容姿」，「体力，運動能力」，「賢さ，頭の良さ」のいずれもが40％未満の回答で，諸外国の若者に比べ自己肯定感が低い傾向にある。

② 諸外国の若者は「やさしさ」と「正義感」において自己肯定感が特に高く，どちらも90％以上であるが，日本の若者は「やさしさ」が70％を超え，次いで「まじめ」も70％近くになっている。

③ 諸外国の若者は，「体力，運動能力」が65％未満で最も低く，日本の若者は「容姿」が35％未満で最も低い自己肯定感の項目となっている。

④ 諸外国の若者も日本の若者も「やさしさ」は80％以上と共通して高い傾向にあるが，「決断力，意志力」「賢さ，頭の良さ」は日本の若者だけが50％未満で自己肯定感が低い。

2 空欄 b ・ c に該当する人物名・語句の組合せとして最も適切なものを，次のうちから選べ。

① b－マズロー　　c－所属と愛情　　② b－マズロー　　c－自尊（尊重）
③ b－オルポート　c－所属と愛情　　④ b－オルポート　c－自尊（尊重）

3 下線部 d に関連して，次のA～Cは，下のア～エの防衛機制のどの具体例と考えられるか。組合せとして最も適切なものを，あとのうちから選べ。

A：卓球部に入っている中学生の弟は，なかなか強くなれずに悔しい思いをしているが，憧れの卓球選手のガッツポーズを試合中に真似ている。

B：Xさんは，自分が無意識にYさんを苦手にしているのに，Yさんから嫌われていると思い込んでいる。

C：明日はテストだというのにまるで点数がとれそうにないZさんは，テスト勉強をしないで布団の中で一晩中ゲームをした。

ア：逃避　　イ：同一視　　ウ：反動形成　　エ：投影（投射）

① A－ア　B－イ　C－ウ　　　② A－ア　B－ウ　C－イ
③ A－イ　B－ア　C－ウ　　　④ A－イ　B－エ　C－ア
⑤ A－ウ　B－イ　C－エ　　　⑥ A－ウ　B－エ　C－ア
⑦ A－エ　B－ア　C－ウ　　　⑧ A－エ　B－ウ　C－イ

4 下線部 e に関する記述として最も適切なものを，次のうちから選べ。

① ホイジンガは，人間は生活の必要から離れて自由に遊びを楽しみ，学問や芸術やスポーツなどの文化を形成してきた「ホモ＝ルーデンス」であると主張した。

② サルトルは，人間は死への不安を隠して日常生活に埋没し，誰でもない存在となっているが，本来，人間は死に直面した存在であり，死を自覚して生きる存在であると主張した。

③ ベルクソンは，進化論を背景に，人間は自然に働きかけて環境を変え，道具を使って物を作り出す人「ホモ＝レリギオースス」であると主張した。

④ ハイデッガーは，人間は本質を規定されておらず，主体的な選択と決断によって生きる存在であると主張した。

Ⅲ 次の人間としての自覚に関する文章を読んで，あとの各問い（5〜11）に答えよ。

　今から2500年以上前に古代ギリシャ人の中から哲学は誕生したとされている。自然哲学者たちは，私たちの住む世界の<u>根源</u>（アルケー）は何かについて，ソクラテス，プラトン，<u>アリストテレス</u>などの哲学者は，人はどのように生きることが<u>「よく生きること」</u>になるのかについてそれぞれの言葉を残した。このような思考がその後の西洋の近代哲学の基礎となっていった。

　一方で，西アジアで誕生した民族宗教のユダヤ教が，約2000年前にイエスによって民族という枠組みをこえた宗教へと発展した。さらに7世紀には<u>ユダヤ教</u>や<u>キリスト教</u>の影響を受けた中から<u>イスラーム（イスラーム教）</u>が誕生した。

　また，インドで<u>仏教</u>の開祖ガウタマ゠シッダールタ（ゴータマ゠シッダッタ）が，世界が苦に満ちていることを知って，修行と瞑想を経て悟りを得たのが，今から約2500年前であったとされている。

　同じころ中国では，儒教の開祖である孔子が戦乱の世の中を治めるための人々の生き方として，親子や兄弟の間の自然な情愛である　g　を他の人々にも拡大した　h　を柱にした生き方を弟子たちに示し，「　g　なるものは，それ　h　の本なるか」としている。

　このようにして誕生した東西の思想や宗教は，現代に生きる私たちの人としての生き方や価値観の源流となっている。

5　下線部aに関する自然哲学者の考え方として最も適切なものを，次のうちから選べ。
　① ピタゴラスは万物の根源を「原子」であるとした。
　② タレスは万物の根源を「空気」であるとした。
　③ デモクリトスは万物の根源を「水」であるとした。
　④ ヘラクレイトスは万物の根源を「火」であるとした。

6　下線部bはテオリア的生活が最も幸福な状態であるとした。テオリアの意味として最も適切なものを，次のうちから選べ。
　① 理性を働かせて真理を考察すること。
　② 主客未分の純粋経験の世界に至ること。
　③ 労働を通じて自然に働きかけること。
　④ 神の前にただ一人立つ単独者となること。

7　下線部cに関する様々な思想についての記述として適切でないものを，次のうちから一つ選べ。
　① ソクラテスは，よく生きることとは魂をできるだけすぐれたものにしようと配慮することであると主張した。
　② エピクロスは，その時における物質的肉体的な快楽によって情念が解放された状態をアタラクシアとよび，これを追求することがよく生きることであると主張した。
　③ プラトンは，人間がイデア界にある善のイデアへのエロースをもつことで，不完全な自己を普遍的な理想に近づけようと向上させることを，よく生きることであるととらえた。
　④ ストア派のゼノンは，情欲を制して自然に従って生きることが，よく生きることであると考えた。

8 下線部dを世界宗教に発展させたパウロの思想として最も適切なものを，次のうちから選べ。
① 原罪の苦しみから人間を救うため，神が私たちの前にイエスをつかわし，イエスの十字架上での死によって罪を贖った。
② キリスト教の教えである神秘的な啓示は，形而上学の理性によって合理的に解釈することができ，それによって信仰は完成する。
③ 神を信じ，律法の一つひとつの掟を厳格に守ること（律法主義）が，神から祝福され救済される唯一の道である。
④ 世界の歴史は，神への愛に基づく「神の国」と，人間の自己愛に基づく「地上の国」との戦いであり，最終的には平和に満ちた「神の国」が勝利を収める。

9 下線部eに関する記述として最も適切なものを，次のうちから選べ。
① 1日5回のメッカに向かっての礼拝，ラマダーンの断食，メッカへの巡礼などは，六信と呼ばれている。
② ウンマは，宗教集団であると同時に生活共同体であり，ウンマの構成員には，神のために自己を犠牲にして努力するヒジュラが義務として課されている。
③ ユダヤ教のモーセやキリスト教のイエスも預言者の一人であるが，ムハンマドが最も完全なかたちで神の言葉を伝える最後の預言者であるとされている。
④ イスラームの聖典である『クルアーン（コーラン）』には，信者の生活規範だけでなく，神の子である開祖ムハンマドの言行もしるされている。

10 下線部fに関する次の文章の空欄 ア ・ イ に該当する語句の組合せとして最も適切なものを，あとのうちから選べ。

> 第一にさまざまの対象に向かって愛欲快楽を追い求めるということ，これは低劣で，卑しく，世俗の者のしわざであり，とうとい道を求める者のすることではなく，真の目的にかなわない。また，第二には自ら肉体的な疲労消耗を追い求めるということ，これは苦しく，とうとい道を求める者のすることではなく，真の目的にかなわない。比丘たち，如来はそれら両極端を避けた ア をはっきりとさとった。これは，人の眼を開き，理解を生じさせ，心の静けさ・すぐれた知恵・正しいさとり・ イ のために役立つものである。
>
> （「パーリ語大蔵経相応部経典」より）

① アー中道　イー慈悲　　　　② アー中道　イー涅槃
③ アー中庸　イー慈悲　　　　④ アー中庸　イー涅槃

11 空欄 g ・ h に該当する語句の組合せとして最も適切なものを，次のうちから選べ。
① g－忠恕　h－礼　　　　② g－忠恕　h－仁
③ g－孝悌　h－礼　　　　④ g－孝悌　h－仁

III 次の日本の思想に関する文章を読んで，あとの各問い(12〜18)に答えよ。

　古代の日本は自然崇拝を背景にした神々のいる国であった。日本人は神の威力による災厄である
□a□を恐れ，神を祀った。また，うそ偽りのないありのままの心に神が宿るとされ，そのような
□b□心は日本人の心の源流を成している。
　6世紀半ばに日本に仏教が公式に伝わり，それまでの神々への信仰と仏への信仰は神仏習合という
形で融合した。奈良時代，平安時代，鎌倉時代の仏教は，それぞれの時代背景の中で特徴ある発展を
していった。江戸時代にはこれまでの時代の中で培われてきた「みやび」「わび」「さび」「いき」とい
った日本に独特の美意識が見直され，日本人の中に定着した。
　一方，日本に伝わった儒教の中でも朱子学が，徳川幕府による政治の安定に適していたために幕府
によって奨励されることになった。また，町人や農民の思想も展開された。さらに明治の開国によって，
西洋文明の受容とこれまでの日本文化の関係が課題となる中で，新たな思想が誕生していくことにな
った。このように日本の精神文化は複合的に折り重なって形成されたのである。

12　空欄□a□・□b□に該当する語句の組合せとして最も適切なものを，次のうちから選べ。
　① a－祟り　b－清き明き　　　　　　② a－祟り　b－高く直き
　③ a－穢れ　b－清き明き　　　　　　④ a－穢れ　b－高く直き

13　下線部cに関連して，本地垂迹説についての記述として最も適切なものを，次のうちから選べ。
　① 神が本当の存在であり，仏は神が仮の姿として人々の前に現れたものという考え方。
　② 神が人の姿になったものが仏であり，仏は存在しないという考え方。
　③ 仏が本当の存在であり，神は仏が仮の姿として人々の前に現れたものという考え方。
　④ 仏が人の姿になったものが神であり，神は存在しないという考え方。

14　下線部dに関する記述として最も適切なものを，次のうちから選べ。
　① 栄西は，この世の苦悩を捨て次の生で極楽浄土に往生することを願って，阿弥陀仏を心の中
　　に観想して念ずる浄土信仰を広めた。
　② 空海は，全国各地を遍歴しながら死者を弔い，橋をかけ，踊りながら念仏を唱える踊り念仏
　　で阿弥陀仏信仰を庶民に広めた。
　③ 空也は，大日如来の教えを三密の行によって受け取り，その身のまま仏になった者が持つ力
　　によって現世利益をもたらす祈禱を広めた。
　④ 道元は，ただひたすら坐禅に励み，我欲などのあらゆる束縛から解放されて身も心も自在の
　　境地に至ることを広めた。

15 下線部eに関連して，国学を大成した本居宣長についての記述として最も適切なものを，次のうちから選べ。

① 『万葉集』にあるような男性的でおおらかな「ますらをぶり」を理想とし，儒教や仏教が入る前の本来の日本人の精神風土を取り戻すことを主張して，『国意考』を著した。

② 中国から伝わった儒教や仏教に感化された心を「漢意」として批判し，ありのままの真心による感情の動きを「もののあはれ」といい，日本人独特の心のあり方として肯定した。

③ 『源氏物語』などの古典を研究し，天皇によって天下が治められていた時代の言葉の意味に着目して，誤りや偽りのない「誠」のこころを肯定した。

④ 中国の儒教や仏教が流入する前の日本独自の文化を重視して神道を復活させ，天皇を精神的な中心とする日本のあり方を説き，『霊能真柱』で死後の霊魂のゆくえを論じた。

16 下線部fに関する次の文章の空欄　ア　・　イ　に該当する人物名の組合せとして最も適切なものを，あとのうちから選べ。

> 戦国時代に僧から朱子学者となった藤原惺窩の弟子として学んだ　ア　は，藤原惺窩の推挙で徳川家康に仕えた。彼は，主君に仕える武士としての規範道徳の普及に努め，特に君臣上下を天の理と一致させる上下定分の理を強調し，のちに家塾が湯島聖堂として幕府直轄の学問所となった。また，朱子学者の　イ　は，幕府の政治顧問として幕政の改革と安定に貢献し，イタリア人宣教師を尋問して得た知識を『西洋紀聞』にまとめた。

① ア－林羅山　イ－新井白石
② ア－林羅山　イ－雨森芳洲
③ ア－山鹿素行　イ－新井白石
④ ア－山鹿素行　イ－雨森芳洲

17 下線部gに関して，石田梅岩についての記述として適切でないものを，次のうちから一つ選べ。

① 商人の営利活動が卑しいこととされた時代に，「商人の儲けは侍の俸禄と同じ」と商業を肯定する説を唱えた。

② 買ってもらう相手を大切にし，「先も立ち，我も立つ」とする商人としての互いの信頼関係を重視し，正直であることを是とした。

③ 「天と海は一体であって，上もなければ下もない」としてすべての人間が平等に自給自足の生活を送り，生産活動を送ることが真の人であるとした。

④ 「倹約は財宝をほどよく用い，分限に応じ，過不及なく，物の使い捨つることを厭い」として，無駄な出費を抑える倹約を是とした。

18 下線部 h に関する記述として最も適切なものを，次のうちから選べ。

① 内村鑑三は，幕府や諸藩の狭い利益を重視している状態を批判し，世界的視野に立つ「公共の天理」を主張し，西洋文明を受容して日本の独立を守ることを説いた。

② 夏目漱石は，文明開化によって技術や制度が西洋化したものの，日本人の内面はそれに適応できずにいることから，自他の個性を尊重する倫理性に根ざした自我の確立を目指した。

③ 横井小楠は，西洋文化にある哲学が日本にはなく，日本の民権は上から与えられたものであって，西洋のように自ら民衆が権利を求めて獲得した民権とは異なることを指摘した。

④ 中江兆民は，日本の伝統である清廉・潔白・堪忍を旨とする武士道に，キリスト教に基づく平和主義を結び付けた。

Ⅳ 次の西洋思想の変遷に関する文章を読んで，あとの各問い(19〜25)に答えよ。

　14世紀に始まったルネサンスは，教会による封建的な支配から人間を解放して人間尊重の考え方へ
と発展し，西洋の近代化の大きなきっかけとなった。16世紀，ドイツの神学者ルターは教会が贖宥状(免
罪符)を乱発したことに抗議し，ここから宗教改革が始まった。一方で，ニュートンらによって従来
の神による自然支配の考え方は，自然を法則的に理解する近代科学へと発展していった。

　イギリスではベーコンによって，フランスではデカルトによって，近代的な思考方法が展開された。
その後，ドイツの哲学者　e　がベーコンの経験論とデカルトの合理論のそれぞれの問題を批判的
に統合して批判哲学を大成した。彼は，人間は物自体を認識することはできず，現象を認識している
にすぎないという理性の限界を指摘し，経験からは独立して意志を規定する普遍的な道徳法則を与え
る　f　によって自律的に生きる自由な主体としての人間の在り方を理論付けた。

　しかし，20世紀になると，科学技術や社会システムを裏付ける理性はむしろ現代社会の問題点を生
み出すという批判対象になった。このような立場からファシズムを批判したのがフランクフルト学派
であり，多様化する世界に生きる私たちに新たな指針を提示している。

19　下線部aに関する様々な思想についての記述として最も適切なものを，次のうちから選べ。
　① ピコ＝デラ＝ミランドラは，『愚神礼讃(痴愚神礼讃)』で教会の特権階級に属する人々の腐敗
　　や堕落，戦争による愚行を批判し，人間の尊厳と平和を強調した。
　② トマス＝モアは，『人間の尊厳について』で人間が自由意志を持ち，獣に堕落することも，神
　　と合一する崇高な存在になることもできると主張した。
　③ パスカルは，『パンセ』で人間はひとくきの弱い葦に過ぎないが，大きな宇宙の前に自らが悲
　　惨な存在であることを考えることができる点で宇宙よりも偉大であると主張した。
　④ エラスムスは，『ユートピア』で囲い込みによって農民が浮浪化して犯罪を犯してしまう状況
　　に対して，公共の利益につながらない土地所有の在り方を批判した。

20　下線部bに関して，ルターまたはカルヴァンについての記述として適切でないものを，次のうち
　から一つ選べ。
　① 教会の伝統的な儀式に頼らずに聖書の言葉だけが神と人間とを結ぶよりどころであるという
　　聖書中心主義を唱えた。
　② 神と人間とを結ぶのに聖職者としての司祭は不要であり，全ての信仰者が等しく司祭となり
　　得るという万人司祭主義を唱えた。
　③ 世俗的な職業であっても，神の栄光のために勤勉に働き，結果として利益を得ることも，神
　　が定めた神聖な義務であるという職業召命観を唱えた。
　④ その人が善行を積み重ねることで，神によって救われる予定に入ることができるという予定
　　説を唱えた。

21　下線部cは物事を正しく認識することを妨げる偏見や先入観（先入見）としてイドラを４つに分類している。次は４つのイドラのいずれかの例である。「洞窟のイドラ」の例として最も適切なものを，次のうちから選べ。
　　① Ａさんは，国内屈指の研究施設で働く研究者が書いた論文だから，主張している新しい研究内容も間違っているはずがないと思って論文を読んでいた。
　　② Ｂさんは，自身が落ち込んだ時に雨が降ってくると，空が自分のために泣いてくれたように見えて，励まされた気持ちになる。
　　③ Ｃさんは，自分の家の水道水を直接飲むことができるため，世界中どこの国でも水道水は安全であると思ってしまった。
　　④ Ｄさんは，最初に入ってきた情報は「景気はやや上向いているらしい」であったのに，社内で情報交換している間に「景気は急激な上昇期にある」と思い込んで企画書の根拠にしてしまった。

22　下線部dに関する次の文章の空欄　ア　・　イ　に該当する語句の組合せとして最も適切なものを，あとのうちから選べ。

　　ベーコンによって経験や観察を重ねて普遍的な法則原理を導き出す科学的な思考法である　ア　が展開され，一方，デカルトによって人間の理性による思考によって明晰判明な原理から真理を導き出す思考法である　イ　が展開された。

---

　　① アー弁証法　イー演繹法　　　　　② アー演繹法　イー帰納法
　　③ アー帰納法　イー演繹法　　　　　④ アー帰納法　イー弁証法

23　空欄　e　・　f　に該当する人物名・語句の組合せとして最も適切なものを，次のうちから選べ。
　　① e－カント　　f－理論理性　　　② e－カント　　f－実践理性
　　③ e－ヘーゲル　f－理論理性　　　④ e－ヘーゲル　f－実践理性

24　下線部gに関連して，科学史家クーンの思想についての記述として最も適切なものを，次のうちから選べ。
　　① 科学の進歩は，連続的な進歩ではなく，科学者が共有する理論的な枠組みであるパラダイムが転換することによって生じる。
　　② ある命題が真か偽かは，その命題単独では判断できず，その命題を含む全体の体系システムにおいてのみ検証することができる。
　　③ 科学的なものの考え方というのは，反証される可能性をもつことであり，無謬性を求めることを批判し，絶対的な法則によって歴史が進むという考えを批判した。
　　④ 「真理は言葉で言い表せる」というロゴス中心主義をはじめとする従来の西欧の物の考え方の基礎を一旦崩して，新しい考え方を構築しようとした。

25 下線部hに関する記述として最も適切なものを，次のうちから選べ。

① 人間の活動的生活を労働，仕事，活動に分け，動物として生命を維持するために行う労働が，人間としての営みである仕事や活動よりも優位にある近代社会を批判した。

② ハーバーマスは，近代的理性によって効率的な政治・経済システム社会が可能となったが，システムに人間が支配されて社会への参加意識が薄れてしまっており，これを解決していくには，社会における対話と合意形成が必要だと主張した。

③ フロムは，人間が自然を支配するための理性で産業社会が進んだ結果，理性が最も効率的な方法のための道具になってしまい，ナチズムや核兵器開発などの野蛮状態を引き起こしたと主張した。

④ アドルノは，人間が封建的束縛から解放されて自由になった一方で，孤独や無力感に苦しみ，分別をなくして権威に服従・同調する群集心理によってドイツ国民がナチズムを支持するという結果を招いたと主張した。

次の文章を読んで，あとの各問い(26〜34)に答えよ。

　2018年は，世界人権宣言が第3回国連総会で採択されて70年の節目の年にあたる。
　もとより世界人権宣言は，それ以前の権利章典，アメリカ独立宣言，フランス人権宣言などの<u>諸宣言</u>の内容が盛り込まれており，<u>平等権</u>，<u>自由権</u>，<u>参政権</u>などが規定されている。また，世界人権宣言に直接規定はないが，それらの諸宣言の思想を受け継いだ以上，国民主権や法の支配，<u>立憲主義</u>の原理も含まれていると考えられている。世界人権宣言の代表的な規定を以下にあげる。
第1条　すべての人間は，生れながらにして自由であり，かつ，尊厳と権利とについて平等である。
　　　　人間は，理性と良心とを授けられており，互いに同胞の精神をもって行動しなければならない。
第3条　すべて人は，<u>生命，自由及び身体の安全に対する権利</u>を有する。
第8条　すべて人は，憲法又は法律によって与えられた基本的権利を侵害する行為に対し，権限を有する<u>国内裁判所</u>による効果的な救済を受ける権利を有する。
第21条　①すべて人は，直接に又は自由に選出された<u>代表者</u>を通じて，自国の政治に参与する権利を有する。
第25条　①すべて人は，<u>衣食住，医療及び必要な社会的施設等により，自己及び家族の健康及び福祉に十分な生活水準を保持する権利並びに失業，疾病，心身障害，配偶者の死亡，老齢その他不可抗力による生活不能の場合は，保障を受ける権利を有する。</u>

26　下線部aに関して，次の資料ア〜ウは人権に関する歴史的文書の一部である。資料ア〜ウを発布された年代の古い順に正しく並べたものを，あとのうちから選べ。

資料ア

　　われわれは，自明の真理として，すべての人は平等に造られ，造物主によって，一定の奪いがたい天賦の権利を付与され，そのなかに生命，自由および幸福の追求の含まれることを信ずる。

資料イ

　　国王は，王権により，議会の承認なしに法律の効力を停止し，または法律の執行を停止し得る権限があると称しているが，そのようなことは違法である。

資料ウ

　　権利の保障が確保されず，権力の分立が規定されないすべての社会は，憲法をもつものではない。

①　資料ア→資料イ→資料ウ　　　　　②　資料ア→資料ウ→資料イ

③　資料イ→資料ア→資料ウ　　　　　④　資料イ→資料ウ→資料ア

⑤　資料ウ→資料ア→資料イ　　　　　⑥　資料ウ→資料イ→資料ア

27 下線部bを実質化するために制定された法律として最も適切なものを，次のうちから選べ。

① 男女雇用機会均等法   ② 内閣法

③ 平和安全法制整備法   ④ 労働組合法

28 下線部cに関する次の文章の空欄 ア ～ ウ に該当する語句の組合せとして最も適切なものを，あとのうちから選べ。

> 自由権は，国家権力による侵害・干渉を排除して個人の自由な生活領域を確保する権利である。その意味で，ア と言われている。自由権は，国家以前に存在すると考えられた イ が国家社会においても人間の生存に不可欠として保護が要求されるようになった権利である。その内容と保障の方法に違いはあるものの，自由権は各国の憲法において中核的地位を占めている。大日本帝国憲法(明治憲法)にも規定があったが，その規定には法律で制限することが可能な ウ が存在した。

① アー国家からの自由　イー自然権　　　　ウー法律の留保
② アー国家からの自由　イー平和的生存権　ウー政教分離規定
③ アー国家による自由　イー自然権　　　　ウー政教分離規定
④ アー国家による自由　イー平和的生存権　ウー法律の留保

29 下線部dに関して，投票率を高めるための制度についての次のa・bの記述の正誤の組合せとして最も適切なものを，あとのうちから選べ。

a．期日前投票は，投票日に投票所に行けない人が選挙人名簿の属する市区町村の期日前投票所で投票日前に投票できる制度である。

b．不在者投票は，投票日に投票所に行けない人が期日前投票所以外の場所(一定の条件に該当するときは郵便も可)で投票日前に投票できる制度である。

① a－正　b－正   ② a－正　b－誤

③ a－誤　b－正   ④ a－誤　b－誤

30 下線部eに関連して，大日本帝国憲法(明治憲法)と日本国憲法についての記述として適切でないものを，次のうちから一つ選べ。

① 大日本帝国憲法は，憲法に基づいた政治を行うことを定めていたが，実質は天皇主権を基本原理とした外見的立憲主義であった。

② 日本国憲法は，国の最高法規であり，基本的人権の尊重，天皇や公務員などに憲法尊重擁護義務が定められている。

③ 大日本帝国憲法は，国民投票をせずに天皇が勅命で発議し帝国議会で議決することで憲法を改正することができた。

④ 日本国憲法では，立憲主義の立場から，改正の手続きを経ずに解釈の変更で内容を変える「解釈改憲」は一切認められておらず，現在に至るまで行われていない。

31 下線部 f に関連して，死刑制度廃止の是非についてのディベートを行うとき，死刑制度廃止の肯定側の根拠となる資料の組合せとして最も適切なものを，あとのうちから選べ。

資料ア

死刑には犯罪抑止効果がある。

資料イ

誤った裁判によるえん罪の場合，死刑執行は取り返しがつかない。

資料ウ

どんな凶悪犯の命であっても，国家に人を殺す権利はない。

資料エ

日本の世論調査では，死刑制度は支持されている。

資料オ

遺族の被害・応報感情を癒やす制裁としての死刑は，社会秩序を維持するのに欠かせない。

資料カ

死刑に犯罪抑止効果はない。

① 資料ア，資料イ，資料ウ   ② 資料ア，資料ウ，資料オ

③ 資料イ，資料ウ，資料カ   ④ 資料イ，資料エ，資料オ

32 下線部gに関連して，日本の裁判員制度についての記述として**適切でないもの**を，次のうちから一つ選べ。

① 裁判員制度とは，国民が裁判員として刑事裁判に参加し，被告人が有罪かどうか，有罪の場合どのような刑にするかを裁判官とともに決める制度である。

② 裁判員制度は，家庭裁判所，地方裁判所及び高等裁判所で行われる，殺人罪，強盗致死傷罪など一定の重大な犯罪の裁判に導入されている。

③ 裁判員は選挙管理委員会が作成した名簿に基づいて作成された候補者名簿の中から事件ごとにくじで選ばれる。

④ 裁判員裁判では原則として，裁判官3名と裁判員6名で裁判が行われる。

33 下線部hに関連して，次のア～エについて，日本において任期が終わる前に有権者が法に基づいて解職請求できる職の組合せとして最も適切なものを，あとのうちから選べ。

ア 国会議員　　イ 内閣総理大臣　　ウ 地方公共団体の首長　　エ 地方公共団体の議員

① アとイ　　　② アとウ　　　③ イとウ　　　④ イとエ　　　⑤ ウとエ

34 下線部iに関して，この規定の趣旨は，日本国憲法のある条文の趣旨とほぼ同じである。趣旨がほぼ同じ日本国憲法の規定として最も適切なものを，次のうちから選べ。

① 日本国憲法第13条　個人の尊重

② 日本国憲法第24条　家族生活における個人の尊厳

③ 日本国憲法第25条　生存権

④ 日本国憲法第31条　法定の手続の保障

VI　次の日本の経済に関する文章を読んで，あとの各問い(35〜43)に答えよ。

　1990年代初頭のバブル経済崩壊を発端とし，1997年の<u>消費税増税</u>やアジア通貨危機を経て<u>デフレー</u>
<u>ション</u>が顕著になり，停滞した日本経済は，これまで<u>失われた10年</u>，さらには失われた20年を経験し
てきた。
　2012年の衆議院議員総選挙の際，この日本経済の現状を打破しようと掲げられたのが，いわゆる「ア
ベノミクス」である。アベノミクスは，下記の「三本の矢」を経済成長を目的とした政策運営の柱に掲
げていた。
　大胆な<u>金融政策</u>，機動的な<u>財政政策</u>，民間投資を喚起する成長戦略，の3本である。個別の政策と
しては，それぞれの矢としておもに次の政策が提示，あるいは指摘されていた。
　1．大胆な金融政策
　　①2％のインフレ目標
　　②日本銀行を通じた<u>国債</u>の買い入れ・長期保有
　　③<u>円高の是正</u>と，そのための円流動化
　2．機動的な財政政策
　　①大規模な公共投資
　3．民間投資を喚起する成長戦略
　　①「<u>健康長寿社会</u>」から創造される成長産業
　　②大胆な規制改革
　　③<u>女性が輝く日本</u>
このアベノミクスの是非についてはさまざまな議論がある。

35　下線部aに関する次の文章の空欄　ア　〜　ウ　に該当する語句の組合せとして最も適切な
ものを，あとのうちから選べ。

　　1985年秋，主要国はドル高を是正することで合意すると，円高が急進した。この合意を
　ア　と呼ぶ。急激な円高に苦しんだ日本の輸出産業を救うため，日本銀行は1986年から金
融緩和を行い，戦後最低の2.5％まで　イ　を引き下げた。そのため空前のカネ余り現象が起
き，主に株と　ウ　に対する投機が続き，実態を超す資産価格の膨張＝「バブル」を招いた。

---

　①　アールーブル合意　イー支払準備率　ウー土地
　②　アールーブル合意　イー公定歩合　　ウー仮想通貨
　③　アープラザ合意　　イー支払準備率　ウー仮想通貨
　④　アープラザ合意　　イー公定歩合　　ウー土地

36 下線部bに関して，次のグラフは2018年度一般会計予算(当初予算)の歳入のグラフである。消費税に該当するものを，グラフ中の①～④のうちから選べ。

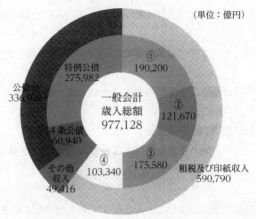

(単位：億円)

公債金 336,922
特例公債 275,982
4条公債 60,940
その他収入 49,416
一般会計歳入総額 977,128
① 190,200
② 121,670
③ 175,580
④ 103,340
租税及び印紙収入 590,790

財務省資料より作成

37 下線部cに関連して，デフレスパイラルについての次の文章の空欄 エ ～ カ に該当する語句の組合せとして最も適切なものを，あとのうちから選べ。

バブル経済崩壊後の日本は，いわゆるデフレスパイラルに陥った。デフレスパイラルとは次のような悪循環を指す。

需要後退→ エ → オ →リストラによる人員整理→ カ →さらなる需要減退

---

① エー物価上昇　オー企業採算悪化　カー金利上昇
② エー物価上昇　オー円高進行　　カー所得減少
③ エー物価下落　オー企業採算悪化　カー所得減少
④ エー物価下落　オー円高進行　　カー金利上昇

38 下線部dに関して，現在，日本銀行が行っている主要な金融政策の手段として最も適切なものを，次のうちから選べ。
① 金融の自由化　　② 公開市場操作　　③ 政府への貸付　　④ 窓口指導

39 下線部eに関して，財政の機能についての記述として適切でないものを，次のうちから一つ選べ。
① 防衛，外交，道路，教育，医療のような公共財を供給する。
② 歳入に占める公債比率を下げることによって，プライマリー・バランスを赤字にするよう調整して国民所得を増加する。
③ 所得の分配を公正にするために，歳入面では累進税率の適用，歳出面では生活保護などによる所得再分配を行う。
④ ビルト・イン・スタビライザーなどで景気の変動を小さくし経済を安定化する。

40 下線部 f に関連して，普通銀行の機能についての記述として**適切でないもの**を，次のうちから一つ選べ。

① 国際的な取り引きを行う銀行には，日本銀行が定めている自己資本比率8％以上であることが課されている。

② 銀行は，資金の運用先を探している預金者と，資金の調達を必要とする企業を見つけ出し，仲介を行う。

③ 銀行の預金者は，銀行の預金口座を利用することにより，現金を使わずに口座振替で送金や公共料金の支払いなどができる。

④ 銀行は預金の一部を支払(預金)準備金として残して残りを貸し出し，企業に貸し出された資金は取引先に支払われ，取引先からまた銀行に預金される。これを繰り返すことによって信用創造が起きる。

41 下線部 g に関連して，次のグラフについての記述として最も適切なものを，あとのうちから選べ。

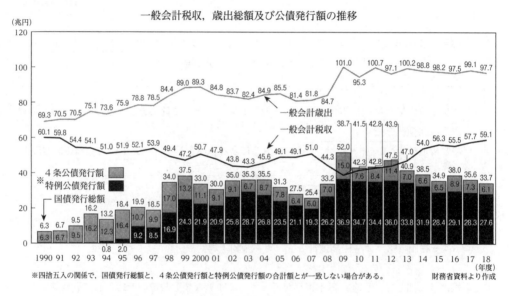

一般会計税収，歳出総額及び公債発行額の推移

※四捨五入の関係で，国債発行総額と，4条公債発行額と特例公債発行額の合計額とが一致しない場合がある。

財務省資料より作成

① グラフ中の「4条公債」とは，財政法第4条で定められている，いわゆる「赤字国債」を指し，「特例公債」とは，いわゆる「建設国債」を指している。

② 一般会計歳出と一般会計税収の差が「赤字」であり，そのほとんどが「国債」の発行で当てられており，2018年度の予算の国債依存度は約34.5％である。

③ 1990年度から1993年度にかけて，「特例公債発行額」がゼロなのは，高度経済成長期最後の「いざなぎ景気」の時期だったため国債発行の必要がなかったからである。

④ 1990年度以降，国債依存度が最も高かったのは，一般会計歳出と一般会計税収の差が一番開いた2003年度であり，国債依存度は約42.8％に達していた。

42 下線部 h に関連して，「健康長寿社会」の前提として生活費を保障する年金制度がある。年金制度に関する記述として最も適切なものを，次のうちから選べ。

① 日本の公的年金には，基礎年金制度が導入されているが，会社員などは厚生年金にも加入している。

② 国民年金は，日本に住んでいる20歳から60歳未満のすべての人が加入し，65歳になれば，手続しなくても自動的に年金を受け取ることができる。

③ 厚生年金の年金支給額は一律 8 万5300円であり，国民年金より掛け金が高いので受け取る年金額も高い。

④ 現在の年金制度では，保険料を納めることが難しい人に対して，納付を一時的に猶予したり，免除したりする制度がないことが問題とされている。

43 下線部 i に関連して，2017年の男女別平均賃金（月収）は，男性が約36万円，女性が約25万円であった。このような賃金格差がある原因を説明するときに使用する資料の組合せとして最も適切なものを，あとのうちから選べ。

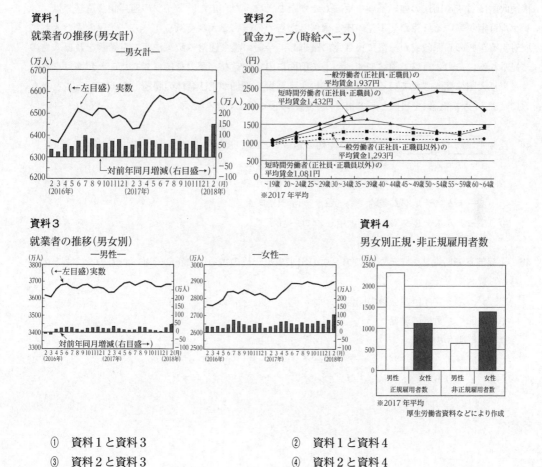

資料1
就業者の推移（男女計）

資料2
賃金カーブ（時給ベース）

資料3
就業者の推移（男女別）

資料4
男女別正規・非正規雇用者数

※2017年平均
厚生労働省資料などにより作成

① 資料1と資料3
② 資料1と資料4
③ 資料2と資料3
④ 資料2と資料4

Ⅶ 次の国際政治に関する文章を読んで，あとの各問い（44〜50）に答えよ。

　2017年の国際政治の大きな動きの中に，注目すべきものが２点あった。まず，1648年の　**a**　で国際社会の基礎が形成されて以来，国際社会の主体は主権国家であった。しかし，第二次世界大戦後の冷戦期を経て，近年では2017年７月，核兵器禁止条約が国際連合（国連）の会議で採択された立役者として2017年のノーベル平和賞が核兵器廃絶国際キャンペーン（ICAN）に授与されたように，国際社会の主体が主権国家だけでなく，NGOや多国籍企業などにも広がってきたことである。つまり，NGOの活動を通して形成された国際世論などが主権国家の行動を左右する場面も見られるようになったことがあげられる。

　２点目は，ヨーロッパの選挙である。フランス大統領選挙では，マクロン氏が当選したが，対立候補のルペン氏も，いわゆる極右政党の候補としてはこれまでで最も多い票を獲得し，EU（欧州連合）や移民政策に対する国民の強い不満を反映したかたちとなった。また，ドイツの連邦議会選挙では，メルケル首相が率いる与党が第１党の座を確保したものの議席を大きく減らす一方，難民の受け入れに反対する新興の右派政党が一気に第３党に躍進し，今後の議会運営や政策決定にも影響を及ぼすものと見られる。このように，国益や　**g**　を前面に出す政党などが力を持ってきたことがあげられる。もとより大国に翻弄されているシリア情勢による難民の増加がEU全体の課題となっていることもあるにせよ，「人権擁護」を目標として掲げたEUの今後が問われている。

44 空欄　**a**・**g**　に該当する語句の組合せとして最も適切なものを，次のうちから選べ。
① a－ウェストファリア条約　　g－ナショナリズム
② a－ウェストファリア条約　　g－グローバリズム
③ a－アムステルダム条約　　　g－ナショナリズム
④ a－アムステルダム条約　　　g－グローバリズム

45 下線部ｂの時期におこった次のア〜ウの出来事を年代の古い順に正しく並べたものを，あとのうちから選べ。
ア．ジュネーブ４巨頭会談の開催
イ．キューバ危機の勃発
ウ．朝鮮戦争の勃発
① ア→イ→ウ　　　② ア→ウ→イ　　　③ イ→ア→ウ
④ イ→ウ→ア　　　⑤ ウ→ア→イ　　　⑥ ウ→イ→ア

46　下線部 c に関連して，条約についての次の文章の空欄　ア　～　ウ　に該当する語句の組合せとして最も適切なものを，あとのうちから選べ。

> 　条約とは，国家間または国家と　ア　との間の文書による合意である。協約・規約・憲章・協定・取り決め・宣言・覚書・議定書などの名称が用いられることもある。日本では，内閣が条約の　イ　を有するが，その事前または事後に　ウ　の承認を得なければならない。

① 　ア－NPO　　　イ－締結権　ウ－最高裁判所
② 　ア－NPO　　　イ－批准権　ウ－国会
③ 　ア－国際機関　イ－批准権　ウ－最高裁判所
④ 　ア－国際機関　イ－締結権　ウ－国会

47　下線部 d に関する記述として適切でないものを，次のうちから一つ選べ。
① 　国連の目的は，国際の平和と安全を維持すること，国家間の友好関係を発展させ世界平和を強化する措置をとること，国際問題の解決と人権尊重の促進に協力すること，そして，これらの達成にあたって各国の行動を調和させるための中心的役割を果たすことである。
② 　国連は世界政府ではないが，国際紛争の解決を助けたり，国際社会に影響する事柄について政策を決めたりする。そのためすべての加盟国には，その国の大小や貧富，政治的意見や社会制度の違いに関係なく，総会において平等な発言権と投票権がある。
③ 　国連は，第一次世界大戦後に成立した勢力均衡方式を採用した国際連盟の理念を継ぐ機関である。国際連盟が，全会一致方式や制裁が武力制裁に限られていたことなどにより，第二次世界大戦を防げなかったことから，欠陥を修正した組織として発足した。
④ 　国連の活動を方向づける規則や原則として，国連憲章がある。国連憲章は，各加盟国の権利と義務などを示す一連の指針となっており，ある国が国連に加盟するということは，憲章の目的と原則を受け入れるということになる。

48　下線部 e に関する次の文章の空欄　エ　・　オ　に該当する語句の組合せとして最も適切なものを，あとのうちから選べ。

> 　NGO とは，英語の Non-Governmental Organization の頭文字を取った略称で，貧困，飢餓，環境など，世界的な問題に対して，政府や国際機関とは違う「民間」の立場から，国境や民族，宗教の壁を越え，利益を目的とせずにこれらの問題に取り組む団体であり，日本では　エ　と訳されている。国連憲章第71条の規定に基づき，国連の主要機関である　オ　は，国連の取り組む諸分野で活動している民間団体を国連 NGO と認定している。

① 　エ－非政府組織　オ－経済社会理事会　　② 　エ－非政府組織　オ－世界銀行
③ 　エ－非営利組織　オ－経済社会理事会　　④ 　エ－非営利組織　オ－世界銀行

49 下線部 f に関する次の文章の空欄 　カ　 ・ 　キ　 に該当する語句の組合せとして最も適切なものを，あとのうちから選べ。

　　1951年採択の「難民の地位に関する条約」では，難民とは「人種，宗教，国籍もしくは特定の社会的集団の構成員であることまたは 　カ　 的意見を理由に迫害を受ける恐れがあるという十分に理由のある恐怖を有するために，国籍国の外にいる者であって，その国籍国の保護を受けられない者またはそのような恐怖を有するためにその国籍国の保護を受けることを望まない者」と定義されている。今日，国外に逃れるか，国内にとどまるかに関わらず，人道危機によって生活が脅かされた人々を支援する国連の機関が 　キ　 である。

---

①　カ－政治　キ－UNICEF　　　　　②　カ－政治　キ－UNHCR
③　カ－経済　キ－UNICEF　　　　　④　カ－経済　キ－UNHCR

50 下線部 h に関する次の a・b の記述の正誤の組合せとして最も適切なものを，あとのうちから選べ。
　a．2011年以降，いわゆる「アラブの春」の一環で，各地で反政府デモが発生し，さらに反政府勢力に過激派武装勢力なども参加して，政府との間で内戦状態に発展し，未だに解決の糸口が見つかっていない。
　b．シリアに住むイスラム系少数民族であるロヒンギャに対する軍や警察の弾圧，民間人による迫害行為によって，国内で生活する人も，隣国や海外に逃れた人々も悲惨な生活を余儀なくされている。
　　①　a－正　b－正　　　　　　　　②　a－正　b－誤
　　③　a－誤　b－正　　　　　　　　④　a－誤　b－誤

VIII 次の国際経済に関する文章を読んで，あとの各問い(51〜57)に答えよ。

2017年の国際経済のトピックは2点あった。1点目は，2016年にイギリスが実施した<u>EU（欧州連合）</u>
からの離脱の是非を問う国民投票の結果を受けて，イギリスが2017年3月，EUから離脱することを
EUに正式通知したことである。2019年3月の離脱に向けた交渉は6月に始まり，12月に，両者は，
交渉の「第1段階」として，①イギリスが支払う分担金，②双方の市民の権利保護，③北アイルランド
の国境管理の3点について合意した。今後交渉は，<u>自由貿易協定</u>など将来の関係を話し合う「第2段階」
に入る。EUからの離脱についてイギリスは，<u>通貨</u>としてユーロを使用せず，ポンドを維持し続けた
ため経済的打撃は少ないとの予想もある。しかし，<u>国際金融</u>の中心地ロンドンにも変化が起こるとの
予想もある。世界の金融機関の多くはイギリスに拠点を置き，ヨーロッパに展開している。これは，
　　　　　e　　　　　そのため，イギリスは国内総生産の1割以上を金融業が稼いでいる。EU離脱後，このメ
リットがなくなるため多くの多国籍企業がロンドンから移転すると予測されている。

2点目は，アメリカのトランプ大統領が2017年6月，地球温暖化対策の新たな国際的枠組みである
パリ協定から離脱すると表明したことだ。同協定は2016年11月に発効したが，世界第2位の温室効果
ガス排出国で最大の資金拠出国であるアメリカの離脱は大きな打撃となる。パリ協定では，<u>発展途上
国</u>も含めて排出削減を進めるために，発展途上国に対して資金・技術を支援することも盛り込まれて
いる。フランスのマクロン大統領らはアメリカ抜きの連携強化を呼びかけているが，各国が協調し，
いかに協定を機能させられるかが今後注目される。

51 下線部aに関する次の文章の空欄 ア ～ ウ に該当する語句の組合せとして最も適切な
ものを，あとのうちから選べ。

　　ヨーロッパは，何百年もの間，幾度となく戦争の悲劇に見舞われてきた。近代に入ってからは，
その多くの場合，対立の中心にはフランスとドイツがいた。その繰り返しに終止符を打とうと，
1950年，当時のフランス外相のロベール・シューマンは， ア と鉄鋼という，当時，あら
ゆる軍事力の基礎となっていた産業部門を共同管理する，超国家的なヨーロッパの機構の創設
を提唱した。この演説は後に「シューマンプラン」として知られるようになり，現在のヨーロッ
パ統合の出発点となった。
　　1952年，シューマンの考えに賛同したフランス，西ドイツ（当時）， イ ，イタリア，ル
クセンブルクおよびオランダが欧州 ア 鉄鋼共同体を設立した。その後，平和と和解に留
まらない，欧州統合の政治的・経済的意義も徐々に認識されていった。1958年，「共通市場」を
擁する欧州経済共同体が創設され，その後，1967年に欧州共同体が発足し，1993年に ウ
条約が発効して現在のEUに至っている。

---

① アー石炭　イーベルギー　　　ウーマーストリヒト
② アー石炭　イースウェーデン　ウーニース
③ アー石油　イーベルギー　　　ウーニース
④ アー石油　イースウェーデン　ウーマーストリヒト

52 下線部 b に関連して，東南アジア諸国連合(ASEAN)が FTA をさらに進化させて，2015年に発足させた ASEAN 経済共同体の略称を，次のうちから選べ。

① ASEM　　　　② APEC　　　　③ AFTA　　　　④ AEC

53 下線部 b に関連して，自由貿易についての次の a・b の記述の正誤の組合せとして最も適切なものを，あとのうちから選べ。

a．イギリスの経済学者アダム・スミスは比較生産費説に基づく国際分業の利益を唱え，自由貿易論を展開した。

b．ドイツの経済学者リストは自由貿易論を批判し，途上国の工業国への発展を阻害しないために，保護貿易によって国内産業を守るべきであると主張した。

① a－正　b－正　　　　　　　　② a－正　b－誤
③ a－誤　b－正　　　　　　　　④ a－誤　b－誤

54 下線部 c に関連して，国際通貨体制についての次のア～オの記述のうち正しいものの組合せとして最も適切なものを，あとのうちから選べ。

ア．第二次世界大戦後のブレトン・ウッズ体制においては，ドルと金の交換は保証されていなかった。

イ．第二次世界大戦後のブレトン・ウッズ体制においては，世界銀行が経常収支が赤字となっている加盟国に融資を行い，為替相場の安定の維持をはかってきた。

ウ．第二次世界大戦後のブレトン・ウッズ体制によって，1971年のドル・ショック(ニクソン・ショック)までは固定為替相場制が続いた。

エ．1971年のドル・ショック(ニクソン・ショック)によって固定為替相場制に事実上終止符が打たれたが，同年のスミソニアン協定によって新レートでの固定為替相場制の再建がはかられた。

オ．1971年のスミソニアン協定後，固定為替相場制が続いたが，主要国が変動為替相場制に移行したため，1976年に GATT のウルグアイラウンドで変動為替相場制が追認され，現在に至っている。

① アとウ　　　　② イとエ　　　　③ ウとエ　　　　④ エとオ

55 下線部 d に関連して，次の文章が説明しているものを，あとのうちから選べ。

> 　投資家の資金を運用し，短い期間で高い運用益を目指す基金のこと。投資のリスクを回避するために，リスクを相殺する逆の投資を組み合わせる。

① メルコスール　　② レーガノミックス　　③ フェアトレード　　④ ヘッジファンド

56 空欄 e に該当する文として最も適切なものを，次のうちから選べ。

① イギリスは，ブラジル，ロシア，インド，中国といった BRICS と FTA を締結しているからだ。

② EU 内であれば，金融機関が1国で事業認可を得れば，他国でも業務を展開できる「(シングル)パスポート制度」があるからだ。

③ イギリスはベバリッジ報告を受けて，第二次世界大戦後，ヨーロッパの中でも高い社会保障水準を保っているからだ。

④ EU 内にとどまれば，巨大市場の中で多数の農作物が商品化でき，需要供給曲線が理想的に働くからだ。

57 下線部 f に関連して，南北問題についての記述として**適切でない**ものを，次のうちから一つ選べ。

① 発展途上国の要求で国連に UNCTAD が設立され，UNCTAD の総会では NIEO（新国際経済秩序）樹立に関する宣言が採択された。

② 発展途上国が特定の一次産品の生産と輸出に依存するモノカルチャー経済にあることが，南北問題の原因の一つとされている。

③ 南北問題だけでなく，発展途上国間でも経済格差が拡大しており，南南問題として問題となっている。

④ 発展途上国のなかには，経済発展のために多額の外貨を借り入れた結果，支払いが不能になる累積債務問題を抱えている国もある。

平成30年度　日 本 史　解答と解説

Ⅰ　原始・古代史諸問題

A　縄文・弥生時代

【1】　正解は⑦。Aは誤り。**土偶は土で作られた人形**で，ほとんどが女性をかたどっている。腹部などが強調されており，**多産を祈った**という説のほか，手足がわざと折られた状態で見つかることが多く，土偶を作り身体の悪い所を破壊することで快癒（かいゆ）を祈ったなどの説がある。Bも誤り。**抜歯**は歯のうちの門歯と犬歯を抜くもので，**成人の通過儀式**（痛みに耐えることが一人前の大人として認められる）と考えられている。（叉状）**研歯**は前歯をフォーク状に削るもので呪術師が**魔除け**のために行ったのではないかなどと考えられている。Cは正しい。この時代の死者の埋葬法には**屈葬**がある。これは手足を折り曲げて埋めるもので，胎児の姿を真似ることで再生を祈った，**死霊が抜けでる**のをおそれて行ったなどの説がある。

【2】　正解は②。①**須恵器**は古墳時代の5世紀に朝鮮から伝来した土器である。高温で焼かれた硬質の土器で薄くて壊れやすく，色は灰色である。製作にあたってはのぼり窯やろくろが使用された。②は正しい。水稲農耕を特徴とする弥生文化は食料が豊富な**沖縄（南西諸島）**と，寒冷で米作りには適さない**北海道**には伝わらなかった。沖縄は貝類に頼る南島（貝塚）文化が，北海道はサケ・マスに頼る続縄文文化（7世紀からは擦文文化と呼ばれる鉄器文化）が栄えた。③弥生時代の稲作の特徴は低湿地を田んぼにして（**湿田**），そこに籾を直に播いた（**直播**），そして稲が実ると**石包丁**で穂の部分だけを刈り取った（**穂首刈**）。弥生時代の中期になると鉄製農具の普及で土地の開拓が容易になり，用水路を備えた**乾田**も出現するようになった。④根刈りが行われるようになるのは鉄鎌が普及した弥生時代後期以降。

【3】　正解は③。写真は**銅鐸**である。弥生時代に伝わった金属器には鉄器・青銅器がある。青銅器には銅剣・銅戈（か）・銅鉾（矛）・銅鐸・銅鏡があり，銅鉾・銅戈は九州北部，**銅鐸は近畿**，平形銅剣は瀬戸内を中心に分布している。これは文化を異にする3つの勢力圏があったことを物語っている。

【4】　正解は①。弥生時代の墓の形式には土器の甕に遺体をいれる**甕棺墓**，板状の石で箱状のものを作りそこに遺体を入れる箱式石棺墓，甕棺を埋めた上に数個の石を置きその上にテーブル状の大石を置いた支石墓，中央部に土を厚く盛った墳丘墓，周囲に溝を掘ってその際にでた土を中央部に盛り上げた**方形周溝墓**などがある。

B　推古朝～平安時代の略年表

【5】　正解は③。540年，外交問題で大伴氏が失脚したあと大臣の蘇我稲目（そがのいなめ）と大連の物部尾輿（もののべのおこし）が台頭，両者は欽明天皇時に伝わった仏教を巡り対立した。さらに，稲目の子馬子と尾輿の子守屋（もりや）も仏教や皇位継承で争い，587年，馬子が守屋を滅ぼし稲目の孫にあたる**崇峻天皇（すしゅん）**をたて政権を独占した。その後，馬子は不満を持つようになった崇峻天皇を東漢直駒（やまとのあやのあたいこま）を使って暗殺，592年，欽明天皇の娘で，敏達天皇（びたつ）の后だった炊屋姫（かしきやひめ）を推古天皇として即位させた。推古天皇は日本初の女帝である。

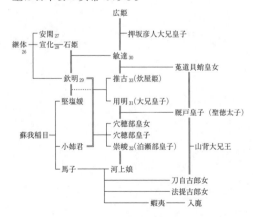

【6】　正解は②。蘇我氏滅亡後に成立した新政府が646（大化２）年に出した「改新の詔」（『日本書紀』に掲載）の第二条の国郡制に関しては「郡評論争」がおこった。詔では国の下の行政区画として郡を置くとなっていたが，701年に完成した大宝律令以前の石碑などには「郡」ではなく「評」という行政区画が使われていた。藤原京（694年に造られた都）から出土した木簡にも「郡」ではなく「評」という行政区画が使われていた。これは何を意味するのか…。改新の詔の第二条の「郡」は実は「評」であり，「評」という行政区画が大宝律令の施行によって「郡」に代わるまで使われていたということで，「改新の詔」を日本書紀に載せるときに，「評」を「郡」と書き換えたことを示している。

【7】　正解は④。下記の奈良時代の略年表にあるように藤原不比等の四子が死亡したあと，もと皇族の橘諸兄が遣唐使として留学していた吉備真備・玄昉とともに政権を握った。これに対して740（天平12）年，式家宇合の子藤原広嗣が「今の政治が悪いのは玄昉・吉備真備のせいだ，玄昉・吉備真備を除け」といって九州で反乱を起こした。この乱で政情が不安定となったため聖武天皇は遷都を繰り返す一方，仏教の力で平和を取り戻そうとし（鎮護国家思想），741（天平13）年，恭仁京で国分寺建立の詔，743（天平15）年，紫香楽宮で盧舎那大仏造立の詔を発布した。

天皇	政権掌握者	出来事
元明	藤原不比等	平城京遷都(710)，養老律令制定(718)
元正	長屋王	百万町歩開墾計画(722)，三世一身法施行(723)，長屋王の変(729)
聖武	藤原四子	光明子の立后(729)，天然痘の流行→藤原四子死亡(737)
	橘諸兄・吉備真備・玄昉	藤原広嗣の乱(740)，恭仁京遷都(740)，国分寺建立の詔(741)，盧舎那大仏造立の詔(743)，墾田永年私財法発布(743)，難波京遷都(744)，紫香楽宮遷都(744)，平城京遷都(745)
孝謙	藤原仲麻呂	大仏開眼供養(752)，橘奈良麻呂の変(757)，養老律令の施行(757)，淳仁天皇擁立(758)
淳仁		恵美押勝(藤原仲麻呂)の乱(764)

称徳(孝謙重祚)	道鏡	道鏡，法王就任(766)，宇佐八幡宮神託事件(769)→道鏡失脚
光仁	藤原百川	

【8】　正解は①の『伴大納言絵巻』。平安時代，北家藤原氏は次々と他氏を排斥していった（下記表参考）。

事件名	年	天皇	藤原氏	排斥された人物
承和の変	842	仁明	藤原良房	伴健岑・橘逸勢
応天門の変	866	清和	藤原良房	伴善男・伴中庸
阿衡事件	887	宇多	藤原基経	橘広相
昌泰の変	901	醍醐	藤原時平	菅原道真
安和の変	969	冷泉	藤原実頼	源高明(醍醐天皇皇子)

　平安時代初期，866（貞観８）年，大内裏の中の朝堂院南正門の応天門が放火で炎上する事件が起こった。最初は大納言の伴善男の訴えで左大臣の源信が放火犯とされたが，その後，伴善男・中庸親子が犯人であると密告する者がいて伴善男は伊豆へ，中庸は隠岐へ配流となった（応天門の変）。事件の真相はわからないが，当時太政大臣であった藤原良房の暗躍があったとされる。この政治不安のなかで，良房は正式に摂政になる。応天門の変は院政期に制作された『伴大納言絵巻』の題材となっている。

【9】　正解は③。渤海ではなく新羅とするのが正しい。630年舒明天皇の時に最初の遣唐使として犬上御田鍬らが派遣された。以後，894（寛平６）年，宇多天皇の時に菅原道真の建議によって廃止されるまで，15～20年ごとに計20回任命された。行路は初めは朝鮮半島沿いの北路がとられたが，新羅との関係が悪化した８世紀以降は東シナ海の南路（南島路）がとられるようになった。渤海は奈良時代，中国東北部にツングース系靺鞨族が大祚栄のもとに建国した国で，日本に渤海使という使節を34回にわたって派遣している。日本はこの使節を迎えるため都に鴻臚館，能登に能登客院，越前に松原客院を設置している。

【10】　正解は③。平安中期（10世紀半ば），末法思想の流行などで浄土教が発達する。これは阿弥陀如来という仏を信仰し「南無阿弥陀仏」を

唱えれば，死後，極楽浄土へ行って往生（生まれ変わる）することができるという来世信仰。この時期，建築ではこの浄土教の影響で阿弥陀如来像を納める阿弥陀堂の建設が盛んになる。平等院鳳凰堂は藤原頼通が**京都南部の宇治**に建立した阿弥陀堂で，1053年（末法の世に入った1052年の翌年）に完成した。

Ⅱ 中世政治史

A 『吾妻鏡』

【11】 正解は①の**源頼朝**。1185（文治元）年，平氏滅亡前におかれた守護・地頭は行方不明となった義経・行家の追討と治安維持を名目に設置された。設置を建議したのは**大江広元**。史料Aは鎌倉幕府の公式歴史書『吾妻鏡』で，広元が源頼朝に設置を建議している部分である。史料の訳は「1185年（文治元年）11月12日，…そもそも今度の経緯（兄頼朝と対立するようになった義経が後白河法皇に迫って頼朝追討の院宣を出させたこと）が鎌倉幕府にとって重大事であるのでどう扱うべきか，ことの処理について**頼朝**が非常に心配していたところ，因幡前国司であった大江広元が次のように申し上げた。『世も末になり，悪だくみをする者が暴れ回っています。また，世の中の反逆者を絶やすこともできない。』」さらに問題ない後続の部分で「『これを鎮圧するために，毎回，東国の武士を派遣することは，人々の重荷になり，国費の無駄ともなるので，諸国に命令を下して国衙領・荘園ごとに守護・地頭を任命すれば，恐れることはなくなるでしょう。早くこのことを朝廷にお願いしてください。』頼朝はなるほどその通りだと感心し，この方針で決定した。」とある。

【12】 正解は②。鎌倉幕府の組織として中央には公文所，問注所，侍所がおかれた。1184（寿永3）年に設けられた**公文所**は一般政務を担当し長官を別当といい，初代別当となったのは公家出身の**大江広元**であった。貴族の家政機関を政所というが，頼朝が従二位の位をもらい貴族の仲間入りをすると慣例にしたがって政所が設置

された。政所が公文所の組織を吸収したことで公文所は政所と呼ばれるようになる。その他，（下記表で）侍所，問注所の任務，長官名，初代長官も覚えておこう。

名称	年代	任務	長官名	初代長官
侍所	1180	御家人統率	別当	和田義盛
公文所（政所）	1184	一般政務	別当	大江広元
問注所	1184	裁判訴訟事務	執事	三善康信

【13】 正解は④。Aは誤り。半済令は**室町幕府**によって与えられた権限。鎌倉時代，守護に与えられた権限は**大犯三ヶ条**（大番催促・謀叛人の逮捕・殺害人の逮捕）であったが，南北朝の混乱期，室町幕府は武士を統括する守護に種々の権限を授与した。1346年に**刈田狼藉**（田地紛争の際の不法な稲の刈り取りを取り締まる権限），**使節遵行**（幕府の裁決を強制的に執行する権限），1352（観応3）年には**半済令**を与えている。最初の観応半済令は荘園・国衙領の年貢の半分を兵粮米として徴収することができる権限をいう。初期は近江・美濃・尾張の3か国の守護に与えられ，期間も1年であったが，その後永続的になり，国の数も8か国から全国の守護に与えられるようになった。1368（応安元）年に出された応安半済令は年貢ではなく土地の半分を与えるものであった。Bは誤り。新補地頭に与えられたのは新補率法という得分（収入）規定。鎌倉幕府と朝廷間の戦争，承久の乱（1221）後に上皇側の貴族・武士の所領3000余カ所が没収され，そこに御家人が地頭として任命された。この地頭には新補率法に基づいて11町につき1町の免田，1反あたり5升の加徴米の徴収権，山野河川からの収入のうち半分の取得権が与えられた。こうした地頭を**新補地頭**という。

B 『永仁の徳政令』

【14】 正解は③の**御成敗式目**。史料Bは『永仁の徳政令』。元寇後，**恩賞の不十分・貨幣経済の浸透・分割相続による所領の細分化**などから御家人の生活が困窮した。そこで，1297（永仁5）年，執権北条貞時のときに出されたのが永仁の徳政令である。内容は①御家人の所領の売却・質入を禁止する，②御家人に売却した所領

で20年（廿年）を経ないものは持ち主が無償で取り戻すことができる（20年経たものは取り戻すことができない—御成敗式目の第8条の年紀法が「20年以上，所領を実効支配していれば，支配している者に，その土地の支配権（知行権）が認められる」と規定していて支配権の変更ができないため），③非御家人・凡下（庶民，ここでは借上と呼ばれる高利貸しのこと）に売却した土地については20年過ぎても無償で取り戻すことができる，④御家人の金銭貸借に関する訴訟は受け付けない〔越訴（再審請求）も禁止〕というもの。

【15】 正解は④。この法令で御家人は借上から金を借りられなくなり，かえって生活が苦しくなり幕府に不満を持つようなった。そのため幕府は上記徳政令の①と④の条項を翌年に廃止した。

C　室町幕府の政治

【16】 正解は③。Aは誤り。室町幕府の財源には直轄領御料所からの収入があった。しかし，これは数が少なく，ここからの収入では足りなかったので様々な税を設けた。段銭（田畑1反ごとに課した土地税），棟別銭（家屋1棟ごとに課した家屋税），酒屋役（高利貸を兼ねていた酒屋に課した税），倉役（土倉役，高利貸業の土倉に課した税），関銭・津料（通行税・入港税），抽分銭（日明貿易での輸入税），分一銭（徳政令発布のための手数料）などの税を設けた。Bは正しい。将軍直属の軍隊を奉公衆といい，将軍の護衛や御料所の管理を行った。

【17】 正解は④。大内義弘は管領ではない。管領は将軍の補佐役で，足利一族の細川・斯波・畠山の3氏（三管領という）が交代で就任した。また，侍所は京都内外の警備・刑事訴訟を担当する一方，山城国の守護も兼任した。長官（所司という）は山名・京極・赤松・一色の4氏（四職という）から任命された。室町幕府は一国一国を支配した守護大名が将軍を中心に集まった守護大名の連合政権的性格が強く，将軍の支配は守護大名の国には及ばず地方武士も支配下にいれることはできなかった。将軍は連合政権の象徴的な存在でしかなく，鎌倉時代の将

軍のような力はなかった。そこで，3代将軍義満のころから将軍の権威確立のため守護大名らの勢力削減がはかられ種々の事件が起こった。①土岐氏の乱（1390）—義満が美濃・尾張・伊勢の守護大名であった土岐康行を内紛に乗じて討つ。②明徳の乱（1391）—山陰地方を中心に11か国の守護を兼ね六分一殿と呼ばれていた山名氏清が義満の挑発で挙兵し敗北。③応永の乱（1399）—周防・長門など6か国の守護を兼ねていた大内義弘が，前将軍義満と不仲になり，鎌倉公方の足利満兼と結び堺で反乱を起こしたが敗死。④上杉禅秀の乱（1416〜17）—鎌倉公方の足利持氏と不仲になった前関東管領上杉禅秀（氏憲）が持氏を助けた将軍義持に滅ぼされた。⑤永享の乱（1438〜39）—「万人恐怖」の専制政治を続ける6代将軍義教が対立するようになった鎌倉公方の足利持氏を関東管領の上杉憲実とともに滅した。⑥嘉吉の乱（1441）—処罰を恐れる播磨の守護赤松満祐が将軍義教を謀殺した。

【18】 正解は①。1428（正長元）年，5代将軍義量が死去したあと前将軍義持は後継将軍を自分では選ばずに守護大名のくじ引きで決めさせた。その義持が死去し義教が新将軍に決定したのを機に，近江坂本の馬借（運送業者）が徳政（借財の帳消し）を求め蜂起して始まったのが最初の大規模な土一揆正長の徳政一揆である。当時，人々の間には支配者が交代すると，それまでの貸借関係がリセットされるという観念があり，馬借・農民が「将軍が交代したから徳政令を出せ」（これを「代始めの徳政」という）といって起こした一揆である。1441（嘉吉元）年に起こった嘉吉の徳政一揆も同様の土一揆（下記，室町時代の代表的土一揆の表を参照）である。

正長の徳政一揆 1428年	①将軍義持の死を契機に近江坂本の馬借が徳政を求め蜂起　②農民ら酒屋・土倉・寺院を襲撃　③管領の畠山満家が鎮圧
播磨の国一揆 1429年	①播磨（兵庫県）の国人らが守護の赤松満祐の追放めざし蜂起　②「国中侍あらしむべからず」を目標

嘉吉の徳政一揆 1441年	①将軍義教の暗殺後，義勝が新将軍に決定，農民ら「代始めの徳政」を要求して蜂起し京都乱入 ②徳政令を発布し収拾	1571	比叡山延暦寺を焼き打ち
山城の国一揆 1485～93年	①南山城の国人らが応仁の乱後も抗争を続ける畠山政長・畠山義就に対し蜂起 ②両軍を撤退させ国人36人の月行事による8年間の自治	1573	足利義昭を京都から追放，室町幕府滅亡
		1575	甲斐の武田勝頼を三河の長篠の戦いで破る
加賀の一向一揆 1488～1580年	①加賀（石川県）の一向宗の坊主を中心に農民・国人が蜂起 ②守護の富樫政親を滅ぼし約100年にわたり自治 "百姓の持ちたる国" ③1580年，柴田勝家により平定	1576	近江琵琶湖畔に安土城の築城開始（～79）
		1580	石山戦争終結─本願寺法主顕如と和睦
		1582	本能寺の変，家臣の明智光秀に攻められ自害

【19】 正解は②。【17】を参照。

【20】 正解は①。東軍（細川方），西軍（山名方）とするのが正しい。管領の細川勝元と四職の山名持豊（宗全）の権力争い，斯波氏（義敏と義廉），畠山氏（政長と義就）における家督争い，将軍継嗣争い（将軍義政の弟義視と子の義尚）で相対立する人々が細川勝元の東軍，山名持豊の西軍にわかれ（下記図参照）衝突し，1467（応仁元）年，応仁の乱が起こる。11年間続いた戦乱のなかで，軽装の兵足軽による略奪・放火が行われた結果，京都は焼け野原となり，多くの文化人が地方に下ったため都の文化の地方への伝播が見られた。

III 近世の政治史

A 織豊政権

【21】 正解は⑤。下記の織田信長の統一過程と政策の略年表を参照。

年	統一過程・政策
1560	駿河の今川義元を尾張桶狭間の戦いで滅ぼす
1567	美濃の斎藤龍興を滅ぼし居城を清洲から稲葉山城へ移し岐阜城と改める
1568	足利義昭を奉じて入京，義昭を15代将軍に
1570	越前の朝倉義景・北近江の浅井長政を近江姉川の戦いで破る，統一に抵抗する一向一揆の中心石山本願寺と抗争開始（石山戦争）

【22】 正解は③。豊臣秀吉の統一過程と政策略年表を参照。

年	統一過程・政策
1582	備中高松城を攻略中，毛利氏と和睦し京都へ戻り，山城山崎の戦いで明智光秀破る，清洲会議で秀信を名目上の後継者として実権にぎる，太閤検地開始（～98）
1583	信長の重臣柴田勝家を近江賤ヶ岳の戦いで破る，石山本願寺跡に大坂城築城開始（～88）
1584	尾張小牧・長久手の戦いで織田信雄・徳川家康の連合軍と戦い講和
1585	長宗我部元親を倒し四国を平定，正親町天皇より関白に任ぜられる
1586	後陽成天皇から太政大臣に任ぜられ，豊臣の姓をうける
1587	惣無事令違反を理由に島津義久を倒し九州を平定，博多でバテレン追放令発布
1588	聚楽第に後陽成天皇をむかえ諸大名へ秀吉への忠誠を誓わせる，刀狩の実施
1590	小田原北条氏平定，陸奥伊達政宗・蝦夷地蠣崎慶広も服属し全国統一完成
1591	身分統制（人掃）令の発布
1592	関白秀次が人掃令発布，朝鮮出兵（文禄の役）
1597	朝鮮出兵（慶長の役）
1598	秀吉死去

1591（天正19）年，秀吉は朝鮮出兵に備えて人掃令を発布して，武士に召使われている武家奉公人（侍・中間・小者）が農民や町人になったり，農民が商人や職人になるといった，身分の転換を禁止した。さらに翌年，関白豊臣秀次も人掃令を出し全国的な戸口調査を行い，朝鮮出兵のための動員可能な兵力把握を行った。この人掃令によって武士・農民・町人の身分の固定化が図られたので身分統制令ともいう。「人掃」は新入者の追放を町村に命じたのでついた名称。

【23】　正解は②。1570（元亀元）年，信長は天下
統一に抵抗する最大の敵，浄土真宗**一向一揆**の
拠点大坂の石山本願寺との戦争を開始する。
1580（天正８）年，信長はこの戦いに勝利し本
願寺法主の顕如は大坂の地を去る。信長の死後，
秀吉は1583（天正11）年，**石山本願寺跡に大坂
城の築城を開始する。**

B　江戸幕府の鎖国政策

【24】　正解は④。A・Bともに誤り。A.1600（慶
長５）年，オランダ船リーフデ号が豊後臼杵湾
に漂着した。家康は乗船していたオランダ人航
海士**ヤン＝ヨーステン**（耶楊子），イギリス人
水先案内人**ウィリアム＝アダムズ**（三浦按針）
を外交・貿易の顧問に採用している。**ヴァリ
ニャーニ**は天正遣欧使節（1582～90）の派遣を
提唱したイタリア人宣教師。B.1613（慶長18）年，
仙台藩主**伊達政宗**は宣教師ルイス＝ソテロのす
すめで家臣の**支倉常長**をイスパニア領メキシコ
経由でイスパニア（スペイン）に派遣した。常
長は国王フィリップ３世と謁見し，メキシコ（ノ
ヴィスパン）との通商を要求したが失敗，ロー
マ法王パウロ５世に謁見したのち1620（元和６）
年に帰国した。これを慶長遣欧使節という。家
康は1610（慶長15）年に京都の商人田中勝介
をメキシコに派遣している。

【25】　正解は④の高山右近。鎖国に至る過程は下
記表を参照。

1614	高槻城主**高山右近**ら300人余りをマニラへ追放
1616	ヨーロッパ船の来航を平戸・長崎に限定
1623	イギリスが平戸商館を閉鎖・退去
1624	**イスパニア（スペイン）**船の来航禁止
1633	（寛永10年令） 奉書船以外の海外渡航禁止 海外居住５年以上の日本人の帰国禁止
1634	長崎出島完成
1635	（寛永12年令） **日本人の海外渡航と帰国全面禁止** 中国船の来航を長崎に制限
1636	**ポルトガル人を長崎出島に移す** （寛永13年令） 貿易に関係ないポルトガル人・混血児追放
1637	島原の乱勃発（～38）
1639	（寛永16年令） **ポルトガル船の来航禁止**
1641	オランダ商館を平戸から長崎出島に移す

　高山右近は戦国時代のキリシタン大名で摂津
高槻城主。1587（天正15）年のバテレン追放令
で信仰を捨てようとしなかったので領地を没収
され，その後，加賀の前田氏の保護を受けた。
1614（慶長19）年，江戸幕府の禁教令に触れて
国外追放となり**マニラ**に流され，ほどなく没し
た。①有馬晴信，②**大友義鎮**，③**大村純忠**は上
記のヴァリニャーニの勧めで，天正遣欧使節を
派遣したキリシタン大名。

【26】　正解は①。【25】の略年表を参照。

【27】　正解は④。【25】の略年表を参照。

【28】　正解は①。尚氏ではなく**宗氏**とするのが正
しい。朝鮮との外交は秀吉の朝鮮出兵で途絶え
ていたが，1607（慶長12）年，国交が回復し将
軍の代替わりごとに通信使が来日することに
なった。1609（慶長14）年には対馬の宗義智と
の間に己酉約条（慶長条約）が結ばれ貿易が再
開され，**釜山（富山）**浦に倭館がおかれ，対馬
から年間20隻の歳遣船が派遣されることになっ
た。

【29】　正解は②。琉球では14世紀，按司と呼ばれ
る領主が沖縄本島の北部，中部，南部にそれぞ
れ大型のグスク（城塞）を築いて，三つの小国
家（北山国・中山国・南山国）を形成するよう
になった（三山時代）。**1429年**（義教が将軍に
就任した年），佐敷按司から中山王となった**尚
巴志**が三山を統一し初めての統一国家として**琉
球王国**を建国した。都の首里には琉球王府が設
置された。

【30】　正解は①のシャクシャインの戦い。蝦夷地
（北海道）では13世紀初，蝦夷管領となった津
軽の豪族安東氏が十三湊を拠点に先住民アイヌ
との交易を開始する。この頃から和人（本州の
日本人）が移住を開始し，南部渡島半島に館と
いう砦を建て居住するようになった（道南十二
館）。1457（長禄元）年，8代室町将軍足利義
政の頃，アイヌの青年が和人によって殺害され
たのを機にアイヌ酋長コシャマインに率いられ

たアイヌが蜂起した（コシャマインの乱）。この乱は安東氏の客将の蠣崎氏が鎮圧する。蠣崎氏は江戸時代に松前氏と改名し蝦夷地を支配するようになる。1669（寛文9）年，和人の不正交易に対して酋長シャクシャインが全アイヌを率いて蜂起した。この蜂起も松前藩が津軽藩の援助で鎮圧し，以後，アイヌは和人の支配下におかれる。1789（寛政元）年のクナシリ・メナシの乱が最後のアイヌの反乱となる。

Ⅳ 文化史（飛鳥時代〜江戸時代の文化）

A 飛鳥文化

【31】 正解は②。飛鳥時代，有力豪族は古墳に代わって，権威をしめすため仏教寺院の建設を始めたがこれを氏寺という。代表的な氏寺には**蘇我馬子**の建立による飛鳥寺がある。別名を**法興寺**といい，平城京に移築されたのちは**元興寺**と呼ばれる。寺の建物の配置を伽藍配置というが，飛鳥寺は塔を中心に3つの金堂がならぶ飛鳥寺式で日本最古のものである（下図参照）。また，飛鳥寺の本尊**釈迦如来像**は一丈六尺（約4.8m）もある大きな仏像で**飛鳥大仏**とも呼ばれる。605年に**鞍作鳥（止利仏師）**によって造られたとされる金銅像で日本最古の仏像である。

【32】 正解は④。下記図参照。伽藍配置について説明しておこう。最初は釈迦の舎利（骨）が納められている塔が大事で，寺の中心に置かれていたが，しだいに塔は装飾的なものになり，東大寺式では回廊の外に，大安寺式では門の外に建てられるようになった。飛鳥寺式は塔を中心に3つの金堂が並ぶ1塔3金堂方式，四天王寺式は門・金堂・講堂が南北一直線にならぶ方式，

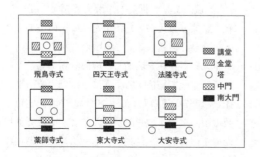

法隆寺式は塔と金堂が左右非対称にならぶ日本独自の方式，薬師寺式は塔が東西に2つ並ぶ方式である。

【33】 正解は③の**玉虫厨子**。①は平安中期国風文化の平等院鳳凰堂阿弥陀如来像で，寄木造の創始者である定朝の作。②は白鳳文化の仏像である興福寺仏頭。④は奈良時代の天平文化の絵画で称徳天皇の発願になる薬師寺吉祥天画像。飛鳥文化の彫刻・絵画・工芸は下記表参照。

彫刻	・飛鳥寺—釈迦如来像（飛鳥大仏）（金銅像，鞍作鳥作，日本最古） ・法隆寺—・金堂釈迦三尊像（金銅像，鞍作鳥作）・夢殿救世観音像（木像，聖徳太子等身像）・宝蔵殿百済観音像（木像） ・中宮寺—半跏思惟像（弥勒菩薩像）（木像） ・広隆寺—半跏思惟像（弥勒菩薩像）（木像）
絵画	・法隆寺—玉虫厨子須弥座絵・扉絵 ・絵具・紙・墨—高句麗僧曇徴が伝える（610）
工芸	・法隆寺—玉虫厨子・龍首水瓶・獅子狩文様錦 ・中宮寺—天寿国繡帳（太子夫人，橘大郎女の作）

B 鎌倉文化

【34】 正解は②。天皇（上皇）の命でつくられた勅撰和歌集については，まず，905（延喜5）年，醍醐天皇の命で紀貫之らによって最初の勅撰和歌集『古今和歌集』が編纂され，その後，後撰集（951）→拾遺集（998?）→後拾遺集（1086）→金葉集（1125）→詞花集（1151）→千載集（1188）と勅撰和歌集がつくられた。1205（元久2）年，**後鳥羽上皇**が藤原定家・藤原家隆らに命じ『**新古今和歌集**』を編纂させた。新古今集は古今集に始まる八代集の最後のもので，優美で技巧的な和歌が多く新古今調といわれる。歌人には西行・慈円・寂蓮法師らがいる。個人の歌集としては鎌倉幕府3代将軍源実朝の③『金槐和歌集』がある。実朝は藤原定家から和歌を学び，万葉調（素朴で力強い）の歌を残した。その他，もと鳥羽上皇の北面の武士であった西行の④『山家集』が有名。

【35】 正解は①。『**一遍上人絵伝**』は時宗の開祖一遍の生涯を描いた絵巻で円伊の筆になるもの。一遍は伊予国に生まれ，踊念仏と賦算（札の配布）という独得の信仰形式で全国を遊行し

て念仏を勧め民衆教化に努めた。絵巻はこうした上人の行状をもとに布教の様子や各地の名所・景観を描いている。六斎市で有名な**備前の福岡市**や武家造の館などを学習するときに図表や教科書などで見る絵巻である。鎌倉時代は絵巻物の全盛期で②の『平治物語絵巻』(作者不詳),③の『石山寺縁起絵巻』(高階隆兼の作),④の『北野天神縁起絵巻』(藤原信実の作で菅原道真の生涯を描く)や,肥後の御家人竹崎季長の活躍を描いた『蒙古襲来絵巻』などが残された。

【36】　正解は③。鎌倉時代,戦乱や天災・飢饉による社会不安の増大などを背景に新仏教が次々と生まれた。下記の表で宗派・開祖・主著・教義・本山を覚えよう。③の法然が説いたのは専修念仏で,これはひたすら念仏(南無阿弥陀仏)を唱えることで往生しようという教え。只管打坐はひたすら坐禅に徹することで悟りを開こうとする道元の教え。

宗派	開祖	主著	教義	本山
浄土宗	法然	『選択本願念仏集』	専修念仏	知恩院(京都)
浄土真宗(一向宗)	親鸞	『教行信証』	悪人正機説	本願寺(京都)
時宗	一遍	著書焼却	踊念仏	清浄光寺(神奈川)
日蓮宗(法華宗)	日蓮	『立正安国論』	題目唱和,法華経信仰	久遠寺(山梨)
臨済宗	栄西	『興禅護国論』	禅宗・公案解決	建仁寺(京都)
曹洞宗	道元	『正法眼蔵』	禅宗・只管打坐	永平寺(福井)

【37】　正解は②。新仏教の刺激で旧仏教でも改革が行われた。華厳宗では明恵(高弁)が『摧邪輪』を著し法然の専修念仏を批判した。法相宗では貞慶(解脱)が戒律(僧侶に対する規律)を重んじ法然の専修念仏を批判した。律宗では叡尊(思円)が時頼に招かれ鎌倉で貧民救済などの社会事業につくし,弟子の忍性(良観)は奈良にライ(ハンセン)病患者救済のために**北山十八間戸**を築いた。

C　江戸時代の文化

【38】　正解は④。18世紀後半の厳しい風俗取締りとは**松平定信の寛政の改革**(1787～93)をさす。定信は寛政異学の禁で朱子学を儒学の正学とする一方で,出版の統制を行い『海国兵談』で海防の必要を説いた林子平や洒落本作家の山東京伝,黄表紙作家の恋川春町らを処罰した。また,華美な服装を禁止,私娼の取締り,男女混浴の禁止など風俗の取締りを行った。

【39】　正解は①。すべて正しい。寺子屋は江戸時代の庶民のための教育機関で**牢人・神職・医者・町人**などが民家・神社・寺院などを校舎に**読み・書き・そろばん**などを教えた。教科書には往来物(往復の手紙)形式の『庭訓往来』や貝原益軒の『女大学』などが使われた。寺子屋は全国に約15,000校以上あり,明治初期の識字率の高さ(70～80％)は寺子屋が貢献していたといわれる。江戸時代,本は高価なもので貸本屋で借りて読むのが普通であった。19世紀,**貸本屋**は江戸に約650軒,大坂に約300軒もあり,庶民の読書に大きく貢献した。

【40】　正解は③。18世紀半ば幕府・諸藩の財政窮乏・農民の疲弊などを背景に経世済民論(政治経済論)が説かれるようになる。本多利明は『西域物語』を著し,開国の必要を説き,西洋諸国との貿易による富国政策を説いた。また,『経世秘策』では天明の飢饉に際して貿易・属島(蝦夷地)開発を提唱している。史料の訳は「日本は海で囲まれた国であるから,**渡海・運送・交易は元来,将軍の仕事でも第一の政務であり,万国へ船を派遣して**,国政に役立つ産物・金・銀・銅を手に入れて日本に輸入し,国力を盛んにすることは海国が備えるべき当然の方法である。」

Ⅴ　選択問題(元号に関するテーマ史)

【41】　正解は④。中国では紀元前202年に秦が滅亡したのち,(前)漢が国土を統一し,7代皇帝武帝の時に全盛期を迎えた。紀元前108年,武帝は朝鮮に侵入,平壌付近を中心に楽浪郡,その他,玄菟郡,臨屯郡,真番郡の4郡(植民

地）を設置した。紀元8年前漢は滅亡し，新という国が交替したが，紀元25年，武帝の子孫である光武帝が洛陽を都として漢を復活させ（後漢），元号を「建武」とした。後醍醐天皇の建武の新政の「建武」はこの元号からとられている。

	前221	前202				8	25		220
	秦	前漢 （武帝時最盛期）			新	後漢 （光武帝建国）			
	前3世紀	前2世紀	前1世紀	1世紀	2世紀				

問題文の前漢の武帝の時代は紀元前2世紀後半〜紀元前1世紀半ばで，この頃の日本の様子について書かれたのが，紀元1世紀に後漢の班固によって書かれた『漢書』地理志である。それによると「**夫れ楽浪海中に倭人有り。分れて百余国と為る。歳時を以て来り献見すと云ふ。**」とあり，当時，倭と呼ばれた日本は100余りの小国に分かれていて，定期的に楽浪郡に使者を送っていたことがわかる。ちなみに，選択肢①〜③は紀元1〜2世紀頃の日本について書かれた史料『後漢書』東夷伝（5世紀，南朝の宋の范曄の著）の記述である。

【42】　正解は①。A・Bともに正しい。A.推古天皇の時代，摂政（皇太子）となった聖徳太子（厩戸皇子）は進んだ中国文化を摂取しようと遣隋使を派遣した。『**隋書**』倭国伝には「**開皇二十（600）年，倭王あり，姓は阿毎，字は多利思比孤，阿輩雞彌と号す。使を遣して闕に詣る**」（**600年，阿毎多利思比孤という大王が使者を宮廷に派遣してきた**）の記述がある（誰が派遣されたかは不明）。B.さらに，『隋書』には「**大業三（607）年，其の王多利思比孤，使（小野妹子）を遣して朝貢す…其の国書に曰く『日出づる処の天子，書を日没する処の天子に致す。恙無きや，云々』…帝，之を覧て悦ばず，鴻臚卿に謂ひて曰く『蛮夷の書，無礼なる有らば，復た以て聞する勿れ』**」（607年，王多利思比孤が使者-小野妹子に貢ぎ物を持たせて派遣してきた…その国書には「日が昇る所の天子が手紙を日が沈む所の天子に送ります。」とあった。…帝（煬帝）はこれを見て激怒し，鴻臚卿（外国使節の接待を担当した鴻臚寺の長官）をよんで「野蛮人の書いた手紙である。無礼なところがあるので，二度と耳にいれるな。」と言った。）と書かれてあり，妹子が国書を隋の皇帝煬帝に提出し，その内容に皇帝が怒ったことが記されている。

【43】　正解は①。金石文とは紙以外の石や金属に残された史料で，図は埼玉県**稲荷山古墳**から出土した**鉄剣**で「辛亥年（471?）…獲加多支鹵大王…」の115字が刻まれていた。**獲加多支鹵大王**はヤマト政権の倭の五王の一人である武（雄略天皇）のことで，埼玉県で出土したことで，5世紀後半にはヤマト政権の支配が関東までおよんでいた証拠になっている。熊本県の5世紀半ばにつくられた**江田船山古墳**から出土した**鉄刀**にも「治天下獲□□□鹵大王世…」の75字の文字が刻まれていて，稲荷山古墳から出た鉄剣銘から獲□□□鹵大王は獲加多支鹵大王で雄略天皇のこととされている。

【44】　正解は①の**旻**。遣隋使に関するもう一つの史料『**日本書紀**』には，608年に隋の使者裴世清ともに帰国した小野妹子が，同年に再渡航したが，その際に8人の留学生・留学僧が同行したとある。彼らはその後帰国して，隋滅亡後，唐が中国を統一し皇帝中心の中央集権国家に発展していったことを伝え，当時の蘇我蝦夷・入鹿親子の専横を打破しようとする機運を高めた。この機運に乗じて645（大化元）年，中大兄皇子・中臣鎌足らにより蘇我氏は滅ぼされ（乙巳の変），皇極天皇にかわり孝徳天皇が即位，皇太子には中大兄皇子が，内臣には中臣鎌足が，左大臣には阿倍内麻呂が，右大臣には蘇我（倉山田）石川麻呂（入鹿の従兄弟）が，国博士（政治顧問）には留学生の高向玄理・留学僧の僧旻が任命され新政府が誕生した。

【45】　正解は④。eには**大化**が入る。改新政府は645年に最初の元号として**大化**を定めている。古代，大化にはじまる元号制定は中国にならい，祥瑞改元（吉兆とされる現象をもって新しい年号をたてる）が行われた。701年，文武天皇の時，対馬国から金が発見されたので，これを記念して**大宝**（fには大宝が入る），708年，元明天皇の時，武蔵国から銅が発見されたので和銅と改元している。元号は701年に制定された

大宝令で役所において取り扱う文書には元号を使うことと規定された以降，途切れることなく現在に至るまで続いている。

【46】　正解は③。養和・寛永・享保・天明・天保年間には大飢饉が起こっている。**養和の飢饉は**1181（養和元）年，平安末期の源平争乱期（治承・寿永の乱）の最中に発生した大飢饉である。この飢饉は平清盛の病死や，砺波山の戦いで源義仲との戦いに敗れた平氏が，1183（寿永2）年7月，安徳天皇を奉じ西国へ逃走していく平家の都落ちの原因の一つとなった。寛永・享保・天明・天保の飢饉は江戸の四大飢饉（**享保・天明・天保は三大飢饉**）である。原因などは下記表参照。

寛永の大飢饉 （1641〜42）	最初の大飢饉，西日本の干ばつと東北の長雨・冷害が原因	
享保の大飢饉 （1732）	西日本一帯，長雨とイナゴ・ウンカの害	三大飢饉
天明の大飢饉 （1782〜87）	東北地方を中心に全国的，長雨・浅間山噴火・冷害・水害，寛政の改革のきっかけ	
天保の大飢饉 （1833〜39）	全国的，洪水・冷害，江戸に御救小屋，大塩平八郎の乱のきっかけ	

【47】　正解は③。鎌倉幕府の滅亡から後醍醐天皇の建武の新政の崩壊過程は以下のとおり。1318（文保2）年に大覚寺統から即位した後醍醐天皇は，執権北条高時の失政と内管領長崎高資の専制政治などで動揺する鎌倉幕府を見て，2度に渡って討幕計画を立てた（**正中の変**−1324年・元弘の変−1331年）が失敗し捕らえられ隠岐に流され，代わって持明院統から光厳天皇が即位した。しかし，これを機に後醍醐天皇の皇子護良親王，河内赤坂城の楠木正成ら反幕勢力が一斉に挙兵し，後醍醐天皇も伯耆の名和長年の援助で隠岐を脱出し船上山で挙兵した。これに対して幕府は御家人の足利高（尊）氏を討伐に派遣するが，高氏は幕府を裏切り京都にあった六波羅探題を占領，関東でも御家人の新田義貞が挙兵し鎌倉を占領して高時一族は自害し，1333（元弘3）年，**鎌倉幕府は滅亡**した。京都に帰還した後醍醐天皇は「延喜・天暦の治」を理想とした親政（建武の新政）を行った。しかし，

公家優位の政治に武家が不満を持ったことなどから新政は混乱した。足利尊氏は対立していた護良親王を鎌倉に幽閉したのち，高時の子時行が幕府再興をめざし鎌倉に攻め込んだ1335（建武2）年の**中先代の乱**の鎮圧を名目に鎌倉に下り，ここで京都の新政権に反旗を翻した。1336（建武3）年，湊川の戦いで楠木正成を破って入京した尊氏は後醍醐天皇を廃し，持明院統の光明天皇を擁立し，ここに建武の政権は崩壊した。

【48】　正解は②の承久の乱。1198（建久9）年，院政を始めた**後鳥羽上皇**は反幕勢力の高まりを背景に，権力回復めざし将軍実朝暗殺にともなう幕府内の混乱に乗じて挙兵した（**承久の乱**）。上皇は北面の武士（白河上皇時に設置）に加え，西面の武士を設置し武力を増強したのち，執権義時追討の院宣を出す。鎌倉側の御家人たちは動揺するが，北条政子（尼将軍）が御家人たちを結束させ，1221（承久3）年5月，義時は子の泰時，弟の時房を大将に19万の兵を東海道，東山道，北陸道の三方から京都に派遣し，6月には京都を占領する。上皇側は降伏し，義時追討の院宣も取り消された。

【49】　正解は④。すべて正しい。明との貿易（勘合貿易）開始の過程は以下の通り。明の朱元璋（洪武帝）が3代将軍義満に倭寇の禁圧と入貢を要求，前将軍義満（将軍は義持）はこれにこたえて，1401（応永8）年，明の2代皇帝建文帝へ**僧祖阿を正使に博多商人肥富を副使に任命**して明に派遣し国交を開いた。そして1404（応永11）年，明3代皇帝永楽帝の時に応永条約が結ばれ貿易が開始される。貿易の形式は，倭寇や私貿易と区別するため勘合符という割符を使用し，寧波で査証（入国審査）が行われ北京で交易が行われた。また朝貢貿易であった。まず日本の将軍が明の皇帝から冊封（皇帝の家臣となり自国の王として認められる）を受ける。家臣の将軍は主君の皇帝に貢物（刀剣・銅・硫黄など）を送る，明の皇帝はそれに対する返礼（生糸・絹織物・銅銭など）をする。このようにして成り立つ貿易を朝貢貿易という。朝貢貿易を

成り立たせるため，朱元璋は義満を「**日本国王源道義**」（日本の国王である源道義−義満のこと−）と呼び，義満も「**日本国王臣源**」（日本の国王でかつ中国皇帝の家臣である義満）と自らを称した。さらに**明の暦である大統暦を受け取った**。これは明への服属を意味した。

【50】　正解は②。江戸時代，18世紀に入ると封建制を批判し，それを改める思想が生まれる。天皇崇拝論である尊王論もその一つである。水戸藩では『大日本史』の編纂（1657〜1906）を通じて尊王論が展開され，『弘道館記述義』を著した藤田東湖や，『新論』で尊王攘夷論を説いた会沢安（正志斎）などが思想家として知られる。一方，あからさまに幕政を批判したものは処罰された。1758（宝暦8）年，将軍家重の時，越後の竹内式部は公家に尊王論や武技を教え京都を追放（明和事件の際，八丈島へ流罪）となった。これを宝暦事件という。また，1767（明和4）年，将軍家治の時，甲斐の**山県大弐**は『**柳子新論**』で尊王斥覇の教え（徳をもって治める王者は，力をもって治める覇者に勝る）から幕政を批判し，藤井右門ともに死刑となった。これを**明和事件**という。

Ⅳ　選択問題（明治・大正史）

A　立憲国家の成立

自由民権運動〜大日本帝国憲法の制定までの過程を以下の略年表をもとに説明しよう。

年代	自由民権運動	政府の対応など
1873		征韓論敗北
1874	1. 板垣ら愛国公党結成，民撰議院設立の建白書を左院提出 4. 板垣・片岡ら，土佐で立志社結成	2. **佐賀の乱**→愛国公党解党
1875	2. 大阪で愛国社結成	1〜2. 大阪会議→板垣・木戸政府復帰 4. 漸次立憲政体樹立の詔，元老院・大審院設置・地方官会議開催 6. **讒謗律・新聞紙条例**
1877	6. 片岡ら立志社建白提出	2〜9. 西南戦争
1878	4. 愛国社再興	7. 地方三新法制定
1880	3. 愛国社，国会期成同盟と改称 4. 国会期成同盟，政府に国会開設請願	請願を却下，**集会条例で民権運動弾圧**
1881	7. 開拓使官有物払い下げ事件 10. 自由党結成	10. 払い下げ撤回，国会開設の勅諭発布，大隈罷免（明治14年の政変）松方財政開始（〜92）
1882	3. 立憲改進党結成 4. 板垣，岐阜で遭難，民権派激昂 板垣・後藤，洋行へ→自由党分裂，自由党・改進党対立 12. 福島事件	6. 集会条例改正し弾圧 伊藤ら，板垣・後藤に洋行の誘い
1883	3. 高田事件	
1884	5. 群馬事件，9. 加波山事件→自由党解党，10. 秩父事件，12. 名古屋事件，12. 改進党活動停止，12. 飯田事件	3. 制度取調局設置—憲法草案を作成
1885	11. 大阪事件	12. 第1次伊藤内閣成立
1886	6. 静岡事件 10. 星亨（後藤）ら大同団結運動唱え民権運動再開	井上外相の条約改正案と欧化主義
1887	10. 三大事件建白運動（地租軽減・言論集会の自由・対等条約の締結を要求）	12. **保安条例**を公布し弾圧
1888		4. **枢密院設置—憲法草案を審議** 4. 黒田清隆内閣成立 大隈・後藤の入閣
	大同団結運動崩壊←	
1889		2. 大日本帝国憲法制定

1873（明治6）年，西郷隆盛・板垣退助・江藤新平・後藤象二郎・副島種臣らは朝鮮を武力で開国させる征韓論を唱え，不平士族に活躍の場を与えようとしたが，内治を優先する大久保利通・木戸孝允らと対立し敗北し下野した（明治6年の政変）。その後，板垣・後藤・江藤・副島らは1874（明治7）年1月，東京で愛国公党を結成し，『**民撰議院設立の建白書**』を左院に提出し，有司（大久保を中心とする薩長藩閥官僚）専制を批判し国会開設を要求した。とこ

ろが1874年2月，征韓論の敗北に憤激した士族たちが蜂起する佐賀の乱が起き，佐賀出身の江藤新平もこの乱に加わったため愛国公党は活動を停止し自然消滅してしまった。愛国公党解党後，板垣は土佐に戻り片岡健吉らと立志社を結成，翌年2月には大阪で立志社を中心に各地の政治結社を集め，全国的な組織として**愛国社を結成**する。こうした動きに対して，同年1～2月，政府首脳の大久保利通は大阪会議を開き，立憲政体の樹立と引き換えに板垣および（台湾出兵に反対し下野していた）木戸孝允に政府復帰を求め体制の強化を図ろうとした。この結果，板垣・木戸は政府に復帰，4月には漸次立憲政体樹立の詔が出され，元老院（立法）・大審院（司法）の設置と地方官会議の開催が決定した。これは民権運動の懐柔策であったが，6月には讒謗律・新聞紙条例という弾圧法も施行されている。1877（明治10）年，最後の士族の反乱として西郷隆盛らによる**西南戦争**が起こったが政府軍により鎮圧され，士族による武力反抗は終わり，かわって言論によって政府を攻撃しようとする自由民権運動が盛んとなった。1878（明治11）年には板垣の政府復帰で解散していた愛国社も再結成された。同年，7月，政府は府県会規則・地方税規則・郡区町村編成法からなる地方三新法を制定し，地方政治への住民参加を一部認めた。これによって豪農・地主など地方の有力者が地方政治にかかわる機会が開かれ，民権運動も士族民権から豪農民権へと移っていった。1880（明治13）年3月，愛国社は国会期成同盟と改称し，国会開催まで解散しないことを決議し，同年4月，政府に国会開設を請願した。しかし，政府は請願を却下し，**集会条例**を発布し民権運動を弾圧した。1881（明治14）年7月，開拓使官有物払い下げ事件（開拓使長官の黒田清隆が北海道開拓のための官有物を同じ薩摩出身の政商五代友厚に安い価格で払い下げようとした事件）が起き，民権派が政府を激しく攻撃し始めた。そこで，政府は払い下げを撤回したのち，国会開設の勅諭を出し，10年後の1890（明治23）年に国会を開くことを公約した。その一方で，国会即時開設を主張する**大隈重信**らを民権運動に関係ありとし罷免した。これによって伊藤博文を中心とする薩長藩閥政府が成立した（明治14年の政変）。国会開設に備えて政党の結成が進み，1881（明治14）年10月に板垣・後藤らによって自由党が，翌1882年3月には大隈・尾崎行雄らによって立憲改進党が結成された。同年4月，民権運動の中心にいた板垣が岐阜で襲われる岐阜事件が起き民権運動が激化すると，政府は集会条例を改正し弾圧を強化する一方，運動の切りくずしを図り板垣・後藤に洋行の誘いをかけた。板垣・後藤は自由党内の反対を押し切り洋行へ出るが，これを機に自由党は左派と主流派に分裂，また，洋行費用の出どころをめぐって改進党・自由党も対立するようになった。松方デフレ財政による農村不況が続くなか，自由党左派が貧農と結び，1882～86年にかけて各地で一連の騒擾事件（福島事件・高田事件・群馬事件・加波山事件・秩父事件・名古屋事件・飯田事件・大阪事件・静岡事件）を起こす。このなかで自由党は解党，改進党も活動を停止してしまった。1882～87年にかけて井上馨外相による条約改正交渉が行われていたが，外国人判事を任用するなど列国に優位なもので，欧化主義政策と相まって民権派を激昂させた。こうしたなか，星亨（のち後藤）は民権派の再結集をはかり大同団結（国会開設に備えるなどの共通の目的のために団結する）を提唱した。この大同団結運動で民権運動は再開し，1887（明治20）年，地租軽減・言論集会の自由・外交失策の挽回（対等条約の締結）を要求する**三大事件建白運動**が起こった。これに対して政府は**保安条例**を出し，星亨・尾崎行雄・中江兆民ら民権派を皇居外3里の地に3年間追放した。さらに民権運動の切りくずしをはかり大隈を第1次伊藤内閣の外相として，後藤を黒田内閣の逓信相として入閣させた結果，大同団結運動は崩壊した。

【51】　正解は③の**江藤新平**。

【52】　正解は②。bには**西南戦争**が入る。（eには**枢密院**が入る。【55】参照。）

【53】 正解は③。Aの愛国社結成時の政府の弾圧策は讒謗律・新聞紙条例。Bは正しい。

【54】 正解は④の**二十一カ条の要求**でこれに関係するのは**大隈重信**。大隈の動きをみてみよう。上記で説明したように大隈重信は明治14年の政変で下野した。その後、立憲改進党を結成し民権運動を推進した。1888（明治21）年、第1次伊藤内閣の外相として入閣し、続く黒田内閣でも外相として条約改正交渉にあたったが、右翼による爆弾テロで負傷し辞職した。日清戦争後の1896（明治29）年、改進党を中心に進歩党を結成、進歩党と結んだ第2次松方内閣の外相として入閣する。1898（明治31）年、自由党と進歩党が合同し憲政党を結成すると、伊藤の命を受け、初の政党内閣である第1次大隈内閣を組織する。しかし、この内閣が4か月で崩壊すると、憲政党も板垣の率いる旧自由党系の憲政党と大隈が率いる旧進歩党系の憲政本党に分裂した。その後、大隈は政界を引退したが、大正時代に入り第1次護憲運動がおこると政界に復帰し1914（大正3）年、山本権兵衛内閣のあとを受けて立憲同志会を与党に第2次大隈内閣を組織する。第2次大隈内閣は第一次世界大戦に参戦する一方、ヨーロッパ諸国がアジアから撤退したのを受けて、1915（大正4）年、中国の袁世凱政権に対して**二十一カ条要求**を突き付け中国における日本の権益拡大をはかった。①の軍部大臣現役武官制の復活は、1936（昭和11）年、広田弘毅内閣の時、②の治安警察法は1900（明治23）年、第2次山県内閣の時、③の治安維持法は1925（大正14）年、第1次加藤高明内閣の時。

【55】 正解は①。大日本帝国憲法（明治憲法）は1884（明治17）年に宮中に設置された制度取調局で伊藤博文を長官に草案が起草され、1888（明治21）年に設置された**枢密院**で審議されたのち、1889（明治22）年2月11日、**黒田清隆**内閣の時に発布される。明治憲法は7章76条からなり、プロシア憲法を模範とした**欽定憲法**（天皇が決定し国民に与える憲法）であった。主な内容は主権在君、天皇の地位は万世一系・神聖不可侵

で統治権の総攬者とされ、文武官の任免権、**陸海軍の統帥権**、宣戦・講和や条約の締結権、緊急勅令権などの大権が与えられた。**国民は天皇の臣民とされ、法律の範囲内で人権が認められた**。

B　第一次世界大戦後の日本の強硬外交

以下の第一次世界大戦から太平洋戦争開始までの略年表を参考に説明しよう。

年代	海外の情勢	政府の対応
1914	8.第一次世界大戦勃発	〔大隈重信Ⅱ内閣〕 大戦に参戦
1915		・二十一カ条要求
1916		〔寺内正毅内閣〕
1917		・石井・ランシング協定締結
1918	11.第一次世界大戦終結	〔原敬内閣〕
1919	1〜6.パリ講和会議 ヴェルサイユ条約締結	・パリ講和会議参加
1920		・国際連盟加盟
1921	7.中国共産党結成 11.**ワシントン会議** （〜22.2）	〔高橋是清内閣〕 ・ワシントン会議参加
1924	1.中国国民党と中国共産党が合同（第1次国共合作）	〔加藤高明Ⅰ内閣〕 ・外相に幣原喜重郎登用し協調（幣原）外交推進
1925		・日ソ日本条約 ・治安維持法制定
1926	7.蔣介石、国民革命軍を率い北京に進軍（北伐）	〔若槻礼次郎Ⅰ内閣〕 ・協調外交推進 ・昭和天皇即位（26.12）
1927	4.蔣介石、共産党員を粛正（上海クーデター） →国共分離	〔田中義一内閣〕 ・強硬外交推進―北伐阻止のため山東出兵 ・ジュネーブ海軍軍縮会議参加
1928	6.関東軍が張作霖を爆殺（満州某重大事件） 12.国民軍、北京入城、張学良、蔣介石に降伏 →国民党と抗日運動開始	・3.15事件 - 共産党弾圧 ・パリ不戦条約調印 ・済南事件
1929		・4.16事件 - 共産党弾圧 〔浜口雄幸内閣〕 ・外相に幣原喜重郎登用し協調外交推進
1930		・ロンドン海軍軍縮会議参加

1931	9.柳条湖事件—満州事変勃発	・三月事件 〔若槻礼次郎Ⅱ内閣〕 ・満州事変に対して不拡大方針 ・十月事件 〔犬養毅内閣〕
1932	2.国際連盟, リットン調査団派遣 3.満州国建国 10.リットン報告書公表—日本軍の撤退勧告	・血盟団事件 ・五・一五事件 〔斎藤実内閣〕 ・日満議定書締結—満州国承認
1933		・国際連盟脱退通告—全権松岡洋右
1934		〔岡田啓介内閣〕
1936	12.西安事件	・二・二六事件 〔広田弘毅内閣〕 ・軍部大臣現役武官制復活 ・日独防共協定締結
1937	7.盧溝橋事件—日中戦争勃発 9.第2次国共合作	〔近衛文麿Ⅰ内閣〕 ・日独伊三国防共協定締結
1938		・第1次近衛声明—「国民政府ヲ対手トセズ」
1939	8.独ソ不可侵条約締結 9.第二次世界大戦勃発	
1940		〔近衛文麿Ⅱ内閣〕 ・北部仏印進駐 ・日独伊三国同盟締結
1941	6.独ソ戦開戦 7.米, 在米日本人の資産の凍結を通告 7.英, 日英通商航海条約破棄通告 8.米, 対日石油輸出禁止 11.16 米, 日本の中国・仏印からの撤兵, 三国同盟の廃棄, 汪兆銘政権の解消を要求（ハル＝ノート）	・日ソ中立条約締結 〔近衛文麿Ⅲ内閣〕 ・南部仏印進駐 〔東条英機内閣〕 ・御前会議で開戦を決定（12.1） ・日本連合艦隊, ハワイ真珠湾を奇襲攻撃（12.8）—太平洋戦争勃発

【56】 正解は①。 g には**山東省**が入る。（ j には**北伐**が入る。**【59】**参照。）1914（大正3）年，第一次世界大戦が勃発すると，第2次大隈重信内閣は日英同盟を口実に参戦し，陸軍はドイツの根拠地膠州湾青島を占領し，ドイツが**山東省**に持っていた租借権などの権益を入手し，また，海軍も赤道以北にあったドイツ領南洋諸島

の一部を占領した。1915（大正4）年，大隈内閣は北京の袁世凱政権に二十一カ条要求を突きつけ山東省におけるドイツ権益の継承を認めさせ，さらに南満州における権益強化のために旅順・大連の租借権と南満州鉄道（満鉄）の経営権の99年間の延長を認めさせた。こうした露骨な中国侵略はアメリカの不信を買ったので，大隈内閣のあとの寺内正毅内閣は関係改善をはかり，石井・ランシング協定を結び，アメリカは中国における日本の特殊権益を，日本は中国の独立と領土保全，商業上の門戸開放・機会均等を互いに認めあった。1918（大正7）年11月，大戦が終結し，翌1919年1月から第一次世界大戦の戦後処理をするためパリ講和会議が開かれた。対独講和条約としてヴェルサイユ条約が調印され，ドイツに対して巨額の賠償金が課される一方で，日本は**山東省のドイツ権益**の継承と赤道以北の**ドイツ領南洋諸島**の委任統治が認められた。

【57】 正解は①。①はワシントン会議で調印された**九か国条約**である。1921（大正10）年11月，ワシントン会議が開かれ，高橋是清内閣は全権に海軍大臣の加藤友三郎を任命し会議に参加する。会議の目的は海軍軍縮と太平洋・極東問題の審議にあったが，アメリカの意図は日本の封じ込めにあった。討議の結果，以下の3条約が締結された。

四か国条約 （1921）	①参加国—米・英・日・仏 ②太平洋地域の現状維持と各国権益尊重・紛争の平和的解決
九か国条約 （1922）	①参加国—米・英・日・仏・伊・ベルギー・ポルトガル・蘭・中 ②中国の主権尊重・領土保全・中国における商業上の門戸開放・機会均等
ワシントン海軍軍縮条約 （1922）	①参加国—米・英・日・仏・伊 ②米・英・日・仏・伊の主力艦の保有量の比率を5：5：3：1.67：1.67 ③今後10年間主力艦の建造禁止 ④太平洋諸島の軍事施設現状維持

日本は四か国によって日英同盟の廃棄を，九か国条約の中国の主権尊重の立場から石井・ランシング協定の破棄と，山東省の権益返還を迫

られた。ちなみに②は日独伊三国同盟，③は石井・ランシング協定，④はパリ不戦条約。

【58】　正解は③。ワシントン会議における上記3条約で日本を封じ込めるワシントン体制が成立する。日本にとって不利な体制であったが，英米と対立し国際的に孤立するのを恐れた日本政府は軍部の反対を押し切りワシントン体制にそった外交（協調外交，英米との武力対立をさけ軍備削減を行う一方，中国に対しては内政不干渉政策をとる外交）を推進した。これは第1次加藤高明内閣の外相であった**幣原喜重郎**の時以降，「幣原外交」と呼ばれるようになる。①の石井菊次郎は上記の石井・ランシング協定締結時の特派大使，②の小村寿太郎は1911（明治44）年，日米通商航海条約の更新時に条約改正に成功した時の第2次桂太郎内閣の外相，④の松岡洋右（ようすけ）は1933（昭和8）年，国際連盟脱退を通告した時の日本全権。

【59】　正解は②。中国は孫文らによる辛亥革命（1911〜12）のあと軍閥が群雄割拠するようになった。1924（大正13）年，孫文ひきいる中国国民党はソ連の援助で結成された中国共産党と合同（第1次国共合作）し，1926（大正15）年，孫文の後継者蒋介石は広州から軍閥打倒，中国統一を目指し国民革命軍を率い北京に進軍していった。これを**北伐**という。これに対して立憲政友会の田中義一内閣は従来の協調外交をすて強硬外交を推進，北伐阻止のため3度の山東出兵を行った。1927（昭和2）年，上海クーデターで共産党員を粛清したのちも，蒋介石は国民軍を率いて北伐を続行し，1928（昭和3）年12月，北京に入城し，軍閥の巨頭張学良（張作霖の子）は戦わずして蒋介石に降伏，国民党とともに国権回復，抗日運動を開始した。「満蒙は日本の生命線」と唱えていた軍部や関東軍はこうした状況を満蒙の危機ととらえ協調外交（幣原外交）を軟弱外交と非難した。こうしたなか**1931（昭和6）年9月**，関東軍参謀**石原莞爾（かんじ）・板垣征四郎**らは奉天郊外の柳条湖で日本が経営する満鉄線路を爆破し，これを中国軍の仕業にして軍事

行動を開始し満州の東三省（黒竜江・吉林・奉天省）を占領した（満州事変）。第2次若槻礼次郎内閣は九か国条約違反をおそれ不拡大方針をとるが，軍部・関東軍は無視し戦線を拡大した。結局，この内閣は軍部や民間右翼の起こした十月事件や閣内の不一致などで総辞職した。①の河本大作は1928（昭和3）年，奉天軍閥の巨頭張作霖を爆殺（満州某重大事件）した関東軍大佐。③の血盟団事件（1932）で暗殺されたのは前蔵相の井上準之助，三井合名理事長団琢磨。高橋是清が暗殺されたのは1936（昭和11）年の二・二六事件。④の三・一五事件，四・一六事件は**1928・29年**，田中義一内閣のときに起きた日本共産党に対する弾圧事件で柳条湖事件の前。

【60】　正解は⑥。中国政府は柳条湖事件以降の日本の侵略を国際連盟に提訴し，連盟はイギリス人リットン卿を団長とする調査団を派遣した。1933（昭和8）年，国際連盟でリットン報告書に基づく日本軍の撤退勧告案が可決されると，**日本全権の松岡洋右は国際連盟脱退を通告**し日本の孤立化が始まった。1937（昭和12）年7月，北京郊外で日中両軍が衝突する盧溝橋事件を機に日中戦争が勃発した。第1次近衛内閣はドイツ駐華大使トラウトマンを仲介者にして蒋介石の国民政府に対し和平案を提案していたが国民政府が応じないのをみて，「**国民政府ヲ対手（あいて）トセズ**」と声明し交渉の打ち切りを宣言し和平への道を閉ざしてしまう。1939（昭和14）年9月，ドイツのポーランド侵攻によって第二次世界大戦が勃発する。日中戦争を継続する第2次近衛内閣は『大東亜共栄圏』の建設，資源獲得，重慶にある蒋介石政権を援助する援蒋ルート（仏印ルート）遮断のため北部仏印（仏領インドシナ）へ進駐する一方，ドイツの快進撃をみて1940（昭和15）年，日独伊三国同盟を締結した。第3次近衛内閣が1941（昭和16）年7月，**南部仏印に進出**すると，アメリカは在米日本人の資産凍結を通告，8月には**対日石油の輸出禁止**を決定した。

日本史　　正解と配点

問題番号		正　解	配　点		問題番号		正　解	配　点
Ⅰ	1	⑦	2	Ⅳ		31	②	2
	2	②	2		32	④	2
	3	③	2		33	③	2
	4	①	2		34	②	2
	5	③	2		35	①	2
	6	②	2		36	③	2
	7	④	2		37	②	2
	8	①	2		38	④	2
	9	③	2		39	①	2
	10	③	2		40	③	2
Ⅱ	11	①	2	Ⅴ	41	④	2
	12	②	2		42	①	2
	13	④	2		43	①	2
	14	③	2		44	①	2
	15	④	2		45	④	2
	16	③	2		46	③	2
	17	④	2		47	③	2
	18	①	2		48	②	2
	19	②	2		49	④	2
	20	①	2		50	②	2
Ⅲ	21	⑤	2	Ⅵ	51	③	2
	22	③	2		52	②	2
	23	②	2		53	③	2
	24	④	2		54	④	2
	25	④	2		55	①	2
	26	①	2		56	①	2
	27	④	2		57	①	2
	28	①	2		58	③	2
	29	②	2		59	②	2
	30	①	2		60	⑥	2

平成30年度　世　界　史　解答と解説

　例年同様，特定の時代や地域に偏ることなく幅広い出題であり，難易度についても基本問題中心の出題であった。地図問題や写真問題も多く出題されたが，すべて教科書や資料集に掲載されているものである。基本知識をしっかりと身につけていれば，高得点が取れる問題である。

Ⅰ　古代オリエント・古代ギリシア・古代ローマ

【1】　アの「ミタンニ王国がシリア方面に勢力を広げた」のは前16世紀から前14世紀頃，イの「ハンムラビ法典」が発布されたのは前18世紀頃，ウの「アッシリア王国が…全オリエントを統一した」のは前7世紀であり，年代の古い順に並びかえるとイ→ア→ウの順になる。よって，正解は③となる。これらの年代を覚えていなくても，「シュメール人の都市国家⇒アッカド王国⇒バビロン第1王朝⇒ヒッタイト王国・ミタンニ王国・カッシート王国⇒アッシリア王国⇒四王国分立時代⇒アケメネス朝ペルシア」という古代オリエント史の大きな流れから答えることもできる。

【2】　Aは正しい文である。クノッソス宮殿は，ミノタウロスの神話で知られるミノス王の迷宮に似せられ，複雑な構造を持っていた。また，城壁はなく，海洋生物を描いた壁画が有名である。Bも正しい文である。クレタ文明と異なり，ミケーネ文明は，巨石城砦を中心とした小王国が分立し，互いに抗争した。また，王は官僚制によって農民から貢納を取っていた。よって，正解は①となる。クレタ文明とミケーネ文明は，対照的な文明であるため，正誤問題でも問われやすい。それぞれ比較して覚えておくように。

【3】　①は「ヘシオドス」の部分が誤り。「法律を成文化」したのは，「ドラコン」である。なお，「ヘシオドス」は古代ギリシアの叙事詩人であり，代表作に『神統記』や『労働と日々』があ

る。②は「債務奴隷を承認した」部分が誤り。ソロンは，債務奴隷を「承認した」のではなく，禁止した。③は「ペイシストラトス」の部分が誤り。財産額によって市民の参政権を規定する財産政治の実施を行ったのは，「ソロン」である。なお，「ペイシストラトス」はアテネの政治家であり，僭主となり中小農民の保護を行った。④は正しい文である。よって，正解は④となる。なお，陶片追放を行う際に用いられた「陶片（オストラコン）」が写真問題で問われることがあるので，教科書や資料集で確認しておくように。

【4】　①の「ホメロス」は『イリアス』や『オデュッセイア』を作った詩人であり，「自然哲学」ではない。②の「トゥキディデス」は歴史家であり，ペルシア戦争を主題とした『歴史』を著した。よって，正解は②となる。③の「フェイディアス」は「アテネ女神像」を製作した彫刻家であり，「喜劇」ではない。④の「アリストファネス」は『女の平和』を著した喜劇作家であり，「彫刻」ではない。

【5】　①は文の内容は正しいが，時代が違う。ラティフンディアに代わってコロナトゥスが実施されたのは帝政後期であって，共和政時代ではない。②は「ホルテンシウス法」の部分が誤り。コンスルのうちの一人を平民から選ぶことを定めたのは，リキニウス・セクスティウス法である。③は正しい文である。中小農民の没落による重装歩兵部隊の弱体化に危機感を覚えたグラックス兄弟は，自作農創設による軍の再建を目指したが，元老院の保守派と対立し，失敗に終わった。よって，正解は③となる。④は「アントニウス」の部分が誤り。正しくは「クラッスス」である。なお，「アントニウス」は，第2回三頭政治のメンバーである。

【6】　ローマ帝国の領土が最大となったのは，五賢帝時代のトラヤヌス帝の時代（在位98〜117）である。トラヤヌス帝の在位を覚えていなくて

も，「トラヤヌス帝が五賢帝時代の２番目の皇帝」であることを覚えていれば解答することができる。まず，アウグストゥスの称号を与えられたオクタウィアヌスが元首政（プリンキパトゥス）を開始し，その後，五賢帝時代を迎えることから，選択肢をイ・ウ・エに絞ることができる。次に，略年表中にある「マルクス＝アウレリウス＝アントニヌス帝」が，五賢帝時代最後（５番目）の皇帝であることがわかれば，トラヤヌス帝の時代はこれより前の時期であることがわかり，正解は②のイとなる。

【7】　①は「自ら『新約聖書』としてまとめた」の部分が誤り。『新約聖書』は，イエスの言葉や行いを弟子たちが伝道するなかでまとめられていったのであり，イエスが自らまとめたのではない。②は「ピラト」の部分が誤り。「異邦人への…広めた」のは，パウロである。なお，選択肢の文中にある「ピラト」とは，イエスを処刑した属州ユダヤの総督である。③は「ネストリウス派」の部分が誤り。ニケーア公会議で異端とされたのは，「アリウス派」である。なお，ネストリウス派が異端とされたのは，エフェソス公会議（431年）においてである。④は，正しい文である。ネロ帝やディオクレティアヌス帝の時代には迫害されたキリスト教であったが，コンスタンティヌス帝がミラノ勅令（313年）でキリスト教を公認すると，テオドシウス帝の時代に国教化された（392年）。よって，正解は④となる。キリスト教が国教化された背景には，キリスト教徒の増加や，国教化による帝国の一体性保持などの思惑があった。

【8】　①は文の内容は正しいが，東ローマ帝国に関する記述ではなく，フランク王国に関する記述である。②も文の内容は正しいが，東ローマに関する記述ではなく，中世イギリスに関する記述である。なお，百年戦争の原因には，フランドル地方とギュイエンヌ地方をめぐる対立の他に，イギリス王エドワード３世とフランス王フィリップ６世によるフランス王位継承問題があった。③は東ローマ帝国に関する記述として正しい。よって，正解は③となる。なお，『ロー

マ法大全』は，トリボニアヌスを中心として編纂されたローマ法の集大成である。④は文の内容は正しいが，東ローマ帝国に関する記述ではなく，東フランクに関する記述である。なお，オットー１世は，レヒフェルトの戦いでマジャール人を撃退した後，教皇ヨハネス12世により皇帝の戴冠を受けた（962年）。

Ⅱ　古代インドと古代中国の歴史

【9】　「前1500年頃に中央アジアから進入」が手がかりとなる。前1500年頃に中央アジアから進入した民族とは，「アーリヤ人」である。よって，正解は④となる。①の「ドラヴィダ人」とは，インド先住民のひとつであり，アーリヤ人の侵入よりも前にインドにいた民族である。②の「ソグド人」とは，中央アジアのソグディアナ地域を原住地とするイラン系の民族である。シルク＝ロードの中継貿易で活躍し，ゾロアスター教やマニ教などを東方へ伝えた。③の「エフタル」とは，５世紀半ばから６世紀にかけて中央アジアで活躍した騎馬遊牧民であり，ササン朝と突厥の挟撃により滅亡した。

【10】　空欄　b　は「前４世紀の終わり頃に成立」と「前３世紀には…支配下に置いた」の部分が手がかりとなる。前４世紀の終わり頃に成立し，その後，インド全域を支配下に置いた王朝とは，「マウリヤ朝」である。空欄　d　は，「４世紀」と「北インド全域を支配」が手がかりとなる。４世紀に北インド全域を支配した王朝とは，グプタ朝である。よって，正解は⑤となる。もし，年代と支配領域を覚えていなくても，古代インド４王朝が成立した順番（マウリヤ朝⇒クシャーナ朝⇒グプタ朝⇒ヴァルダナ朝）を覚えていれば，解答することができる。なお，選択肢にある「ヴァルダナ朝」は，７世紀前半に成立し，ガンジス川流域を支配した王朝である。

【11】　①は文の内容は正しいが，クシャーナ朝の時代ではない。カーリダーサが『シャクンタラー』を残したのは，グプタ朝時代である。②も文の内容は正しいが，クシャーナ朝の時代で

はない。アショーカ王が第3回仏典結集を行ったのは, マウリヤ朝の時代である。③はクシャーナ朝時代の説明である。クシャーナ朝の時代, ガンダーラ地方では, インド古来の美術にヘレニズム技術が融合したガンダーラ美術が発達した。よって, 正解は③となる。④は文の内容は正しいが, クシャーナ朝の時代ではない。玄奘がナーランダー僧院で仏教を学んだのは, ヴァルダナ朝の時代である。なお, 玄奘は西域の旅行記である『大唐西域記』を著した。

【12】 Aは「銀貨」の部分が誤り。春秋・戦国時代に用いられたのは, 青銅貨幣である。ちなみに, この時に流通した青銅貨幣には, 刀銭・布銭・円銭 (環銭) がある。青銅貨幣は, 写真問題で問われることも多いので, 必ず写真で確認しておくように。また, 少し細かい知識になるが, 青銅貨幣がどの国で使用されていたのかも覚えておくとよい。Bは「法家」の部分が誤り。老子や荘子は道家の思想家である。なお, 法家は法治主義を主張した諸子百家の一つで, 代表的な思想家に商鞅・韓非・李斯がいる。AもBも誤っているため, 正解は④となる。

【13】 秦が滅亡するきっかけとなったのは「陳勝・呉広の乱」であり, 正解は①となる。この乱を契機に各地で反乱が起こり, 項羽や劉邦が統一を争った。なお, 陳勝が挙兵した時に述べた「王侯将相いずくんぞ種あらんや」という言葉も覚えておくこと。②の「儒学の官学化」は, 前漢の出来事である。前漢の武帝の時代, 儒学を皇帝支配の正当化に用いるため, 董仲舒の提言で儒学が官学化された。③の「郷挙里選の施行」も, 前漢の出来事である。郷挙里選は, 前漢の武帝が制定した官吏登用法であり, 地方長官が優秀な人材を地方で選出し, 推薦する制度である。④の「党錮の禁」は, 後漢の時代に起きた宦官による官僚弾圧事件である。

【14】 ①は文の内容は正しいが, 漢の時代ではない。均田制が施行されたのは, 北魏においてである。均田制は, 北魏で施行された後, 隋・唐に引き継がれた。なお, 少し細かい知識になるが, 北魏・隋・唐における給田対象の違いを確

認しておくこと。②は漢の時代の説明として正しい。匈奴挟撃のために張騫が大月氏に派遣されたことにより, 西域事情が明らかになった。よって, 正解は②となる。③は文の内容は正しいが, 漢の時代ではない。雲崗石窟寺院や竜門石窟寺院が造営されたのは, 北魏の時代である。なお, 雲崗石窟寺院は北魏が最初に都を置いた平城の近郊に, 竜門石窟寺院は北魏が平城から遷都した洛陽の近郊にそれぞれ造営された。④は「班固」の部分が誤り。漢王朝を一時途絶させた外戚とは王莽である。前漢末の外戚である王莽は, 漢を奪い周代を理想とする「新」を建国した。なお, 「班固」とは, 前漢の歴史書である『漢書』を著した後漢の歴史家である。

【15】 まず, 唐の都とは「長安」であり, 長安について述べた文として正しいのはアである。次に, 長安の場所は, 地図中のAである。よって, 正解は①となる。唐の長安は, 中央の大通りを軸とする東西対称の都市として建設された。東西交易の中心として栄え, 唐の最盛期には人口100万を超える大都市に発展し, 外国の朝貢使節や留学生, 商人など各地から多くの人が集まった。渤海の都である上京竜泉府や日本の平城京は, 長安の区画を模範として建設された。なお, イは「洛陽」の説明であり, 場所は地図中のBとなる。

Ⅲ 西アジアの歴史

【16】 リード文中の「西アジア」が手がかりとなる。アレクサンドロス大王の帝国が分割されたあと西アジアに成立した王朝とは, 「セレウコス朝」である。よって, 正解は①となる。アレクサンドロス大王の死後, 帝国はセレウコス朝・プトレマイオス朝・アンティゴノス朝の3つに分裂することとなる。②のプトレマイオス朝は, アレクサンドロス大王の部下であったプトレマイオスがエジプトに建てたギリシア系の王朝であり, 都のアレクサンドリアはヘレニズム世界の中心として繁栄した。③のアンティゴノス朝は, アレクサンドロス大王の部下であったアン

ティゴノスが建てたギリシア系の王朝である。④のメロヴィング朝は，フランク王国の王朝であり，クローヴィスの統一によって成立した。

【17】 まず，　A　は，「前3世紀半ば」と「遊牧イラン人」が手がかりとなる。前3世紀半ばに遊牧イラン人が建国した王国とは「パルティア」であり，選択肢が③と④に絞れる。なお，選択肢にある「バクトリア」は，前3世紀半ばにセレウコス朝から自立し，中央アジアに成立したギリシア系の王国である。次に，　B　は「ササン朝を建てた」が手がかりとなる。ササン朝の建国者は，「アルダシール1世」である。よって，正解は③となる。なお，選択肢にある「キュロス2世」は，アケメネス朝の建国者である。メディアを滅ぼして独立，リディアと新バビロニアを滅ぼした。また，バビロンに捕囚されていたユダヤ人を解放した。

【18】 大商人の迫害を受けたムハンマドがメッカから移住したのは「メディナ」であり，①の波線部（イェルサレム）は適切ではない。よって，正解は①となる。なお，ムハンマドがメッカからメディナへ移住した出来事をヒジュラ（聖遷）と呼ぶ。メディナ移住後，ムハンマドはウンマ（共同体）を設立した。また，メディナの旧名である「ヤスリブ」も覚えておくように。②は正しい文である。カーバ聖殿は，もともとはアラブ人の多神教の神殿であったが，ムハンマドによってイスラーム教の聖殿とされた。③も正しい文である。第4代正統カリフであったアリーが暗殺されると，アリーと対立していたシリア総督のムアーウィヤがウマイヤ朝を開いた。なお，ウマイヤ朝の都がダマスクスに置かれたことも覚えておくこと。④も正しい文である。シーア派は，第4代正統カリフであったアリーの子孫のみをウンマの指導者として認めるイスラーム教の一派である。これに対し，ムハンマドの言行（スンナ）に従って神の命令を解釈しようとする立場をスンナ派と呼び，シーア派と対立した。

【19】 ①は，アッバース朝の説明ではなく，ウマイヤ朝の説明である。ウマイヤ朝は，アラブ人であるかどうかをジズヤ課税の基準とした。このため，ウマイヤ朝は「アラブ帝国」と呼ばれた。これに対し，アッバース朝は，イスラーム教徒であるかどうかを基準としたため，「イスラーム帝国」と呼ばれた。ウマイヤ朝とアッバース朝の徴税方法の違いは，入試問題で頻出であるため，しっかり確認しておくように。②もウマイヤ朝の説明である。ウマイヤ朝は，イベリア半島からヨーロッパへの侵入を行ったが，トゥール・ポワティエ間の戦いでカール＝マルテル率いるフランク王国に敗れ，ピレネー山脈以南に退いた。③は，「ニハーヴァンドの戦い」の部分が誤り。アッバース朝が西進してきた唐の軍隊を撃退したのは，タラス河畔の戦いである。なお，ニハーヴァンドの戦いは，正統カリフ時代，イスラーム軍がササン朝を破った戦いである。この戦いで敗れたササン朝は，事実上崩壊した。④は正しい文である。バグダードにつくられた「知恵の館（バイト＝アルヒクマ）」では，医学や天文学，幾何学などのギリシア語文献が組織的にアラビア語に翻訳された。これにより，イスラーム教徒の学問が飛躍的に発展することとなった。よって，正解は④となる。

【20】 11世紀後半に西アジアにおいて勢力を誇った王朝とは「ファーティマ朝」であり，その位置は地図中のBである。よって，正解は②となる。ファーティマ朝は，アッバース朝に対抗してカリフを称した。また，エジプトを征服した後，カイロを建設したことも覚えておくこと。なお，地図中のAは，ムワッヒド朝である。ムワッヒド朝は，ベルベル人がモロッコを中心に建国した王朝で，都はマラケシュに置かれた。

【21】 Aは正しい文である。ティムールは，1402年のアンカラの戦いでオスマン帝国を破り，バヤジット1世を捕虜とした。Bも正しい文である。サマルカンドは，陸路の東西交易の拠点として繁栄した。チンギス＝ハンにより破壊されたが，その後，ティムール帝国の首都として繁栄した。なお，第3代のシャー＝ルフの時，都がヘラートに遷された。正解は①となる。

【22】 アのレパントの海戦は1571年，イの（第一

— 99 —

次）ウィーン包囲は1529年，ウのメフメト2世は1453年の出来事である。よって，年代の古い順に並びかえるとウ→イ→アの順になり，正解は⑥となる。もし，年代を覚えていなかったとしても，オスマン帝国の大きな流れを覚えていれば，答えることができる問題である。なお，アのレパントの海戦はセリム2世の時代の出来事であり，スレイマン1世の時代に行われたプレヴェザの海戦（1538年）と混同しないように注意すること。また，ウのメフメト2世がビザンツ帝国を滅ぼした際，コンスタンティノープルを占領し，「イスタンブル」と改称した。

Ⅳ 宋代から清代の中国史

【23】　①は，「中正官を全国に配置した」の部分が誤り。宋の時代に設置されたのは，皇帝による最終試験である「殿試」である。全国に配置された中正官が，郷里の評判によって人材を9等級に評定したのは九品中正（法）であり，三国時代の魏の時代に創始された。②は「司馬光」の部分が誤り。新法と呼ばれる改革を行ったのは，王安石である。なお，司馬光は，王安石の新法に対立した旧法党の中心人物で，歴史書である『資治通鑑』を編纂した。③は正しい文である。交子は，北宋で発行された世界最古の紙幣である。なお，南宋で発行された紙幣である会子も一緒に覚えておくように。④は「金属活字」の部分が誤り。北宋の時代に普及したのは木版印刷であり，金属活字が用いられたのは13世紀の高麗である。なお，宋の時代に発達した羅針盤や火薬などの技術は，イスラームを経由してヨーロッパに伝えられた。

【24】　「10世紀初め」が解答の手がかりとなる。アの文章は遼の説明であり，イの説明は金の説明である。遼も金も「宋を圧迫した民族」であるが，金は12世紀に成立した国家である。従って，選択肢は①と②に絞れる。次に，地図の中で遼の位置を示しているのは，Aである。よって，正しい組合せは「アーA」となり，正解は①となる。なお，地図中のBに位置した国家は，

タングートの李元昊が建国した西夏である。

【25】　Aは，「…退けたが」と「…敗れて崩壊した」の部分が誤り。ビルマのパガン朝は元軍に敗れて崩壊したが，ベトナムの陳朝は元軍の進出を退けた。元軍の進出を退けた陳朝では，国民意識が高まり，チュノム（字喃）という文字がつくられたことも覚えておくように。Bは，正しい文である。マラッカ王国はマレー半島の南西に成立した港市国家で，海上交易の要所であるマラッカ海峡を支配した。よって，正解は③となる。

【26】　モンゴル人による中国支配を終わらせ，明が成立することになった反乱を選ぶ問題である。元滅亡のきっかけとなった反乱とは「紅巾の乱」である。よって，正解は①となる。紅巾の乱は，白蓮教徒が中心となった農民反乱である。また，少し細かい知識になるが，白蓮教徒の挙兵直前に殺された指導者である韓山童と，彼の子で反乱の中心となった韓林児も覚えておくように。②の黄巣の乱は，唐末に塩の密売人である王仙芝と黄巣が指導した農民反乱である。この反乱により，唐は衰退期に入っていく。③の黄巾の乱は，張角が指導した農民反乱で，後漢滅亡の原因となった。④の八王の乱は，西晋の司馬炎の死後，8人の王を中心に起きた内乱である。

【27】　明の時代，民間貿易が活発化すると，茶・生糸・陶磁器などが外国で売れる国際商品となり，港に近い長江下流域を中心に茶や桑，綿花などが栽培されるようになった。従って，①と④の波線部は正しい。長江下流域で商品作物が作られるようになると，それまで長江下流域で作っていた農作物を長江中流域で作るようになった。その結果，それまでの長江下流域に代わり，長江中流域が農業で発達することになり "湖広熟すれば天下足る" と呼ばれるようになった。従って，②の波線部は誤りとなり，正解は②となる。なお，"江浙（蘇湖）熟すれば天下足る" とは，宋の時代に穀倉地帯となっていた長江下流域のことである。一方，都市では山西省で活躍した山西商人や安徽省で活躍した徽州

商人（新安商人）など特権商人が活躍するようになり，宋代に設置された同業者・同郷者の相互扶助機関である会館や公所が発達した。従って，③も正しい文となる。

【28】　明の時代に東アジアからインド洋に至る広範囲の国々に対して明への朝貢を要求した皇帝とは「永楽帝」であり，その目的を達成するため派遣された人物とは「鄭和」である。よって，正解は①となる。永楽帝については，外政面ではモンゴル遠征やベトナム遠征など積極的な対外政策を行ったこと，内政面では北京遷都や大編纂事業，宦官勢力を重用しつつ皇帝独裁体制を築いたことを押さえておくように。一方，鄭和については，彼がイスラーム教徒かつ宦官であることも押さえておくように。また，鄭和が行った南海諸国遠征のルートについても，教科書や資料集で確認しておくこと。なお，選択肢にある正統帝とは，明の第6代皇帝であり，土木の変でエセン＝ハンの捕虜となった。また，張居正とは，第14代皇帝である万暦帝（神宗）の時に財政改革を行った人物である。張居正の提案により，地税と丁税などを一括して銀納する一条鞭法が実施された。

【29】　問題文には「ジュンガルを滅ぼして…『新疆』と称した時期」とあるが，「清がジュンガルを滅ぼした時期」を考えればよい。清がジュンガルを制圧したのは，乾隆帝の時代である。よって，正解は④となる。少し難しい問題であり，差がつく問題である。

Ⅴ　近世ヨーロッパの歴史

【30】　Aの航路は，カリブ海に到達していることから「コロンブスの航路」だと判断する。よって，①は正しい。Bの航路は，ブラジルに到達していることから「カブラルの航路」だと判断する。よって，②は誤りとなり，正解は②となる。Cの航路は，アフリカ最南端に到達していることから「バルトロメウ＝ディアスの航路」だと判断する。よって，③は正しい。Dの航路は，アメリカ大陸最南端から太平洋へ出て世界

を一周していることから「マゼラン一行の航路」だと判断する。よって，④も正しい。カブラルの航路を判断するのは少し難しかったかもしれないが，カブラルの航路を覚えていなかったとしても消去法で解くことができる。

【31】　Aの絵画を見たことがある受験生は少ないかもしれないが，聖母子像（聖母マリアとその子イエス）が描かれていることから，聖母子像を多く書いたことで有名なラファエロの作品であると判断する。Bは『ダヴィデ像』であり，作者はミケランジェロである。よって，①が正しい組合せとなり，正解は①となる。なお，選択肢にあるブリューゲルは，フランドルの民衆や農民の生活を写実的に描いた『農民の踊り』が代表作品である。『農民の踊り』は写真問題で問われることも多いので，教科書や資料集で確認しておくように。

【32】　①は「ラテン語訳」の部分が誤り。ルターが行ったのは，「『新約聖書』のドイツ語訳」である。よって，①は誤りの文である。カール5世から帝国追放処分を受けたルターは，ヴァルトブルク城でザクセン選帝侯フリードリヒの保護を受けている間に，新約聖書のドイツ語訳を行った。②は「ツヴィングリ」の部分が誤り。予定説を説いたのは，カルヴァンである。カルヴァンの唱えた「予定説」とは，「魂が救われるかどうかは，神によって予め定められている」という考えである。また，勤労を重んじ，蓄財を容認する倫理観は，商工業者の間に広まり，近代資本主義の発展につながった。③は「統一法」の部分が誤り。ヘンリ8世によって出され，イギリス国教会の成立を定めた法とは，「国王至上法（首長法）」である。なお，「統一法」とは，エリザベス1世によって出された法で，イギリス国教会の祈禱や礼拝の統一を行った法である。④は正しい文である。イグナティウス＝ロヨラによって結成されたイエズス会は，対抗宗教改革の一環として結成された。よって，正解は④となる。なお，日本での布教を行ったフランシスコ＝ザビエルと，中国での布教を行ったマテオ＝リッチも覚えておくように。

【33】　①は「フェルナンド」の部分が誤り。スペイン皇帝と神聖ローマ皇帝を兼ねたのは，カール5世である。カール5世は，ハプスブルク家出身でありながら，母がスペイン王女であったため，スペイン王カルロス1世としても即位した。なお，フェルナンドとはアラゴン王国の王であり，カスティリャの女王イサベルと結婚し，スペイン王国の国王となった。②は「デンマーク王」の部分が誤り。フェリペ2世が王を兼ねたのはポルトガル王である。1580年にポルトガルを併合したスペイン王フェリペ2世は，ポルトガルとの同君連合を形成した。なお，デンマークが同君連合を形成したのは，14世紀末にハンザ同盟に対抗してマルグレーテが結成したカルマル同盟（デンマーク・スウェーデン・ノルウェーによる同君連合）である。③は正しい文である。旧教国であるスペイン王フェリペ2世が新教徒の多いネーデルラントにカトリックを強制したことが，オランダ独立戦争の一因となっている。よって，正解は③となる。なお，中継貿易や毛織物工業で栄えたネーデルラントに重税をかけたこともオランダ独立戦争の原因の一つになっている。④は「ヴァロワ家」の部分が誤り。スペイン継承戦争のユトレヒト条約で，スペイン王位継承が国際的に承認されたのは，フランスのブルボン家のフェリペ5世（ルイ14世の孫）である。これにより，スペインがハプスブルク家からブルボン家へと変わることとなった。なお，ヴァロワ家とは，カペー朝断絶後にフィリップ6世が即位して始まったフランスの王朝である。

【34】　アの「イギリス東インド会社設立」は1600年，イの「クロムウェルの護国卿就任」は1653年，ウの「権利の章典の制定」は1689年の出来事である。よって，年代の古い順に並べると「ア→イ→ウ」の順番になる。よって，正解は①となる。もし，年号を覚えていなくても，アがエリザベスの時代，イがピューリタン革命と名誉革命の間の時代，ウが名誉革命後の時代であることが分かれば，答えることができる。

【35】　Aは正しい文である。アンリ4世が発した

ナントの王令とは，新教徒に対して，条件付きではあるが信仰の自由を保障したものである。これにより，新教徒は旧教徒とほぼ同等の権利を得ることができ，ユグノー戦争は終結した。Bは「ルイ13世」の部分が誤り。コルベールを財務総監に任命し，重商主義を推進したのは，ルイ14世である。よって，正解は②となる。なお，ルイ13世は，三部会を停止して王権を強化したり，リシュリューを宰相として，三十年戦争に参加した。

【36】　空欄　A　は，「17世紀前半」と「ドイツを戦場」の部分が手がかりとなる。17世紀前半にドイツを戦場に行われた戦争とは，ドイツ三十年戦争（1618～1648年）である。次に，空欄　B　は，「この戦争の講和条約」と「フランスに…奪われた」の部分が手がかりとなる。ドイツ三十年戦争の講和条約であるウェストファリア条約で，フランスがドイツから獲得したのは，アルザスとロレーヌの一部である。以上により，正解は④となる。ウェストファリア条約の内容は，入試問題で頻出なので，必ず確認しておくように。なお，選択肢にある「七年戦争」とは，オーストリア継承戦争でプロイセン領となったシュレジエン（オーデル川上流に位置する石炭と鉄の産地）をめぐり，オーストリアとプロイセンの間で行われた戦争である。

Ⅵ　近代の欧米の歴史

【37】　①は「ハーグリーヴズ」の部分が誤り。飛び杼を発明したのは，ジョン=ケイである。なお，ハーグリーヴズが発明したのは，ジェニー紡績機である。ジェニー紡績機は，一度に複数の糸をつむぐことができる多軸紡績機であり，糸の大量生産を可能にした。②は「カートライト」の部分が誤り。蒸気機関を改良したのは，ワットである。ワットは，往復運動を回転運動に転換させる技術を開発し，これにより蒸気機関の様々な機械への応用を可能にした。なお，カートライトとは，蒸気機関を動力源とした力織機と呼ばれる織布機を発明した人物である。

③は「フルトン」の部分が誤り。蒸気機関車の実用化を達成したのは、スティーヴンソンである。なお、フルトンとは、クラーモント号を建造し、ハドソン川の航行を行ったアメリカの技術者である。④は正しい文である。石炭や鉄鉱石が産出されるマンチェスターやバーミンガムは、産業革命の中心として発展した。よって、正解は④となる。なお、マンチェスター産の木綿の輸出で繁栄した海港都市が、リヴァプールであることも覚えておくように。

【38】 アの「ボストン茶会事件」は1773年、イの「独立宣言が…採択された」のは1776年、ウの「武装中立同盟の成立」は1780年～83年の出来事である。よって、年代の古い順に並びかえると「ア→イ→ウ」となり、正解は①となる。この問題も、年号を覚えていなくても、アメリカ独立戦争の大きな流れを押さえておけば解くことができる問題である。

【39】 フランスがオーストリアに宣戦布告したのは、1792年4月である。よって、略年表中のウの時期に該当し、正解は③となる。年号を正確に覚えていなくても、「オーストリアへの宣戦布告が立法議会において行われた」ことと、「1793年憲法が国民公会において制定された」ことを覚えていれば、ウの時期に該当すると判断できる。

【40】 Aは正しい文である。アウステルリッツの戦いでオーストリア・ロシア連合軍を破ったナポレオンは、1806年にナポレオンを盟主として、バイエルンなど西南ドイツの諸邦を合わせたライン同盟を結成した。このライン同盟の結成を機に、神聖ローマ帝国は消滅した。Bも正しい文である。イギリス経済に打撃を与えようと考えたナポレオンは、大陸諸国に対してイギリスとの通商等を禁止する大陸封鎖令を発した。しかし、イギリス市場を失った諸国の不満を招き、ロシアなどの離反を招いた。よって、正解は①となる。

【41】 絵画のタイトルは『民衆を導く自由の女神』であり、作者はドラクロワである。また、ドラクロワがこの絵画を描くにあたりテーマとした

のは、七月革命である。よって、正解は②となる。ドラクロワについては、ロマン主義絵画の画家であることと、ギリシア独立運動を題材とした『キオス島の虐殺』も確認しておくこと。選択肢にある「カルボナリの蜂起」の「カルボナリ」とは、イタリアの秘密結社であり、1820年代初めと1831年にそれぞれ蜂起した。また、「ゴヤ」はスペインの画家であり、ナポレオン軍に抵抗するマドリード市民を描いた『1808年5月3日』が有名である。

【42】 ①の「シャルル10世が亡命した」のは七月革命の時であり、七月革命が起きたのは1830年の時である。よって、①の文は誤りである。②は、「ルイ＝フィリップ」の部分が誤り。第二共和政下のフランスで大統領に当選したのは、「ルイ＝ナポレオン」である。大統領選挙に当選したルイ＝ナポレオンは、1851年にクーデタで議会を解散、1852年には国民投票によりナポレオン3世として皇帝に即位した。なお、「ルイ＝フィリップ」とは、オルレアン家出身で、七月王政期の国王となった人物である。③は、正しい文である。1848年の二月革命の影響を受けたドイツでは、ドイツ統一に向けて、フランクフルト国民議会が開かれた。よって、正解は③となる。なお、この会議では「大ドイツ主義（オーストリアを含む）」ではなく、「小ドイツ主義（オーストリアを含まない）」でドイツ統一を行うことが決まった。④は「ベーメン（ボヘミア）」の部分が誤り。コシュートが指導したのは、ハンガリーの民族運動である。

【43】 ①は「スペイン」の部分が誤り。アメリカ合衆国がミシシッピ川以西のルイジアナを購入したのはフランスのナポレオンからであり、スペインから購入したのはフロリダである。②は正しい文である。白人男性普通選挙制の普及など、ジャクソニアン＝デモクラシーと呼ばれる民主主義の進展を行ったジャクソンであったが、先住民に対しては、先住民強制移住法を制定し、ミシシッピ川以西の保留地に強制移住させた。よって、正解は②となる。③は「カリフォルニア」の部分が誤り。アメリカ＝メキシコ戦

争のきっかけとなったのは，アメリカによるテキサス併合である。④は「終結」の部分が誤り。リンカン大統領が奴隷解放宣言を発したのは，南北戦争中のことである。なお，リンカン大統領の奴隷解放宣言は，南北戦争の戦争目的を明確化したという点で大きな意義があることも覚えておくように。

Ⅶ 文字の歴史（選択問題）

【44】　　a　　は，「メソポタミア」と「楔形文字が発明」の部分が手がかりとなる。メソポタミアで楔形文字を発明した民族は，「シュメール人」である。よって，正解は③となる。なお，①のアッカド人はセム語系の民族であり，前24世紀頃にサルゴン1世の下，アッカド王国を建国した。②のカッシート人は，前16〜前12世紀にバビロニアを支配した民族である。④のヒッタイト人は，前17世紀半ば頃にハットゥシャを都に王国を建てた民族で，鉄器・馬・戦車を使用したことで有名である。

【45】　19世紀に神聖文字を解読した人物とは，「シャンポリオン」である。よって，選択肢は①と②に絞れる。次に，シャンポリオンが解読にあたって利用した歴史的遺物とは，「ロゼッタ＝ストーン」である。以上により，正解は②となる。シャンポリオンがフランス人の学者であることと，ロゼッタ＝ストーンがナポレオンのエジプト遠征の際に発見されたことを確認しておくこと。また，ロゼッタ＝ストーンには，神聖文字（ヒエログリフ）・民用文字（デモティック）・ギリシア文字が刻まれており，シャンポリオンはギリシア文字を手がかりに神聖文字を解読したことも覚えておくように。なお，選択肢にあるローリンソンは楔形文字の解読に成功した人物で，その解読にあたって利用した歴史的遺物が，同じく選択肢にあるベヒストゥーン碑文である。

【46】　フェニキア人はシドンやティルスを中心に地中海貿易を行った。よって，　　A　　には「地中海を利用する海上交易」が該当し，選択肢は①と②に絞れる。次に，フェニキア文字は，ギリシア人に伝わったあと，アルファベットの起源となった。よって，　　B　　には「ギリシア」が該当する。以上により，正解は①となる。なお，シナイ文字をもとに作られたフェニキア文字は22字の子音だけであったが，ギリシア人に伝えられた後，母音文字が加わりアルファベットが成立した。また，選択肢にある「内陸都市を結ぶ中継交易」を行ったのはアラム人であり，中心都市はダマスクスである。

【47】　「インダス文明において整然とした計画に基づいてつくられた都市遺跡」とは，「モエンジョ＝ダーロ」であり，地図中の位置はインダス川沿いのAである。よって，正解は③となる。なお，選択肢にある「アジャンター」とは，グプタ美術の壁画が残されている仏教遺跡で，地図中のBに位置する。

【48】　Aは正しい文である。甲骨文字は，祭祀や占いの結果を記録する文字として亀甲や獣骨に刻まれた。また，漢字の原型となり，王国維によって解読された。Bも正しい文である。中央集権体制の確立を目指した秦の始皇帝は，貨幣・度量衡・文字・車軌の統一を行った。なお，この時，始皇帝が統一した文字は，小篆である。よって，AもBも正しい文であり，正解は①となる。

【49】　①の字喃（チュノム）は，陳朝（ベトナム）でつくられた文字である。よって，①は誤りの文である。元ではモンゴル語を公用語とし，表記にはウイグル文字やパスパ文字を用いた。②は，「ベトナム」の部分が誤り。訓民正音（ハングル）を国字としたのは，朝鮮である。なお，訓民正音は，15世紀の世宗の時代に制定された。③は，「朝鮮」の部分が誤り。パスパ文字がつくられたのは，中国の元代である。モンゴル語の表記のため，フビライの命を受けたチベット仏教の僧であるパスパによってつくられた。④は正しい文であり，正解は④となる。ただし，契丹文字が漢字とウイグル文字の影響を受けてつくられたという内容は，少し難しい。①〜③が明らかに間違いであることから，消去法で答

える問題であろう。

【50】　　g　は、「ユカタン半島」が手がかり。ユカタン半島に成立した古代アメリカ文明は、マヤ文明である。よって、選択肢は③と④に絞れる。次に、　h　は「インカ帝国」と「縄の結び方」が手がかりとなる。インカ帝国で用いられた縄の結び方によって情報を記録し、伝達する手段とは、キープ（結縄）である。よって、正解は④となる。なお、選択肢にあるチャビン文化とは前1000年頃にペルーに成立した古代文明であり、パピルスとは古代エジプトで用いられた紙の一種である。

【51】　「ヨーロッパの火薬庫」と呼ばれたのは、バルカン半島である。よって、正解は①となる。なお、　a　の直後にある「サライェヴォ」は、ボスニアの首都である。

【52】　Aは正しい文である。第一次世界大戦では、オスマン帝国は三国同盟側で参戦した。Bは「三国協商を離脱」の部分が誤り。イタリアは、三国同盟を離脱し、三国協商側で参戦した。よって、正解は②となる。なお、イタリアは、大戦開始直後は中立の立場をとっていたが、オーストリアに支配されている「未回収のイタリア」の割譲と引き換えに、協商国側で参戦した。

【53】　①は「レーニンらの指導による」の部分が誤り。レーニンは二月革命（三月革命）の後にスイスから帰国し、「四月テーゼ」を発表した。②は「サン＝ステファノ条約」の部分が誤り。ロシアがドイツと結んだ条約は、「ブレスト＝リトフスク条約」である。この条約により、東部戦線は終結し、ロシアはポーランドなど領土を失った。なお、ヴェルサイユ条約締結によってこの条約は消滅したことも覚えておくように。また、サン＝ステファノ条約とは、1878年に露土戦争の講和条約としてロシアとオスマン帝国の間で締結された条約である。③は正しい文である。1917年の十月革命（十一月革命）で成立したソヴィエト政権は、反革命軍との内戦

や諸外国の対ソ干渉戦争に勝ち抜くため、「戦時共産主義」を採用し、農民から穀物を強制徴発した。④は「第2インターナショナル」の部分が誤り。世界革命の推進を目的に創設されたのは、第3インターナショナル（コミンテルン）である。なお、第2インターナショナルは、1889年にパリで結成された。

【54】　　d　・　e　ともに「第一次世界大戦後」が手掛かりとなる。選択肢の中で、第一次世界大戦後に成立したのは「ヴェルサイユ体制」と「不戦条約」である。よって、正解は③となる。第一次世界大戦後の1919年にヴェルサイユ条約が締結されると、ヨーロッパを中心とする国際秩序であるヴェルサイユ体制が成立した。また、国際紛争解決のための手段としての戦争を放棄することを定めた不戦条約が締結されるなど、国際協調が進められた。なお、選択肢にある「ブレトン＝ウッズ国際経済体制」とは第二次世界大戦後に成立した国際経済体制であり、「サンフランシスコ平和条約」とは1951年に締結された第二次世界大戦での西側諸国と日本の講和条約である。

【55】　1943年に米英ソ3か国の首脳が第二戦線（西部戦線）の形成について会談を行った場所とは「テヘラン」であり、略地図中の場所はBである。よって、正解は④となる。なお、選択肢にある「カイロ」とは、1943年に対日戦争に関する会談が行われた場所である。

【56】　ソ連に対する「封じ込め政策」を提唱したのは「トルーマン大統領」であり、ヨーロッパの経済復興援助計画を発表したのは「マーシャル国務長官」である。よって、正解は②となる。トルーマン大統領は、1947年に発表したトルーマン＝ドクトリンの中で共産圏に対する「封じ込め政策」を示した。また、マーシャル国務長官は、ヨーロッパ諸国に大規模な援助を行うことで経済を安定させ、共産主義勢力の拡大を防止するマーシャル＝プランを発表した。なお、選択肢にある「アイゼンハワー大統領」とはノルマンディー上陸作戦を指揮した第34代アメリカ大統領であり、「ジョン＝ヘイ国務長官」と

は門戸開放宣言を発表した国務大臣である。

【57】「最初の自力独立の黒人共和国となった」のは「ガーナ」であり，ガーナ共和国の指導者は「エンクルマ」である。よって，　A　には「エンクルマ」が，　B　には「ガーナ」が入り，正解は①となる。なお，選択肢にある「ナセル」とはスエズ運河国有化を行ったエジプトの大統領である。

世界史　　正解と配点

問題番号		正　解	配　点
I	1	③	2
	2	①	2
	3	④	2
	4	②	2
	5	③	2
	6	②	2
	7	④	2
	8	③	2
II	9	④	2
	10	⑤	2
	11	③	2
	12	④	2
	13	①	2
	14	②	2
	15	①	2
III	16	①	2
	17	③	2
	18	①	2
	19	④	2
	20	②	2
	21	①	2
	22	⑥	2
IV	23	③	2
	24	①	2
	25	③	2
	26	①	2
	27	②	2
	28	①	2
	29	④	2

問題番号		正　解	配　点
V	30	②	2
	31	①	2
	32	④	2
	33	③	2
	34	①	2
	35	②	2
	36	④	2
VI	37	④	2
	38	①	2
	39	③	2
	40	①	2
	41	②	2
	42	③	2
	43	②	2
VII	44	③	2
	45	②	2
	46	①	2
	47	③	2
	48	①	2
	49	④	2
	50	④	2
VIII	51	①	2
	52	②	2
	53	③	2
	54	③	2
	55	④	2
	56	②	2
	57	①	2

平成30年度 地理 解答と解説

I 地形に関する問題

【1】 Aの分布を確認する。アフリカの大部分，オーストラリアの西部，カナダ，南米東部など，安定陸塊の代表的な地域に分布している。Bをみると，イギリス，スカンディナビア半島，中国，アメリカ合衆国東側，アフリカ南部，オーストラリア東岸と，古期造山帯の代表的な地域に分布している。Cをみると，日本をはじめとする環太平洋地域，インド北部のヒマラヤ山脈からイタリア北部のアルプス山脈にかけて分布しており，新期造山帯と判断できる。

①の前半部分は正しいが，後半は誤っている。丘陵性の山地は古期造山帯で見られる。②も前半は正しいが，後半が誤っている。楯状地や卓状地は安定陸塊で見られ，古期造山帯ではない。③は正しい。新期造山帯では，地殻変動が続き，地震や火山が多い。④は誤り。前述のとおり，火山は新期造山帯に多い。Aは安定陸塊であるため，不適。正解は③。

【2】 下線部の「プレートとプレートの境界」には主に3種類ある。狭まる境界，広がる境界，ずれる境界で，どの境界も地震が起こりやすい。とくに日本近海は4つのプレートがぶつかり合っている場所で（5つという説を唱える学者も存在する），狭まる境界となっており，地震の多発地帯である。よって，bは正しい。

aについて。広がる境界の分布で重要なのが大西洋の中央にある海嶺である。必ず覚えよう。また，チリやペルーの西側にあるナスカプレートの西側の境も広がる境界となっている。しかし，地中海には広がる境界はないのでaは不適。正解は③。

【3】 2014年9月に噴火したのは岐阜県と長野県にまたがる御嶽山である（Kの位置）。噴火直前まで噴火警戒レベルは低く，無警戒であった登山客が被災し，多くの死者・行方不明者を出

した。

Jに位置する火山は雲仙岳（普賢岳）で，1991年に噴火した。5月に数回発生した土石流では，島原市の避難勧告によって人的被害は出なかった。しかし，6月3日に発生した火砕流は40名以上の死者・行方不明者を出した。直前まで報道関係者が火砕流発生時にカメラをまわしており，当時の様子を克明に伝えている。雲仙岳を中心に広範囲が島原半島ジオパークとして認定された。正解は②。

【4】 アは，水田のほか，蛇行した河川，河川の近くに曲線状の湖が写っている。この湖は三日月湖（河跡湖）であり，蛇行した河川と同様，氾濫原によくみられる。氾濫原では河川周辺に数mほどの微高地が発達し，自然堤防とよばれる。自然堤防の外側には後背湿地が発達し，水田に利用されやすい。aは正しい。

イは典型的な扇状地である。このような土地は河川の中流域でみられやすく，堆積物は比較的粒の大きな礫であり，礫と礫の間に空間が生じ，そこを水が浸み込んでいくので，水はけがよく，水無川になることもある。この土地の性質を利用して果樹園などに利用される。Bの文を読むと，砂礫（粒の小さな礫）と，水はけが悪いという表現が不適。正解は②。

【5】 Pについて。土地が隆起したり，海面が低下したりすると，それまで海底だった場所が海面上に出現することになる。これを離水という。Qについて。土地が沈降したり，海面が上昇したりすると，これまで丘や山のような陸地が海中に沈むことになる。これを沈水とよぶ。離水によってできた海岸を離水海岸，沈水によってできた海岸を沈水海岸という。Rについて。これまで海底であった離水海岸と丘や山であった沈水海岸を比較すると，一般に沈水海岸の方が海岸線が複雑になる。正解は④。

【6】 図中のカは沿岸流が運んだ土砂が堆積した

もの。これを砂嘴といい，嘴とは「くちばし」のことで，名前のとおりの形状をしている。これがさらに発達する（伸びる）と，砂州とよばれる。砂州によって，外海と隔てられた浅い水域（図中のキ）をラグーン（潟湖）という。

　砂丘とは，強い風によって運搬された砂が堆積した，砂の高まりのこと。トンボロとは，砂州が対岸の島まで到達したもので，陸繋砂州ともいう。トンボロとつながった島を陸繋島といい，秋田県の男鹿半島や神奈川県の江の島などがこれにあたる。正解は②。

【7】　リアス海岸とは，河川が侵食したV字谷が沈水してできた海岸であり，フィヨルドは氷河で侵食されたU字谷が沈水してできた海岸である。そのため，リアス海岸やフィヨルドの周囲は山地で，平地に乏しい。また，普段の湾内は穏やかであり，天然の港として利用されるほか，養殖業にも適している。①は正しい。②は不適。三陸海岸はリアス海岸が発達している好例であるが，室戸岬は海岸段丘で有名な場所。③は不適。前述のとおり，フィヨルドの湾奥に平野は発達しにくい。④は不適。フィヨルドは氷河が形成したため，気温の低い高緯度地域で，降水量の豊富な大陸の西側に多くみられる。正解は①。

【8】　長方形の面積を求めるには，縦と横という「長さ」の情報が必要である。地図上の長さは問題文から分かるが，実際の長さは分からない。そこで縮尺の情報が必要となる。一般的に用いられる地形図は，縮尺25000分の1か，50000分の1の地形図である。もし，50000分の1の地形図であれば，等高線は20m間隔で引かれており，等高線の標高の数字の10の位は，0か偶数となる。一方，25000分の1の地形図であれば，等高線は10m間隔で引かれるため，10の位が奇数となることがある。等高線のうち，5本に1本が太い計曲線が引かれているが，これをみれば判別しやすい。

　さて，問題にある地形図をみよう。地形図中央の砺波駅から西に目をうつすと，Yの外側に「深江」という地名がみつかる。その文字は神

社の地図記号と老人ホームの地図記号に挟まれているのが分かるだろうか。その老人ホームの地図記号の西側に50の数字が入った計曲線をみつけることができる。ここから縮尺25000分の1の地形図であると判別できる。縮尺が分かったので，次は計算である。ここで注意したいのは，縮尺とは「長さ」の比であって，「面積」の比ではないということである。つまり，問題文にある「1.6cm」と「1.8cm」をそのまま掛けてはいけない。まず，「実際の長さ」を求めて，その数字で掛け算する必要がある。

　25000分の1の縮尺とは，「本当の長さは25000だけれども，地図上では1の長さで描きました」ということを意味している。これを式にすると以下のようになる。

$$1 \; : \; 25000 \; = \; 1.6 \; : \; x$$

内項の積と外項の積は等しいので，

$$1 \; \times \; x \; = \; 25000 \; \times \; 1.6$$
$$x \; = \; 40000 \; (cm)$$

注意が必要なのは，最初の式の1.6の単位はcmであるため，求めたxの単位もcmとなる。そして，問われている面積はcm^2ではなく，km^2であるため，40000cmをkmに単位変換する必要がある。

$$40000cm \; = \; 400m \; = \; 0.4km$$

同様に1.8cmの実際の長さを計算する。

$$1 \; \times \; 25000 \; = \; 1.8 \; \times \; x$$
$$x \; = \; 45000cm \; = \; 0.45km$$

この実際の長さから面積を求めると

$$0.4km \; \times \; 0.45km \; = \; 0.18km^2$$

正解は②。

【9】　選択肢の地図記号はよく見られるものばかりなので，覚えておこう。

税務署は◇，郵便局は〒，市役所は◎，

老人ホームは△，裁判所は△，消防署はY，

図書館は𐂀，博物館は𐃇である。

正解は②。

【10】　aの記述について。城跡の地図記号が

みられない。また，職人町を示す地名もみられ
ない。職人町を示す地名としては，鍛冶屋町，
材木町，呉服町などがある。東京都の日本橋人
形町も人形をつくる職人からとった町名といわ
れる。aは誤り。

　bの記述について。水田の地図記号 ‖ が南
西に多くみられるため，前半部分は正しい。し
かし，集村の1つである環村はみられない。家
屋は点在しており，これは散村の形状である。
砺波平野は散村の景観で有名な場所である。b
は誤り。正解は④。

【Ⅱ】　気候に関する問題

【11】　aの文について。低緯度地域では東風であ
る貿易風が卓越する。そのため，海流も東から
西に流れる。その海流が大陸（たとえば太平洋
であればユーラシア大陸）にぶつかり，中緯度
に向かって流れていく。北半球だと，この流れ
は時計回りとなり，日本近海だと黒潮がこれに
あたる。南半球ではその逆になり，aは正しい。

　bの文について。親潮は千島海流のことであ
り，寒流である。黒潮とは日本海流のことであ
り，暖流である。基本的に，暖かい地域，つま
り赤道周辺からくる海流は暖流であり，赤道に
向かおうとする海流は寒流と考えて問題はな
い。bは誤り。正解は②。

【12】　雨温図の判別では，まず気温から見るのが
よいだろう。4つのうち，気温で特徴的（他と
大きく違う）なものは，③と④。③は気温が一
年中高く，かつ気温の年較差（夏と冬の気温差）
が小さい。これは低緯度の特徴である。よって，
③はキーウェストと判断する。④の冬の気温が
－5℃近くまで下がっており，かつ夏は20℃以
上まで上がっている。「冬－3℃以下，夏10℃
以上」は冷帯（亜寒帯）の特徴である。よって，
④はシカゴと判断する。シカゴが冷帯であると
いうことはしっかり覚えておこう。

　気温と降水量の関係から見た場合，非常に特
徴的なのが②である。夏に乾燥して降水量が少
ないのは地中海性気候である。この問題で地中

海性気候である都市はカサブランカである。カ
サブランカは地中海沿岸に位置するわけではな
いが，ジブラルタル海峡を越えて大西洋岸まで
地中海性気候は分布する（ポルトガルのリスボ
ンなど）。カサブランカは「白い家」を意味す
る都市。地中海性気候の雰囲気がよく表れてい
る。残った①がダブリンである。ダブリンはア
イルランド島にあり，イギリスやフランスなど
と同様に，高緯度に位置しながらも暖流の北大
西洋海流と偏西風の影響を受け，冬は温暖で，
気温の年較差も小さい。簡潔にいえば穏やかな
気候だといえる。雨温図からも西岸海洋性気候
の特徴が読み取れる。正解は①。

【13】　①のジャングルとは，東南アジアやアフリ
カの熱帯にみられる密林のこと。熱帯林ともい
われ，ブラジルのアマゾン川流域では，④のセ
ルバとよばれる。②のツンドラとは，寒帯のツ
ンドラ気候にみられる蘚苔類などのこと。③の
タイガとは，亜寒帯にみられる針葉樹林のこと
で，正解は③。

【14】　チェルノーゼムとは，黒海北岸からカザフ
ステップにみられる非常に肥沃な黒土の土壌で
ある。①のポドゾルとは，寒冷な地域にみられ
る酸性で灰白色の成帯土壌のこと。北海道にも
みられる。②のラトソルとは，熱帯雨林気候な
どにみられる赤色の成帯土壌のこと。養分は少
ないため，草木に火を入れ，灰を肥料にする焼
畑がみられる。③のレグールとは，インドのデ
カン高原にみられる玄武岩質の間帯土壌のこ
と。間帯土壌なので，世界各地に分布するわけ
ではない。別名，綿花土といい，インドの綿花
栽培を支える土壌である。④のプレーリー土と
は，アメリカ合衆国の中央を南北に分布する黒
色の成帯土壌のことで，これが正解。世界の食
料庫であるアメリカ合衆国の農業生産を支える
重要で豊かな土壌。小麦や家畜の飼料になるト
ウモロコシなどを大量に栽培している。正解は
④。

【15】　①は適切。サリーは，南アジアの女性が身
につける民族衣装で，「細長い布」が語源となっ
ている。多湿な南アジアでは風通しのよいこと

が衣類に求められる。②は適切。オンドルとは調理などで使用した炎から発生した熱を床の下を通して暖房に利用するしくみのことで，朝鮮半島でみられる。オンドルを利用した集合住宅もあったが，防災の観点から現在の集合住宅ではあまりみられなくなった。③は適切。東南アジアで高床式住居が見られるのは湿気対策のほか，害虫の侵入を防ぐことや，スコールの水から逃れることなど多岐にわたる。ロシアのような寒冷な地域でも高床式住居が見られるが，これは家屋内の熱が地面に伝わり，地中の永久凍土をとかさないようにするためである。永久凍土がとけると地表面が水分でぬかるみ，家屋が傾いてしまうからである。④は不適切。イヌイットは主にアラスカなど北極海沿岸に住む。アルパカは南米のアンデス山脈山中で家畜として飼育されるので地域が異なる。正解は④。

【16】①は適切。熱帯式気候は，太陽から最もエネルギーを受けやすい低緯度地域に分布し，気温の年較差が小さく，一年中気温が高い。これが正解。②は不適切。たしかに乾燥気候は内陸部に見られる。内陸部は水蒸気の供給量が少ないため（水蒸気の供給源は基本的に海），乾燥するからである。内陸部の砂漠には，タクラマカン砂漠やゴビ砂漠などがある。しかし，海岸付近にまったく乾燥気候が見られないわけではない。その例が海岸砂漠である。海岸砂漠は，海岸付近を寒流が流れるため，海水面・地表面付近の気温が低下し，相対的に上空の空気の方が暖かくなってしまい，大気が安定する（上昇気流が起こらなくなる）。そのため，雨雲が発生せず砂漠になるのである。アフリカのナミブ砂漠や南米のアタカマ砂漠がこれにあたる。ほかには，ロサンゼルスの南東のサンディエゴやパキスタンの南部のカラチも乾燥気候であることを覚えておこう。

③は不適切。ケッペンの気候区分によると，温帯には，主に西岸海洋性気候，地中海性気候，温暖湿潤気候が存在する。大部分が温暖湿潤気候である日本は，モンスーンの影響で四季の変化が明瞭であり，湿潤なため樹種も多い。④は

不適切。氷雪気候とは夏でも0℃を下回り，まさに氷と雪の世界となる。この気候がみられる場所は，南極大陸とグリーンランドの内陸部の2か所である。グリーンランドの沿岸部はツンドラ気候なので注意が必要である。正解は①。

【17】2つの気団の勢力が均衡し，気団の境目に発生するのが前線である。日本の場合，6～7月に北海道あたりに居座るオホーツク気団と太平洋上に居座る小笠原気団の境に梅雨前線が形成される。揚子江気団とは長江気団ともいい，中国周辺に影響を与える気団である。シベリア気団とはシベリアに位置する気団で，冬にここから吹きだす寒冷な風が日本周辺では北西の季節風となる。正解は①。

【18】①の「冬に大量の積雪がある」から，北陸のウと判断する。冬に吹く北西の季節風が暖流である対馬海流の上空を通り，湿気を北陸に運ぶ。それが山脈にあたり大量の降水（積雪）をもたらす。一方，夏は南東の季節風の影響で気温が上がる。雪解け水と高温によって，北陸は稲作地帯となっている。②と③の「降水量は年間を通じて少ない」から，アかイと判断する。日本で降水量が少ない場所は，南北を山地山脈に囲まれ，水蒸気の供給が遮られる瀬戸内（アの地域）と，周囲を高い山地山脈で囲まれる中央高地（イの地域）である。②と③の判別は気温の記述に注目すれば問題ない。すなわち，「冬は寒く」と「冬はやや寒く」という表現から，②がイ，③がアと判別する。④の「冬は非常に寒く」から緯度の高い地域，「冬の雪の量は少ない」から太平洋側のエと判断する。正解は②。

<table>
<tr><td>Ⅲ</td><td>農林水産業に関する問題</td></tr>
</table>

【19】主産地の分布を見ると，ヨーロッパ，カナダとアメリカ合衆国，アルゼンチンのパンパ，中国の華北に多い。移動を見ると，フランス，アメリカ合衆国，カナダ，オーストラリアからの輸出が多くなっているので小麦と判断する。

米であれば，中国南部から東南アジアが主産

地になる。トウモロコシは，米，小麦とならぶ
三大穀物であるが，家畜のエサとなるため，三
大穀物の中では生産量は最も多い。トウモロコ
シの生産と肉牛の生産には共通点があり，どち
らも世界有数のアメリカ，ブラジル，アルゼン
チンの3か国はおさえておこう。さらに最近で
は，穀物に大豆ミールを加えると栄養が効果的
に得られるという研究がすすみ，肉牛生産に応
用されている。アメリカ，ブラジル，アルゼン
チンは世界有数の大豆生産国にもなっている。
この問題の地図では，ブラジルの生産が少ない
ことからも，大豆やトウモロコシではないと判
断できる。ちなみに，トウモロコシの最大輸入
国は日本であることはおさえておきたい。正解
は②。

【20】 ①は不適。前半部分は正しいが，場所と地
下水路の名称が異なる。北アフリカではフォガ
ラ，アフガニスタンではカレーズとよぶ。カナ
ートとよぶのはイランである。②は不適。園芸農
業は鮮度を要求される野菜などを栽培するた
め，近郊農業になりやすい。そのため地価が高
い地域で農業を行うことになり，狭い面積でも
たくさん収穫できるように資本集約的になる。
狭い面積でもたくさん収穫できるということ
は，単位面積当たりの収益は高くなる。③は不
適。企業的農業の代表格はアメリカである。広
大な農地をわずかな人間で耕作するため，大型
農業機械が必須となる。広大な農地をわずかな
人間で耕作するということは，労働生産性は高
くなる。④は適当。プランテーション農業の特
徴として，熱帯地域でみられやすいこと，カカ
オ豆やコーヒー豆といった嗜好品や工芸作物を
売るために栽培すること，大規模にそればかり
を栽培することが挙げられる。正解は④。

【21】 水稲とは水田で栽培されるものであり，畑
で栽培されるものではない。その時点で①を選
択しよう。
　熱帯地域では強い降水のため土壌や養分が流
されてしまう。そのため農耕に適さない。そこ
で草木に火をいれ，灰を養分にして栽培を行う
農業が焼畑農業である。ヤムイモ，タロイモ，

キャッサバ（マニオク）などが作物として有名。
また，③にあるようにバナナやモロコシ（ソル
ガム）もよく栽培される。①の水稲も不適切だ
が，ジャガイモも不適切である。ジャガイモは
冷涼な地域で栽培されやすいため，焼畑がみら
れやすい地域の気候と適さない。正解は①。

【22】 天然ゴムの生産は東南アジアが中心であ
る。かつてはマレーシアなどが有名であったが，
現在はタイの生産が世界1位となっている。
よって，天然ゴムはBである。バナナの生産地
域は，【21】にあるように，熱帯に多くみられる。
Aをみると，乾燥帯がひろがるパキスタンがあ
り，バナナではないと判断できる。Cの上位に
は熱帯・亜熱帯地域が分布する国々が挙げられ
ており，これがバナナである。
　Aのインド，中国，アメリカの綿花の分布地
域をしっかりおさえておこう。また，パキスタ
ンのような乾燥帯と綿花は相性がよいことも合
わせておさえよう。正解は⑤。

【23】 写真にあるような円形の農地がみられる農
業方法をセンターピボット方式とよぶ。地下水
をくみ上げ，360度回転するアームを用い散水
するために，円形の農地となる。バスケットボー
ルのピボットと同じピボットである。よってa
のフィードロットが誤りで，bは正しい。フィー
ドロットとは，企業的に肉牛を飼育し，短時間
で肥育する農場のこと。主にグレートプレーン
ズなどにみられる。正解は③。

【24】 薪炭材の割合が大きいと，電気・ガスの使
用割合が小さいことを意味し，発展途上国であ
ると考えられる。表をみると，①と③がこれに
あたる。挙げられている国名から，①と③はバ
ングラデシュとブラジルと判断する。木材伐採
高の多さから，③が森林面積の大きいブラジル
である。薪炭材の割合の少なさ（用材の割合の
多さ）から②と④は発展途上国ではなく，オー
ストラリアとカナダと判断する。木材伐採高の
多さから，②をカナダと判断する。オーストラ
リアは全大陸の中で，最も乾燥帯の面積の割合
が大きい。よって，森林面積の対国土面積比が
小さくなると考え，②より④の方がオーストラ

リアであると判断することもできる。これを機に，オーストラリアの森林の分布を確認しておこう。正解は②。

【25】 ①は適切である。バンクとは，海底が台地状になった地形であり，養分が豊かな海底の海水が湧昇しやすい。山脈にあたった風が上昇するのと同じように考えればよい。養分が豊かなためプランクトンが集まり，好漁場になりやすい。暖流と寒流がぶつかる潮目（潮境）も同様である。また，河川から養分が供給される大陸棚も好漁場になる。②は不適。排他的経済水域が設定されて激減したのは遠洋漁業の漁獲量である。③は不適。ペルー沖には寒流が流れており，暖流の代表的な魚であるマグロは適さない。ペルー沖で有名な魚はアンチョビ（カタクチイワシの一種）で，飼料用の魚粉（フィッシュミール）などとして輸出される。④は不適。稚魚から成魚になるまで育てる漁業は養殖漁業である。栽培漁業はふ化した稚魚を一度放流し，成魚になったら再度捕える漁業である。正解は①。

【26】 FAO の資料によれば，漁獲量が最も多い漁場は北西太平洋漁場である。日本の東方の海域で，世界の約22％の漁獲高がある。この海域が好漁場なのは，暖流と寒流がまじりあうことや，陸域からの栄養塩が供給されることなどが原因である。正解は③。

ⅣV 資源・エネルギー・工業に関する問題

【27】 A の分布をみると，イギリスをはじめとするヨーロッパ，インドの東岸部，アメリカのアパラチア山脈付近，そしてオーストラリアの北東部に多いので，石炭と判断する。イギリスのペニン山脈は古期造山帯で，ここから産出された石炭は産業革命を支えた。このような資源分布の判別の際，オーストラリアが重要な判断基準になる。オーストラリアの北西部（ピルバラ地区）は鉄鉱石，今回のように北西部に凡例があれば石炭と判断できる。

B の分布をみると，チリ，アメリカ西部，そ

してアフリカのザンビアやコンゴ民主共和国に多い。これらは銅の産出で有名な地域である。チリは世界1位の産出量（30.2％）で，2位の中国（9.0％）に大差をつける（2015年）。アメリカのビンガムは屈指の産出地。内陸のザンビアからタンザニアにのびるタンザン鉄道は，ザンビアの輸出の約70％を占める輸出品の輸送を支えている。C をみると，マレーシアやボリビアに分布が確認できるが，それほど広範囲には分布していない。この2国はどちらも，すず鉱の産地である。覚えておこう。正解は⑤。

【28】 ①は不適。1次エネルギーとは自然界にすでにあるものと考えればよく，風力や水力などである。2次エネルギーとは，1次エネルギーに手を加えたエネルギーのことで，風力や石油からつくった電気などが2次エネルギーにあたる。②は不適。オーストラリアはほとんどが乾燥帯であり，大河川が存在しない。よって水力発電が主流になることはない。オーストラリアの発電の中心は火力発電であり，87.8％を占める。カナダの水力発電は，56.8％を占める（2015年）③は適当。レアメタルの説明となっている。④は不適。OPEC は主要な産油国で構成する国際的な石油の価格カルテル。日本は OPEC に加盟してはいない。正解は③。

【29】 2010年以降に極端に割合が低下した L は原子力である。2011年の東日本大震災以降，原子力発電を一端停止させ，割合が低下した。

J と K を比較する。もっとも高い割合を示している K が石油，J が天然ガスと判断できる。しかし，石油は2000年度以降の割合は低下している。一方，天然ガスは，少しずつ増加している。天然ガスは石炭や石油と比べると，温室効果ガスの排出量が少ない「クリーンエネルギー」なので増加傾向にある。正解は⑥。

【30】 清涼飲料水のように，原料が普遍的に分布しており（原料の水はどこでも手に入る），製品の重量が原料のそれと比べて低下しない工業は，市場指向型に分類されやすい。また，印刷や高級服飾のような，市場の流行といった情報にいち早く対応できるようにするため市場指向

型（大都市指向型）に分類される工業もある。アルミニウムは「電気の缶詰」とよばれ，精錬するのに大量の電力が必要である。このため，安価で大量の電力を供給できる場所に立地しやすい（電力指向型工業）。正解は④。

【31】　①は不適。経済特区とは中国版輸出加工区のようなもので，輸出を目的としている。国内販売目的ではない。②は不適。インドのバンガロールでは，戦時中の航空機産業などの集積から，先端技術を用いる工業に慣れており，現在ではソフトウェアなどのハイテク産業が集積している。③は適当。イタリアのヴェネツィアからボローニャ，フィレンツェといった地域は「第三のイタリア」といわれ，皮革，繊維，家具などの伝統産業が再評価されている。④は不適。フランス南部の地中海に面したマルセイユはフランス最大の貿易港で石油化学工業などが集積している。ユーロポートはオランダのロッテルダム西部にあり，北海にのぞむ港湾地区。EUの玄関口として建設された。正解は③。

【32】　①は適切。シアトルには世界最大の航空宇宙開発製造会社であるボーイング社の本社が置かれていた。現在は，政治的な理由からシカゴに移っている。②は不適。自動車工業はデトロイトである。ピッツバーグは「鉄の都」とよばれ，鉄鋼王カーネギーの本拠地。アパラチアの石炭とメサビの鉄鉱石が五大湖の水運で結ばれ，一時はアメリカの半分近くの鉄鋼の生産を誇った。現在でもピッツバーグにはカーネギーを前身とするUSスチールの本社が置かれ，アメリカンフットボールのチーム「ピッツバーグ・スティーラーズ」のスタジアムがある。このスティーラーズとはsteel（鉄）からきており，パスカットを意味するstealが語源ではない。③は適切。ヒューストンにはNASAのジョンソン宇宙センターが置かれており，フロリダのケネディ宇宙センターと双璧をなす。バスケットボールチームのヒューストンロケッツのロケッツは（宇宙）ロケットの複数形。④は適切。シカゴの西部には穀倉地帯が広がっており，シカゴに世界最大級の商品取引所があり，ここで

穀物の先物取引も行われている。東の大消費地と西や南の食料生産地を結ぶ重要な都市である。そのため，食品加工業のほか，農業用機械の生産も盛んである。正解は②。

【33】　aは正しい。日本についで発展した地域がアジアNIEsである。香港，シンガポール，台湾，韓国がこれにあたる。韓国の産業の特徴は，日本と似ており，石油化学や重工業も得意だが，近年は半導体などの分野で世界の市場をにぎわす。サムスンは韓国企業として有名。bは正しい。1986年のベトナム共産党大会で決まった方針転換がドイモイであり，ベトナムの改革開放政策である。正解は①。

【34】　3つの図を比較すると，Zのドットが最も少ない。Zの工業が集積している主な場所は，福岡と山口，そして埼玉が挙げられる。山口にはカルスト地形がひろがり，そこから宇部市のセメント工業が発展した。埼玉では秩父市にセメントが集積している。Zはセメント工場と判断する。次にXをみる。愛知県や北関東に多くのドットが確認できる。これは自動車工場である。内陸部の工場は高速道路に沿って分布しており，近年では北関東への進出が多い。また，1989年の出入国管理法の改正で，日系ブラジル人労働者が群馬県や静岡県で急増したが，自動車工場で働く人が多かったことも理解しておこう。Yは半導体工場である。半導体工場は，空港や高速道路のそばに立地しやすく，地方の内陸部にも見られる。そのため九州や東北地方にも多くの工場が集まり，九州をシリコンアイランド，東北をシリコンロードとよぶこともある。正解は②。

<hr/>

Ⅴ　地球的な課題に関する問題

【35】　早くから市街地化が進んだ先進国の大都市で住宅環境などが悪化して，行政区の存在が危うくなるのはインナーシティ問題である。ロンドンのドッグランズは都心部の再開発が大規模に進められ，インナーシティ問題解決の成功例として知られている。1997年のCOP3で採択

されたのは京都議定書。スプロール現象は，都市の急激な発展で，市街地が無秩序に郊外に広がっていく現象。モントリオール議定書は，オゾン層を保護するために1987年に採択された国際的な枠組み。フロンの生産に対する規制の強化と段階的な全廃が決められた。その結果，オゾン層は回復傾向にある。正解は①。

【36】 ロシアを除くと，ヨーロッパには人口1億人以上の国は存在しない。最も人口の多い国はドイツで，約8000万人である。

人口1億人以上の国は，2018年現在，13か国あり，中国，インド，アメリカ，インドネシア，ブラジル，パキスタン，ナイジェリア，バングラデシュ，ロシア，メキシコ，日本，エチオピア，フィリピンである。正解は③。

【37】 アは1970年代から急激に出生率が低下しているが，自然の低下とは思えない。これは1979年から導入された一人っ子政策によるもので，中国と判断する。なお，一人っ子政策は2015年に廃止された。日本は2008年の1億2808万人をピークに人口減少に転じている。そのあたりを境にして死亡率が出生率を上回り，その差が開いていくイは，日本。急速に少子高齢化が進む。残ったウがスウェーデンとなる。スウェーデンをはじめとする北欧諸国は福祉国家として名高い。社会保障制度は世界の最高水準で，女性の社会進出が進んでいる国でもある。正解は④。

【38】 ①の巨帯都市とは，地理学者ゴットマンの命名したメガロポリスの日本語訳。大都市がそれぞれの機能を生かしながら補完し合い全体として帯状の都市化地域を形成する。アメリカ東岸域や日本の東海道メガロポリス（東京から名古屋，大阪あたりまでを指す）が有名。②の首位都市がプライメートシティのこと。首座都市ともよばれ，その地域や国の中で，突出して人口などの都市規模が大きい。③の巨大都市（メトロポリス）とは，巨大な都市という意味のほか，人口1000万人以上の都市を指すことがある。ここでいう都市とは行政区分で区切るものではなく，実質的な都市部まで入る。たとえば，東京という巨大都市は東京都だけを指すものでは

なく，隣接した千葉県や埼玉県，神奈川県の市街も含む，ということである。この定義によると，世界には40近くの巨大都市がある。④の衛星都市（サテライトシティ）とは，ある都市の都市機能の一部を担っている都市のことで，日本の場合，その多くが住宅地不足より住宅衛星都市となる。いわゆるベッドタウンで，東京や大阪といった大都市周辺に分布する。正解は②。

【39】 ①は不適。貿易風とは赤道周辺で卓越する東風のことであり，中国や日本のような中緯度ではみられない。また，西風が吹かないと中国から大気汚染物質は日本に飛来しない。

日本周辺は「季節風」が吹くと学習したことと思う。が，それは地表面付近の話であり，上空では西風が卓越している。天気が西から東に変化するのは，この風で雨雲が流されるためである。

②は不適。フロンの使用によってオゾン層の破壊が進み，オゾンホールが確認されのは赤道上空ではなく，南極上空である。近年，北極上空でも確認された。オゾンホールの存在によって，有害な紫外線が地表面に届くようになり，極に近いオーストラリアでは，夏の屋外の活動では帽子や長袖を着用して，紫外線対策を行っている。③は不適。アメリカで酸性雨の被害が大きい地域は，早くから工業の発達した北東部の五大湖周辺である。④は適切。インド洋にあるモルディブは，サンゴ礁の島々からなる国で，わずかな海面上昇でも国土が水没するくらい低い土地がひろがっている。正解は④。

【40】 1992年にリオデジャネイロ開催された国連環境開発会議（地球サミット）では，持続可能な開発に向けた「リオ宣言」と，この行動計画である「アジェンダ21」，生物多様性条約，気候変動枠組条約などが採択された。人間環境宣言は1972年の国連人間環境会議で採択された。砂漠化対処条約は1994年に採択された。正解は②。

【41】 連邦国家とは，複数の州が集まってできた国家のことで，連邦政府に主権の一部を委任す

る。アメリカ合衆国がその好例である。アメリカでは州ごとに法律も異なり，多くの権限が州に認められている。スイスも同様で，憲法によれば，連邦政府に委任する事項が規定されている。規定のない事項は州政府が主権をもつ。ブラジルも同様の政治形態である。フランスは連邦国家ではなく，中央の大統領に強い権限が与えられている。これが適切でない。正解は④。

【42】　カのヒンドゥー教徒は，そのほとんどがインドに集中しており，ヒンドゥー教徒と対立する地域はインド国内か，インド周辺地域であろう。Yがこの地域にあてはまる。Yはカシミール地方であり，もともとイギリス植民地内のカシミール藩王国であった。住民の多くはイスラーム教徒，藩王はヒンドゥー教徒であったため，ヒンドゥー教国のインドとイスラーム国のパキスタンが，その領有をめぐっての対立が現在も続いている。キのクルド人とは「独自の国家を持たない最大の民族」として有名。トルコ・イラク・イランの国境付近のクルディスタンに住み，独立を求めている。Xがこの地域にあたる。

　　X，Y，Zの地域のうち，カトリック教徒が多い国があるのはZしかない。アジアでカトリックが多数派を占める国はフィリピンと東ティモールである。モロ人はフィリピンのミンダナオ島に多く住み，イスラームを信仰する。カトリック教徒の多いフィリピンからの分離独立を求めている。正解は③。

Ⅵ　アフリカに関する問題

【43】　アフリカで覚えておきたい山脈は，モロッコからアルジェリアにかけてのアトラス山脈と南アフリカとレソトを通るドラケンスバーグ山脈の2つ。アトラス山脈はアルプス＝ヒマラヤ造山帯の末端であり，モロッコやアルジェリアでは大きな地震が発生する。ドラケンスバーグ山脈は，古期造山帯の山脈で，南アフリカの石炭の産出地である。

　　イ周辺には大きな湖が3つある。最も北のや

や丸めの湖がヴィクトリア湖である。この湖を赤道は通過するので，絶対におさえておきたい。その南に位置する細長い湖が，タンガニーカ湖とマラウイ湖である。それぞれタンザニアとマラウイの国境になっており，国名とあわせて覚えておきたい。ヴィクトリア湖を含めた3つの湖は，アフリカ大地溝帯に位置するため地震が多い。しかし，断層盆地に水が溜まってできた断層湖であるのは2つの細長い湖であり，ヴィクトリア湖は断層湖ではない。日本の断層湖で有名なのは，諏訪湖や琵琶湖である。正解は②。

【44】　aは正しい。ナイル川河口部には円弧状三角州とよばれる三角州が発達している。真上からみると扇状地のような形状をしている。ぜひ資料集等で確認してほしい。河川が最後に枝分かれする直前（扇状地でいうところの扇頂部）に首都カイロが立地している。bは誤り。エの河川はザンベジ川で，ザンベジ川河口付近に油田地帯はない。正解は②。

【45】　アフリカ大陸の気候は頻出するので，各気候区の境目がどのあたりにあるのかを覚えておくことをすすめる。

　　図中AとBの地点に注目しよう。Aはナイジェリアとカメルーンの国境付近で，海岸部。このあたりは熱帯林が広がる地域である。よって気候はAfとなる。Bの地点はアルジェリアとチュニジアの国境付近の海岸である。チュニジアの位置で北アフリカの海岸線が南に一段下がるように折れ曲がっている。ここが地中海性気候の分布の境界線である。つまり，チュニジア以西（チュニジア，アルジェリア，モロッコ）の沿岸部は地中海性気候で，リビア以東（リビア，エジプト）の沿岸部は，地中海に面してはいるものの，乾燥帯となっている。よって，最後はCsで終わっている選択肢を選ばねばならない。

　　選択肢をみると，①と④がCsで終わっており，最初はA気候帯で始まっている。が，④はAmからはじまり，内陸部にはいるとAf気候になっている。Af気候は内陸に突如出現す

る気候区ではないため,その観点で除外しよう。正解は①。

【46】 Pについて。2011年に独立したのは南スーダンである。スーダンでは,イスラームを信仰するアラブ系住民が多い北部と,キリスト教や伝統的な宗教を信仰するアフリカ系住民の紛争が続き,南部が南スーダンとして独立した。しかし,独立後も紛争は続いている。西サハラとは,モロッコとモーリタニアに挟まれた,大西洋沿岸の地域。モロッコが実効支配をしている地域が多い。また,サハラ・アラブ民主共和国として実効支配をする地域もあるが,大多数の国は承認しておらず,「独立した」という表現は適さない。

Qについて。アフリカ諸国に関係するのはAU(アフリカ連合)である。OAU(アフリカ統一機構)が発展し,2002年に発足した。アフリカ54か国と西サハラから構成される。本部はエチオピアのアディスアベバ。APECはアジア太平洋経済協力会議のことで,アフリカと関係がない。正解は④。

【47】 aは誤り。白豪主義とはオーストラリアの白人優先主義のことで,南アフリカ共和国の有色人種を差別する政策はアパルトヘイト(人種隔離政策)である。bは誤り。ルワンダ独立後,多数派のフツ人が政権をとり,少数派のツチ人を迫害する事件がたびたび発生していたが,1994年,フツ人の大統領暗殺を契機に,フツ過激派によるツチ人への大虐殺が始まり,その犠牲者は80〜100万人と言われている。「内戦に発展した」という表現は正しいが,多数派と少数派の民族名が逆。正解は④。

【48】 Eはエジプトで,旧宗主国はイギリス。公用語はアラビア語である。よって誤り。Fはガーナで,旧宗主国はイギリス。公用語は英語である。よって正しい。Gはエチオピアで,一時イタリアに併合されたが,撃退。リベリアとなら

ぶ,アフリカで植民地化されていない国である。公用語はアムハラ語である。よって誤り。Hはアンゴラで,旧宗主国はポルトガル。公用語はポルトガル語である。よって誤り。この問題のポイントは,エジプトはイギリスの重要な植民地であったこと,エチオピアはリベリアとともに独立を保っていた国であったこと,スワヒリ語とは東アフリカにひろがる言語であることである。正解は②。

【49】 この3つの作物のどれも重要なプランテーション作物なので,消去法ではなく,自信をもって選べるようになるまで繰り返し復習してほしい。

Xはギニア湾岸に多い。コートジボワールが世界1位のカカオと判断する。Yはエチオピア南部に分布している。ここはカッファ地方といい,地方名がコーヒーの名前の由来ともいわれている。コーヒーと判断する。Zはケニアの内陸部(アフリカは内陸にいくと標高が高い)に分布している。イギリスが支配したケニアでは茶の栽培が行われている。茶の生産量は中国とインドの生産量が多いのでケニアが1位になることはないが,輸出は1位になることがある。ケニア内陸部は,赤道上とはいえ,標高が高いため涼しい気候になる。白人がこぞって住み始めたので,「ホワイトハイランド」と表現されることもある。Zは茶と判断する。正解は①。

【50】 ③は適切。ボツワナ,コンゴ民主共和国からダイヤモンドと判断する。ダイヤモンドが含まれるキンバーライトは古い地質構造がみられる地域に存在するので,安定陸塊での産出が多い。①の金鉱の生産1位は中国であり,表中にはない。②のニッケル鉱の生産1位はフィリピン。④のボーキサイトは強い降水による溶脱作用が非常にはたらく場所,すなわち熱帯に多く分布する。オーストラリアが生産1位,中国が2位で,この2国で5割を占める。正解は③。

地理　　　正解と配点　　　　　　　　　　　　　　　（60分，100点満点）

問題番号		正　解	配　点
I	1	③	2
	2	③	2
	3	②	2
	4	②	2
	5	④	2
	6	②	2
	7	①	2
	8	②	2
	9	②	2
	10	④	2
II	11	②	2
	12	①	2
	13	③	2
	14	④	2
	15	④	2
	16	①	2
	17	①	2
	18	②	2
III	19	②	2
	20	④	2
	21	①	2
	22	⑤	2
	23	③	2
	24	②	2
	25	①	2
	26	③	2

問題番号		正　解	配　点
IV	27	⑤	2
	28	③	2
	29	⑥	2
	30	④	2
	31	③	2
	32	②	2
	33	①	2
	34	②	2
V	35	①	2
	36	③	2
	37	④	2
	38	②	2
	39	④	2
	40	②	2
	41	④	2
	42	③	2
VI	43	②	2
	44	②	2
	45	①	2
	46	④	2
	47	④	2
	48	②	2
	49	①	2
	50	③	2

平成30年度　倫理政経　解答と解説

　倫理分野は，例年同様に大問4，小問25であり，すべてリード文からの出題だった。大問はⅠ～Ⅳまで，教科書の単元に沿って，「青年期」「源流思想」「日本思想」「西洋近現代思想」の順で出題されているのも変わりない。基本的な知識を問う出題がほとんどであるが，対話文形式のリード文があったり，文章選択肢や語句の組合せの出題が増えたりするなど，センター試験に近い出題が増えている。本年はじめてセンター試験では頻出のグラフ読み取り問題も出題された。教科書にもとづいた幅広い学習を心がけると同時に，思考力・判断力を問う出題への対策として，センター試験の過去問題の学習も行っておきたい。

Ⅰ　青年期の課題と自己形成

【1】　基礎学力到達度テストの「倫理」分野では初めてのグラフ読解問題。センター試験では毎年出題され，複数のグラフのデータを比較検討するなど，解答に時間を有するタイプの問題となっているが，この問題は，選択肢の文章をグラフの項目にあてはめて丁寧に吟味すれば解答は容易である。①は，日本の若者の「容姿」の項目は33.4％，「体力，運動能力」は36.3％，「賢さ，頭の良さ」は46.0％というデータなので，「いずれも40％未満の回答」ではない。②は，諸外国の若者の「やさしさ」は90.0％，「正義感」は87.8％で，項目の中では上位2位となっており，特に高いといえるが，「どちらも90％以上」という文章が誤り。③は，諸外国の若者の「体力，運動能力」は62.2％で「65％未満」であり，最も低く，日本の若者の「容姿」は33.4％で「35％未満」であり，最も低いので正しい文章。④は，「やさしさ」については，諸外国の若者は90.0％だが，日本は71.5％であり，項目の中では高い数字だが，「80％以上と共通して高い」という文章は誤り。正解は③。

【2】　アメリカの心理学者マズローは，自分自身の可能性を最大限に発揮しようとする欲求を自己実現の欲求とよんで，人間の最高の欲求と位置づけた。この欲求の下には，順に，尊重の欲求，所属と愛情の欲求，安全の欲求，生理的欲求がある。そして各欲求の間には階層性があり，ある階層の欲求はそれより低次の階層の欲求が満たされなければ現れないとされる。問題文のグラフは「自分について誇りをもっているもの」としての「自己肯定感」であり，マズローの欲求説にあてはめると「自己実現」の欲求と考えることもできるが，選択肢は「所属と愛情」と「自尊（尊重）」の2種類なので，他者による尊敬や認知を求める欲求である「自尊（尊重）」を選ぶ。自己肯定感は，自己尊重（自尊感情，セルフエスティーム）の意味ももち，これが高い人は何事にも積極的に自信をもって取り組み，前向きな生き方ができるとされる。「所属と愛情」の欲求は，他人とかかわりたいと思うような，集団への帰属を求める欲求であり，自尊の欲求よりも低次に置かれる。選択肢のオルポートは，アメリカの心理学者で，さまざまな状況で一貫して現れる人間の行動傾向を特性とよび，特性にもとづいて性格を分析した。正解は②。

【3】　防衛機制は精神分析の創始者フロイトによって研究がはじめられたもので，欲求不満（フラストレーション）や葛藤（コンフリクト）などからくる不安や緊張から，自我を守ろうとする心の自動的な働きのこと。基礎学力到達度テストでは頻出で，何らかの形でこれまで毎年出題されている。Aは「真似ている」という内容から，イの「同一視」。同一視とは，憧れの人や物語のヒーローなどに自分を重ね合わせ，自分の価値が高まったように思い込んで満足すること。Bは「自分が…苦手にしているのに，…嫌われていると思い込んでいる」という内容から，エの「投影（投射）」。投影とは，自分のもっ

ている悪意や敵意などの認めたくない感情を相
手に投げかけ，相手が自分にそのような感情を
もっていると思い込んで相手への攻撃を正当化
したり，責任転嫁したりすること。Cは「明日
はテスト…テスト勉強をしないで…一晩中ゲー
ムをした」から，アの「逃避」。逃避とは，欲求
が満たされない時，それを解決しようとしない
で，ほかのことに逃げ込むこと。自分の中に閉
じこもって孤立したり，現実の問題とは関係の
ない娯楽などの世界に夢中になったり，空想や
白昼夢にふけったりすることなどである。ウの
「反動形成」とは，抑圧された欲求と反対の行
動をとることで，嫌いな相手に過度に親切にし
て自分の悪意や敵意を抑えたり，臆病な人が他
人にいばったりすることなどである。正解は④。

【4】　①のホイジンガはオランダの歴史家で，人
間が生活の必要性から離れて自由に遊びを楽し
むことから，さまざまな文化を生み出してきた
ことに着目し，人間を「ホモ＝ルーデンス（遊
戯人，遊ぶヒト）」と定義した。②の「死を自
覚して生きる存在」という内容は，ドイツの哲
学者ハイデッガーが『存在と時間』で論じたこ
と。③の「ホモ＝レリギオースス」は宗教人
の意味であり，超越的な存在を信仰する人間性
の特質に着目した定義。フランスの哲学者ベル
クソンは，人間を「ホモ＝ファーベル（工作人）」
と説いた。④の内容は，フランスの実存主義者
サルトルの思想で，「実存は本質に先立つ」と
いう言葉であらわされている。人間性の特質・
人間の定義に関する出題も頻出であり，昨年度
に続いての出題である。正解は①。

Ⅱ　源流思想

【5】　哲学史では，紀元前6世紀ごろに古代ギリ
シャのイオニア地方で，伝統的な神話的世界観
を脱して，自然（ピュシス，フュシス）をロゴ
ス（論理，理性，理法）によってとらえようと
する人々があらわれたとされる。彼らは世界の
根源（アルケー）を問題にした自然哲学者とい
われている。①のピタゴラスは宗教団体を結成

していた哲学者でもあり，アルケーを「数」に
もとめ，世界には数による比例にもとづいた調
和（ハルモニア）があると考えた。②のタレス
は「哲学の祖」とされる人物で，「水」をアルケー
と考えた。タレスの説いた水とは，みずみずし
い生命の源を意味している。万物の根源を「空
気」と考えたのは，アナクシメネス。③のデモ
クリトスは，万物の根源をそれ以上分割できない
「原子（アトム）」と考えた。④のヘラクレ
イトスは，万物の根源を「永遠に生きる火」と
考え，世界の秩序を動的にとらえ「万物は流転
する」と説いた。正解は④。

【6】　アリストテレスは，ソクラテス，プラトン
と同様に，徳を魂のすぐれたあり方としてとら
え，勇気・節制・正義などの倫理的徳（習性的
徳，性格的徳）と，理性にもとづく知性的徳と
にわけた。そして，知性的徳を倫理的徳よりも
高次の徳とみなし，日常的な関心を離れ理性を
純粋にはたらかせて知恵の徳を得る観想（テオ
リア，テオーリア）的生活が，人間に最高の幸
福をもたらすと考えた。②は近代日本の哲学者・
西田幾多郎の思想。③は特に初期のマルクスが
人間の本質として考えたこと。④は実存主義の
先駆者キルケゴールの思想。正解は①。

【7】　①は，ソクラテスの「魂への配慮」の説明。
ソクラテスは，富，健康などの一般的によいと
いわれているものも，それ自体で幸福を生み出
すのではなく，それらがすぐれた魂（プシュ
ケー）によって生かされることによってはじめ
て幸福を生み出すのであると説いた。②は，「…
物質的肉体的な快楽によって情念が解放され
た」が誤り。エピクロスは，物質的肉体的な快
楽ではなく，永続する精神的な快楽に真の幸福
があるとする快楽主義の立場から，「魂の平安」
であるアタラクシアを得ることを理想とした。
したがって，魂の平安を乱すもとになる公共の
生活などから離れることを重んじ，「隠れて生
きよ」と説いた。③のプラトンは，この世（現
象界，感覚界）を超えた永遠不滅で完全なイデ
ア界を想定し，真実在であるイデアの中でも最
高のイデアである「善のイデア」をめざすこと

を理想とした。感覚にとらわれた不完全な人間が，イデアを求める憧れの気持ち，上昇的な愛がエロースである。④のゼノンはストア派の開祖で，禁欲主義の立場から，喜怒哀楽の情念（パトス）に動かされない状態（アパテイア，不動心）でいることを理想とした。このアパテイアは，自然を支配する理法（ロゴス）に従って生きることによって実現されるものであり，「自然に従って生きよ」が生活信条とされた。正解は②。

【8】　パウロは原始キリスト教で最も重要と考えられる使徒。もとは熱心なパリサイ派のユダヤ教徒でキリスト教徒を迫害していたが，不思議な光に打たれイエスの声を聞いて回心する。そして，イエスの死を，人類の原罪を人類の身代りになって贖ったこと（贖罪）ととらえ，イエスへの信仰によってのみ救いが得られると考えた。また，イエスの福音はすべての人に無差別に伝えられたものと確信した彼は，地中海沿岸を大旅行して古代ギリシャ・ローマ世界にキリスト教を伝道し，キリスト教が世界宗教になる礎を築いた。ローマ皇帝ネロの迫害から殉教するが，彼の記した書簡は『新約聖書』におさめられ，聖典とされている。①はパウロの贖罪の思想。②は中世のスコラ哲学を大成したトマス＝アクィナス。トマスは『神学大全』を著し，「恩寵の光」にもとづく信仰の真理と，「自然の光」にもとづく哲学の真理とを区別しつつ，理性に対する信仰の優位を説いて，理性と信仰とを調和させた。③はユダヤ教のパリサイ派などに見られる律法主義。イエスは形式的な律法主義を批判し，パウロも「人が義とされるのは，律法のおこないによるのではなく，信仰による」と説いている。④はカトリックの教義の体系化をめざした教父の中で，最大の教父とされるアウグスティヌス。彼は『告白』や『神の国』を著し，歴史を「神の国」と「地上の国」との戦いとしてとらえる歴史観と恩寵についての考え方から，歴史の終末に「神の国」があらわれると説いた。正解は①。

【9】　①の「六信」は，ムスリム（帰依する者，イスラーム信者）の「信仰の柱」であり，アッラー・天使・啓典（聖典，教典）・預言者・来世・天命を信じることを指すので誤り。礼拝・断食・巡礼は，信仰告白・喜捨を含めて，ムスリムの宗教的義務の実践である「五行」。②の「神のために自己を犠牲にして努力する」は，ジハードのこと。ジハードは「聖戦」と訳されることが多いが，心の中の悪と戦う奮闘努力である大ジハード（内へのジハード）と，外敵などと戦ってイスラーム社会を守る小ジハード（外へのジハード）とがあり，後者が聖戦と訳される。「ヒジュラ」とは，メッカで伝統的な多神教を信じ偶像崇拝を行う人々から迫害を受けたムハンマドが，622年にメディナに移住したことを指し，「聖遷」と訳される。この年がイスラーム暦の元年とされる。③の預言者は神の啓示を受けた人のことで，イスラームの聖典『クルアーン』では25名が記され，特にノア，アブラハム，モーセ，イエス，ムハンマドが五大預言者と位置づけられている。その中でもムハンマドは「最大で最後の預言者」である。④は「神の子である開祖ムハンマド」が誤り。イスラームではイエスやムハンマドも預言者の一人とされ，キリスト教においてイエスが「神の子」とされる三位一体説はとられていない。正解は③。

【10】　仏教は，釈迦族のガウタマ＝シッダールタ（ゴータマ＝シッダッタ）が出家し，菩提樹の下での坐禅・瞑想によって開いた悟りをもとにして生まれた宗教である。悟りを開いたガウタマはブッダ（真理を体得した者，覚者）とよばれるが，ブッダの説いた悟りにいたるための正しいあり方が，快楽主義にも苦行主義にも偏らない「中道」である。③・④の「中庸」は，過度と不足の両極端を避けて適切な中間を選ぶことで，孔子やアリストテレスが重んじた。また，ブッダの説いた理想の境地は，煩悩の火が消えたやすらぎの境地であり，「涅槃」（ニルヴァーナ）とよばれる。①・③の「慈悲」は，ブッダの説く普遍的な愛であり，生きとし生きるものをいつくしみ（慈，楽しみを与える，与楽），あわれむ（悲，苦をとりのぞく，抜苦）愛であ

る。正解は②。

【11】 孔子の教えは,心のもち方としての「仁」と,それが形としてあらわれた「礼」を中核とする。仁は他者に対して自然におこる親愛の情であり,人を愛することである。儒教の基本的な経典である『論語』には「孝悌なるものは,それ仁の本なるか」という孔子の言葉があるように,親や祖先を大切にする「孝」,兄や年長者に敬意をもって従う「悌」という家族愛を,他の人間関係にもおし広めていくことが仁である。①・②の「忠恕」とは,孔子が重んじた仁の性格であるが,真心からくる思いやりを意味している。「忠」は自分を欺かない真心,「恕」は自分の心のごとく他者を思いやる心であり,『論語』には「己の欲せざるところは人に施すことなかれ」という孔子の言葉がある。①・③の「礼」は伝統的な礼儀作法,社会規範であるが,孔子は心の内面にある仁が,外面的な行為や態度にあらわれたものという道徳的な意味を礼に与え基礎づけた。『論語』で「己に克ちて礼に復るを仁となす」(克己復礼)と説かれる。正解は④。

Ⅲ 日本思想

【12】 古代日本人は,疫病や天候不順,台風,地震,噴火などの自然災害を,神の威力である「祟り」と考え,そのような畏怖の対象としての神を祀り,なだめることで恵みが得られると期待した。また,古代日本人が理想とした心のあり方は,清流のように清らかで太陽のように明るい,神に対して欺き偽るところのない純粋な心情である「清き明き心(清明心)」である。これはのちに人に対する誠実な心を意味するようになり,中世では「正直」,近世では「誠」として,日本人の伝統的な倫理になった。③・④の「穢れ」は,古代日本人の罪悪観をあらわす言葉で,外部から付着し,共同体の秩序を脅かすことや,病気,自然災害,死なども意味した。神聖な水に浸かって心身を清める「禊」や,罪の代償物をさし出したりして心身についた悪を取り去る「祓い(祓え)」によって,穢れは

落とすことができると考えられた。②・④の「高く直き」心とは,江戸時代の国学者・賀茂真淵が『万葉集』の研究から見出した,古代日本人の素朴でおおらかな心。正解は①。

【13】 「神仏習合」は,仏教と神道の融合を意味する言葉で,奈良時代にはじまったと考えられる。「本地垂迹説」は平安時代から見られ,本体である仏が人々を救うために仮の姿をとって現れたものが神(権現)であるというもの。①は「反本地垂迹説」。鎌倉時代に説かれ,元寇をきっかけにおこった神国思想を背景に発展した。正解は③。

【14】 ①の内容は,平安時代の天台宗の僧・源信。源信は『往生要集』を著して「厭離穢土,欣求浄土」のための念仏を説いた。栄西は,日本に臨済宗を伝え,『興禅護国論』を著して禅の修行が鎮護国家につながることを説いた。②は前半の「全国…橋をかけ」までが,平安時代中期の僧・空也。市聖と呼ばれ,民衆に念仏を広めた。後半の「踊りながら…」以降は,鎌倉時代の僧・一遍。踊り念仏をはじめた一遍は,捨聖,遊行上人ともよばれ,浄土教の一派である時宗を開いた。空海は,平安時代に真言宗(密教)を伝え,三密の行による即身成仏を説いた。③の内容は空海。「大日如来」は,密教において宇宙の究極的な原理を示す最高の仏であり,すべてを包み込む生命の根源とされる。④の道元は鎌倉時代の僧で,ただひたすら坐禅に打ち込み(只管打坐)自力での悟りをめざす曹洞宗を広めた。道元の説く悟りの境地は,身も心も一切の束縛から離れ無我の状態になる「身心脱落」である。正解は④。

【15】 江戸時代中期に活躍した国学の大成者・本居宣長は基礎学力到達度テストでは頻出。賀茂真淵と出会い,『古事記』研究の重要さを説かれ,その研究に尽力,生涯をかけてその注釈書である『古事記伝』を完成させた。儒教や仏教など中国の学問に影響を受けた精神を漢意とよんで批判。形式ばった理屈を説く漢意を排除して,日本古来の「惟神の道」(『古事記』における神々の記述にみられる日本固有の精神)に帰り,「よ

くもあしくも生まれたるままの心」である「真心」を取り戻すことを主張した。この真心とは，美しいものを見て素直に美しいと感じる心の動きのように，人間の自然な感情，しみじみとした感情の動きであり，「もののあはれ」を知る心である。宣長は『源氏物語玉の小櫛』を著して，『源氏物語』に見られる「もののあはれ」を文芸の本質であり，人間の生き方の理想として説いた。①は国学者の賀茂真淵の説明。③の「誠」を重んじて説いたのは，江戸前期の儒学者で古義学の祖である伊藤仁斎。④は江戸後期の国学者・平田篤胤の説明。平田篤胤は国学と神道を結びつけ復古神道を体系化した。正解は②。

【16】　林羅山は，江戸時代初期の代表的な朱子学者で，師である藤原惺窩の推薦により幕府に仕えた。家康以降四代の将軍に仕え，幕府の文教に関わる。封建社会の身分制度を正当化した「上下定分の理」や，つねに心に敬（「つつしむ」の意）を持って身分秩序にしたがって行動するという「存心持敬」を説き，人間本来の心に返れば，天地万物の道理（天理）と一体化する（天人合一）と主張した。新井白石は，江戸時代中期の朱子学者・政治家。幕政に参加し，六代将軍家宣のときに政治改革を進め，正徳の治と呼ばれる儒学に基づく政治を行った。西洋についても優れた理解を示し，『西洋紀聞』を著した。②・④の雨森芳洲は，江戸時代中期の朱子学者・外交家。対馬藩に仕え朝鮮との外交を担当した。「互いに欺かず争わず」として朝鮮との友好外交に努めた。新井白石とともに，朱子学者・木下順庵の門下生であり，室鳩巣らも含め秀才と言われていたが，朝鮮通信使の待遇をめぐって新井白石とは対立した。③・④の山鹿素行は，江戸時代初期の儒学者で，朱子学の観念的な傾向を批判し，「漢・唐・宋・明の学者」の解釈を排して，「周公・孔子の道」を直接学ぶ古学の立場を提唱した。『聖教要録』を著し，武士の職分は高い倫理的自覚をもち，農工商の三民の師となって道を実現することにあるという士道を説いた。正解は①。

【17】　石田梅岩は江戸時代中期の思想家。町人として商業に励みながら独学で神道・儒教・仏教などの書物を研究し，庶民のための平易な生活哲学である心学（石門心学）を説いた。彼は『都鄙問答』を著して，商人の利潤追求を天理として肯定し，正直・倹約・知足安分（「各人は足るを知って分に安んぜよ」）という生活態度で，勤勉に職分に励むべきとする町人道徳を説いた。③は江戸時代中期の農本主義の思想家・安藤昌益。主著『自然真営道』で，すべての人々が農業に従事し自給自足の生活を営む「万人直耕」の世の中で，差別のない理想的な社会である「自然世」を説いた。一方で差別と搾取の社会を「法世」，武士や僧侶，商人など自ら耕作せずに百姓に依存する階級を「不耕貪食の徒」とよんで批判した。正解は③。

【18】　①の内容は幕末の政治家・思想家である横井小楠。肥後藩（熊本県）の武士で儒学者だったが，攘夷論から開国論へと転換，儒教思想にもとづいて西洋文明を考察し，近代日本のあり方を構想した。彼は日本における公共性の実現のために「講習討論」という身分を超えた議論を政治運営の基本として重視し，幕府や藩を超えた統一国家の必要性を説いた。内村鑑三は，近代日本の代表的なキリスト者で，日本とイエスという「二つのJ」に生涯を捧げようと決意し，「武士道に接木されたるキリスト教」と説いて，伝統的な武士道の精神がキリスト教の土台になると主張，無教会主義や非戦論を提唱したり，不敬事件を起こしたりした。②の夏目漱石は近代日本の代表的な作家だが，文学を通して近代的自我や近代日本のあり方について思索した思想家でもある。講演『私の個人主義』で，自己本位という倫理性に根ざした個人主義が必要であることを説き，『現代日本の開化』という講演では，西洋の開化が内発的であるのに対し，日本は外発的開化であり，日本人は不安や虚無の中で生きていると論じた。晩年には近代的自我の確立の末に到達する，運命に甘んじて普遍的な自然に自分をまかせるという「則天去私」の境地をとなえる。③の内容は明治期の思

想家で自由民権論者の中江兆民。彼はルソーの『社会契約論』を，『民約訳解』として翻訳・紹介し，「東洋のルソー」とよばれる。主著『三酔人経綸問答』で，遅れて近代化した日本では，為政者が人民に与えた恩賜的民権を，人民自ら勝ち取った恢復的民権に育てていくことが必要であると説いた。晩年は食道癌で余命1年半と宣告されるが，『一年有半』を著し，「わが日本，古より今に至るまで哲学なし」と説き，日本の浅薄さを批判した。④の内容は内村鑑三。正解は②。

IV 西洋近代思想

【19】 ①の内容はオランダの人文主義者エラスムス。聖書研究と人文主義の教養をもとにカトリック教会の堕落を批判した。また『自由意志論』を著し，人文主義の立場から人間の自由意志を認めたが，宗教改革者のルターは，原罪をもつ人間の自由意志を否定し，人間は神の恩寵によってのみ救われると説き，両者の間で論争があった。ピコ＝デラ＝ミランドラはイタリアの人文主義者で，プラトン主義の哲学を研究した人物。『人間の尊厳について』という演説原稿を記し，自らの自由意志で自分自身を形成するところに人間の尊厳があると説いた。②の内容はピコ＝デラ＝ミランドラ。トマス＝モアはイギリスの人文主義者・政治家。『ユートピア』を著し，当時のイギリスで農民を苦しめていた囲い込み運動（エンクロージャー）を批判し，私有財産制のない理想社会を説いた。国王ヘンリ8世のもと大法官につくが，国王の離婚問題を契機にイギリス国教会がローマ＝カトリックから独立したことに対して，カトリック教徒の立場から反対し，国王と対立，刑死した。③のパスカルはフランスの数学者・物理学者・宗教思想家で，代表的なモラリスト。遺稿集である『パンセ』（『瞑想録』）の中で「人間はひとくきの葦にすぎない。自然の中で最も弱いものである。だが，それは考える葦である」と説き，人間を，偉大さと悲惨さ，無限と虚無

の中間に揺れ動く存在である中間者としてとらえた。④の内容はトマス＝モア。正解は③。

【20】 宗教改革はルターが贖宥状（免罪符）の販売に抗議して『95カ条の意見書（論題）』を発表したことが発端とされている。ルターは『キリスト者の自由』を著したり，聖書をドイツ語に訳したり，プロテスタント教会を組織するなどして改革運動を広げた。その思想は，「聖書のみ」「恩寵のみ」「信仰のみ」の三つの原理であらわされ，カトリック教会の権威による聖書解釈や儀式を退け一人一人がキリスト者として聖書の福音にふれることを重んじる「聖書中心主義」，人は善行ではなく神への純粋な信仰によってのみ義とされるという「信仰義認観」，特権的な身分としての聖職者を否定し，すべての信者はキリスト者として平等であるとする「万人司祭主義」などを説いた。またフランス出身でスイスのジュネーヴで改革運動を行ったカルヴァンは，『キリスト教綱要』を著し，ルターの予定説や職業召命観を徹底させた。予定説は，パウロ，アウグスティヌス，ルター，カルヴァン等によって説かれた神学上の説で，人間の善行を救いの条件にすることを否定し，救いはすべて神の絶対的な意志によって定められているというもの。宗教改革思想では，世俗的職業を神によって召された使命として積極的にとらえる職業召命観も説かれる。ドイツの社会学者ウェーバーは『プロテスタンティズムの倫理と資本主義の精神』の中で，予定説のもとで人々は救いの証を得るために禁欲的に職業に励み，利潤を蓄積したことが資本の形成につながり，近代資本主義の精神を生む要因になったと分析した。④は「善行を積み重ねることで」が誤り。正解は④。

【21】 イギリス経験論の祖とされるベーコンが説いた4つのイドラとは，人間という種族に共通する感覚や精神に基づく偏見である「種族のイドラ」，個人の性格や環境に由来する偏見である「洞窟のイドラ」，不適切な言葉の使用から生じる偏見である「市場のイドラ」，伝統や権威への盲信からくる「劇場のイドラ」である。①

は「国内屈指の…研究者が書いた論文だから」という記述から，権威への盲信からくる「劇場のイドラ」。②は「泣いてくれたように見えて」という記述から，感覚による擬人的な自然の見方，錯覚である「種族のイドラ」。③は「自分の家」という個人の環境に由来している記述から「洞窟のイドラ」。④は「社内で情報交換している間に」という記述から，不適切な言葉の使用や噂から生じる「市場のイドラ」。正解は③。

【22】 ベーコンが自然を支配する力となる正しい知識獲得の方法として説いたものが帰納法である。帰納法とは，個々の経験的事実から，それらに共通する一般的法則を求める方法である。これに対して，大陸合理論の祖とされ，「われ思う，ゆえにわれあり（コギト＝エルゴ＝スム）」と説いて，意識的な自我の存在をあらゆる学問の基本原理としたフランスの哲学者デカルトは，演繹法を重んじた。演繹法とは，普遍的な命題から理性的な推論によって特殊な真理を導き出す方法であり，その代表的なものが三段論法である。①・④の「弁証法」（ディアレクティーク）は，本来，対話法・問答法を意味し，ヘラクレイトスやソクラテスなどの論法にも用いられるが，ドイツ観念論の完成者ヘーゲルにより，矛盾・対立を契機として変化・発展する運動の論理として説かれる。ヘーゲルによれば，すべてのものはある立場が肯定され（正，テーゼ），それを否定し対立する立場（反，アンチテーゼ）があらわれ，両者の矛盾・対立を統一する高い次元（合，ジンテーゼ）へと止揚（アウフヘーベン，対立する立場を総合・統一すること）されて発展する。この理性的な運動の論理が弁証法である。正解は③。

【23】 ドイツ観念論の哲学者カントは，批判哲学を確立した主著『純粋理性批判』のほか，道徳思想については『実践理性批判』や『道徳形而上学原論（基礎づけ）』などを著している。「実践理性」とは人間に先天的（ア・プリオリ）にそなわっている，善を実践しようとする道徳的な意志能力で，この理性によって普遍的な道徳法則が立てられる。道徳法則は，つねに「～す

べし」と無条件に命じる定言命法の形式をとってあらわれる。道徳法則に自律的に従うことに人間の自由があり，感性的な欲望に流されやすい傾向性に反して，道徳法則に従う自由な道徳的主体が人格とよばれる。①・③の「理論理性」は，対象を認識する先天的な能力で，カントは理論理性が認識できるのは，感覚に与えられた現象だけであり，根源となる物自体は知ることができない，として理性の限界を説いた。③・④のヘーゲルは，カントの道徳思想を人間の内面にとどまる主観的なものと批判し，人倫の弁証法を説いた。正解は②。

【24】 現代アメリカの科学史家クーンは『科学革命の構造』を著し，科学の歴史は連続的な進歩ではなく，対象を考察する理論的な枠組み（パラダイム）の変換によって，科学革命が断続的におこることによって進むと説いた。②は現代アメリカの分析哲学者クワインが説いた「知の全体論（ホーリズム）」。③は現代イギリスの哲学者ポパーが科学的な考え方の条件とした「反証可能性」。④は現代フランスの哲学者デリダがとなえた「脱構築」。正解は①。

【25】 フランクフルト学派は，近代社会の矛盾を明らかにする批判理論を展開し，ファシズムの野蛮や管理社会における人間の一元的支配を批判した現代ドイツの社会思想家たちである。①はハイデッガーの弟子でもあった政治学者ハンナ＝アーレント。アーレントは『人間の条件』，『全体主義の起源』などを著して全体主義を分析，批判したが，フランクフルト学派ではない。アーレントは人々が共通の課題に関心を抱き自由に議論する「公共的空間」の意義を説き，そのような「活動」が失われて全体主義が生まれていくことの危険性を指摘した。②のハーバーマスはフランクフルト学派の第二世代に属する。『公共性の構造転換』，『コミュニケーション的行為の理論』などを著して，人々が対等な立場で自由に対話しながら共通理解のもとで合意をつくり出す理性的な力を，対話的理性（コミュニケーション的理性）とよんで重んじた。③は，フランクフルト社会研究所の指導的立場

にあったホルクハイマーとアドルノの共著である『啓蒙の弁証法』の内容。彼らは近代の産業社会の進展とともに，理性が「道具的理性」として効率的に目的を達成する方法を計算する道具になってしまったと分析した。フロムはフランクフルト学派の社会心理学者。『自由からの逃走』を著し，自由を獲得した人間が，自由がもたらす不安や孤独に耐えきれず，ナチスのファシズムに逃走して権威への服従を自ら求めた心理を分析した。④の内容は，フロム。アドルノやフロムは現代人の社会的性格として，上位者には無批判的に追従し，下位者には自らへの服従を求める，という権威主義的パーソナリティがあることを指摘した。正解は②。

V 現代の政治

【26】 資料アは，『アメリカ独立宣言』（1776年）。独立宣言は基本的人権・革命権の主張を述べた前文，国王の暴政28か条の列挙と本国議会・本国人への非難を述べた本文，独立を宣する後文，の三つの部分からなる。このうちとくに，「すべての人間は平等に造られている」ことを高唱し，不可譲の自然権として「生命，自由，幸福の追求」の権利を掲げた前文はアメリカ独立革命の理論的根拠を要約した部分として知られている。また，「一定の奪いがたい天賦の権利を付与され」という一文に，名誉革命を思想的に正当化したジョン＝ロック（1632～1704年）の天賦人権思想の影響を受けたといえる。

資料イは，イギリスの『権利章典』（1689年）。名誉革命（1688年）でのジェームズ２世亡命後の国民協議会で権利の宣言が起草され，ウィリアム３世とメアリ２世がそれを承認することを条件に共同統治として即位を認めた。さらにそれに法的効力を与えるため，「権利の章典」として制定・公布した。立法権・徴税権・軍事権が議会にあることを保障，かつ王を任免する権利も議会にあることを明らかにし，立憲君主制の基礎を据えた。

資料ウは，『フランス人権宣言』（1789年）。

人間は生まれながら自由・平等であり，人間のもつ自然権として自由・財産・安全および圧制への抵抗をあげ，さらに主権在民，自由権と法の原理，法定手続保障，思想・言論・出版の自由，武力，租税，法の前の平等，三権分立，財産権の不可侵などを定めた。正解は③。

【27】 ①．男女雇用機会均等法とは，募集・採用，配置・昇進等で性別を理由とする差別の禁止や婚姻，妊娠・出産等を理由とする不利益取扱いの禁止が定められている。また，2017年からは，職場における妊娠・出産等に関するハラスメント防止対策の措置が義務付けられた。

②．内閣法とは，内閣の組織や運営について定めた法律。

③．平和安全法制整備法とは，日本を取り巻く安全保障環境の変化をふまえ，日本と密接な関係にある他国に対する武力攻撃により，自国の存立が脅かされる事態（存立危機事態）への対処や，国連が統轄しない人道復興支援等の活動（国際連携平和安全活動）への参加を可能にする国内法制を整備するため，自衛隊法・PKO協力法・周辺事態法など10本の法律の一部を改正した法律。

④．労働組合法とは，労働者が使用者との交渉において対等の立場に立つことを促進し，労働者の地位の向上をはかることを目的とした法律。労働組合の資格，不当労働行為・労働委員会・労働協約などについて規定する。正解は①。

【28】 空欄ア．18世紀に成立し，19世紀に普及した古典的人権は，信教の自由，言論・出版の自由，住居の不可侵，財産権の不可侵のように，本質的に個人の〈国家からの自由〉をその内容とする自由権であった。それは，市民革命が市民の自由に対する国家の介入と抑圧の排除を目的としておこったこと，および市民階級の最大の要求が自由と財産権の保障であったことによる。一方，〈国家による自由〉とは，国家が介入することで，国民が得られる自由や権利のことをいう。〈国家からの自由〉と対にして用いられることもあり，一般に自由権を指す〈国家からの自由〉に対し，〈国家による自由〉には，

社会権が主に含まれる。

空欄イ．自由権は，国家以前に存在すると考えられた自然権（人が生まれながらにして持っているとされる権利）が国家社会においても人間の生存に不可欠として保護が要求されるようになった権利。18世紀のアメリカおよびフランスの人権宣言ではじめて規定された。

空欄ウ．大日本帝国憲法第22条，第29条は「法律ノ範囲内ニ於テ」と定め，いわゆる〈法律の留保〉主義を採り，居住の自由や表現の自由などは，議会の認める範囲内の相対的な権利にとどめた。その後，出版法，新聞紙法，治安警察法など厳重な言論統制のための法律がつくられ，昭和初期には，治安維持法に代表されるような極端な弾圧立法が数多く登場した。正解は①。

【29】 a．選挙は通常，選挙期日（投票日）に投票所で投票することを原則としているが，期日前投票は，選挙期日前であっても選挙期日と同じように投票できる制度。名簿登録地の市区町村の選挙管理委員会で行う投票が対象となる。

　b．不在者投票とは，選挙期間中，仕事や旅行などで名簿登録地以外にいる人が，滞在先の市区町村の選挙管理委員会で投票できる制度。また，指定病院等に入院している人などは，その施設内で不在者投票ができる。郵便等による不在者投票は，身体障害者手帳か戦傷病者手帳を持っている選挙人の一部の者，介護保険の被保険者証の要介護状態区分が「要介護5」の者に認められている。正解は①。

【30】 ①．大日本帝国憲法は，君主主権の強いドイツ型立憲君主制を模範とし，それに日本独自の天皇中心の国家観を加味したもので，絶対主義的色彩を強く帯びていた。このため旧憲法は，議会を設けるなどの立憲的要素と絶対主義的要素の両方からなり，しかも後者が顕著なので〈外見的立憲主義〉ともよばれる。

②．日本国憲法の最高法規性については，次の条文に記されている。

第97条「この憲法が日本国民に保障する基本的人権は，人類の多年にわたる自由獲得の努力の成果であつて，これらの権利は，過去幾多の試錬に堪へ，現在及び将来の国民に対し，侵すことのできない永久の権利として信託されたものである」。

第98条1項「この憲法は，国の最高法規であつて，その条規に反する法律，命令，詔勅及び国務に関するその他の行為の全部又は一部は，その効力を有しない」，2項「日本国が締結した条約及び確立された国際法規は，これを誠実に遵守することを必要とする」。

第99条「天皇又は摂政及び国務大臣，国会議員，裁判官その他の公務員は，この憲法を尊重し擁護する義務を負ふ」。

③．大日本帝国憲法第73条1項「将来此ノ憲法ノ条項ヲ改正スルノ必要アルトキハ勅命ヲ以テ議案ヲ帝国議会ノ議ニ付スヘシ」，2項「此ノ場合ニ於テ両議院ハ各々其ノ総員三分ノ二以上出席スルニ非サレハ議事ヲ開クコトヲ得ス出席議員三分ノ二以上ノ多数ヲ得ルニ非サレハ改正ノ議決ヲ為スコトヲ得ス」。

④．2014年，安倍内閣は，憲法の解釈変更によって集団的自衛権の行使を容認するという閣議決定を行った。それまで歴代内閣は，憲法で認められているのは個別自衛権であり，集団的自衛権は保持するものの，その行使は憲法上認められないという見解を維持してきた。しかし，安倍内閣は，同盟国アメリカの支持を踏まえ，集団的自衛権行使を憲法の改正手続きをともなわない「解釈改憲」によって容認した。正解は④。

【31】 死刑制度廃止派の主張には，資料イ・ウ・カのほかに，「死刑は，野蛮であり残酷であるから廃止すべきである。」「死刑の廃止は国際的潮流であるので，我が国においても死刑を廃止すべきである。」「死刑は，憲法第36条が絶対的に禁止する残虐な刑罰に該当する。」「犯人には被害者・遺族に被害弁償をさせ，生涯，罪を償わせるべきである。」「どんな凶悪な犯罪者であっても更生の可能性はある。」といったものがある。

一方，死刑制度賛成派の主張は，資料ア・エ・オのほかに，「人を殺した者は，自らの生命を

もって罪を償うべきである。」「最高裁判所の判例上，死刑は憲法にも適合する刑罰である。」「誤判が許されないことは，死刑以外の刑罰についても同様である。」「死刑制度の威嚇力は犯罪抑止に必要である。」「凶悪な犯罪者による再犯を防止するために死刑が必要である。」といった主張がある。正解は③。

【32】 ①，③，④は適切な文章。②．裁判員制度の対象事件は，一定の重大な犯罪（殺人・強盗致死傷・傷害致死・危険運転致死・現住建造物等放火・身の代金目的誘拐など）で，地方裁判所で行われる第一審の刑事訴訟事件である。民事裁判や刑事裁判の控訴審，上告審，少年保護事件は裁判員裁判の対象ではない。正解は②。

【33】 解職請求（リコール）とは，有権者が地方公共団体の首長や議員などの解職を求めることができる制度である。正解は⑤。

●地方公共団体の首長の解職

有権者の3分の1以上の署名を集めて選挙管理委員会に請求できる。請求から60日以内に住民投票が行われ，有効投票総数の過半数が賛成すれば，その首長（都道府県知事・市町村長）は失職する。その首長の選挙から1年間（無投票当選を除く）又は解職投票日から1年間は解職請求をすることができない。

●地方公共団体の議員の解職

対象の議員の選挙区の有権者（選挙区がない場合は地方自治体の全有権者）の3分の1以上の署名を集めると，選挙管理委員会に請求できる。請求から60日以内にその選挙区（選挙区がない場合は全域）において住民投票が行われる。解職投票において有効投票総数の過半数が賛成すれば，その議員は失職する。その議員に関して選挙から1年間（無投票当選を除く）または解職投票日から1年間は解職請求をすることができない。

【34】 ①．日本国憲法第13条「すべて国民は，個人として尊重される。生命，自由及び幸福追求に対する国民の権利については，公共の福祉に反しない限り，立法その他の国政の上で，最大の尊重を必要とする」。

②．第24条「婚姻は，両性の合意のみに基いて成立し，夫婦が同等の権利を有することを基本として，相互の協力により，維持されなければならない」，2項「配偶者の選択，財産権，相続，住居の選定，離婚並びに婚姻及び家族に関するその他の事項に関しては，法律は，個人の尊厳と両性の本質的平等に立脚して，制定されなければならない」。

③．第25条「すべて国民は，健康で文化的な最低限度の生活を営む権利を有する」，2項「国は，すべての生活部面について，社会福祉，社会保障及び公衆衛生の向上及び増進に努めなければならない」。よって，これが正解となる。

④．第31条「何人も，法律の定める手続によらなければ，その生命若しくは自由を奪はれ，又はその他の刑罰を科せられない」。正解は③。

Ⅵ 現代の経済

【35】 1980年代，日本はアメリカから貿易黒字減らしの市場開放，内需拡大を求められ，当時の中曽根政権は規制緩和や民営化で応えた。しかし，1985年秋，ニューヨークのプラザホテルで開かれたG5（先進5か国財務相・中央銀行総裁会議）において，ドル高を是正することで一致（プラザ合意），円高が急進した。円高にともなう輸出産業の苦境を救うため，日本銀行は1986年から金融緩和（公定歩合引き下げ）を重ね，内需拡大政策を行った。その結果，空前のカネ余りと，実態を超す資産価格の膨張（バブル）を招いた。資金運用で本業外の収益を追う経営がもてはやされ，銀行は系列企業を使って不動産がらみの融資を競うようになった。投機は株や土地からゴルフ会員権，美術品などにまで広がった。正解は④。

選択肢中の「ルーブル合意」とは，1987年，パリのルーブル宮殿におけるG7でなされた為替レート安定のための合意。1985年のプラザ合意以降，1ドル＝240円が2年後には1ドル＝150円になるなど急激にドル安が進み，これ以上のドル安は望ましくないとの合意がなされた。

「支払準備率」とは，銀行が預金残高に対して，日々の支払請求に応じるためにもっている支払準備（現金通貨，中央銀行預け金等）の比率。中央銀行は支払準備率を政策的に変動させることにより，金融機関の支払準備を直接的に増減させ，これを通じてその信用創造機能をコントロールすることができる。

「仮想通貨」とは，紙幣や硬貨のような現物をもたず，電子データのみでやりとりされる通貨。主にインターネット上での取引に用いられ，特定の国家による価値の保証はない。

【36】 消費税は増税の影響もあり，租税収入に占める割合は所得税に次ぐ第2位の規模となっている。①は所得税，②は法人税，④はその他の税。正解は③。

【37】 デフレスパイラルとは，物価下落と利益減少が繰り返される深刻な状況。デフレによる物価の下落で企業収益が悪化，人員や賃金が削減され，それにともなって失業の増加，需要の減衰が起こり，さらにデフレが進むという連鎖的な悪循環のこと。1990年代前半に「価格破壊」という言葉が流行したが，それは価格が高すぎるから需要が減り景気が悪くなるので，デフレによって価格が下がれば需要が増加して好況に戻るとみていたものであった。デフレを市場メカニズム（価格の需給をバランスさせる機能）による一時的現象とみたもので，それ以後の不況はデフレスパイラルとみるのが正しい。正解は③。

【38】 金融政策とは，通貨当局（政府または中央銀行）が，金融市場に働きかけて通貨の供給を調節することで経済の安定化をはかる政策。

中央銀行が取引先金融機関への貸出しに適用する公定歩合を政策的に変更することで，企業に対する市中金融機関の貸出しを操作し，物価の安定，国際収支の均衡，完全雇用などの目標を達成しようとする**金利政策**。一般公開の市場に出動し，公債や手形などの有価証券の売買を行うことで市中金融機関の手持資金を増減させる**公開市場操作（オープン＝マーケット＝オペレーション）**。市中金融機関の預金などの一定

割合を無利子で強制的に中央銀行に預け入れさせ，この準備率を随時上下に変更することによって，銀行の信用拡大のベースになる現金準備額を直接増減して，その活動を調節する**支払準備率操作**がある。現在はおもに公開市場操作を用いて，長短金利の誘導や日銀当座預金残高の誘導などを行っている。正解は②。

【39】 ①，③，④は適切。財政の機能には，3つの役割がある。1つ目は，「**資源配分の調整**」である。行政サービスや公共施設，義務教育や警察など，国民生活に必要不可欠だが市場取引になじまない公共財や公共サービスを財政の仕組みを通じて供給することである。2つ目は「**所得の再分配**」である。市場活動による所得の格差や不平等を小さくするため，累進課税制度により高所得の人から税金を集め，社会保障制度を通じて困っている人の補助に当てることである。3つ目は「**景気の安定化機能**」である。不況や好況を繰り返すなか，増税や減税を通じて国民の暮らしを安定させる機能である。これには，累進課税制度などのように，景気を調整させる機能をもつ〈ビルトインスタビライザー〉や，景気調節のために政府が意図的に公共投資や税率の変更などを行う〈フィスカルポリシー〉がある。正解は②。

【40】 普通銀行とは，おもに預金を原資として貸出をする短期金融機関をいう。選択肢②，③，④の文章は普通銀行の役割の記述としては適切である。

銀行が持っているお金は，大きく分けて「自己資本」と「他から借りているお金」の2つに分類できる。「自己資本」とは，銀行が自分で株を発行して調達したお金(資本金)である。「他から借りているお金」とは，銀行が国民から「預金」という形で集めたお金や，日本銀行から借りたお金をさす。自己資本比率が大きければ，その会社には資金が豊富にあり，経営基盤がしっかりしているといえる。①の国際的な取り引きを行う銀行に対して，自己資本比率8%以上であることを課しているのは，日本銀行でなく，国際決済銀行（BIS）である。正解は①。

【41】　①.「4条公債」とは，財政法第4条を根拠とするところから，「建設国債」の別称として用いられる。国が公共事業費や出資金・貸付金の財源にあてるために発行する国債のこと。「特例国債」とは，国が一般会計の赤字補填のために発行する「赤字国債」のこと。毎年度特例法を成立させて発行していることからそのように呼ばれる。

　②.　一般会計歳出と一般会計税収の差が赤字である。グラフは，常に一般会計歳出が上回っているので赤字である。国債依存度とは，国の一般会計歳入予算に占める国債発行額の割合であるが，予算の場合，歳入と歳出は同額であることから，2018年度の国際依存度は以下のように求めることができる。国債発行額（33.7兆円）÷歳入出予算額（97.7兆円）×100＝34.493%。よって，②が正しい。

　③.　1990年度から1993年度にかけては，バブル景気もあり，税収が見込めたため「特例国債発行額」はゼロであった。いざなぎ景気とは，1965年11月から1970年7月にかけて57か月続いた戦後最長の消費主導型景気拡大局面のこと。

　④.　グラフ中，最も一般会計歳出と一般会計税収の差が開いたのは，2009年度であり，国際依存度も約51.5%と最も高かった。正解は②。

【42】　①.　日本の公的年金制度は，「国民皆年金」という特徴を持っており，20歳以上のすべての人が共通して加入する国民年金と，会社員が加入する厚生年金などによる，いわゆる「2階建て」と呼ばれる構造になっている。

　②.　年金は，年金を受ける資格ができたとき自動的に支給が始まるものではない。自身で年金を受けるための手続き（年金請求）を行う必要がある。

　③.　年金の受給額は，支払った保険料の総額や加入期間で決まるもので，一律ではない。

　④.　収入の減少や失業等により保険料を納めることが経済的に難しいとき，「国民年金保険料免除・納付猶予制度」を利用して，納付を免除したり，一時的に猶予したりすることができる。正解は①。

【43】　資料2のグラフから，正社員・正職員（正規雇用者）に比べ，正社員・正職員以外（非正規雇用者）の方が，賃金が安いことがわかる。資料4のグラフからは，正規雇用者には男性が，非正規雇用者は女性が圧倒的に多いことがわかる。正解は④。

Ⅶ　国際政治（選択問題）

【44】　空欄a．①，②のウェストファリア条約は，1648年に結ばれた。この条約は，三十年戦争を終わらせるとともに，ヨーロッパ各国はたがいに主権を承認し，主権国家が国際社会の基本単位であることが確認された条約であった。③，④のアムステルダム条約は，1999年に発効されたEU（欧州連合）の基本条約。加盟国のアイデンティティを尊重しながら，政治的・経済的・社会的に，より密接に統合された単一欧州の実現を目指すもの。

　空欄g．①，③のナショナリズムとは，一つの文化的共同体（国家・民族など）が，自己の統一・発展，他からの独立をめざす思想または運動。③，④のグローバリズムとは，地球（世界）主義あるいは地球共同体主義，さらには地球益主義とよびうるもので，世界を一つの人間社会システムとしてとらえ，そのシステムを通して人類の平和，経済的福祉，社会的正義，環境との均衡などの実現をはかろうとする主張。正解は①。

　近年，ヨーロッパに多くの移民や難民が流入して，ヨーロッパ社会ではさまざまなリアクション，葛藤が生じている。EU諸国への移民の流入は，安い労働力が入ることで，労働力不足が補充されて競争力強化につながるというメリットとしての認識が強かった。ところが，2000年代に入るころから，東欧諸国から頭脳労働者が流入し，EUの国々の大卒の若者の就職難，競争力を持たない中堅層のリストラという現象が顕著になりはじめた。そのため移民や難民に仕事が奪われているといった意識が，ナショナリズムの台頭へと繋がっていった。ドイ

ツは難民をもっとも熱心に受け入れてきた国だが，難民の一部による大きな犯罪事件が起きて以降，国内から難民受け入れに反対する声が大きくなった。現在，イギリス，フランス，ベルギー，デンマーク，スウェーデンなどでも極右ナショナリズムが勢力を伸ばしている。

【45】　冷戦とは，アメリカを中心とする自由主義陣営とソ連を中心とする社会主義陣営の対立関係をいう。冷戦期の始まりは，第二次世界大戦の末期の1945年2月に開催されたヤルタ会談に求めることができる（ヤルタはロシアのクリミア半島にある保養地）。ヤルタ会談では，イギリス首相チャーチル，アメリカ大統領ルーズベルト，ソ連首相スターリンにより戦後処理についての協議が行われた。ドイツの戦後処理では，米・英・ソ・仏の4国による分割管理などを決定したが，ポーランド・バルカン半島の処置をめぐってはイギリスとソ連の意見が対立した。このヤルタ会談によって，第二次世界大戦後の世界政治のあり方＝国際連合の設置と米ソ二大陣営の対立という戦後体制（ヤルタ体制）が作られた。この米ソを軸とした東西冷戦構造は，1989年のアメリカのブッシュ大統領とソ連のゴルバチョフ書記長のマルタ会談における冷戦終結宣言まで継続した。

　ア．ジュネーブ4巨頭会談とは，1955年にスイスのジュネーブで開催された，第二次世界大戦後，最初のアメリカ・ソ連・イギリス・フランスの4か国首脳会談のこと。具体的な成果はなかったが東西冷戦の中での平和共存をさぐる一歩となった。

　イ．キューバ危機とは，1962年，キューバへのソ連のミサイル配備を機に起こった核戦争の危機。キューバのソ連ミサイル基地建設に対し，アメリカは海上封鎖を断行。核戦争まで懸念されたが，アメリカのキューバ不侵攻とソ連のミサイル撤去の合意により核戦争の危機は回避された。

　ウ．朝鮮戦争は，1950年，北朝鮮軍が南北の境界となっていた北緯38度線を越えて韓国側に進攻して勃発した。アメリカ中心の国連軍が韓

国側，中国の人民義勇軍が北朝鮮側でそれぞれ参戦した。1953年に休戦協定が成立。38度線付近に軍事境界線を設けることや，そこから2 km ずつを非武装地帯（DMZ）とすることなどを定めた。法的には戦争状態のまま現在に至っている。正解は⑤。

【46】　条約とは，国際法に基づいて成立する国際的合意であり，国家および国際機構を拘束する国際的文書とされる。当事者能力を保有するのは主権国家および公的国際機構である。当事国は，原則として，当事国の憲法上の手続および制約に基づいて，国際法が禁止しないいっさいの内容を，交渉によって自由に作成できる。日本では，内閣が条約の締結権を有するが，事前または事後に国会の承認を得なければならない（日本国憲法第73条）。この当事国における最終的な確認・同意手続きを批准という。正解は④。

【47】　①，②，④は適切な文章。③は，「勢力均衡方式を採用した国際連盟」「制裁が武力制裁に限られていた」という部分が適切ではない。

　勢力均衡方式とは，軍備拡大や同盟により，常に周囲の敵国と力のバランスを保つことで，お互いに攻撃しにくい状況を作る考え方。典型的な例は，第一次世界大戦における三国協商と三国同盟の対立に見られる。一方，国家の安全を，一国の軍備拡張や他国との軍事同盟に求めず，多数の国々が協同して相互に保障しようとする制度を集団安全保障方式という。その具体化が第一次世界大戦後の国際連盟である。国際連盟の欠陥として全会一致方式，武力制裁の欠如，大国の不参加があげられる。正解は③。

【48】　NGO（Non-Governmental Organization）は日本語で非政府組織と訳される。国連の経済社会理事会に対し，協議資格を持つ。

　NGOの特徴は，政府から独立した私的団体であること（非政府性），その構成や活動の目的が国際的であること（国際性），多国籍企業と異なり営利を目的あるいは配分しないこと（非営利性）などで，国連には，経営者団体，消費者団体，労働団体などの多様な非営利組織がNGOとして登録されている。ちなみに非営

利組織（NPO：non-profit organization）とは，政府とは別組織の営利を目的としない，市民の自発的な活動団体をいう。もとは非政府組織（NGO）とほぼ同義であったが，習慣的に使い分けられるようになり，高い専門性を持ち，おもに海外で広範な国際協力に従事する組織をNGO，国内でより身近な問題やテーマを取り上げて活動する組織をNPOと呼ぶ傾向にある。

空欄オの選択肢にある世界銀行とは国際復興開発銀行（IBRD）の通称で，その目標は，貧しい国々の経済を強化することによって世界の貧困を削減し，かつ経済成長と開発を促進することによって人々の生活水準を改善することである。ちなみに国連の主要機関といった場合，総会，安全保障理事会，経済社会理事会，信託統治理事会，国際司法裁判所，事務局を指す。世界銀行はこのうち経済社会理事会と密接な関わり合いを持つ専門機関である。正解は①。

【49】 1951年の『難民の地位に関する条約』では，「人種，宗教，国籍，政治的意見やまたは特定の社会的集団に属するなどの理由で，自国にいると迫害を受けるかあるいは迫害を受ける恐れがあるために他国に逃れた」人々と定義されている。また，今日では政治的な迫害のほか，武力紛争や人権侵害などから逃れるために国境を越えて他国に庇護を求めた人々を指すようになっている。

空欄キの②，④のUNHCR（The Office of the United Nations High Commissioner for Refugees：国連難民高等弁務官事務所）は，第二次世界大戦後の1950年の国連総会決議により設立された機関。避難を余儀なくされたり，家を失った何百万人ものヨーロッパ人を救うために設立された。当初は3年で難民の救済活動を完了し，解散する見込みであったが，21世紀になってからも，アフリカ，中東そしてアジアにおける主要な難民危機を支援している。また，紛争で家を追われた国内避難民への支援，そして無国籍者への支援にも活動範囲を広げている。①，③のUNICEF（United Nations Children's Fund：国連児童基金）は，1946年

に設立された国連総会の基金一つ。すべての子どもの命と権利を守るため，最も支援の届きにくい子どもたちを最優先に，190の国と地域で活動している。保健，栄養，水と衛生，教育，暴力や搾取からの保護，HIV/エイズ，緊急支援，権利擁護などの支援活動を実施し，その活動資金は，すべて個人や企業・団体・各国政府からの募金や任意拠出金でまかなわれている。正解は②。

【50】 a.「アラブの春」は，2011年，長年独裁政権が続いたチュニジアで，反政府デモが拡大し，政権を崩壊させたことを発端とした動き。強権的な支配が続くエジプトやリビアなどの周辺国におよんだ。シリアでは，2011年，強権的なアサド政権に抗議する民衆のデモから始まり，数々の勢力や組織が「反政府勢力」を形成し，アサド政権の打倒を目指した。その後，過激派組織IS（イスラミックステート）が台頭し，三つ巴の戦いになっていった。アサド政権を，シリアに軍事基地をもつロシアとイランが強力に支援し，反政府勢力を，アメリカやトルコ，それにヨーロッパやアラブ諸国が支援するという構図で，ISは，すべての当事者の「共通の敵」となり事態は複雑化した。2017年，アメリカを中心とする有志連合，ロシアの支援を受けたアサド政権などが，ISを軍事的に追い詰め，事実上，シリアから排除したが，「共通の敵・IS」がいなくなると，さまざまな国や勢力の利害や立場の違いが際立ち，それまで見られなかった衝突や対立が起きて，いまだに解決の糸口が見つからない。

b. ロヒンギャとは，ミャンマー西部に住むイスラム系少数民族。バングラデシュ・パキスタン・タイなどにも居住する。ロヒンギャの人々は独立国家を求めているわけではなく，自分たちの民族名称を認めてもらったうえで，ミャンマーの国籍が与えられるよう求めている。しかし，ミャンマー政府は彼らをベンガル地方（バングラデシュ）からの不法移民集団だとして，「民族」として認めておらず，ロヒンギャは，軍や警察からの弾圧，民間人からの迫害行為に

よって悲惨な生活を余儀なくされている。正解は②。

Ⅷ 国際経済（選択問題）

【51】 EUにはほぼ半世紀におよぶ歴史がある。そのなかでもっとも重要なことは，フランス政府の企画担当ジャン＝モネが1950年に発案し，外相ロベール＝シューマンを通じて発表した超国家的な共同体の創設だった。これはドイツとフランスが戦えないようにするという不戦の機構であって，その精神は今日もEUの根幹をなしている。この仕組みの核心は，不可侵とされてきた国家の主権を部分的にしばり，それを超国家機構である共同体に委ねるところにある。この構想は戦争を遂行するための鉄と石炭をドイツとフランスから取り上げて，その生産から販売までを超国家機構であるECSC（ヨーロッパ石炭鉄鋼共同体）が行うことによって初めて具体化された。1951年のパリ条約に基づき，フランス，西ドイツ，イタリア，オランダ，ルクセンブルク，ベルギーの6か国で構成され，本部をルクセンブルクにおき，石炭，鉄鋼の生産，価格，労働条件の管轄を目的とした。この方式はその後，経済の一体化を目ざすEEC（ヨーロッパ経済共同体），原子力の平和利用のためのEURATOM（ヨーロッパ原子力共同体）へと広げられて，これらの超国家共同体は1967年，EC（ヨーロッパ共同体）に一本化された。ECの基本性格は関税同盟なので，加盟国国内は関税ゼロ，域外諸国には共通関税が設定された。さらに域内の労働力移動の自由化，ヨーロッパ通貨制度EMSの導入などを経て，1992年に市場統合を果たした。1993年，マーストリヒト条約の発効により，より発展した形としてEU（ヨーロッパ連合）となっている。正解は①。

【52】 ①．ASEM（Asia-Europe Meeting：アジア・ヨーロッパ会合）とは，ASEAN10か国，日本・中国・韓国・インド・モンゴル・パキスタンとASEAN事務局，およびEU27か国とヨーロッパ委員会が参加するアジアとヨーロッパの政治・経済・文化などの協力を推進する目的で設立されたフォーラムのこと。1996年に発足。

②．APEC（Asia-Pacific Economic Cooperation：アジア太平洋経済協力）。アジア太平洋経済協力会議ともいう。アジア太平洋地域は，貿易・投資・技術移転などを通じて相互依存を深め，高い経済成長を続けてきたが，他方では，アメリカ市場への過度の依存や，経済発展のための基盤が弱いといった問題を抱えている。このような問題を解決して地域の持続的な経済発展をはかるという目的のもとに，1989年，オーストラリアのホーク首相の提唱で，日本・アメリカ・カナダ・韓国・オーストラリア・ニュージーランドおよびASEAN加盟6か国（当時）の計12か国で発足した。

③．AFTA（ASEAN Free Trade Area：ASEAN自由貿易地域）は1993年に発足した。ASEAN域内の経済協力推進のために，各国が相互に関税障壁を削減し，域内の貿易，投資を拡大させることを目的としている。

④．AEC（ASEAN Economic Community：ASEAN経済共同体）は，ASEANに加盟する10か国が域内の人，物，サービスの自由化を進める地域経済圏。域内の物品関税が9割超の品目数でゼロとなるなど高水準のモノの自由化を達成し，活発な経済交流が期待される。2015年に発足。正解は④。

【53】 a.「比較生産費説」に基づく国際分業の利益を唱え，自由貿易論を展開したのは，リカード（英：1772〜1823年）。主著は『経済学および課税の原理』。よって，aの文は誤り。

アダム＝スミス（英：1723〜1790年）は古典派経済学の創始者。経済活動を個々の私利をめざす行為に任せておけば「神の見えざる手」により社会全体の利益が達成されるという経済社会思想と唱えた。主著は『国富論』。

b.正しい文章である。リスト（独：1789〜1846年）の理論を「幼稚産業保護理論」ともいう。主著は『経済学の国民的体系』。正解は③。

【54】 ア．ブレトン・ウッズ体制とは，連合国44か国が主導して，1944年に発足した通貨体制。

1944年，アメリカのブレトン・ウッズに集まり，第二次世界大戦後の国際通貨体制に関する会議を開催。国際通貨基金（IMF）協定などが結ばれた。この際，これまでの金だけを国際通貨とする金本位制ではなく，金との交換が保証された米ドルを基軸として，各国の通貨の価値を決める固定相場制度がつくられ，ドルと金の交換が保証されていた。

イ．紛争などによる経済的，政治的理由で国際収支が悪化した国への融資や，為替相場と各国の為替政策の監視などを主な業務とするのは，国際通貨基金（IMF）である。よって誤り。

世界銀行は国際復興開発銀行（IBRD）の通称。国際通貨基金（IMF）とともに，ブレトン・ウッズ協定に基づき，戦災国の経済復興や発展途上国開発を進める国際機構として1945年に設立。国連専門機関の一つとなっている。現在では発展途上国のための融資が主な業務であり，民間から融資を受けられない国家や機関に，市場で借り入れた資金を市場条件で貸し付けたり，民間からの融資の保証を行う。ウ．エは正しい文章。

オ．主要先進国が，1973年には変動相場制に移行したため，1976年，ジャマイカの首都キングストンで，IMFの暫定委員会が開かれ，変動相場制の正式承認を含む，IMFの第2次協定改正を決定し，ここで金の公定価格の廃止が決まった（キングストン合意）。文中のウルグアイラウンドが誤り。変動相場制とは，外国為替市場で取引される通貨の交換比率を，一定比率に固定せず，市場での需要と供給により自由に変動させる制度のこと。また，GATTのウルグアイラウンドとは，1986年にウルグアイで開かれた，関税と貿易に関する一般協定（GATT）における，貿易自由化のための8回目の多角的貿易交渉のこと。農業・繊維製品をはじめ，これ以外のサービスや知的所有権など15の分野について話し合われた。正解は③。

【55】①．メルコスールとは，Mercado Comn del Sur（スペイン語）または，Mercado Comun do Sul（ポルトガル語）の略であり，「南米南部共同市場」「南米共同市場」などと訳される。アルゼンチン，ブラジル，パラグアイ，ウルグアイの4か国で合意した経済連携協定。EUのような共同市場形成を目的に1995年発足した。

②．レーガノミックスとは，レーガン米大統領とエコノミックスからの造語。1970年代のアメリカは第2次オイルショックによるインフレーションを抑制するために金融引き締めが行われ，経済が低迷，スタグフレーション（経済活動が停滞しているにもかかわらず，インフレーションが進む現象）を引き起こしていた。そこでレーガンは1980年代に次のような政策（レーガノミックス）を行った。①社会保障支出と軍事支出の増大を通じて政府支出を増大することで経済を発展させ，「強いアメリカ」を復活させる。②減税により，労働意欲の向上と貯蓄の増加を促し投資を促進する。③規制を緩和し投資を促進する。④金融政策によりマネーサプライの伸びを抑制して「通貨高」を誘導してインフレ率を低下させる。しかし，このレーガノミックスは財政収支赤字，貿易収支赤字という「双子の赤字」をもたらした。

③．フェアトレードとは，発展途上国の農産物や雑貨などを，適正な価格で継続的に輸入・消費する取り組みのこと。低賃金労働を強いられる傾向のある途上国で雇用を創出し，途上国の貧困解消や経済的自立を促すねらいがある。日本では「公正な貿易」「オルタナティブ・トレード」などともよばれる。

④．ヘッジファンドとは，富裕層や大口投資家からお金を集め，投機的な売買を繰り返して高収益を狙う私的な投資組合。株式，為替，債券などさまざまな金融商品に，複雑な方法を駆使して投資する。通常の相場観に反して「逆張り（相場が上がっている時に売り，下がっている時に買う手法）」をすることで，高い収益を狙う傾向があることから，相場が思わぬ方向に動いたときのリスクヘッジ（危険回避）になるといわれている。その一方，さまざまな金融技術を使って，元手の数倍規模で運用するため，相場の少しの変動で大きな損失が生じる可能性

もあり，国際的な金融不安につながる要因になることもある。問題の説明文はヘッジファンドのこと。正解は④。

【56】　空欄前後の文章はイギリスのEU離脱にともなうイギリス金融業の変化の話題である。それをふまえ，選択肢①は自由貿易協定，③は社会保障制度，④は農作物の需給についての話題であり，選択肢の中で金融について触れているものは②しかない。「シングルパスポート制度」とは，ヨーロッパ31か国で形成するヨーロッパ経済領域（EEA）内のどこか1か国で認可されれば，領域内のどの国でも自由に金融業を営むことができる制度。ヨーロッパ域内での自由な金融取引を促すため，1996年に導入された。正解は②。

【57】　①．NIEO（New International Economic Order：新国際経済秩序）とは，1970年代に入って発展途上国が唱えた国際経済関係の変革を求める政策要求を総称する概念。1973年の石油危機に続く世界経済の混乱を背景に，1974年国連資源特別総会で採択された。よって，この文は誤り。おもな要求としては，天然の富と資源に対する永久的主権，途上国産品の価格を輸入品の価格に連動させる公正価格制度の設置，先進国の市場を途上国産品のために開放すること，多国籍企業に対する規制などの強化，特恵制度の拡大，石油危機で最も深刻な影響を受けた途上国や内陸国などの不利な立場におかれた発展途上国への特別の配慮がある。その後，これらの要求はある程度実現されてきたが，法典化はなされていない。

　　②．南北問題とは，地球の北半球温帯地域以北に集中している先進国と，以南に多く位置する発展途上国との間の著しい経済的格差から生じる経済的，政治的諸問題の総称。南北問題の本質は，19世紀の帝国主義政策以来，不平等な国際分業体制の下で，原燃料供給地として発達した南の熱帯・亜熱帯の国々が，先進工業国と対等の地位に立つことをめざして，北の先進国との経済関係調整にのりだしたことにある。モ

ノカルチャー経済とは，南の国々にみられる，国内の生産や輸出が数品目の一次産品に大きく依存している経済のこと。

　　③．南南問題とは，南側の資源の「持てる国」と「持たざる国」との間に生じた経済格差の問題。1950年代末から1960年初頭にかけて資源ナショナリズムを背景に国際情勢が変化した。1960年石油輸出国機構が成立，1962年には国連において天然資源に対する恒久主権の権利が宣言され，南北問題に対する一応の対策が施されることとなった。石油輸出国機構による原油価格のコントロールはしだいに有効化し，1973年には中東戦争の余波から起こった石油危機により原油価格が世界経済への大きな影響力をおよぼした。これにより産油国の国際的地位は急上昇し，こうした国際情勢の中で多くの資源保有国は連携し，各種資源の囲い込みを始めた。石油以外にも銅，ボーキサイト，鉄，天然ゴムなどの輸出国機構が林立した。一方で資源に恵まれない国，技術的に資源採掘が難しい国ではこうした恩恵にあずかれないという事態に陥った。

　　④．発展途上国の累積債務問題とは，発展途上国が経済開発を進めていく上で不足する国内貯蓄を補うために，先進国政府，民間金融機関，国際機関等から借入れた資金が，生産能力の効率的増大に結び付かず，返済能力を超えて債務として累積し，債務返済困難に陥るとともに，経済社会の開発に十分資金をあてられなくなること。ブラジル・メキシコなどが1970年代後半は，一次産品の高価格化と豊富な産油国の資金を背景に，先進国から大規模な借り入れを行い，工業化により高い経済成長率を示していた。しかし，1980年代に，世界的な景気停滞と商品価格の低下に加えて，アメリカの高金利政策などの影響を受けて，増加した金利負担で対外債務の返済が困難となった。そして1982年のメキシコの債務繰り延べ要請に始まり，中南米諸国を中心に，累積債務問題が顕在化した。正解は①。

倫理政経　正解と配点

問題番号		正　解	配　点	問題番号		正　解	配　点
Ⅰ	1	③	2		26	③	2
	2	②	2		27	①	2
	3	④	2		28	①	2
	4	①	2		29	①	2
Ⅱ	5	④	2	Ⅴ	30	④	2
	6	①	2		31	③	2
	7	②	2		32	②	2
	8	①	2		33	⑤	2
	9	③	2		34	③	2
	10	②	2	Ⅵ	35	④	2
	11	④	2		36	③	2
Ⅲ	12	①	2		37	③	2
	13	③	2		38	②	2
	14	④	2		39	②	2
	15	②	2		40	①	2
	16	①	2		41	②	2
	17	③	2		42	①	2
	18	②	2		43	④	2
Ⅳ	19	③	2	Ⅶ	44	①	2
	20	④	2		45	⑤	2
	21	③	2		46	④	2
	22	③	2		47	③	2
	23	②	2		48	①	2
	24	①	2		49	②	2
	25	②	2		50	②	2
				Ⅷ	51	①	2
					52	④	2
					53	③	2
					54	③	2
					55	④	2
					56	②	2
					57	①	2

令和元年度

基礎学力到達度テスト
問題と詳解

令和元年度　日　本　史

（Ⅰ～Ⅳは必須問題。Ⅴ・Ⅵについては，どちらか1題を選択し，計5題を解答すること）

Ⅰ　次のA・Bの文章を読んで，あとの各問い(1～10)に答えよ。

A　ヤマト政権は，5世紀から6世紀にかけて氏姓制度と呼ばれる統制のしくみをつくり上げていっ
た。大化改新後，天皇を中心とした中央集権国家づくりがめざされるようになり，701年の大宝律
令の完成により律令体制が確立された。710年には平城京に遷都され，さらに地方を律令体制に編
成するためにさまざまな政策が推進された。こうしたなかで中央政界では藤原氏一族と皇族との間
で激しい権力闘争が展開された。729年の長屋王の変と藤原不比等の娘光明子の立后を通じ，藤原
四子が政権を握った。しかし，四子が天然痘で相次いで死去したため，橘諸兄が政権を掌握し，唐
から帰国した僧玄昉と吉備真備を重用した。これに不満を持った藤原広嗣が740年に九州で反乱を
おこしたが，まもなく鎮圧された。その後，757年には　d　が対抗する橘奈良麻呂ら反対派の
諸氏をおさえて政権を握ったが，孝謙太上天皇の信任を得た僧道鏡が勢力を伸ばした。764年に
　d　は道鏡の排除を求めて挙兵したが，滅ぼされた。すると，孝謙太上天皇は重祚して称徳天
皇となり，道鏡を法王，さらに宇佐神宮の神託によって天皇にしようとした。これに反発した
　e　らが神託が偽りであるとし，道鏡の即位を阻止すると，称徳天皇の死後，道鏡は失脚した。
これを受けて藤原百川らは，　f　の孫にあたる光仁天皇を立て，律令政治の再建に取り組んだ。

1　下線部aに関する次のA・Bの記述の正誤の組合せとして最も適切なものを，あとのうちから選べ。
　　A．豪族は血縁関係などに基づいて氏を組織して政権の職務を担い，大王から姓を与えられた。
　　B．豪族は私有地である田荘を有しており，私有民である子代に耕作させた。
　　　①　A－正　　　B－正　　　　　　　②　A－正　　　B－誤
　　　③　A－誤　　　B－正　　　　　　　④　A－誤　　　B－誤

2　下線部bに関する記述として最も適切なものを，次のうちから選べ。
　　①　元正天皇の命によって，奈良盆地北部の平城京に遷都された。
　　②　平城京は唐の長安にならって造営された，日本で最初の条坊制を採用した都である。
　　③　平城京には，朱雀大路をはさみ，東に左京が，西に右京がおかれた。
　　④　平城京の造営費や人件費などを支払うために，新たに富本銭が鋳造された。

3　下線部cに関して，藤原広嗣の乱後，聖武天皇は数年間にわ
たり，都を転々と移した。聖武天皇が大仏造立の詔を出した地と，
その地図上の位置(ア・イ)の組合せとして最も適切なものを，
次のうちから選べ。
　　①　恭仁京・ア
　　②　紫香楽宮・ア
　　③　恭仁京・イ
　　④　紫香楽宮・イ

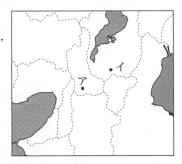

4 空欄 d ・ e に該当する人物名の組合せとして最も適切なものを，次のうちから選べ。

① d－藤原仲麻呂　　e－阿倍仲麻呂　　② d－藤原仲麻呂　　e－和気清麻呂

③ d－藤原房前　　　e－阿倍仲麻呂　　④ d－藤原房前　　　e－和気清麻呂

5 空欄 f に該当する天皇を，次のうちから選べ。

① 文武天皇　　　② 天武天皇　　　③ 天智天皇　　　④ 持統天皇

B 10世紀前半の醍醐・村上天皇は，摂政・関白をおかずに親政を行い，のちの世の人から理想的な
治世と称えられた。しかし，実際には律令体制の行き詰まりが明らかになった時代であった。
　　律令体制の行き詰まりは地方政治を変容させ，9世紀末から10世紀前半にかけて，各地で争乱が
続発した。朝廷は争乱の鎮圧のために h などを派遣したが，彼らの中には現地に残り，武士（武
者）とよばれる者もあらわれた。やがて武士たちは一族を中心として武士団を結成するようになっ
た。なかには，9世紀末に設けられた i として宮中の警備にあたる者や，摂関家の家人とし
て活躍する者もあらわれ，武士が中央へ進出する道を開いた。また，武士団は所領を守るため，中
央貴族の血筋を持つ統率者を棟梁と仰ぐようになった。その代表が清和源氏と桓武平氏である。
　　清和源氏は源経基を祖とし，その子満仲は，969年に源高明が排斥された k で力を伸ばした。
そして，満仲の子頼信は，1028年に上総でおこった l を平定して源氏が東国に進出するきっ
かけをつくった。その後，源氏は，前九年合戦・後三年合戦の二度の合戦を通じて東国武士団と主
従関係を結び，武家の棟梁としての地位を確立した。

6 下線部gに関する記述として最も適切なものを，次のうちから選べ。

① 醍醐天皇は，最初の荘園整理令である延久の荘園整理令を出した。

② 醍醐天皇の治世に，六国史の最後にあたる『日本文徳天皇実録』が編纂された。

③ 村上天皇の命によって，最初の勅撰和歌集である『古今和歌集』が編纂された。

④ 村上天皇の治世に，本朝（皇朝）十二銭の最後にあたる乾元大宝が鋳造された。

7 空欄 h ・ i に該当する語句の組合せとして最も適切なものを，次のうちから選べ。

① h－勘解由使　　i－滝口の武者　　② h－勘解由使　　i－北面の武士

③ h－追捕使　　　i－滝口の武者　　④ h－追捕使　　　i－北面の武士

8 下線部jに関して，源経基が小野好古とともに鎮圧した西国での事件として最も適切なものを，
次のうちから選べ。

① 源義親の乱　　② 平将門の乱　　③ 藤原純友の乱　　④ 刀伊の入寇

9 空欄 k ・ l に該当する語句の組合せとして最も適切なものを，次のうちから選べ。

① k－安和の変　　l－平忠常の乱　　② k－安和の変　　l－平治の乱

③ k－承和の変　　l－平忠常の乱　　④ k－承和の変　　l－平治の乱

10 下線部mに関して，後三年合戦に勝利し，奥州藤原氏発展の基礎を築いた人物として最も適切な
ものを，次のうちから選べ。

① 藤原清衡　　② 藤原秀衡　　③ 藤原基衡　　④ 藤原泰衡

III 次のＡ・Ｂの文章を読んで，あとの各問い(11 ～ 20)に答えよ。

Ａ 鎌倉幕府３代執権北条泰時は，1225年に執権を補佐する連署を設置して叔父の ａ を任じた。さらに幕府の最高機関として評定衆を設置し，合議体制を確立していった。そこで，合議制を行うにあたっての一定の基準を明示するとともに， ｂ 後の幕府の支配領域の拡大によって増加した荘園領主と御家人の紛争や，御家人に関するさまざまな争いごとを解決するための基準を示す必要が生じた。こうしたことを背景に，1232年に御成敗式目(貞永式目)が定められた。その第３条は次のようになっている。
　　　　　　　　　　　　　　　　　　　ｃ

> 一　諸国守護人奉行の事
> 　右，右大将家の御時定め置かるる所は，大番催促・謀叛・殺害人 … 等の事なり。而るに
> 近年，代官を郡郷に分ち補し，公事を庄保に充て課せ，国司に非ずして国務を妨げ，地頭に
> 非ずして地利を貪る。所行の企て甚だ以て無道なり。…

第６条に「国司領家の成敗は関東御口入に及ばざる事」とあるように，国司や荘園領主の決裁に幕府は干渉しないことが示されている。このことに関連して，泰時は次のように説明している。

> …この式目は…あまねく人に心えやすからせんために，武家の人への ｆ のためばかりに候。これによりて京都の御沙汰，律令の ｇ 聊もあらたまるべきにあらず候也。…

このように，御成敗式目の適用は幕府の勢力範囲に限定されたが，法の上でも公家社会に対する武家社会の独立を主張したものといえる。

11 空欄 ａ ・ ｂ に該当する人物名・語句の組合せとして最も適切なものを，次のうちから選べ。
① ａ－北条重時　　ｂ－承久の乱　　② ａ－北条重時　　ｂ－霜月騒動
③ ａ－北条時房　　ｂ－承久の乱　　④ ａ－北条時房　　ｂ－霜月騒動

12 下線部ｃに関する次のＡ・Ｂの記述の正誤の組合せとして最も適切なものを，あとのうちから選べ。
　Ａ．御成敗式目制定後に必要に応じて出された個別の法令は式目追加といわれる。
　Ｂ．御成敗式目は室町幕府の基本法典でもあり，戦国大名の分国法(家法)にも影響を及ぼした。
① Ａ－正　　Ｂ－正　　② Ａ－正　　Ｂ－誤
③ Ａ－誤　　Ｂ－正　　④ Ａ－誤　　Ｂ－誤

13 下線部ｄに該当する人物を，次のうちから選べ。
① 後白河法皇　　② 北条時政　　③ 北条政子　　④ 源頼朝

14 下線部ｅに関する次のＡ・Ｂの記述の正誤の組合せとして最も適切なものを，あとのうちから選べ。
　Ａ．荘園領主が土地そのものを領主と地頭で分け，相互の支配権を認めあうことを下地中分という。
　Ｂ．新補地頭には，新補率法で１段あたり５升の兵粮米を徴収する権利が認められた。
① Ａ－正　　Ｂ－正　　② Ａ－正　　Ｂ－誤
③ Ａ－誤　　Ｂ－正　　④ Ａ－誤　　Ｂ－誤

15 空欄 | f | ・ | g | に該当する語句の組合せとして最も適切なものを，次のうちから選べ。

① f－はからひ g－おきて ② f－おきて g－どうり

③ f－どうり g－はからひ ④ f－おきて g－はからひ

B 一揆が一般化していった室町時代から戦国時代にかけては，「一揆の時代」ともいえる。さまざまな人々が，それぞれの要求をもって一揆を結び，多様な形態や目的の一揆が混在した。
　室町時代には，惣村(惣)が集まって，荘園の枠をこえて広範な地域に連動した一揆が生まれた。特に，1428年の正長の徳政一揆は近畿一帯に広がるほど大規模なもので，公家や武家の支配層に大きな衝撃を与えた。この時，幕府は徳政を認めなかったが， | k | には神戸四カ郷で百姓らが負債破棄を宣言したことが記されている。
　徳政とはそもそも，貧困者を救済するための善政を行うことを意味していたが，1297年の永仁の徳政令以降，徳政といえば，売却地の取り戻し，債務の破棄を意味するものと解されるようになった。高利貸資本の社会への浸透が深まるにつれて，さまざまな階層から徳政を要求する声が強まってきたのである。室町幕府はたびたび徳政令を出すようになったが， | m | とよばれる手数料を納めることを条件に債務の破棄あるいは，徳政の適用を逃れることを認めた徳政令も多かった。

16 下線部hに関して，次のⅠ～Ⅲの一揆関係の史料の内容を年代の古い順に正しく並べたものを，あとのうちから選べ。

Ⅰ．今日山城国人集会す。上は六十歳，下は十五六歳と云々。同じく一国中の土民等群集す。

Ⅱ．播磨国の土民，旧冬の京辺の如く蜂起す。……凡そ土民侍をして国中に在らしむべからざる所と云々。

Ⅲ．一揆衆二十万人，富樫城を取り回る。故を以て，同九日城を攻め落さる。皆生書して，富樫一家の者一人これを取り立つ。

① Ⅰ→Ⅱ→Ⅲ ② Ⅰ→Ⅲ→Ⅱ ③ Ⅱ→Ⅰ→Ⅲ

④ Ⅱ→Ⅲ→Ⅰ ⑤ Ⅲ→Ⅰ→Ⅱ ⑥ Ⅲ→Ⅱ→Ⅰ

17 下線部ⅰに関して，惣村が荘園領主から荘園の管理や年貢の納入を請け負ったしくみを何というか。次のうちから選べ。

① 地下請(村請，百姓請) ② 地下検断(自検断)

③ 地頭請(地頭請所) ④ 負名体制

18 下線部ⅰに関する記述として最も適切なものを，次のうちから選べ。

① この一揆で6代将軍足利義教は辞職に追い込まれた。

② この一揆では，酒屋・土倉に加えて寺院の破壊も行われた。

③ この一揆の目的は，徳政令の要求と時の管領の排除であった。

④ この一揆で最初に蜂起したのは，堺の町衆であった。

19 空欄 k ・ m に該当する語句の組合せとして最も適切なものを，次のうちから選べ。

① k－『蔭凉軒日録』　　m－抽分銭　　② k－『蔭凉軒日録』　　m－分一銭

③ k－柳生の徳政碑文　　m－抽分銭　　④ k－柳生の徳政碑文　　m－分一銭

20 下線部 l が発布された時の執権を，次のうちから選べ。

① 北条時頼　　　　② 北条時宗　　　　③ 北条高時　　　　④ 北条貞時

III 次の文章を読んで，あとの各問い(21 ～ 30)に答えよ。

　江戸時代の将軍(幕府)と大名(藩)が土地と人民を統治する政治体制を幕藩体制という。幕藩体制のもとでは，支配身分である武士が軍事力を独占するとともに政治を行った。一方で，被支配身分である農民や町人などには統制が加えられた。さらに，幕府は，武家諸法度によって大名に，禁中並公家諸法度によって朝廷・公家に，諸宗寺院法度によって寺院などに統制を加えた。

　幕府は経済的には巨大な幕領(直轄領)を支配したほか，重要な都市や鉱山および主要な街道を直接支配し，貨幣鋳造権を独占し，商工業・貿易を統制して，財政的にも諸大名を圧倒した。こうした幕府の強力な軍事力や経済力を背景に，江戸幕府は約260年もの間続いた。

21　下線部aに関連して，原則として譜代大名が任命された幕府の役職を，次のうちから選べ。
　　① 寺社奉行　　　　　② 勘定奉行　　　　③ 町奉行(江戸)　　　④ 大目付

22　下線部bに関する次のA・Bの記述の正誤の組合せとして最も適切なものを，あとのうちから選べ。
　　A．大名は石高に応じて，一定数の兵馬を常備させられた。
　　B．大名は軍役の対象とされたが，将軍直属の旗本・御家人は免除された。
　　　① A－正　　　B－正　　　　　　　　② A－正　　　B－誤
　　　③ A－誤　　　B－正　　　　　　　　④ A－誤　　　B－誤

23　下線部cに関連して，江戸時代の村や農民についての記述として最も適切なものを，次のうちから選べ。
　　① 村は，名主(庄屋・肝煎)や組頭・沙汰人からなる村役人を中心に運営された。
　　② 村政には本百姓のほか，水呑(無高)や名子・被官などのすべての農民が参加した。
　　③ 田畑や屋敷地にかけられた税を本途物成といった。
　　④ 山野河海の利用や農業以外の副業にかけられた税を高掛物といった。

24　下線部dに関して，町人が負担した，屋敷地にかかる税負担の名称として最も適切なものを，次のうちから選べ。
　　① 運上　　　　　　　② 地子(地子銭)　　　③ 町入用　　　　　④ 冥加

25　下線部eに関して，江戸幕府は大坂夏の陣の直後の1615年に武家諸法度を制定したが，この時の法度に定められていない内容を，次のうちから一つ選べ。
　　① 私ニ婚姻ヲ締ブベカラザル事。
　　② 文武弓馬ノ道，専ラ相嗜ムベキ事。
　　③ 諸国ノ居城修補ヲ為スト雖モ，必ズ言上スベシ。
　　④ 大名小名，在江戸交替，相定ル所也。毎歳夏四月中参勤致スベシ。

26 下線部 f に関する記述として最も適切なものを，次のうちから選べ。
　① 禁中並公家諸法度は，幕府に仕えた儒学者の林羅山が起草したものである。
　② 禁中並公家諸法度は，3代将軍徳川家光の治世に制定された。
　③ 禁中並公家諸法度中の紫衣の許可規定をめぐっておこった紫衣事件によって，幕府の法が天皇の勅許に優先することが示された。
　④ 禁中並公家諸法度に関連して「尊号一件(尊号事件)」がおこり，田沼意次は老中を辞職した。

27 下線部 g に関して，幕府直轄の金銀鉱山に該当しないものを，次のうちから一つ選べ。
　①　石見　　　　　　②　生野　　　　　　③　別子　　　　　　④　佐渡

28 下線部 h に関して，宿駅に置かれた，公営の人馬や荷物を継ぎ送るための施設の名称を，次のうちから選べ。
　①　一里塚　　　　　②　駅家　　　　　　③　関所　　　　　　④　問屋場

29 下線部 i に関する記述として適切でないものを，次のうちから一つ選べ。
　①　江戸幕府は最初の金貨として天正大判を発行した。
　②　銭貨の寛永通宝が鋳造され，全国で流通した。
　③　勘定吟味役荻原重秀の建言を受けて，元禄小判が鋳造された。
　④　侍講の新井白石の意見により，正徳小判が鋳造された。

30 下線部 j に関して，江戸幕府の貿易統制策のなかで，1604年に実施されたのはどのような政策であったか。最も適切なものを，次のうちから選べ。
　①　日本から輸出する銀の数量を制限した。
　②　長崎に入港する外国の貿易船の船数を制限した。
　③　ポルトガル船が持ち込む中国産生糸の輸入量を制限した。
　④　ポルトガル船が持ち込む中国産生糸を日本の特定の商人に一括購入させた。

Ⅳ 次のA・Bの文章を読んで，あとの各問い(31 ～ 40)に答えよ。

A　古墳時代には太陽や山などの自然が信仰の対象となったほか，呪術的な風習も行われていた。一方，仏教は6世紀に公伝した。その後，仏教の受容に積極的な蘇我馬子が政治権力を握ると，朝廷は仏教を保護するようになり，豪族も競って氏寺を建てるようになった。舒明天皇の創建とされる百済大寺，厩戸王(聖徳太子)が建立したといわれる四天王寺や法隆寺がこの時代の代表的な寺院である。寺院建築に伴って，仏像や工芸品などが多数つくられた。

飛鳥時代に盛んになった仏教は，天武天皇・持統天皇の頃には国家からの手厚い保護もあり，いっそう発展していった。

31　下線部aに関して，鹿の骨を焼いて吉凶を見る行為の名称を，次のうちから選べ。
　　① 盟神探湯　　　　　② 祓　　　　　　　③ 太占の法　　　　　④ 禊

32　下線部bに関して述べた次の文の空欄　X ・ Y に該当する人物名・語句の組合せとして最も適切なものを，あとのうちから選べ。

> 　　百済の聖明王(聖王，明王)から　 X 　の治世に仏像および経論などが伝えられたことを仏教公伝という。年代については，538年説と552年説とがあるが，　 Y 　がとる538年説が有力となっている。

　　① X－欽明天皇　　　Y－『上宮聖徳法王帝説』　　② X－欽明天皇　　　Y－『日本書紀』
　　③ X－敏達天皇　　　Y－『上宮聖徳法王帝説』　　④ X－敏達天皇　　　Y－『日本書紀』

33　下線部cに関する記述として最も適切なものを，次のうちから選べ。
　　① 推古天皇を暗殺して，ヤマト政権内で権力を握った。
　　② 蘇我氏の氏寺である飛鳥寺(法興寺)を建立した。
　　③ 中大兄皇子・中臣鎌足によって滅ぼされた。
　　④ 厩戸王(聖徳太子)と協力し，「旧辞」「帝紀」を編纂したとされる。

34　下線部 d に関して，次の写真についての記述として最も適切なものを，あとのうちから選べ。

　　① 中宮寺半跏思惟像で，鞍作鳥（止利仏師）の作と伝えられている。
　　② 中宮寺半跏思惟像で，康弁の作と伝えられている。
　　③ 法隆寺金堂釈迦三尊像で，鞍作鳥（止利仏師）の作と伝えられている。
　　④ 法隆寺金堂釈迦三尊像で，康弁の作と伝えられている。

35　下線部 e に関して，天武天皇が皇后（のちの持統天皇）の病気治癒を祈って発願し，建立された寺院を，次のうちから選べ。
　　① 興福寺　　　　　② 大安寺　　　　　③ 東大寺　　　　　④ 薬師寺

B　10世紀から11世紀頃には日本の風土に合わせた新しい文化が展開され，和歌に対する関心も高まり，六歌仙などの歌を集めた和歌集が編纂された。和歌の重要性が増し，宮廷では歌合が行われ，和歌が貴族社会の社交の手段として流行した。
　　また，かな文字の発達によって日本人の感情の表現が容易になり，かなで書かれた物語や日記も生まれた。とくに摂関時代には宮廷につかえる女性たちによる創作活動が活発になった。
　　10世紀には，戦乱や飢饉などが相次ぎ，社会不安が増大したことなどを背景として，浄土信仰が流行した。各地を巡った後に京で浄土教を説いた　　ｉ　　に代表される民間の布教者の活動により，浄土信仰は貴族の間にも急速に広まっていった。各地に阿弥陀堂が盛んにつくられるようになり，阿弥陀堂におさめる仏像の需要も高まると，定朝が　　ｊ　　の技法を完成させて，その求めに応じた。また，大和絵の手法を用いた仏画も多く作成され，とくに臨終の際に阿弥陀如来が極楽往生させるためにあらわれる様子を描いた　　ｋ　　がつくられた。

36　下線部 f に関して，六歌仙の一人である在原業平を主人公につくられた物語を，次のうちから選べ。
　　① 『伊勢物語』　　　② 『宇津保物語』　　　③ 『落窪物語』　　　④ 『竹取物語』

37 下線部gに関して，この頃の貴族の生活についての記述として最も適切なものを，次のうちから選べ。

① 貴族の男性は宮中の重要な儀式の際には正装である直衣を着用した。
② 貴族の邸宅では檜皮葺の屋根をもつ寝殿造とよばれる建築様式が採用された。
③ 貴族社会では18歳になると，成人の儀式として男性は元服，女性は裳着を行った。
④ 末法思想の影響で，貴族社会では物忌や方違などの凶事を避ける行為が行われた。

38 下線部hに関して述べた次のA・Bの記述と，それに該当するア〜エの作品との組合せとして最も適切なものを，あとのうちから選べ。

A．一条天皇の皇后定子に仕えた女官が，宮中での生活や人生観などを著した作品である。
B．夫藤原兼家との結婚生活を日記風に著した作品である。
ア．『枕草子』　　　イ．『紫式部日記』　　ウ．『蜻蛉日記』　　エ．『更級日記』

① A−ア　　B−ウ　　　　　　　② A−ア　　B−エ
③ A−イ　　B−ウ　　　　　　　④ A−イ　　B−エ

39 右の写真は，空欄 ［ i ］ の人物の木像である。この像に関する記述として最も適切なものを，次のうちから選べ。

① 「市聖」とよばれた源信（恵心僧都）の像である。
② 題目を唱えながら行脚している姿をあらわしている。
③ 唱えた言葉の1音1音が仏になったという伝説を表現している。
④ この木像は，この人物が布教を行った平安時代半ば頃につくられた。

40 空欄 ［ j ］・［ k ］ に該当する語句の組合せとして最も適切なものを，次のうちから選べ。

① j−一木造　　k−来迎図　　　　② j−一木造　　k−両界曼荼羅
③ j−寄木造　　k−来迎図　　　　④ j−寄木造　　k−両界曼荼羅

Ⅴ 次の文章を読んで，あとの各問い（41 ～ 50）に答えよ。

　粘土などを成形して焼きあげたものを陶磁器という。そのなかで，1000度以下の温度で焼成し，釉薬を用いないものを土器，釉薬を用い1000度から1300度程度で焼成したものを陶器，さらに1300度以上の高温で焼成したものを磁器とよんで区別している。

　日本における陶磁器の歴史は縄文土器にまでさかのぼることができる。最も古い土器は，　b　14年代法（生物遺体の　b　14の残存量をもとに死後経過年数を算出する年代測定法）によって土器の付着物を測定したところによれば１万3000年前のものであるとされ，縄文時代を通じて１万年以上にわたって縄文土器がつくられたことになる。その後，弥生時代には弥生土器が北海道・沖縄を除く日本全域に普及した。古墳時代になると，弥生土器の流れをくむ土器に加えて，朝鮮半島から伝来した製作技術によって　e　がつくられるようになった。

　白鳳期には朝鮮半島から釉薬を用いた陶器の製作技術が伝わり，奈良時代には，緑・黄・白の釉色を用いる唐三彩の技術も伝わって，色鮮やかな陶器がつくられるようになった。これは正倉院にも所蔵されており，正倉院三彩として知られている。平安時代になると，木灰の釉薬を用いた灰釉陶器がつくられ，一般庶民にも陶器の使用が広まった。鎌倉時代には現在も存在する六古窯をはじめとして，各地で地域の特色をいかした陶器が盛んにつくられるようになった。安土桃山時代になると，茶の湯の発展に伴い陶器は独自の発展を遂げた。

　磁器は，　i　の際に朝鮮から連行された陶工によって，有田で生産されたのが始まりとされている。酒井田柿右衛門が上絵付の技法で　k　を完成させ，色絵磁器が生産されるようになった。有田焼は，明から清に王朝がかわる際の混乱のために中国産の磁器の輸入が困難になったヨーロッパ諸国へ輸出され，人気を博した。また，京都では，瀬戸の陶工などによって京焼がつくられるようになり，17世紀中頃に京焼色絵陶器が大成されると，大いに発展した。

41　下線部ａに関する記述として最も適切なものを，次のうちから選べ。
　　①　縄文土器の形態・文様などにより，縄文時代は３期に区分される。
　　②　縄文土器は低温で焼かれた，薄手で赤褐色の土器であった。
　　③　縄文土器は煮炊き用の甕，貯蔵用の壺，食物を盛りつける高杯にわけられる。
　　④　縄文時代を通じて，深鉢形土器が食物の煮炊き用に使用された。

42　空欄　b　・　e　に該当する語句の組合せとして最も適切なものを，次のうちから選べ。
　　①　b－窒素　　e－須恵器　　　　　②　b－窒素　　e－土師器
　　③　b－炭素　　e－須恵器　　　　　④　b－炭素　　e－土師器

43 下線部 c の生活に関する記述として最も適切なものを，次のうちから選べ。
　① 磨製石器は使用されておらず，尖頭器などの打製石器を用いて狩猟を行っていた。
　② 人々は狩猟・採取による生活を営んでおり，定住的な生活はいっさい行われていなかった。
　③ 女性をかたどった土偶や男性を象徴する石棒などがつくられた。
　④ 成人の仲間入りをするための儀式として叉状研歯が行われていた。

44 　下線部 d に関して述べた次の文のうち，下線部が適切でないものを，次のうちから一つ選べ。ただし，すべて適切な場合は④と答えよ。

> 　弥生時代には，本州・九州・四国で農耕生産を基礎とした社会が展開されていたのに対して，北海道では①続縄文文化，沖縄など南西諸島では②貝塚文化とよばれる食料採取文化が続いていた。この後，日本列島は三つの地域にわかれてそれぞれ独自の文化が展開されていく。北海道では 7 世紀以降，③擦文文化が成立した。

45 下線部 f に関する次の A・B の記述の正誤の組合せとして最も適切なものを，あとのうちから選べ。
　A．光明皇太后が献じた聖武天皇の遺愛の品などが正倉院に収蔵されている。
　B．正倉院は三角材を井桁に積み上げて壁をつくる書院造の建造物である。
　　① A－正　　B－正　　　　　　　② A－正　　B－誤
　　③ A－誤　　B－正　　　　　　　④ A－誤　　B－誤

46 　下線部 g に関して，右の絵画は『一遍上人絵伝』の一場面で，六古窯の一つで生産された焼き物が描かれている。この市のある国名がつけられたこの焼き物の名を，次のうちから選べ。
　① 瀬戸焼　　　　② 越前焼
　③ 常滑焼　　　　④ 信楽焼
　⑤ 丹波焼　　　　⑥ 備前焼

47 　下線部 h に関して，茶の湯を大成して茶道を確立し，妙喜庵待庵を造作した人物を，次のうちから選べ。
　① 織田有楽斎　　　② 千利休　　　③ 武野紹鷗　　　④ 村田珠光

48 空欄 　 i 　・　 k 　 に該当する語句の組合せとして最も適切なものを，次のうちから選べ。
　① i－文禄・慶長の役　　k－赤絵　　　② i－文禄・慶長の役　　k－濃絵
　③ i－文永・弘安の役　　k－赤絵　　　④ i－文永・弘安の役　　k－濃絵

49 下線部 j の作品を，次のうちから選べ。

① 色絵花鳥文深鉢
② 色絵月梅文茶壺
③ 色絵藤花文茶壺
④ 色絵吉野山図茶壺

50 下線部 l に関して，京焼色絵陶器を大成した人物として最も適切なものを，次のうちから選べ。

① 尾形乾山
② 野々村仁清
③ 本阿弥光悦
④ 宮崎友禅

VI 次のA・Bの文章を読んで，あとの各問い(51～60)に答えよ。

A　1871年に<u>廃藩置県</u>を断行して中央集権化を実現させた明治新政府は，欧米諸国と肩を並べられる
　　　　　　a
国力をつけるための富国強兵政策を進めていった。その中心となったのが，近代産業の育成を目指
す<u>殖産興業</u>，近代的な<u>軍制</u>の確立，国家財政の安定などをはかるための<u>税制改革</u>に加えて，近代化
　　b　　　　　　　　　c　　　　　　　　　　　　　　　　　　　　d
を進める人材の育成のための<u>教育制度の整備</u>である。
　　　　　　　　　　　　e

51　下線部aに関する記述として最も適切なものを，次のうちから選べ。
　　①　薩長土肥から集められた御親兵の軍事力を背景に廃藩置県が断行された。
　　②　廃藩置県により，知藩事にかわって府知事・県令が中央から派遣された。
　　③　廃藩置県の際に，琉球藩には沖縄県がおかれ，蝦夷地は北海道と改称した。
　　④　廃藩置県後には官制改革が行われ，三院制から二官六省制へと移行した。

52　下線部bに関して，郵便制度の創設を建議した人物を，次のうちから選べ。
　　①　岩崎弥太郎　　　　②　五代友厚　　　　③　副島種臣　　　　④　前島密

53　下線部cに関して，次の史料は徴兵告諭である。史料中の空欄　X　・　Y　に該当する語句
の組合せとして最も適切なものを，あとのうちから選べ。

凡ソ天地ノ間一事一物トシテ税アラサルハナシ。以テ国用ニ充ツ。然ラバ則チ人タルモノ固
ヨリ心力ヲ尽シ国ニ報セサルヘカラス。西人之ヲ称シテ　X　ト云フ。其生血ヲ以テ国ニ報
スルノ謂ナリ。……故ニ今其長スル所ヲ取リ，古昔ノ軍制ヲ補ヒ，海陸二軍ヲ備ヘ，全国四民
男児　Y　ニ至ル者ハ尽ク兵籍ニ編入シ，以テ緩急ノ用ニ備フヘシ。　　　　（『法令全書』）

　　①　X－軍役　　Y－十八歳　　　　　　②　X－軍役　　Y－二十歳
　　③　X－血税　　Y－十八歳　　　　　　④　X－血税　　Y－二十歳

54　下線部dに関して，右下の図は地租改正後の小作農生産米の配分比の変動を示したものである。
この図に関する次のA・Bの記述の正誤の組合せとして最も適切なものを，あとのうちから選べ。
　　A．1878～83年(平均)において，政府(国家)の配分比が減少しているのは，1877年に地租の税
　　　率が引き下げられたことが要因の一つである。
　　B．地主は，地租改正後も高額の小作料を小作農から現物納品されており，米価が上昇したこと
　　　に伴い，地主の配分比は増加している。
　　①　A－正　　B－正
　　②　A－正　　B－誤
　　③　A－誤　　B－正
　　④　A－誤　　B－誤

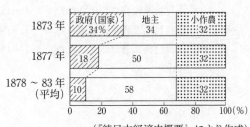

（『続日本経済史概要』により作成）

55 下線部 e に関する次の I ～ III の出来事を年代の古い順に正しく並べたものを，あとのうちから選べ。

    I．教育に関する勅語(教育勅語)への拝礼を拒否した内村鑑三が教職を追われた。

    II．国家統制の強化をはかるため，小学校で国定教科書制度が導入された。

    III．森有礼文相によってドイツ式の学校制度を採用する学校令が発布された。

    ① I→II→III   ② I→III→II   ③ II→I→III

    ④ II→III→I   ⑤ III→I→II   ⑥ III→II→I

B 富国強兵を進めるうえで，資本主義の発展のために貨幣・金融制度を確立させることが不可欠となった。1868年，新政府は窮乏する財政に対応するため，初の不換紙幣である太政官札を発行した。しかし，偽札が横行するなど信用に乏しかったため，経済は混乱した。このような混乱をおさめ，近代的な貨幣制度を樹立するために，1871年に金本位制をたてまえとする **f** を定め，十進法を採用して，円・銭・厘の新貨幣を鋳造した。翌年には太政官札などの不換紙幣の整理と殖産興業への資金供給をはかるために， **g** の尽力で国立銀行条例が制定された。

    右のグラフ中のXの時期には国立銀行券の発行残高が増加しているが，これは1876年に国立銀行条例が改正されて **h** からである。また，Yの時期に紙幣総額などが急増しているのは， **i** の戦費調達のために紙幣が濫発されたためである。そこで，インフレーションからの脱却をはかるために Z の期間中には紙幣整理などが進められた。1897年には第2次松方正義内閣のもとで，日清戦争で獲得した賠償金を準備金として金本位制が確立された。しかしその後，金本位制は1917年に停止された。

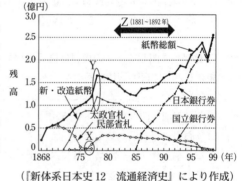

(『新体系日本史12　流通経済史』により作成)

56 空欄 **f** ・ **g** に該当する語句・人物名の組合せとして最も適切なものを，次のうちから選べ。

    ① f－貨幣法　　　g－渋沢栄一   ② f－貨幣法　　　g－由利公正

    ③ f－新貨条例　　g－渋沢栄一   ④ f－新貨条例　　g－由利公正

57 空欄 **h** ・ **i** に該当する語句の組合せとして最も適切なものを，次のうちから選べ。

    ① h－正貨兌換義務が停止された　　i－西南戦争

    ② h－正貨兌換義務が停止された　　i－戊辰戦争

    ③ h－正貨兌換義務が追加された　　i－西南戦争

    ④ h－正貨兌換義務が追加された　　i－戊辰戦争

58 下線部jに関して，グラフ中のZの期間の出来事についての記述として最も適切なものを，次のうちから選べ。

① 労働運動が活発になるなかで，日本最初の社会主義政党である社会民主党が結成された。

② 軍事費を除く行財政費の圧縮をはかり，増税によって歳入を増加させた。

③ 困窮した農民らが秩父困民党を組織し蜂起したが，県令の三島通庸により鎮圧された。

④ 最初の会社設立ブーム（企業勃興）がおこり，北九州に八幡製鉄所が設立された。

59 下線部kに関する記述として最も適切なものを，次のうちから選べ。

① 進歩党の大隈重信が外相として入閣した。

② 薩長出身の有力政治家が多数入閣したことから元勲内閣と称された。

③ 内相品川弥二郎の選挙干渉などもあり，閣内不統一で総辞職した。

④ 自由党と進歩党が合併して憲政党が結成されたため，退陣した。

60 下線部lに関して，この時の内閣を，次のうちから選べ。

① 加藤友三郎内閣　　② 高橋是清内閣　　③ 寺内正毅内閣　　④ 原敬内閣

令和元年度　世　界　史

（Ⅰ～Ⅵは必須問題。Ⅶ・Ⅷについては，どちらか1題を選択し，計7題を解答すること）

Ⅰ 　次の古代・中世の西洋の歴史に関する文章を読んで，あとの各問い（1～8）に答えよ。

　　西洋の歴史において「古典古代」とは，古代のギリシア・ローマ時代のことを指す。古代のギリシア
では，前8世紀頃に成立したポリスを基盤とする歴史が繰り広げられ，独創的な文化が生み出された。
代表的なポリスであるアテネで展開された民主政は，後世に大きな影響を及ぼした。イタリア半島中
西部の都市国家ローマでは，前6世紀末以降に共和政となった。地中海沿岸の地域の征服を進めたロー
マは，前1世紀後半以降帝政に移行した。ローマ支配下のパレスチナでは，1世紀にキリスト教が
誕生し，後に世界宗教に発展した。地中海帝国となったローマは，ゲルマン人の大移動の混乱の中で
東西に分裂した。東ローマ帝国（ビザンツ帝国）は15世紀まで命脈を保ったが，西ローマ帝国は5世紀
後半に滅亡し，いくつもの国家が成立して西ヨーロッパ世界が形成された。西ヨーロッパでは封建社
会が形成されたが，十字軍が失敗に終わると，各国で中央集権化の動きが現れた。

1　下線部aに関して，アテネの政治家と，その人物の事績の組合せとして最も適切なものを，次の
　うちから選べ。
　　① 　クレイステネス－慣習法を成文化
　　② 　ペイシストラトス－僭主政治を確立
　　③ 　ソロン－陶片追放（オストラキスモス）の制度を創設
　　④ 　ペリクレス－財産政治を実施

2　下線部bの時期のローマに関する次のア～ウの出来事を年代の古い順に正しく並べたものを，あ
　とのうちから選べ。
　　ア．スパルタクスが剣闘士（剣奴）を率いて大反乱をおこした。
　　イ．ポエニ戦争でフェニキア人の植民市カルタゴに勝利をおさめた。
　　ウ．ホルテンシウス法が定められ，平民と貴族の法的平等が実現した。
　　① 　ア→イ→ウ　　　　② 　ア→ウ→イ　　　　③ 　イ→ア→ウ
　　④ 　イ→ウ→ア　　　　⑤ 　ウ→ア→イ　　　　⑥ 　ウ→イ→ア

3　下線部cに関して，次の略年表中のア～エのうち，キリスト教が公認された時期に該当するもの
　はどれか。あとのうちから選べ。

年	おもな出来事
	ア
3世紀前半	カラカラ帝が帝国内の全自由人にローマ市民権を与えた
	イ
3世紀後半	ディオクレティアヌス帝が帝位についた
	ウ
4世紀末	テオドシウス帝が帝国を東西に分割した
	エ

　　① 　ア　　　　　　　② 　イ　　　　　　　③ 　ウ　　　　　　　④ 　エ

4 下線部 d に関連して，ゲルマン人が建てた国家について
述べた文(次のアまたはイのいずれか)と，そのゲルマン人
国家のおおよその位置(右の略地図中のAまたはBのいず
れか)の組合せとして最も適切なものを，あとのうちから
選べ。

　　ア．テオドリック大王がオドアケルの王国を倒して建国
　　　した。
　　イ．クローヴィスがアタナシウス派に改宗したことが，
　　　発展の一因となった。
　　　① アーA　　　② アーB
　　　③ イーA　　　④ イーB

5 下線部 e に関する記述として最も適切なものを，次のうちから選べ。
　　① 第3回十字軍によってこの国の首都が占領された。
　　② ユスティニアヌス1世(大帝)が軍管区制(テマ制)をしいた。
　　③ 公用語は当初ギリシア語だったが，のちにラテン語にきりかえられた。
　　④ レオン(レオ)3世が聖像禁止令を発布した。

6 下線部 f に関する記述として最も適切なものを，次のうちから選べ。
　　① ヴェルダン条約とメルセン条約により，ローマ教皇領が成立した。
　　② ノルマン人の一派がスラヴ人地域に進出して，ノルマンディー公国を建てた。
　　③ 東フランクのオットー1世は，マジャール人を撃退した。
　　④ 聖職叙任権をめぐって，教皇ウルバヌス2世が神聖ローマ皇帝ハインリヒ4世を破門した。

7 下線部 g に関して，1095年に十字軍の派遣を決定した会議を，次のうちから選べ。
　　① クレルモン宗教会議　　　② コンスタンツ公会議
　　③ エフェソス公会議　　　　④ ニケーア公会議

8 下線部 h に関して，中世のイギリスとフランスの中央集権化について述べた次の文章中の空欄
　　　A ・ B に該当する語句の組合せとして最も適切なものを，あとのうちから選べ。

> 　　毛織物産地として重要な　A　地方をめぐる対立などから，イギリスとフランスの間に
> 百年戦争がおこった。戦後のフランスでは中央集権化が進行した。一方，戦後のイギリスで
> は　B　がおこったが，この結果イギリスの王権が強化された。

　　① A－フランドル　　　　　B－バラ戦争
　　② A－フランドル　　　　　B－ワット＝タイラーの乱
　　③ A－シャンパーニュ　　　B－バラ戦争
　　④ A－シャンパーニュ　　　B－ワット＝タイラーの乱

III 次の古代のインドと中国の歴史に関する文章を読んで，あとの各問い(9〜15)に答えよ。

　インドの古代文明は，前2600年頃に<u>インダス川流域</u>でおこった。前1500年頃には，中央アジアから
　　　　　　　　　　　　　　　　　　　　a
アーリヤ人が進入し，ガンジス川上流域にも進出して新たな社会を形成した。前6世紀頃になるとガ
ンジス川流域に都市国家が生まれ，その過程で<u>伝統的な宗教を批判する新たな宗教</u>が誕生した。その
　　　　　　　　　　　　　　　　　　　　　　　　　　　　　　　　　　b
後のインドでは，各地で政治勢力が興亡する情勢が続いた。このような中で，前4世紀頃にチャンド
ラグプタ王が<u>マウリヤ朝</u>を建てた。
　　　　　　c
　古代の中国では，現在確認できる最古の王朝である殷が前11世紀頃に周に滅ぼされた。前8世紀以
降，周の勢力は衰え，中国は分裂と抗争の時代となった。前3世紀後半に<u>秦は中国の統一</u>に成功したが，
　　　　　　　　　　　　　　　　　　　　　　　　　　　　　　　　　d
統一後わずか15年で滅亡した。<u>漢が統一支配を復活</u>させると，その支配は，一時の中断はあったもの
　　　　　　　　　　　　　f
の3世紀前半まで続いた。その後，中国は再び分裂と動乱の時代となったが，隋によって中国全土が
統一された。隋が統一後30年足らずで滅亡すると，<u>唐</u>が統一支配を引き継いで安定した支配体制を築
　　　　　　　　　　　　　　　　　　　　　　　　g
いた。

9　下線部aに関して，インダス文明の都市遺跡として最も適切なものを，次のうちから選べ。
　　①　オケオ　　②　アンコール＝ワット　　③　パータリプトラ　　④　モエンジョ＝ダーロ

10　下線部bに関して，前5世紀頃のインドの宗教事情についての記述として最も適切なものを，次
　　のうちから選べ。
　　①　ヴァルダマーナが苦行と不殺生を強調したジャイナ教を説いた。
　　②　ヒンドゥー教が社会に定着し，『マヌ法典』が完成した。
　　③　ガウタマ＝シッダールタがヴェーダの祭式を重視して仏教を開いた。
　　④　菩薩信仰により多くの人々を救済しようとする大乗仏教が生まれた。

11　下線部cの最大領域を示した地図として最も適切なものを，次のうちから選べ。

　　①　　　　　　　　　　②　　　　　　　　　③　　　　　　　　　④
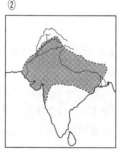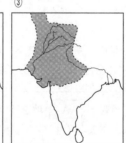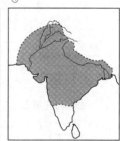

12　下線部dに関する記述として最も適切なものを，次のうちから選べ。
　　①　商鞅の実施した変法と呼ばれる改革により，国力が強大化した。
　　②　黄河の支流である渭水流域に，都として咸陽を造営した。
　　③　周の時代，黄河中流域で彩文土器(彩陶)を特色とする仰韶文化が繁栄した。
　　④　王が一族・功臣に封土を与えて諸侯とし，代々その地を領有させた。

13 下線部 e に関して，秦の始皇帝の統一政策についての次のA・Bの記述の正誤の組合せとして最も適切なものを，あとのうちから選べ。

A．郡国制を全国に施行し，直轄地には郡県制，それ以外の地には封建制を行った。

B．貨幣を半両銭に統一したほか，焚書・坑儒による思想統制を行った。

① A－正　B－正　　　　　　　　② A－正　B－誤

③ A－誤　B－正　　　　　　　　④ A－誤　B－誤

14 下線部 f に関して，次の略年表中のア～エのうち，司馬遷が『史記』をまとめた時期に該当するものはどれか。あとのうちから選べ。

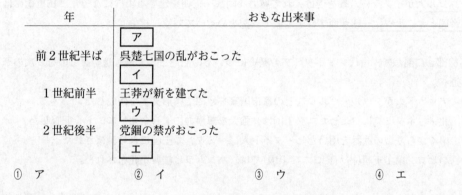

年	おもな出来事
	ア
前2世紀半ば	呉楚七国の乱がおこった
	イ
1世紀前半	王莽が新を建てた
	ウ
2世紀後半	党錮の禁がおこった
	エ

① ア　　　　　② イ　　　　　③ ウ　　　　　④ エ

15 下線部 g の歴史に関する次のア～ウの出来事を年代の古い順に正しく並べたものを，あとのうちから選べ。

ア．安禄山と史思明が反乱をおこした。

イ．玄奘がインドから仏教の経典を持ち帰った。

ウ．租調庸制にかえて両税法が採用された。

① ア→イ→ウ　　　② ア→ウ→イ　　　③ イ→ア→ウ

④ イ→ウ→ア　　　⑤ ウ→ア→イ　　　⑥ ウ→イ→ア

III

次の西アジアの歴史に関する文章を読んで，あとの各問い（16〜22）に答えよ。

　西アジアでは，前3000年頃，メソポタミアにおいて文明が花開いた。前6世紀には，イラン人が建国したアケメネス朝が西アジアの主要部とエジプトを支配下に置き，オリエントの再統一を成し遂げた。ヘレニズム時代の後，メソポタミアをめぐってイラン人の勢力がローマと対立・抗争を繰り返した。7世紀前半にアラビア半島のメッカでムハンマドがイスラーム教を創始すると，その後，アラブ人ムスリム勢力が大規模な征服活動を展開して，大帝国を建設した。しかし，9世紀以降になると，イスラーム帝国内の各地に独立王朝が成立した。その後の西アジアにおいては，イラン人やトルコ人，そしてモンゴル人がイスラーム教を受け入れて有力な国家・王朝を建てるようになった。16世紀にはオスマン帝国とサファヴィー朝が西アジア地域の支配をめぐって対立・抗争した。

16　下線部aに関して，古代メソポタミアの歴史についての記述として最も適切なものを，次のうちから選べ。
　　① アッカド人が，ウル・ウルクなどの都市国家を建てて楔形文字を作成した。
　　② 北メソポタミアにおこったユダ王国は，強大な軍事力により全オリエントを征服した。
　　③ 早くから鉄製の武器を用いたヒッタイト人は，ミタンニ王国により滅ぼされた。
　　④ バビロン第1王朝（古バビロニア王国）では，ハンムラビ法典が発布された。

17　下線部bに関して，ヘレニズム時代やヘレニズム文化についての次のA・Bの記述の正誤の組合せとして最も適切なものを，あとのうちから選べ。
　　A．アレクサンドロス大王の死後，ディアドコイによる領土争いを経て，マケドニアはアンティゴノス朝が支配した。
　　B．エジプトのアレクサンドリアにはムセイオンが建てられ，自然科学などが研究された。
　　① A－正　B－正　　　　　　　　② A－正　B－誤
　　③ A－誤　B－正　　　　　　　　④ A－誤　B－誤

18　下線部cに関して，3世紀半ば頃にシリアに侵入してローマ軍を破ったイラン人勢力の支配者と，その際に捕虜となったローマ皇帝の組合せとして最も適切なものを，次のうちから選べ。
　　① サ
サン朝のシャープール1世－ウァレリアヌス
　　② サ
サン朝のシャープール1世－ユリアヌス
　　③ パ
ルティアのホスロー1世－ウァレリアヌス
　　④ パ
ルティアのホスロー1世－ユリアヌス

19 下線部 d に関して，正統カリフ時代の征服活動についての次の A・B の記述の正誤の組合せとして最も適切なものを，あとのうちから選べ。

　A．ビザンツ帝国と戦い，アナトリアとシリアの全域を支配下に置いた。
　B．ニハーヴァンドの戦いでサーマーン朝を破り，イランを征服した。

　　① A－正　B－正　　　　　　　　② A－正　B－誤
　　③ A－誤　B－正　　　　　　　　④ A－誤　B－誤

20 下線部 e に関して，西アジアにおけるモンゴル人の歴史について述べた次の文章中の空欄 A ・ B に該当する語句・人物名の組合せとして最も適切なものを，あとのうちから選べ。

　　　フラグが率いたモンゴル軍は， A を倒してイル＝ハン国を建てた。この国では，第7代の君主 B のときにイスラーム教を国教とした。

　　① A－アッバース朝　　　　B－ガザン＝ハン
　　② A－アッバース朝　　　　B－オゴタイ
　　③ A－ファーティマ朝　　　B－ガザン＝ハン
　　④ A－ファーティマ朝　　　B－オゴタイ

21 下線部 f に関する記述として最も適切なものを，次のうちから選べ。
　　① バヤジット1世はニコポリスの戦いでティムールに敗れ，捕虜となった。
　　② メフメト2世は，ビザンツ帝国の都アンティオキアを攻め落とした。
　　③ セリム1世はマムルーク朝を倒し，イスラーム教の聖地の保護権を獲得した。
　　④ スレイマン1世はベーメン（ボヘミア）の中心都市プラハを包囲し，ヨーロッパ世界を脅かした。

22 下線部 g に関して，サファヴィー朝を開いた人物と，サファヴィー朝が国教としたイスラーム教の宗派の組合せとして最も適切なものを，次のうちから選べ。
　　① イスマーイール － スンナ派
　　② イスマーイール － シーア派
　　③ アッバース1世 － スンナ派
　　④ アッバース1世 － シーア派

IV 次の10世紀から18世紀にかけての中国とその周辺地域の歴史に関する文章を読んで，あとの各
　　問い（23〜29）に答えよ。

　10世紀初めの唐の滅亡後，各地で政権の交替が続いた。モンゴル高原では，契丹が遼を建て，中国
に圧力を加えた。12世紀前半，女真が建てた金は，遼を滅亡させると，華北に侵攻して宋を江南の地
に追いやった。13世紀に入ると，モンゴル諸部族を統一したテムジンがハン位につき（チンギス＝ハン），
勢力範囲を広げてやがて大帝国を形成した。その後もモンゴル人は征服活動を続け，13世紀後半以降
モンゴルの支配はユーラシア大陸一帯に広がった。14世紀後半になると，明が元を北方に追いやり，
中国全土を支配した。明は皇帝独裁体制を強化する一方，広域に及ぶ朝貢体制を築いた。16世紀に北
虜南倭に苦しんだ明は，17世紀半ば，反乱軍によって都を占領され滅んだ。この状況に乗じて女真の
建てた清が長城内に進入し，中国全土へとその支配を広げた。17世紀末以降，清の支配地域は大きく
広がり，18世紀末までの間，安定した支配を実現した。

23 下線部aに関して，10世紀頃におこった政権交替についての記述として最も適切なものを，次の
　　うちから選べ。
　　① 雲南では，南詔が滅亡した後，大理が成立した。
　　② 朝鮮では，王建が新羅を倒して高句麗を建てた。
　　③ 中国東北地方では，渤海が西夏に滅ぼされた。
　　④ ベトナムでは，陳氏が大越国を建て，陳朝を成立させた。

24 下線部bに関して，遼の滅亡後に中央アジアに逃れて西遼を建てた人物を，次のうちから選べ。
　　① 李元昊　　　　② 耶律大石　　　　③ 耶律阿保機　　　　④ 完顔阿骨打

25 下線部cに関する記述として最も適切なものを，次のうちから選べ。
　　① 北宋では，節度使の権限を強化して中央集権の確立につとめた。
　　② 北宋の神宗は司馬光を登用し，新法とよばれる改革を行わせた。
　　③ 南宋では貨幣経済が発展し，交鈔とよばれる紙幣が発行された。
　　④ 南宋の朱熹（朱子）によって朱子学が大成され，大義名分論が盛んとなった。

26 下線部dに関連して，モンゴルの支配領域の広がりについての記述として最も適切なものを，次
　　のうちから選べ。
　　① チンギス＝ハンが中央アジアのカラハン朝を倒した。
　　② ハイドゥが金を滅ぼした。
　　③ バトゥが南ロシアにキプチャク＝ハン国を建てた。
　　④ モンケが南宋を滅ぼして中国全土を支配した。

27 下線部 e の歴史に関する次のア～ウの出来事を年代の古い順に正しく並べたものを，あとのうち
から選べ。

ア．正統帝が土木堡でオイラトのエセン＝ハンに捕らえられた。

イ．張居正が財政のたて直しをはかった。

ウ．燕王が靖難の役で建文帝を退け，永楽帝として帝位についた。

① ア→イ→ウ   ② ア→ウ→イ   ③ イ→ア→ウ

④ イ→ウ→ア   ⑤ ウ→ア→イ   ⑥ ウ→イ→ア

28 下線部 f に関する次のA・Bの記述の正誤の組合せとして最も適切なものを，あとのうちから選べ。

A．典礼問題をきっかけに，キリスト教の布教を全面的に禁止した。

B．人頭税を土地税にくりこむ一条鞭法とよばれる税制を行った。

① A－正　B－正   ② A－正　B－誤

③ A－誤　B－正   ④ A－誤　B－誤

29 下線部 g に関して，清は広大な地域を支配下におさめた。清が理藩院に統轄させた地域について
述べた文(次のアまたはイのいずれか)と，その地域の位置(次の略地図中のAまたはBのいずれか)
の組合せとして最も適切なものを，あとのうちから選べ。

ア．明の滅亡後，鄭成功とその一族はこの地域を反清活動の拠点とした。

イ．宗教の指導者であるダライ＝ラマが，この地域の支配者として存続した。

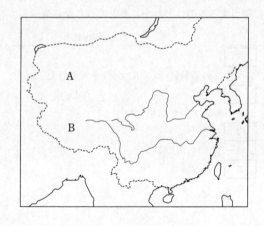

① ア－A   ② ア－B   ③ イ－A   ④ イ－B

Ⅴ 次の近世ヨーロッパの歴史に関する文章を読んで，あとの各問い(30〜36)に答えよ。

　15世紀から17世紀にかけての時期は大航海時代とよばれる。この時代はヨーロッパ人がアジアやア
　　　　　　　　　　　　　　　　　　　a
メリカ大陸への航海に乗り出し，世界の一体化が始まった時代である。当初，ヨーロッパ人のアジア
交易の目的は，アジアの特産品を入手することにあったが，やがて領土支配が重視されるようになり，
植民地戦争に勝利したイギリスは世界貿易でも優位に立った。14世紀から16世紀にかけてのヨーロッ
パでは，ルネサンスという文化運動が繰り広げられた。また，16世紀に始まった宗教改革は，新旧両
　　　　b　　　　　　　　　　　　　　　　　　　　　　　　　　　　　　　　d
派の対立を生み，激しい宗教戦争に発展することもあった。一方，ヨーロッパの国々は支配領域を国
　　c　　　　　　　　　e
境によって明確化し，国内体制を固めていった。このような国家を主権国家といい，イギリスやスペ
イン，オランダ，フランスなどの有力な国々が競いあい，国家間の対立が戦争を引きおこすこともあ
　　　　　　　f　　　　　　　　　　　　　　　　　　　　　　　　　g
った。

30 下線部 a に関する記述として波線部が適切でないものを，次のうちから一つ選べ。
　① マルコ＝ポーロの旅行記の影響で，アジアの物産や文化への関心が高まっていた。
　② スペインとポルトガルは，トルデシリャス条約で海外領土の分割の境界線を定めた。
　③ フランスの「航海王子」エンリケは，アフリカ西岸の探検事業を推進した。
　④ ラテンアメリカから大量の銀が流入したため，ヨーロッパの物価が急騰した。

31 下線部 b に関連して，次の略年表中のア〜エのうち，3次にわたるイギリス＝オランダ(英蘭)戦
　争が展開された時期に該当するものはどれか。あとのうちから選べ。

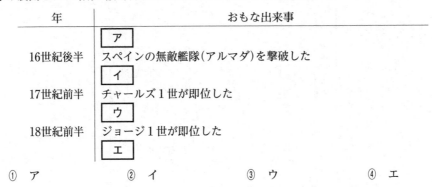

年	おもな出来事
	ア
16世紀後半	スペインの無敵艦隊(アルマダ)を撃破した
	イ
17世紀前半	チャールズ1世が即位した
	ウ
18世紀前半	ジョージ1世が即位した
	エ

　① ア　　　　　　　② イ　　　　　　　③ ウ　　　　　　　④ エ

32 下線部 c に関する次のA・Bの記述の正誤の組合せとして最も適切なものを，あとのうちから選べ。
　A．詩人のダンテが，口語であるトスカナ語で『神曲』を著した。
　B．中国で発明され伝来した羅針盤が改良され，遠洋航海が可能となった。
　　① A－正　B－正　　　　　　　　② A－正　B－誤
　　③ A－誤　B－正　　　　　　　　④ A－誤　B－誤

33 下線部 d に関する次のア～ウの出来事を年代の古い順に正しく並べたものを，あとのうちから選べ。

ア．ルターの影響を受けたミュンツァーがドイツ農民戦争を指導した。

イ．アウクスブルクの和議が成立し，宗派を選ぶ権利が諸侯に認められた。

ウ．イギリス国王ヘンリ 8 世が国王至上法(首長法)を定め，イギリス国教会を成立させた。

① ア→イ→ウ   ② ア→ウ→イ   ③ イ→ア→ウ

④ イ→ウ→ア   ⑤ ウ→ア→イ   ⑥ ウ→イ→ア

34 下線部 e に関する記述として最も適切なものを，次のうちから選べ。

① フランスでは，新旧両派の対立に貴族の権力闘争が重なってユグノー戦争がおこった。

② カール 5 世の弾圧に対し，ドイツのカトリック勢力はシュマルカルデン同盟を結んだ。

③ スペイン女王イサベルのカトリック強制に対してオランダ独立戦争がおこった。

④ ザクセンの新教徒の反乱をきっかけに始まった三十年戦争は，国際戦争に発展した。

35 下線部 f の歴史に関して述べた次の文章中の空欄 A ・ B に該当する人物名・語句の組合せとして最も適切なものを，あとのうちから選べ。

　1661年に宰相マザランが死去すると，国王 A が親政を開始した。国王は王権を強化し，コルベールを財務総監に任命して重商主義政策を推進したが，1685年の B によって商工業者の多くが国外に逃れたため，国内の諸産業は停滞することとなった。

---

① A－ルイ13世　　　B－権利の章典の発布

② A－ルイ13世　　　B－ナントの王令(勅令)の廃止

③ A－ルイ14世　　　B－権利の章典の発布

④ A－ルイ14世　　　B－ナントの王令(勅令)の廃止

36 下線部 g に関して，18世紀のヨーロッパでおこった戦争と，その戦争に連動してアジアで展開された植民地争奪の戦争の組合せとして最も適切なものを，次のうちから選べ。

① ヨーロッパ－オーストリア継承戦争　　アジア－フレンチ＝インディアン戦争

② ヨーロッパ－オーストリア継承戦争　　アジア－プラッシーの戦い

③ ヨーロッパ－七年戦争　　　　　　　　アジア－フレンチ＝インディアン戦争

④ ヨーロッパ－七年戦争　　　　　　　　アジア－プラッシーの戦い

VI 次の近代の欧米の歴史に関する文章を読んで，あとの各問い（37〜43）に答えよ。

　18世紀にイギリスで産業革命が始まると，人々の生活様式は大きく変化し，農業中心の社会から工業中心の社会へと移行することになった。また，18世紀後半におこったアメリカ独立革命とフランス革命は，近代市民社会の原理を明らかにした。フランス革命の成果は，ナポレオンによる大陸支配によってヨーロッパ各地に広められた。ナポレオンが失脚すると，ヨーロッパでは保守的なウィーン体制が打ち立てられたが，ナショナリズムや自由主義的な改革への動きをおさえることができず，1848年革命によってウィーン体制は崩壊した。19世紀後半のヨーロッパでは，イタリア・ドイツの統一が成し遂げられ，有力国家間の新たな国際体制が形成された。19世紀のアメリカ大陸では，ラテンアメリカ諸国が独立を達成する一方，アメリカ合衆国が領土を拡大して，19世紀末には世界一の工業国となった。

37　下線部 a に関して，イギリスの産業革命で活躍した人物と，その事績の組合せとして最も適切なものを，次のうちから選べ。
①　クロンプトン－飛び杼の発明
②　ワット－蒸気機関の改良
③　ダービー－力織機の発明
④　アークライト－製鉄法の改良

38　下線部 b やその背景に関する記述として最も適切なものを，次のうちから選べ。
①　イギリス本国が定めた印紙法に対し，「代表なくして課税なし」の主張がとなえられた。
②　ボストン茶会事件がおこると，イギリス本国は大陸会議を開いて強硬な態度を示した。
③　トマス゠ジェファソンの『コモン゠センス』（『常識』）は植民地の独立への気運を高めた。
④　フランスのラ゠ファイエットは義勇兵として北アメリカに渡り，イギリス本国に協力した。

39　下線部 c に関する記述として波線部が最も適切なものを，次のうちから選べ。
①　国民議会は三部会の招集を決定し，人権宣言を採択した。
②　立法議会内で台頭したフイヤン派は，政権を握ると，オーストリアに宣戦した。
③　恐怖政治を展開したロベスピエールは，テルミドール9日のクーデタで失脚し処刑された。
④　国民公会がルイ16世を処刑すると，ヨーロッパ各国は武装中立同盟を結成した。

40　下線部 d の時代に活躍した右の絵画を描いた画家と，その絵画がテーマとした出来事の組合せとして最も適切なものを，次のうちから選べ。
①　ダヴィド－ライプツィヒの戦い（諸国民戦争）
②　ダヴィド－スペイン反乱
③　ゴヤ－ライプツィヒの戦い（諸国民戦争）
④　ゴヤ－スペイン反乱

41 下線部 e に関する記述として最も適切なものを，次のうちから選べ。

① ロシアでは，貴族の青年将校の秘密結社カルボナリが蜂起した。

② ギリシアでは，オーストリアの支配からの独立をめざす戦争がおこった。

③ ドイツでは，大学生の組合ブルシェンシャフトがドイツの統一と自由を求めた。

④ スペインでは，反動政治を行うシャルル10世に反発して七月革命がおこった。

42 下線部 f に関する次のA・Bの記述の正誤の組合せとして最も適切なものを，あとのうちから選べ。

A．マッツィーニが占領した両シチリア王国をサルデーニャ王に譲ったことで，イタリアの統一への動きは大きく前進した。

B．プロイセン首相のビスマルクはドイツ連邦を結成し，フランスのナポレオン3世を破ってドイツの統一を実現した。

① A－正　B－正　　　　　　② A－正　B－誤

③ A－誤　B－正　　　　　　④ A－誤　B－誤

43 下線部 g の歴史に関して，次の略年表中のア～エのうち，ジャクソン大統領が先住民強制移住法を制定した時期に該当するものはどれか。あとのうちから選べ。

年	おもな出来事
	ア
1848年	アメリカ＝メキシコ戦争が終結した
	イ
1860年	リンカンが大統領に当選した
	ウ
1869年	最初の大陸横断鉄道が完成した
	エ

① ア　　　　　② イ　　　　　③ ウ　　　　　④ エ

Ⅶ 次の交通の歴史に関する文章を読んで，あとの各問い（44～50）に答えよ。

　交通の歴史は人類が農耕・牧畜を開始した時期に遡る。基本的な交通手段は歩行することであり，
家畜化した動物を交通手段として利用することも早くから行われていた。移動ルートの整備も重要で
あった。古代オリエントを統一したアケメネス朝は「　b　」とよばれる国道をつくり，都を中心と
して　c　を整備した。地中海世界を支配下におさめたローマもアッピア街道などの道路網の整備
につとめ，「すべての道はローマに通ず」とまでいわれた。ユーラシア大陸の東西を結ぶ交通路には，
「オアシスの道」，「海の道」などがあり，東西文化の交流が展開された。19世紀に入ると交通革命がお
こり，蒸気機関車が実用化され，蒸気船が建造された。さらに，海上交通路として1869年にスエズ運
河が開通するなど交通路の開発・整備が進み，移動時間の大幅な短縮が可能となった。このように交
通手段が格段の進歩をみせたことにより，世界の一体化は大きく進行した。

44 下線部aの開始に関する記述として最も適切なものを，次のうちから選べ。
① 農耕・牧畜の開始と同時期に打製石器が使われ始めた。
② エジプトやメソポタミアでは，大河の流域で古くから灌漑農業が営まれた。
③ フランスのラスコーの洞穴には，農耕の様子を描いた壁画が残されている。
④ アフリカ大陸では，トウモロコシやジャガイモなどを栽培する農耕文化が栄えた。

45 空欄　b　・　c　に該当する語句の組合せとして最も適切なものを，次のうちから選べ。
① b－王の道　　　　c－駅伝制
② b－王の道　　　　c－千戸制
③ b－草原の道　　　c－駅伝制
④ b－草原の道　　　c－千戸制

46 下線部dに関して，ローマではアッピア街道など高度な土木・建築技術による実用的文化がみら
れた。古代のローマ人が残した建築物として適切でないものを，次のうちから一つ選べ。
① コロッセウム　　　② パンテオン　　　③ 凱旋門　　　④ アルハンブラ宮殿

47 下線部eに関連して，オアシスについての次のA・Bの記述の正誤の組合せとして最も適切なも
のを，あとのうちから選べ。
　A．中央アジアのオアシスは，ラクダを利用した隊商交易の拠点として重要であった。
　B．イラン系のソグド人は，中央アジアのオアシスを結ぶ中継交易で活躍した。
① A－正　B－正　　　　　　② A－正　B－誤
③ A－誤　B－正　　　　　　④ A－誤　B－誤

48 下線部 f に関する記述として波線部が最も適切なものを，次のうちから選べ。

① 中国で改良された製紙法は，アルベラの戦いを機にイスラーム世界に伝えられた。

② ルブルックはカトリック布教のために中国に派遣され，大都の大司教に任命された。

③ イエズス会のマテオ゠リッチが明を訪れ，「皇輿全覧図」を作製した。

④ ヨーロッパ人が貿易や宣教で中国を訪れた影響で，ヨーロッパの芸術の分野でシノワズリが流行した。

49 下線部 g に関して，1807年に蒸気船を試作した人物として最も適切なものを，次のうちから選べ。

① ホイットニー　　② ニューコメン　　③ フルトン　　④ スティーヴンソン

50 下線部 h に関して，この運河が開かれた位置（次の略地図中のAまたはBのいずれか）と，この運河を完成させるのに貢献した人物との組合せとして最も適切なものを，あとのうちから選べ。

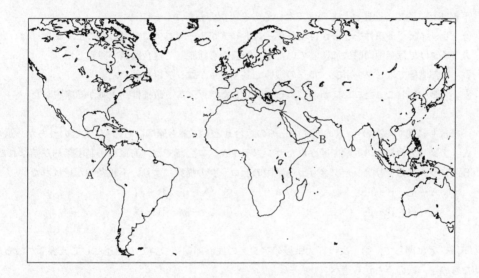

① A－レセップス　　　　　　　　② A－オスマン
③ B－レセップス　　　　　　　　④ B－オスマン

VIII 次の近現代史に関する文章を読んで，あとの各問い(51～57)に答えよ。

　第一次世界大戦後の1920年代の世界では，国際連盟が創設されるなど<u>国際協調の気運</u>が高まり，平
和な世界が期待されたが，アジア各地では<u>民族運動</u>が活発化した。1929年秋，アメリカ合衆国で株価
の暴落に始まる空前の恐慌がおこると，その影響は世界各国に及んだ。1930年代に入ると，国際協調
の気運は衰え，列強は自国中心の政策によって経済のたて直しをはかるようになった。また，<u>日本や
ドイツ</u>は対外強硬策を展開し，国際連盟から脱退するなどしたため，国際的な緊張が強まり，ついに
<u>第二次世界大戦</u>が引きおこされることとなった。戦争は枢軸国と連合国の激戦となり，1945年に連合
国側の勝利で終結した。戦後，大戦の惨禍の反省から国際連合などの様々な国際機関が設立されたが，
米ソ両国間には<u>冷戦</u>とよばれる緊張が発生した。一方，アジア・アフリカでは，欧米諸国などによる
植民地支配から脱し，<u>独立を達成する国</u>が相次いだ。

51　下線部ａに関する記述として**適切でない**ものを，次のうちから一つ選べ。
　　①　サライェヴォ事件をきっかけに，オーストリアがルーマニアに宣戦したことで始まった。
　　②　イタリアは三国同盟に加盟していたが，同盟から離脱して連合国側で参戦した。
　　③　東部戦線では，タンネンベルクの戦いでドイツ軍がロシア軍を破った。
　　④　大戦中におこったロシア革命によって成立したソヴィエト政権は，大戦から離脱した。

52　下線部ｂに関する次のＡ・Ｂの記述の正誤の組合せとして最も適切なものを，あとのうちから選べ。
　　Ａ．アメリカ合衆国の提唱で開かれたサンフランシスコ会議では，海軍軍備制限条約が結ばれた。
　　Ｂ．フランスのブリアンとアメリカ合衆国のケロッグの提案により，不戦条約が結ばれた。
　　　　①　Ａ－正　Ｂ－正　　　　　　　　　②　Ａ－正　Ｂ－誤
　　　　③　Ａ－誤　Ｂ－正　　　　　　　　　④　Ａ－誤　Ｂ－誤

53　下線部ｃに関して，第一次世界大戦後のアジアの民族運動についての記述として波線部が最も適
　　切なものを，次のうちから選べ。
　　①　中国では，北京の学生たちによってパリ講和会議に抗議する<u>三・一独立運動</u>がおこった。
　　②　インドでは，<u>ネルー</u>が提唱した非暴力・非協力の運動により反英運動が高揚した。
　　③　インドネシアでは，スカルノが組織した<u>イスラーム同盟(サレカット＝イスラーム)</u>が独立を
　　　　掲げた。
　　④　トルコでは，ムスタファ＝ケマルが<u>ギリシア軍</u>を撃退し，スルタン制を廃止した。

54　下線部ｄに関して，1930年代における日本とドイツの対外強硬策の組合せとして最も適切なもの
　　を，次のうちから選べ。
　　①　日本－柳条湖での鉄道爆破　　　　ドイツ－フィウメ併合
　　②　日本－柳条湖での鉄道爆破　　　　ドイツ－ラインラント進駐
　　③　日本－二十一カ条の要求　　　　　ドイツ－フィウメ併合
　　④　日本－二十一カ条の要求　　　　　ドイツ－ラインラント進駐

55 下線部 e に関する次のア～ウの出来事を年代の古い順に正しく並べたものを，あとのうちから選べ。

　　ア．日本軍がミッドウェーの海戦で大敗した。

　　イ．日本軍がハワイのパールハーバー(真珠湾)にあるアメリカ海軍基地を奇襲した。

　　ウ．アメリカ軍が沖縄本島に上陸した。

　　① ア→イ→ウ　　　② ア→ウ→イ　　　③ イ→ア→ウ

　　④ イ→ウ→ア　　　⑤ ウ→ア→イ　　　⑥ ウ→イ→ア

56 下線部 f に関して述べた次の文章中の空欄 ┃ A ┃・┃ B ┃ に該当する語句の組合せとして最も適切なものを，あとのうちから選べ。

　　ドイツでは，ソ連占領地区と米・英・仏の占領地区の分断が進み，┃ A ┃ 封鎖により分断が決定的となった。朝鮮半島では，北朝鮮軍が ┃ B ┃ を越えて侵攻して朝鮮戦争となり，これを機に冷戦構造はアジア・太平洋地域にも広がった。

---

　　① 　A－ベルリン　　　　　　B－北緯17度線

　　② 　A－ベルリン　　　　　　B－北緯38度線

　　③ 　A－ニュルンベルク　　　B－北緯17度線

　　④ 　A－ニュルンベルク　　　B－北緯38度線

57 下線部 g に関して，1956年にフランスからの独立(一部はスペインからの独立)を達成した国と，その国の位置(次の略地図中のAまたはBのいずれか)の組合せとして最も適切なものを，あとのうちから選べ。

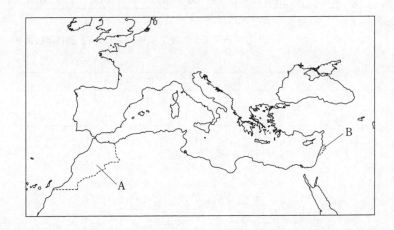

　　① 　モロッコ－A　　　　　　　② 　モロッコ－B

　　③ 　レバノン－A　　　　　　　④ 　レバノン－B

令和元年度　地　理

Ⅰ　次の地形に関するＡ～Ｃの文章・模式図・地形図について，あとの各問い(1～10)に答えよ。

Ａ　地球の表面積は約5.1億 km²であり，<u>緯度によって海洋と陸地の分布は異なる</u>。地球上の地形のうち，内的営力によってつくられた大規模な地形を<u>大地形</u>といい，その形成過程はプレートテクトニ
  a
クス理論によって説明される。<u>プレートの境界付近は，となり合うプレートが互いに異なる方向に
  b   c
移動するため常に不安定である</u>。このような地域を変動帯とよび，<u>弧状列島（島弧）・大山脈・海嶺・
                                                            d
海溝</u>などの地形がつくられる。

1　下線部ａに関して，次の表は，緯度帯別の海洋と陸地の面積を示したものであり，Ａ・Ｂは北半球・南半球のいずれか，ア・イは海洋・陸地のいずれかである。北半球と陸地に該当するものの組合せとして最も適切なものを，あとのうちから選べ。

	A				B		
緯　度	ア	イ		緯　度	ア	イ
0°～10°	10.399	33.695		0°～10°	10.039	34.055
10°～20°	9.433	33.355		10°～20°	11.249	31.538
20°～30°	9.314	30.893		20°～30°	15.113	25.093
30°～40°	4.146	32.266		30°～40°	15.622	20.790
40°～50°	0.991	30.512		40°～50°	16.457	15.046
50°～60°	0.216	25.396		50°～60°	14.636	10.977
60°～70°	1.601	17.309		60°～70°	13.352	5.558
70°～80°	7.295	4.302		70°～80°	3.494	8.103
80°～90°	3.477	0.431		80°～90°	0.407	3.502

単位は10⁶ km²。

（『データブック オブ・ザ・ワールド』2019年版より）

	①	②	③	④
北半球	A	A	B	B
陸　地	ア	イ	ア	イ

2 下線部 b に関して，次の図は，世界における大地形の分布を示したものであり，E～G は，安定陸塊・古期造山帯・新期造山帯のいずれかである。E～G の分布区域（太枠で囲まれた部分）として最も適切でないものを，図中のうちから一つ選べ。

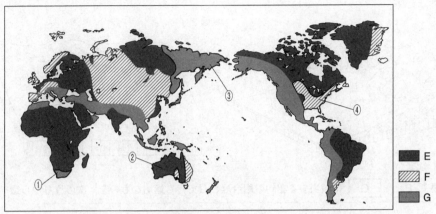

（『Earth：An Introduction to Physical Geology（Sixth Edition）』より）

3 下線部 c に関して，2011年の東北地方太平洋沖地震は，二つのプレートの境界で発生した地震である。二つのプレートの組合せとして最も適切なものを，次のうちから選べ。

① 太平洋プレート・北アメリカプレート
② 太平洋プレート・ユーラシアプレート
③ フィリピン海プレート・北アメリカプレート
④ フィリピン海プレート・ユーラシアプレート

4 下線部 d に関する記述として最も適切なものを，次のうちから選べ。

① 太平洋上に位置するハワイ諸島は，弧状列島（島弧）の典型例である。
② ヒマラヤ山脈やアルプス山脈には，大規模な火山は分布しない。
③ グリーンランドは，海嶺の一部が海上にあらわれて島となったものである。
④ 日本列島の太平洋側と日本海側には，海溝が分布する。

B　内的営力に対して，外的営力は狭い範囲に作用し，比較的小規模な谷や　P　などの小地形を形成する。　P　は，河川が運搬してきた土砂が堆積して形成された平野で，山地から河口にかけて，　Q　・下の図1・図2・三角州(デルタ)に分類される。

図1

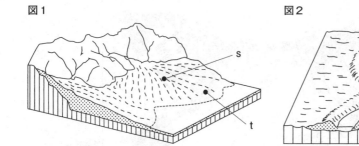

図2

5　空欄　P　・　Q　に該当する語句の組合せとして最も適切なものを，次のうちから選べ。

	①	②	③	④
P	沖積平野	沖積平野	構造平野	構造平野
Q	谷底平野	干潟	谷底平野	干潟

6　下線部 e に関して，次のカ・キの写真についての記述として最も適切なものを，あとのうちから選べ。

カ

キ

① カは，平坦面と崖が階段状に配列する海岸段丘である。

② カは，土地の沈降または海面の上昇によって形成された。

③ キは，両岸を急峻で高い谷壁に挟まれたリアス海岸である。

④ キは，スペイン北西部やチリ南部などに発達している。

7 下線部 f に関する次の a・b の記述の正誤の組合せとして最も適切なものを，あとのうちから選べ。

a．図１中の s 付近は t 付近に比べて水を得やすい。

b．図２中の u は，河川の旧流路が湖となったものである。

① a－正　　b－正　　　　　② a－正　　b－誤

③ a－誤　　b－正　　　　　④ a－誤　　b－誤

C　次の地形図は，国土地理院発行の2万5千分の1地形図「川越南部」の一部を原寸で示したもので
ある。この地形図に関するあとの問いに答えよ。

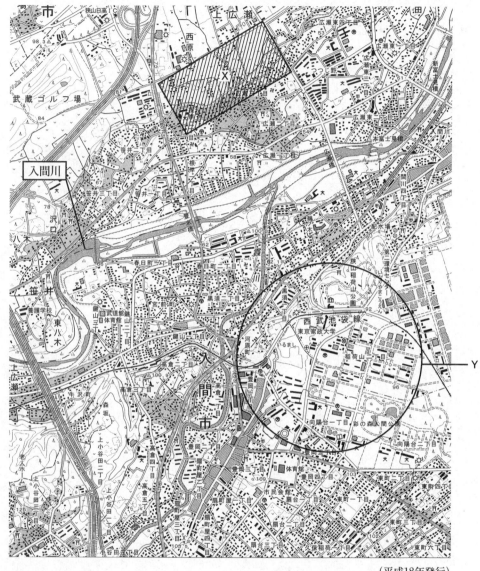

（平成18年発行）

（本書の地形図は原寸を84％縮小しています）

8　地形図中の斜線部Xは，地図上で1.8 cm×3.8 cm の大きさである。この斜線部分の実際の面積に
最も近いものを，次のうちから選べ。

① 0.17 km² ② 0.43 km² ③ 1.71 km² ④ 4.3 km²

9　地形図中のＹの円の範囲内に見られる地図記号の組合せとして**適切でないもの**を，次のうちから一つ選べ。

① 市役所・郵便局 　　② 図書館・広葉樹林

③ 博物館・警察署 　　④ 神社・電子基準点

10　地形図から読み取れることがらに関する次のａ・ｂの記述の正誤の組合せとして最も適切なものを，あとのうちから選べ。

ａ．入間川は，おおむね西から東に向かって流れている。

ｂ．入間市街地は道路に沿って分布しており，門前町を起源として発達した。

① ａ－正　　ｂ－正 　　　　　② ａ－正　　ｂ－誤

③ ａ－誤　　ｂ－正 　　　　　④ ａ－誤　　ｂ－誤

次の気候に関する文章を読んで，あとの各問い(11〜18)に答えよ。

　気候とは，長期にわたって毎年繰り返される大気の総合的な状態をいう。大気の総合的な状態は，気温・降水などの気候要素によって知ることができるが，気候要素は地形・海流などの気候因子の影
　　　　ａ
響を受けるため，世界の気候分布は複雑で，日本のような狭い国土でも地域による差異が大きい。また，
　　　　　　　ｃ　　　　　　　　　　　　　　　　ｄ
気候は植生や土壌の分布のほか，衣食住の違いをもたらす。気候をいくつかの地域に分類することを
　　　　　ｅ　　　　　　　　　　ｆ
気候区分といい，ドイツの気候学者ケッペンの分類が有名である。
ｇ
　近年は異常気象が世界で頻発するようになり，問題となっている。
　　　　　ｈ

11　下線部ａに関する次のａ・ｂの記述の正誤の組合せとして最も適切なものを，あとのうちから選べ。
　　ａ．周りより気圧の高いところは下降気流が発達するため，降水量は少ない。
　　ｂ．湿った気流が山の斜面にあたって風上側にもたらされる雨を，地形性降雨という。
　　　①　ａ－正　　　ｂ－正　　　　　　　　②　ａ－正　　　ｂ－誤
　　　③　ａ－誤　　　ｂ－正　　　　　　　　④　ａ－誤　　　ｂ－誤

12　下線部ｂに関連して，寒流として適切でないものを，次のうちから一つ選べ。
　　①　カナリア海流　　　②　親潮(千島海流)　　　③　ラブラドル海流　　　④　メキシコ湾流

13　下線部ｃに関して，次の雨温図は，あとの図中のいずれかの都市のものである。ブリズベンに該
　　当するものを，次のうちから選べ。

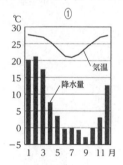 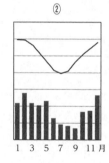 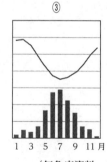 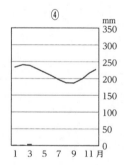

（気象庁資料，CLIMATE-DATA.ORG より）

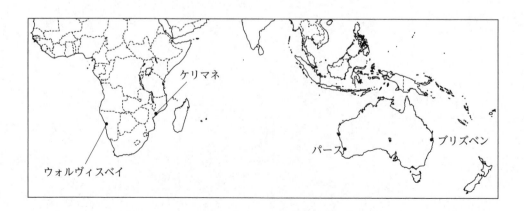

14 下線部 d に関して，日本各地の気候についての記述として最も適切なものを，次のうちから選べ。

① 初夏にあらわれる梅雨前線は，オホーツク海気団と赤道気団との間に形成される。

② 東北地方の太平洋側では，夏に高温・多湿なやませが吹くことがある。

③ 初秋の頃に日本列島に上陸する熱帯低気圧は，強風や大雨をもたらすことが多い。

④ 日本列島の日本海側では，冬に寒冷・湿潤なシベリア気団の影響で大量の降雪が見られる。

15 下線部 e に関連して，間帯土壌に該当しないものを，次のうちから一つ選べ。

① ラトソル ② テラローシャ ③ レグール ④ テラロッサ

16 下線部 f に関連して，風通しをよくするため，伝統的に高床式の木造家屋を利用している地域として最も適切なものを，次のうちから選べ。

① 南アメリカの高山地域 ② 東南アジアの湿潤地域

③ 西アジアの乾燥地域 ④ 中央アジアの草原地域

17 下線部 g に関する次の a・b の記述の正誤の組合せとして最も適切なものを，あとのうちから選べ。

a．乾燥帯は，昼の日射量は多いが夜は冷え込むため，気温の日較差が大きい。

b．亜寒帯(冷帯)は，冬の寒さが厳しく，最暖月平均気温は10℃未満となっている。

① a－正 b－正 ② a－正 b－誤

③ a－誤 b－正 ④ a－誤 b－誤

18 下線部 h に関する次の文章中の空欄 P ・ Q に該当する語句の組合せとして最も適切なものを，あとのうちから選べ。

太平洋東部の赤道海域において，海面水温が平年より低い状態が続く現象を P という。 P が発生すると世界中で異常気象が起こりやすくなり，日本では Q になることが多い。

	①	②	③	④
P	エルニーニョ現象	エルニーニョ現象	ラニーニャ現象	ラニーニャ現象
Q	暖 冬	厳 冬	暖 冬	厳 冬

農林水産業に関して，次の各問い（19〜26）に答えよ。

19 次のアの図は世界における小麦またはとうもろこしの生産量が1000万t以上の国，イの図は世界
における牛または豚の飼育頭数が1000万頭以上の国をそれぞれ示したものである。ア・イが示して
いる生産量・飼育頭数の組合せとして最も適切なものを，あとのうちから選べ。

ア

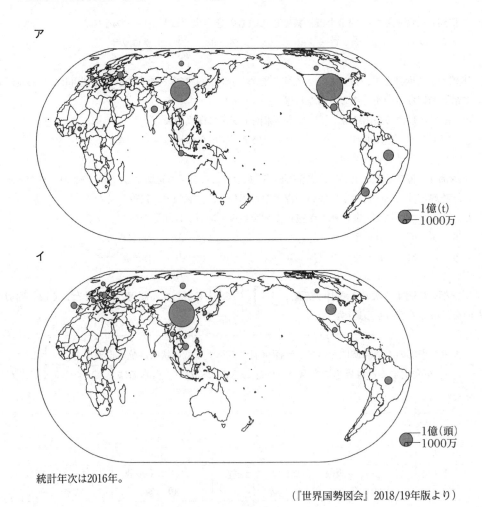

イ

統計年次は2016年。

（『世界国勢図会』2018/19年版より）

	①	②	③	④
ア	小　麦	小　麦	とうもろこし	とうもろこし
イ	牛	豚	牛	豚

20 ブラジルでの大土地所有制にもとづく大農園の呼称として最も適切なものを，次のうちから選べ。
① エスタンシア　　　② ファゼンダ　　　③ アシエンダ　　　④ エステート

21 次の地図中のa〜dの地域で最も盛んな農業に関する記述として適切でないものを，あとのうち
から一つ選べ。

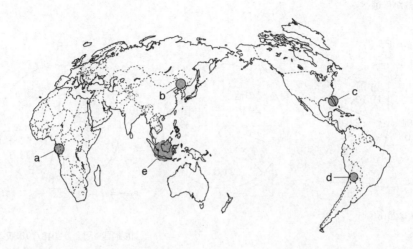

① aの地域では，焼畑農業でキャッサバ・タロいもなどが栽培されている。
② bの地域では，集約的畑作農業で大豆・こうりゃんなどが栽培されている。
③ cの地域では，大都市向けの野菜や果樹を集約的に栽培する園芸農業が盛んである。
④ dの地域では，季節的に高地と低地の間で乳牛を垂直移動させる移牧が盛んである。

22 上の地図中のeの地域に多く見られる樹種の組合せとして最も適切なものを，次のうちから選べ。
① チーク・ケヤキ　　　② チーク・ラワン
③ トウヒ・ケヤキ　　　④ トウヒ・ラワン

23 次の写真は，あるプランテーション作物の収穫風景を撮影したものであり，このプランテーショ
ン作物の果実からは，マーガリン，洗剤，石鹸などの原料となる植物性油脂がつくられる。このプ
ランテーション作物を，あとのうちから選べ。

① 油やし　　② カカオ　　③ なつめやし　　④ ココやし

24　次のP～Rのグラフは，じゃがいも，茶，ぶどうのいずれかについて，生産量の上位4か国と世界計に占める割合を示したものである。P～Rと農産物名との組合せとして最も適切なものを，あとのうちから選べ。

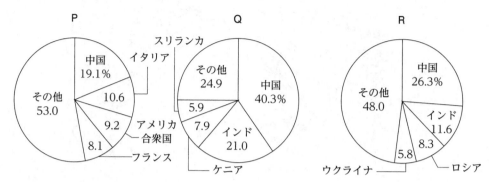

統計年次は2016年。

（『世界国勢図会』2018/19年版より）

	①	②	③	④	⑤	⑥
P	じゃがいも	じゃがいも	茶	茶	ぶどう	ぶどう
Q	茶	ぶどう	じゃがいも	ぶどう	じゃがいも	茶
R	ぶどう	茶	ぶどう	じゃがいも	茶	じゃがいも

25　近年の日本の農業事情に関する記述として最も適切なものを，次のうちから選べ。
　　①　農業就業人口は増加傾向にある。
　　②　耕地面積は増加傾向にある。
　　③　農家1戸あたりの経営耕地面積は増加傾向にある。
　　④　米の1人あたりの年間消費量は増加傾向にある。

26　次の表の①～④は，世界の漁業生産量，養殖業生産量，水産物の輸出金額，水産物の輸入金額のいずれかについて，上位6か国を示したものである。養殖業生産量に該当するものを，表のうちから選べ。

	①	②	③	④
第1位	アメリカ合衆国	中　国	中　国	中　国
第2位	日　本	インドネシア	インドネシア	ノルウェー
第3位	中　国	インド	インド	ベトナム
第4位	スペイン	アメリカ合衆国	ベトナム	タ　イ
第5位	フランス	ロシア	バングラデシュ	アメリカ合衆国
第6位	イタリア	ペルー	フィリピン	インド

統計年次は2016年。

（『世界国勢図会』2018/19年版より）

27 次の図のA～Cは，金，鉄鉱石，ボーキサイトのいずれかについて，世界の主な産出地を示したものである。資源名とA～Cとの組合せとして最も適切なものを，あとのうちから選べ。

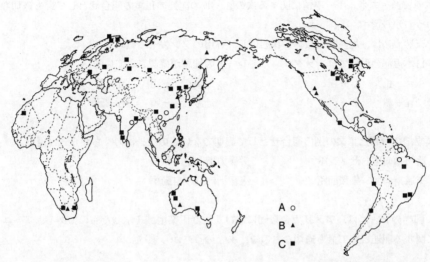

(UN Comtrade ほかより)

	①	②	③	④	⑤	⑥
金	A	A	B	B	C	C
鉄鉱石	B	C	A	C	A	B
ボーキサイト	C	B	C	A	B	A

28 次のグラフの①～④は，ドイツ・ノルウェー・フランス・ロシアのいずれかにおける発電エネルギー源別割合を示したものである。ドイツに該当するものを，グラフのうちから選べ。

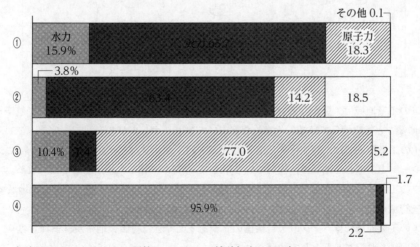

合計が100%になるように調整していない。統計年次は2015年。

(『世界国勢図会』2018/19年版より)

29 資源ナショナリズムを背景に産油国が結成した組織として，石油輸出国機構(OPEC)やアラブ石油輸出国機構(OAPEC)がある。両方の組織に加盟している国として最も適切なものを，次のうちから選べ。

① アルジェリア　　② イラン　　③ アンゴラ　　④ ナイジェリア

30 日本の資源・エネルギー事情に関する次のa・bの記述の正誤の組合せとして最も適切なものを，あとのうちから選べ。

a．天然ガスは，加熱して液体の状態にし，専用のタンカーで輸入している。
b．日本近海の海底では，メタンハイドレートの埋蔵が確認されている。

① a－正　　b－正　　　　　② a－正　　b－誤

③ a－誤　　b－正　　　　　④ a－誤　　b－誤

31 工業立地の分類と工業の例の組合せとして適切でないものを，次のうちから一つ選べ。

① 原料指向型－セメント　　　② 労働力指向型－鉄鋼

③ 交通指向型－集積回路　　　④ 集積指向型－自動車

32 次の図中のア～エは，アメリカ合衆国における主な工業地域を示したものである。ア～エの工業地域に関する記述として最も適切なものを，あとのうちから選べ。

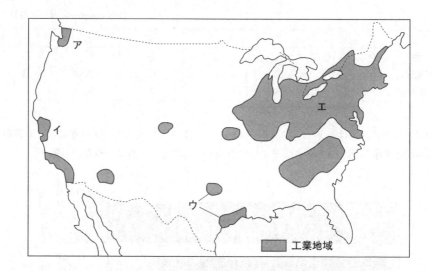

① アの工業地域は，豊かな森林資源を背景に製材・パルプ工業が発達したほか，航空機産業・IC産業なども立地している。代表的な都市にモントリオールがある。

② イの工業地域では，石油化学工業・IC産業・バイオ産業などが発達している。特にシリコンプレーンとよばれる地域は，国内でいち早くIC産業が集積した場所として知られる。

③ ウの工業地域は，原油や天然ガスなどのエネルギー資源を背景に成長してきた地域で，現在は航空機産業・宇宙産業も発達している。代表的な都市にダラスがある。

④ エの工業地域には，アメリカ合衆国の工業を支えてきた重工業地帯が含まれており，現在も成長が続くサンベルトとして注目されている。

33 次の表は，主な国の工業付加価値額の推移(億ドル)を示したものであり，表中のX〜Zは，韓国，シンガポール，中国のいずれかである。国名とX〜Zの組合せとして最も適切なものを，あとのうちから選べ。

	1990年	2000年	2010年	2016年	
					1人あたり (ドル)
日　本	17,029 [1]	16,011	16,214	12,550 [2]	9,807
X	111	311	617	726	12,919
Y	1,481	5,516	28,304	44,584	3,177
Z	999	1,921	3,791	4,938	9,722

工業付加価値額とは，工業製品の販売額から，賃金を除く原材料費や外注費などの諸費用を差し引いた額。

[1] 1994年。[2] 2014年。

(『データブック オブ・ザ・ワールド』2019年版より)

	①	②	③	④	⑤	⑥
韓　国	X	X	Y	Y	Z	Z
シンガポール	Y	Z	X	Z	X	Y
中　国	Z	Y	Z	X	Y	X

34 近年経済成長の著しい，ブラジル・ロシア・インド・中国・南アフリカ共和国の5か国を総称してBRICSとよぶ。BRICSの共通点に関する記述として最も適切なものを，次のうちから選べ。

① 5か国とも日本より面積が大きく，鉱産資源に恵まれる。

② 5か国とも日本より人口が多く，消費市場として有望である。

③ 5か国とも資本主義国であり，外国企業が多く進出している。

④ 5か国とも核保有国であり，軍事的に強い影響力を持つ。

$\boxed{V}$ 次の地球的な課題に関するA〜Dの文章を読んで，あとの各問い(35〜42)に答えよ。

A　2018年の世界の総人口は76億人をこえている。しかし，その分布や人口構成は地域や国によって
  異なる。一般に，発展途上国では人口増加が急速で，政策によって人口増加を抑制してきた国もある。
                                          a
B　早くから都市が発達した先進国では，連続する多くの大都市が交通網や通信網などによって結合
                              b
  され，相互に密接なつながりを持つ巨大な都市域があらわれた。また，ヨーロッパの古い大都市で
                        c
  はインナーシティ問題の解消をめざした都市の再開発が進められている。
                        d
C　地球規模で見られる自然環境の破壊への取り組みも重要であり，1970年代以降，世界の国々はた
                e
  びたび国際会議を開いて対策を検討してきた。しかし，地球温暖化については各国の意見の対立が
  根深く，気候変動枠組条約に加盟するすべての国・地域が参加して温室効果ガスの削減をめざすこ
        f
  とが決まったのは，2015年の国際会議においてである。
D　国家の成り立ちや民族構成は国によって異なり，世界には国内に民族問題を抱える国や，隣接す
                                      g
  る国との間に領土問題を抱えている国が少なくない。日本も，第二次世界大戦の際に旧ソ連に占拠
  された北方領土問題などを抱えている。
        h

35　下線部 a に関して，次のア〜ウの図は，日本における1970年，1990年，2017年のいずれかの時点
  の人口ピラミッドを示したものである。ア〜ウを年代の古い順に並べたものとして最も適切なもの
  を，あとのうちから選べ。

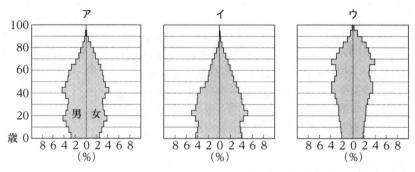

(『日本国勢図会』2018/19年版より)

　① 　ア→イ→ウ　　　② 　ア→ウ→イ　　　③ 　イ→ア→ウ
　④ 　イ→ウ→ア　　　⑤ 　ウ→ア→イ　　　⑥ 　ウ→イ→ア

36　下線部 b に関して，1979年から2015年まで一人っ子政策を実施していた国を，次のうちから選べ。
　① 　中国　　　② 　ベトナム　　　③ 　インド　　　④ 　南アフリカ共和国

37　下線部 c に関して，このような巨大な都市域の呼称として最も適切なものを，次のうちから選べ。
　① 　コナーベーション　　　　② 　メガロポリス
　③ 　プライメートシティ　　　④ 　メトロポリス

38 下線部dに関連して，フランスのパリ郊外に副都心として再開発された地区を，次のうちから選べ。

① シティ ② ドックランズ ③ ラ・デファンス ④ レッチワース

39 下線部eに関する記述として最も適切なものを，次のうちから選べ。

① 中央アジアでは，灌漑農業による大量の取水の結果，カスピ海の面積が著しく縮小した。

② アフリカのサヘル地域では，1970年代から進んだ工業化の影響で砂漠化が進行した。

③ ドイツ南西部のシュヴァルツヴァルトでは，酸性雨の影響による森林の枯死が見られた。

④ 南太平洋やインド洋では，海水温の低下に伴うサンゴ礁の白化現象が見られる。

40 下線部fの国際会議が開催された都市を，次のうちから選べ。

① 京都 ② パリ ③ ストックホルム ④ リオデジャネイロ

41 下線部gに関して，下のカ～クの文は，次の図中のX～Zのいずれかの国における民族問題について述べたものである。X～Zとカ～クの組合せとして最も適切なものを，あとのうちから選べ。

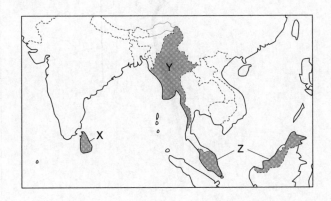

カ．この国では，ヒンドゥー教を信仰する少数派のタミル人と，仏教を信仰する多数派のシンハラ人の対立に伴う内戦が近年まで続いていた。

キ．この国は，先住民・中国系・インド系の人々が混在する国で，先住民などを優遇するブミプトラ政策が実施されている。

ク．この国では，仏教を信仰する人が多く，イスラーム（イスラム教）を信仰する少数民族ロヒンギャへの迫害が見られる。

	①	②	③	④	⑤	⑥
X	カ	カ	キ	キ	ク	ク
Y	キ	ク	カ	ク	カ	キ
Z	ク	キ	ク	カ	キ	カ

42 下線部hに関して，北方領土に該当しないものを，次のうちから一つ選べ。

① 国後島 ② 歯舞群島 ③ 色丹島 ④ 与那国島

VI 次のラテンアメリカに関する地図と文章について，あとの各問い(43〜50)に答えよ。

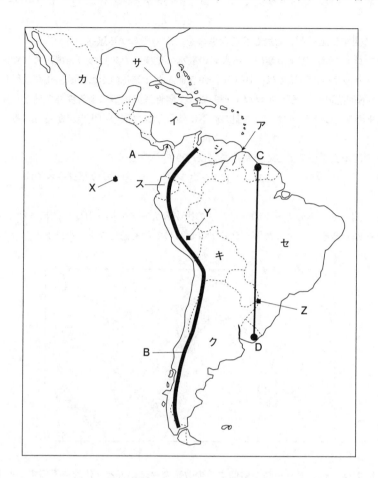

I メキシコ，中央アメリカ，西インド諸島，南アメリカの地域を総称してラテンアメリカとよぶ。
　北アメリカ大陸と南アメリカ大陸は，図中にAで示した地峡によって分けられる。南アメリカ大陸
　の太平洋側には，図中にBで示した山脈が南北に走り，山脈の東側と西側では地形に違いが見られる。
II 15世紀にコロンブスが西インド諸島に到達して以来，ラテンアメリカの全域がヨーロッパ諸国の
　植民地となり，多くのヨーロッパ系移民が入植して先住民を支配した。また，アフリカ大陸から奴
　隷としてアフリカ系の人々が連れてこられた。その結果，ラテンアメリカでは混血が進み，各国の
　人種・民族構成は複雑なものとなっている。19世紀以降，ラテンアメリカの国々は次々と独立を達
　成したが，植民地支配の影響が残り，今なおモノカルチャー経済の国が少なくない。そこで，近年
　は外貨獲得の手段として豊かな自然環境や古代文明の遺跡などを生かした観光業が各国で盛んにな
　っている。

43 図中のA・Bの地峡・山脈の名称の組合せとして最も適切なものを，次のうちから選べ。

	①	②	③	④
A	スエズ地峡	スエズ地峡	パナマ地峡	パナマ地峡
B	アンデス山脈	ロッキー山脈	アンデス山脈	ロッキー山脈

44　図中のアの河川名とその流域に広がる植生の組合せとして最も適切なものを，次のうちから選べ。

　　①　アマゾン川・カンポ　　　　　　　　②　アマゾン川・リャノ

　　③　オリノコ川・カンポ　　　　　　　　④　オリノコ川・リャノ

45　図中のCの地点からDの地点にかけて分布する気候区を順に並べたものとして最も適切なものを，
　　次のうちから選べ。

　　①　Af（Am）→ Aw → Cw → Cfa　　　　②　Af（Am）→ Aw → Cfa → Cw

　　③　Aw → Af（Am）→ BW → BS　　　　④　Aw → Af（Am）→ BS → BW

46　下線部aに関して，中央アメリカ，西インド諸島，南アメリカ大陸に囲まれている図中のイの海
　　域名として最も適切なものを，次のうちから選べ。

　　①　アラフラ海　　　②　バルト海　　　③　エーゲ海　　　④　カリブ海

47　下線部bに関して，ラテンアメリカで最も広い範囲を植民地として支配していたヨーロッパの国
　　を，次のうちから選べ。

　　①　イギリス　　　②　フランス　　　③　スペイン　　　④　ポルトガル

48　下線部cに関して，次のP〜Rのグラフは，図中のカ〜クのいずれかの国における人種・民族構
　　成を示したものである。P〜Rとカ〜クの組合せとして最も適切なものを，あとのうちから選べ。

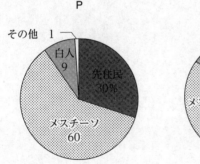
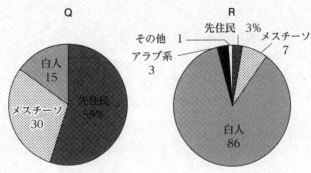

統計年次は各国の最新年次。

（『データブック オブ・ザ・ワールド』2019年版より）

	①	②	③	④	⑤	⑥
P	カ	カ	キ	キ	ク	ク
Q	キ	ク	カ	ク	カ	キ
R	ク	キ	ク	カ	キ	カ

49 下線部dに関して，図中のサ～セの国についての記述として最も適切なものを，次のうちから選べ。

① サは，ラテンアメリカで最初の社会主義国となった国で，英語が公用語となっている。

② シは，ラテンアメリカ有数の産油国で，原油が輸出の大半(2013年)を占める。

③ スは，赤道直下に位置する国で，国土の全域が熱帯気候となっている。

④ セは，ラテンアメリカ有数の工業国で，機械類が輸出品目第1位(2017年)となっている。

50 下線部eに関して，次のタ～ツの文は，図中のX～Zのいずれかにある世界遺産について述べたものである。タ～ツとX～Zの組合せとして最も適切なものを，あとのうちから選べ。

タ．世界三大瀑布の一つであり，滝幅約4km，最大落差約80mの世界最大の滝がある。

チ．インカ帝国の都市遺跡があり，石造の神殿・宮殿・水路などが残されている。

ツ．独自の進化をとげた固有の生物が多く，特に巨大なゾウガメやイグアナの生息で名高い。

	①	②	③	④	⑤	⑥
タ	X	X	Y	Y	Z	Z
チ	Y	Z	X	Z	X	Y
ツ	Z	Y	Z	X	Y	X

（Ⅰ～Ⅵは必須問題。Ⅶ・Ⅷについては，どちらか１題を選択し，計７題を解答すること）

Ⅰ　次の文章を読んで，あとの各問い（1～4）に答えよ。

「他人に迷惑をかけなければ，何をしようと個人の自由だ」という考えは，私たち日本人からすれば，少し自分勝手な発言に聞こえてしまう。自分の気づかないところで誰かに迷惑をかけてしまうのではないか，相手を思いやることのできない人は大人として成熟できていない人だという考え方が日本人には馴染む。下の５か国の比較グラフを見てみよう。日本人の考え方の方が少数派であることがわかる。
　一方で，海外旅行をすると，公共の場での見知らぬ他者への「マナー」が日本以上に大切にされていることに気づくことも多い。個人の権利獲得のために戦ってきた歴史をもつ欧米諸国は日本とは異なった価値観で自他を大切にしているのだろう。グローバル化が進む世界で，価値観の異なる様々な人と私たちは共存していくことを課題としている。

社会規範：「他人に迷惑をかけなければ，何をしようと個人の自由だ」（５か国比較）

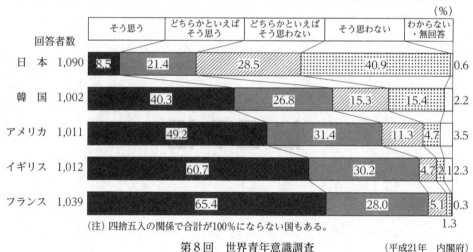

（注）四捨五入の関係で合計が100％にならない国もある。
第８回　世界青年意識調査　　　　（平成21年　内閣府）

1　グラフからわかることとして明らかに誤っているものを，次のうちから一つ選べ。
①　日本は「そう思う」「どちらかといえばそう思う」と回答した人が他の国々よりも少なく，「そう思わない」「どちらかといえばそう思わない」と回答した人は他の国々よりも多い。
②　５か国の調査において，「どちらかといえばそう思う」と回答した人が全回答者の20％を下回った国はなかった。
③　アメリカで「そう思う」と回答した人は「そう思わない」と回答した人の10倍以上いるが，フランスでは10倍以上はいない。
④　日本以外にも，全回答者のうち30％以上の人が「そう思わない」あるいは「どちらかといえばそう思わない」と回答した国がある。

2 下線部 a に関して，私たちが社会で生きる難しさは，「相手を思いやる」一方で，「自分の欲求を実現する」ことにある。次の文章中の空欄 ☐ に該当する言葉として最も適切なものを，あとのうちから選べ。

> 様々な人と出会い，異なる価値観を共有し助け合うことを経験して成長していくことが人生の意義である。☐ にあるように，私たちは相手との距離を保ちながら時に傷つけたり傷つけられたりすることも覚悟して人とかかわって生きていくことが求められている。

① フロイトの「オイディプス(エディプス)・コンプレックス」
② ユングの「集合的(集団的，普遍的)無意識」
③ カッシーラーの「ホモ・シンボリクス」
④ ショーペンハウアーの「ヤマアラシのジレンマ」

3 下線部 b に関して，青年期は子どもから大人へと成長する時期で，思想家によって様々な表現がなされてきた。青年期についての表現と思想家の組合せとして最も適切なものを，次のうちから選べ。
① ホリングワース―「第二の誕生」
② レヴィン―「マージナル・マン」
③ ルソー―「心理・社会的モラトリアム」
④ エリクソン―「心理的離乳」

4 下線部 c に関連して，様々な思想家による自己と他者との利害対立に関する思索についての記述として最も適切なものを，次のうちから選べ。
① ベルクソンは，利己的で閉じた社会「エラン・ヴィタール」は，生命の創造的な力である生の躍動によって，普遍的な人類愛に満ちた開いた社会「エラン・ダムール」へと進化するとした。
② ハイデッガー（ハイデガー）は，人は限界状況において挫折を体験し，そこから自己と他者とが真の自己を求めた存在として互いに語り合い，愛と孤独の両極を揺れながら交流することを実存的交わりとした。
③ フロムは，社会的・文化的な影響を受けて形成される社会的性格を，自分の内面の虚しさを満たすために他人を支配しようとする性格類型と，自分の仕事を創造的に行い，他人を助けて他人と愛情や信頼に満ちた関係を築く性格類型に分類した。
④ アダム・スミスは，人間の共感力や同情心に基づく道徳感情が私たちには欠けているが，個人が利潤を求めて利己的に行動することで社会全体の幸福が生み出されるとした。

Ⅲ 次の文章を読んで，あとの各問い（5〜11）に答えよ。

　今日の私たちが当然のことと思っている考え方は，長い歴史の中で蓄積された多くの先哲が語ったことの影響を少なからず受けている。紀元前6世紀頃からギリシャでは<u>自然哲学者</u>が世界の成り立ちについて語り，紀元前5世紀頃には<u>人間のより善い生き方</u>や<u>社会の正義</u>について語られた。
　　　　　　　　　　　　　　　　　　　　　　　　　　　a　　　　　　　　　　　b　　　　　　　c
　カナン（パレスチナ）ではイエス・キリストがユダヤ教の信仰のあり方を批判し，弟子たちの伝道によって<u>キリスト教</u>が誕生した。紀元後7世紀にアラビア半島が<u>イスラーム</u>によって統一され，その後，
　　　　　　d　　　　　　　　　　　　　　　　　　　　　　　e
世界中へと拡大することになった。
　紀元前5世紀のインドでは，ゴータマ・シッダッタが得た悟りを修行僧に語り，<u>仏教</u>が誕生した。
　　　　　　　　　　　　　　　　　　　　　　　　　　　　　　　　　　　　　　f
　紀元前6世紀の中国でも，戦乱の中で望ましい国家運営や人としての生き方が模索され，<u>諸子百家</u>
　　　　　　　　　　　　　　　　　　　　　　　　　　　　　　　　　　　　　g
と言われる思想家たちが登場した。
　科学技術の進歩によって私たちの社会は私たちの想像を超えた世界となりつつある。そのような時代にあって，2500年も前から語り継がれた思想ではあるが，どう生きることが正しいのかといった根源的な問いに先哲は時を超えてヒントを与えてくれる。

5　下線部aに関して，自然哲学者は万物の根源を「水」や「火」や「数」などにあると主張した。万物の根源のことをギリシャ語で何というか。次のうちから選べ。
　　① ロゴス　　　　　　② ピュシス　　　　　③ アルケー　　　　　④ アレテー

6　下線部bに関して，次の文章があらわしているソクラテスの思想の特徴として最も適切なものを，あとのうちから選べ。

　世にもすぐれた人よ，君は，アテナイという，知力においても武力においても最も評判の高い偉大な国都（ポリス）の人でありながら，ただ金銭をできるだけ多く自分のものにしたいというようなことにばかり気をつかっていて，恥ずかしくはないのか。評判や地位のことは気にしても思慮や真実のことは気にかけず，魂をできるだけすぐれたものにするということに気もつかわず心配もしていないとは。　　　　　　　　　　　　　　　　　（『ソクラテスの弁明』）

---

　　① 無知の知　　　② 問答法　　　③ プシュケーへの配慮　　　④ デルフォイの神託

7　下線部cに関して，プラトンの正義論についての記述として最も適切なものを，次のうちから選べ。
　　① 魂の理性・気概・欲望の各部分がコントロールされて知恵・勇気・節制を調和的に実現することで正義が実現する。
　　② 社会の中で人々の業績に応じて，名誉や報酬を正しく配分することで，配分的正義が実現する。
　　③ 不当な損害を受けた者には補償を与え，犯罪を犯した者には罰を与えることで，正義の不均衡を調整する調整的正義が実現する。
　　④ 社会全体が法律に従って営まれており，人としての正しい行為を行う状態にあることで全体的正義が実現する。

8 下線部dに関して，次の福音書の一節の空欄 ア ・ イ に該当する語句の組合せとして最も適切なものを，あとのうちから選べ。

> 「目には目を，歯には歯を」と言われていたことは，あなたがたの聞いているところである。しかし，わたしはあなたがたに言う。悪人に手向かうな。もし，だれかがあなたの右の頬を打つなら，ほかの頬もむけてやりなさい。……（略）……「 ア を愛し， イ を憎め」と言われていたことは，あなたがたの聞いているところである。しかし，わたしはあなたがたに言う。 イ を愛し，迫害する者のために祈れ。 （マタイ福音書より）

① アー敵　イー神　　　　　　　　② アー隣人　イー敵
③ アー神　イー自分　　　　　　　④ アー自分　イー隣人

9 下線部eに関して，イスラームについての次のA・Bの記述の正誤の組合せとして最も適切なものを，あとのうちから選べ。
　A．「イスラーム」とは唯一絶対神であるアッラーへの絶対的な服従を意味する。
　B．ムハンマドの従兄弟アリーの子孫を後継者カリフとするのが，少数派のスンナ派である。
① A－正　B－正　　　　　　　　② A－正　B－誤
③ A－誤　B－正　　　　　　　　④ A－誤　B－誤

10 下線部fに関して，四諦について述べた次の文章中の空欄 ウ ・ エ に該当する語句の組合せとして最も適切なものを，あとのうちから選べ。

> 比丘たち，とうとい真実としての苦の生起の原因（ ウ ）とはこれである。つまり，迷いの生涯を繰り返すもととなり，喜悦と欲情とを伴って，いたるところの対象に愛着する渇欲である。……比丘たち，とうとい真実としての苦の消滅（ エ ）とはこれである。つまり，その渇欲をすっかり離れること，すなわちそれの止滅である。それの棄捨であり，それの放棄であり，それから解放されることであり，それに対する執着を去ることである。
>
> 　　　　　　　　　　　　　　　　　　　　　　　　　　（『大蔵経　相応部経典』）

① ウー集諦　エー滅諦　　　　　　② ウー苦諦　エー滅諦
③ ウー集諦　エー道諦　　　　　　④ ウー苦諦　エー道諦

11 下線部gに関して，中国思想についての記述として適切でないものを，次のうちから一つ選べ。
① 法家の思想は，社会秩序を維持するためには厳しい刑罰によって人々を律すべきだとした。
② 孔子は，家族愛のような自然の愛情である仁が広がって国が治められることを理想とした。
③ 朱子は，作為をせずにありのままに道のはたらきに従い，人と争わない生き方を理想とした。
④ 荀子は，人の本性は悪であり，善い行動は後天的に人の作為によってつくられたものだとした。

III 次の文章を読んで，あとの各問い（12〜18）に答えよ。

　太平洋戦争中に日本文化を研究したベネディクトは著書『菊と刀』で，西洋世界がキリスト教文化に基づく「罪の文化」で，神の教えに沿っているかが倫理的規準として形成されたのに対して，日本は共同体の調和を大切にする「　a　の文化」で，世間という社会集団からどのように見られるかが倫理的規準として形成された社会であると述べた。外国人にとって日本文化は，私たち日本人が思っている以上に異質で興味深く映るようである。

　日本文化は独特の発展を遂げてきた。古代日本人の世界観では，外部から付着して幸福な生活を脅かす「　b　」を，水に浸かって洗い清める「　c　」によって取り除くという。そのような精神風土の上に，6世紀に伝わった仏教は奈良・平安時代に発展し，儒教が重層的に重なって，やがて鎌倉仏教や室町時代の日本独自の文化へと変容する。江戸時代には武家政権と町人文化がそれぞれ特色のある発展を遂げ，さらに，幕末から明治にかけての西洋文明の流入においてさらに重層性を増すこととなる。

　令和となり，グローバル化がさらに進むこれからは，日本文化はどのような変化を遂げるのだろうか。

12　空欄　a　に該当する語句として最も適切なものを，次のうちから選べ。
① 理　　　　　　　② 罰　　　　　　　③ 和　　　　　　　④ 恥

13　空欄　b・c　に該当する語句の組合せとして最も適切なものを，次のうちから選べ。
① b－言霊（ことだま）　c－禊（みそぎ）　　　② b－穢れ（けがれ）　c－禊
③ b－言霊　c－祓い（はらい）　　　④ b－穢れ　c－祓い

14　下線部dに関して，空海に**最も関連しない**語句を，次のうちから一つ選べ。
① 大乗戒壇　　② 曼荼羅　　③ 三密　　④ 即身成仏

15　下線部eに関して，次の文章中の空欄　ア　〜　エ　に該当する語句の組合せとして最も適切なものを，あとのうちから選べ。

> 　ア　なをもて往生をとぐ，いはんや　イ　をや。…（略）…そのゆえは　ウ　作善のひとはひとえに　エ　をたのむこころかけたるあひだ，弥陀の本願にあらず。しかれども，　ウ　のこころをひるがへして　エ　をたのみたてまつれば，真実報土の往生をとぐるなり。
> （『歎異抄』）

① アー悪人　イー善人　ウー自力　エー他力
② アー善人　イー悪人　ウー他力　エー自力
③ アー悪人　イー善人　ウー他力　エー自力
④ アー善人　イー悪人　ウー自力　エー他力

16 下線部 f に関して，室町時代に中国の禅宗の影響を受けながら日本独自の文化として深められた茶道や華道など独自の文化の特徴についての記述として最も適切なものを，次のうちから選べ。

① 質素な内面と対照的な外見が重視された。
② 色彩豊かで絢爛豪華な表現が重視された。
③ 簡素な中に精神的奥深さが重視された。
④ 荘厳・重厚で力強い表現が重視された。

17 下線部 g に関連して，次の文章は江戸時代の思想家によるものである。この著者を，あとのうちから選べ。

> 天は尊く地は卑し。天は高く地は低し，上下差別あるごとく，人にも又君は尊く，臣は卑しきぞ……その差別がなくば国は治まるまひ。　　　　　　（『春鑑抄』）

① 本居宣長　　　② 林羅山　　　③ 安藤昌益　　　④ 石田梅岩

18 下線部 h に関して，西洋文明を受容する幕末から明治にかけての日本の思想家についての記述として適切でないものを，次のうちから一つ選べ。

① 福沢諭吉は，西洋列強を前に日本に不足しているのは，国民の個としての独立精神であり，合理的な実学を学ぶことで日本の独立が守れるとして，国民の啓蒙に努めた。
② 西村茂樹は，西洋の技術文明に批判的な姿勢をとり，日本は伝統的な儒教道徳がなければならないと主張し，天皇中心の視点で仁義・忠孝を重んじた。
③ 徳富蘇峰は，『国民新聞』を発刊するなどして，民衆の力によって近代的な産業社会をつくりあげるべきとする平民主義を唱えたが，のちに国家主義的な思想に転じた。
④ 中村正直は，江戸時代に儒学者として活躍したが，明治になって洋学を学び，ミルの『自由論』を翻訳し，「フィロソフィー」を「哲学」と訳すなど西洋思想の紹介に貢献した。

Ⅳ 次の文章を読んで，あとの各問い(19〜25)に答えよ。

　歴史を学んでいると，今日の私たちにとって当然となっている「基本的人権」「国民主権」のない時代が長かったことに気づく。権力者による不当逮捕・拷問・残虐刑・強引な増税や開戦などに対して，<u>人間の尊厳</u>や権利を求めた戦いが繰り返されて，ようやく今日のような民主社会が実現したのである。
　　　ａ
　16世紀の<u>宗教改革</u>を経て，17世紀には，<u>理性</u>によって世界を認識する人間への信頼が新しい学問の
　　　　　ｂ　　　　　　　　　　　　　ｃ
方法として誕生した。17〜18世紀の市民革命の時代には<u>社会契約説</u>が思想的な裏付けとなって革命を
　　　　　　　　　　　　　　　　　　　　　　　　　　ｄ
牽引した。産業化と<u>近代民主社会</u>が進展する中で，何が行動原理として正しいのか様々な思想が展開
　　　　　　　　ｅ
された。

　19世紀には，資本主義経済の発展とともに，その負の側面も表面化した。　ｆ　は『資本論』など
で資本主義経済を批判的に分析し，資本主義社会の中で生活の手段として　ｇ　が進んでいること
を批判した。彼の思想は，20世紀においてソビエト連邦などの社会主義国家建設へと結びついた。一
方で，資本主義国家側でも，管理された産業社会の中で，人間性を見失った人々の不安や孤独を<u>実存
主義</u>という現代人の新しい生き方として模索する思想家も登場した。今日でも格差をはじめとする不
　ｈ
公正さへの疑問は続き，それに対する解決策として新しい思想が登場している。

19　下線部ａに関連して，次の文章はピコ・デラ・ミランドラの『人間の尊厳について』の抜粋である。
　空欄　ア　に該当する語句として最も適切なものを，あとのうちから選べ。

> 　おまえは，いかなる束縛によっても制限されず，私がおまえをその手中に委ねたおまえの
> 　ア　に従ってお前の本性を決定すべきである。……われわれは，おまえを天上的なもの
> としても，地上的なものとしても，死すべきものとしても，不死なるものとしても造らなか
> ったが，それは，おまえ自身のいわば「　ア　を備えた名誉ある造形者・形成者」として，
> おまえが選び取る形をおまえ自身が造り出すためである。　　　　　（『人間の尊厳について』）

①　自由意志　　　　　②　父なる神　　　　③　感情　　　　　④　道徳規準

20　下線部ｂに関して，宗教改革期の思想家についての次のＡ・Ｂの記述の正誤の組合せとして最も
　適切なものを，あとのうちから選べ。
　　Ａ．ルターは，人間は原罪を背負っており，罪を犯さざるをえないものなので，神の恩寵によっ
　　　てのみ救われると説き，信仰のよりどころとなるのは聖書のみであると考えた。
　　Ｂ．エラスムスは，キリスト教本来の精神に立ち返り，人間は自身で善行を選ぶ自由意志を持つ
　　　と考えた。
　　①　Ａ－正　Ｂ－正　　　　　　　　②　Ａ－正　Ｂ－誤
　　③　Ａ－誤　Ｂ－正　　　　　　　　④　Ａ－誤　Ｂ－誤

21 下線部 c に関して，次の文章であらわされている思想家の言葉として最も適切なものを，あとの
うちから選べ。

　　私は一つの実体であって，その本質あるいは本性はただ，考えるということ以外の何もの
でもなく，存在するためになんらの場所をも要せず，いかなる物質的なものにも依存しない，
ということ。したがって，この「私」というもの，すなわち私をして私たらしめるところの「精
神」は物体から全然分かたれているものであり，さらにまた，精神は物体よりも認識しやす
いものであり，たとえ物体が存在せぬとしても，精神は，それがあるところのものであるこ
とをやめないであろう……。

---

① 知は力なり　　　　　　　　　　　　　② 我思う，ゆえに我あり
③ 自然とは唯一の実体である神の現れである　④ ク・セ・ジュ

22 下線部 d に関して，次の文章はルソーの『社会契約論』の抜粋である。空欄 イ ～ エ に
該当する語句の組合せとして最も適切なものを，あとのうちから選べ。

　　 イ と ウ のあいだには，時にはかなり相違があるものである。後者は，共通の
利益だけをこころがける。前者は，私の利益をこころがける。それは， エ の総和であ
るにすぎない。しかし，これらの エ から，相殺しあう過不足をのぞくと，相違の総和
として， ウ がのこることになる。

---

① イー特殊意志　　　ウ一一般意志　　　エー全体意志
② イー全体意志　　　ウー特殊意志　　　エ一一般意志
③ イー全体意志　　　ウ一一般意志　　　エー特殊意志
④ イ一一般意志　　　ウー全体意志　　　エー特殊意志

23 下線部 e に関して，近代民主社会のあり方を論じた思想家についての記述として最も適切なもの
を，次のうちから選べ。
① カントは，世界を正確に認識することは人間にはできないが，道徳的な正しさの認識は実践
理性によって可能であり，それに従う自律性こそが人間の尊厳であると考えた。
② ベンサムは，個人として自由に自己利益を求める市民社会を欲望の体系と呼び，そこで失わ
れた共同体としての結びつきを家族という人倫の最高形態が実現すると考えた。
③ ミルは，一人ひとりがより多くの快楽とより少ない苦痛によって幸福量を最大にし，その総
和として社会全体の幸福量を最大にすることが社会にとっての望ましく正しいあり方と考えた。
④ ヘーゲルは，快楽を量的な面だけでなく，質的な面を考慮すべきであるとして，人間の尊厳
や品位を含めた社会の望ましく正しいあり方を主張した。

24 空欄 f ・ g に該当する人物名・語句の組合せとして最も適切なものを，次のうちから
選べ。

① f－マルクス　g－自己外化　　　② f－マルクス　g－労働の疎外

③ f－レーニン　g－自己外化　　　④ f－レーニン　g－労働の疎外

25 下線部hに関して，次の実存主義の思想家ア～ウと，その人物と最も関係の深い語句A～Cの組
合せとして最も適切なものを，あとのうちから選べ。

ア．ニーチェ　　　　　イ．サルトル　　　ウ．ヤスパース

A．アンガージュマン　　B．ニヒリズム　　C．ダス－マン

① ア・A　　　② イ・C　　　③ ウ・B　　　④ ア・B　　　⑤ ウ・A

Ⅴ
次の「フランス人権宣言（抄）」を読んで，あとの各問い（26〜34）に答えよ。

第1条　人は，<u>自由</u>かつ<u>権利において平等なもの</u>として出生し，かつ生存する。社会的差別は，共同
　　　の利益の上にのみ設けることができる。

第2条　あらゆる政治的団結の目的は，人の消滅することのない自然権を保全することである。これ
　　　らの権利は，自由・所有権・<u>安全</u>および圧制への抵抗である。

第3条　あらゆる<u>主権</u>の原理は，本質的に国民に存する。

第7条　何人も，<u>法律</u>により規定された場合でかつその命ずる形式によるのでなければ，訴追され，
　　　逮捕され，または拘禁され得ない。

第9条　すべての者は，<u>犯罪者と宣告されるまでは，無罪と推定される</u>ものであるから，……。

第15条　社会は，その行政のすべての<u>公の職員</u>に報告を求める権利を有する。

第16条　権利の保障が確保されず，<u>権力の分立</u>が規定されないすべての社会は，<u>憲法</u>をもつものでない。

26　下線部 a に関連して，自由権に関する裁判の中で，違憲判決が確定したものとして**適切でない**も
　　のを，次のうちから一つ選べ。

　① 森林法の共有林分割制限規定が争われた裁判

　② 東京都の公安条例が争われた裁判

　③ 薬事法の薬局開設距離制限が争われた裁判

　④ 空知太神社訴訟

27　下線部 b に関連して，結果の平等を保障する実質的平等を重視する考え方の具体例の説明として
　　最も適切なものを，次のうちから選べ。

　① 少数民族や女性などに対して，雇用や入学などにおいて積極的な優遇措置をとるアファーマ
　　ティブ・アクション

　② 経済的に援助が必要な年少者に対して，児童手当の拡充や就学支援を行うプライマリー・バ
　　ランス

　③ 雇用や昇進，教育訓練などで男性と差別されてきた女性の管理職雇用比率を定めたペイオフ

　④ 子どもの貧困対策として，給付型奨学金の支給や保護者に対する就労支援を行うナショナル・
　　ミニマム

28 下線部cに関連して，次の資料ア～エは日本国憲法第9条に関する政府の解釈の一部を示したものである。資料ア～エを年代の古い順に正しく並べたものを，あとのうちから選べ。

資料ア

第9条は，独立国としてわが国が自衛権をもつことを認めている。したがって，自衛隊のような自衛のための任務を有し，かつその目的のための必要相当な範囲の実力部隊を設けることは，なんら憲法に反するものではない。

資料イ

戦争放棄に関する憲法草案の規定は，直接には自衛権を否定してはおりませんが，第9条第2項において一切の軍備と国の交戦権を認めない結果，自衛権の発動としての戦争も，また交戦権も，放棄したものであります。

資料ウ

我が国と密接な関係にある他国に対する武力攻撃が発生し，これにより我が国の存立が脅かされ，国民の生命，自由及び幸福追求の権利が根底から覆される明白な危険がある場合において，これを排除し，我が国の存立を全うし，国民を守るために他に適当な手段がないときに，必要最小限度の実力を行使することは，……憲法上許容されると考えるべきである……。

資料エ

1　憲法第9条第2項は，侵略の目的たると自衛の目的たるとを問わず「戦力」の保持を禁止している。
1　「戦力」とは，近代戦争遂行に役立つ程度の装備，編成を備えるものをいう。
1　保安隊及び警備隊は「戦力」ではない。

① ア→ウ→イ→エ　　　　② ア→エ→イ→ウ
③ イ→ア→ウ→エ　　　　④ イ→エ→ア→ウ

29 下線部dに関連して，次の主権の定義ア～ウとその具体的な使用例 i ～iii との組合せとして最も適切なものを，あとのうちから選べ。

ア．国家権力がもつ対内的な最高性と対外的な独立性
イ．国政についての最終的な意思決定権
ウ．統治権など国家権力そのもの

i．「日本国の主権は，本州，北海道……に局限せらるべし」（ポツダム宣言第8項）
ii．「すべての加盟国の主権平等の原則に……」（国連憲章第2条）
iii．「主権の存する日本国民の総意に……」（日本国憲法第1条）

① アと i 　イとiii　ウとii　　　② アと i 　イとii　ウとiii
③ アとii　イとiii　ウと i 　　　④ アとiii　イとii　ウと i

30 下線部 e に関連して，衆議院を先議とする法律の制定過程を示した次の図中の空欄 1 ～ 4 に該当する語句の組合せとして最も適切なものを，あとのうちから選べ。

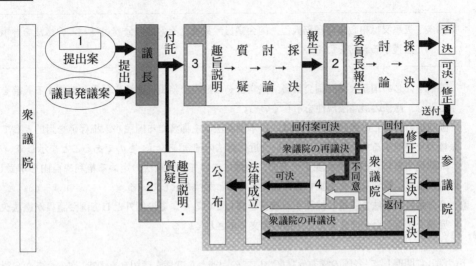

	1	2	3	4
①	内閣	本会議	委員会	両院協議会
②	内閣	委員会	本会議	公聴会
③	首相	本会議	委員会	公聴会
④	首相	委員会	本会議	両院協議会

31 下線部 f は無罪の推定の原則であるが，身体の自由などに関する次の文章中の空欄 A ～ C に該当する語句の組合せとして最も適切なものを，あとのうちから選べ。

　日本国憲法は，「何人も，法律の定める手続によらなければ，その生命若しくは自由を奪はれ，又はその他の刑罰を科せられない」（第31条）と，法定手続きの保障と A の原則を定めている。また，逮捕や捜索などでは令状主義がとられ，拷問を禁止することはもちろん被疑者らに黙秘権を認めている。同時に，弁護人依頼権を保障し，もし被疑者や被告人が経済的理由などから自分で弁護人をつけられない場合は，国の費用で B をつけることになっている。一方で，近年，犯罪被害者やその家族などの人権についても十分な配慮と保護が必要とされ，2004年に C が制定された。

	A	B	C
①	プログラム規定説	国選弁護人	特定秘密保護法
②	プログラム規定説	私選弁護人	犯罪被害者等基本法
③	罪刑法定主義	私選弁護人	特定秘密保護法
④	罪刑法定主義	国選弁護人	犯罪被害者等基本法

32 下線部 g に関連して，次の日本国憲法第99条では公務員などへの憲法尊重擁護義務が明記されている。憲法第99条の内容に関する記述として**適切でないもの**を，あとのうちから一つ選べ。

> 第99条　天皇又は摂政及び国務大臣，国会議員，裁判官その他の公務員は，この憲法を尊重し擁護する義務を負ふ。

① 天皇をはじめ国務大臣，国会議員，裁判官その他の公務員に憲法を尊重し擁護する義務を課すことは，憲法の最高法規性を示している。

② 国政担当者にこの義務を課すのは，日本国憲法は主権者たる国民が人権保障を目的として国家権力を拘束するために制定したという近代憲法の理念に基づくものであることを示している。

③ 国政担当者にこの義務を課す一方で，国民については，憲法の定める権利や自由を享受し，国政担当者に権利などを主張する存在であることだけを示している。

④ 国会議員に憲法を尊重し擁護する義務を課しているが，その例外として国会議員が憲法改正の発議をすることができることが他の条文で示されている。

33 下線部 h に関連して，各国の権力分立についての記述として最も適切なものを，次のうちから選べ。

① アメリカは大統領と議員との兼職が禁止され，さらに違憲法令審査権が裁判所に与えられるなど厳格な三権相互の抑制と均衡が採用されている。

② イギリスは議院内閣制を採用しているため，議会と内閣が同じ政党から構成されている点，さらに最高裁判所が上院の中におかれている点などから三権相互の抑制と均衡は弱い。

③ フランスは共和制の国であるが，国家元首である大統領に実質的な権限はなく，議院内閣制によって行政権と立法権は協調しやすい関係にある。

④ 中国は権力（民主）集中制を排除し，国家権力の最高機関である全国人民代表大会（全人代）が裁判官や国務院の大臣などを任命しており，厳格な三権分立が採用されている。

34　下線部ⅰに関連して，日本国憲法の制定に際して，連合国軍総司令部（GHQ）によりマッカーサー三原則に基づいた草案が日本政府に示され，憲法改正の原案とされた。日本の政治制度などに関する次の資料１〜４のうち，マッカーサー三原則の内容との関連が**最も薄い**と考えられるものはどれか。あとのうちから一つ選べ。

資料１

> 華族令
> 　第１条　凡ソ有爵者ヲ華族トス
> 　　　　　有爵者ノ家族ハ華族ノ族称ヲ享ク
> 　第４条　有爵者ハ其ノ爵ニ相当スル礼遇ヲ享ク

> 日本国憲法
> 　第14条２項　華族その他の貴族の制度は，これを認めない。

資料２

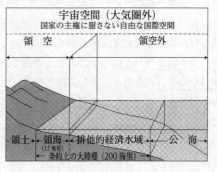

資料３

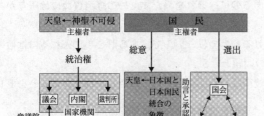

資料４

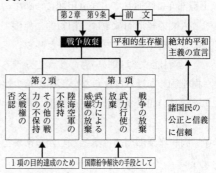

①　資料１　　②　資料２　　③　資料３　　④　資料４

Ⅵ 次の日本の経済に関する文章を読んで，あとの各問い(35〜43)に答えよ。

　我が国経済は，アベノミクスの取組の下，2012年末から緩やかな回復を続けており，景気回復期間
は戦後2番目の長さとなっている可能性が高く，戦後最長に迫っている。名目GDPは過去最大を記
録し，雇用所得環境が着実に改善，地方や中小企業にも好循環が波及する中で，消費や投資といった
需要面が堅調である。その一方，潜在成長率が実際のGDPの伸びに追いつかずGDPギャップがプラ
スとなっており，生産性の向上が喫緊の課題となっている。こうした中で，潜在成長率を引上げ，持
続的な経済成長を達成する鍵を握るのは，第4次産業革命と呼ばれる波をしっかり捉え，生産性の上
昇や国民生活の豊かさにつなげることである。「Society 5.0」の実現，人生100年時代に向けた人づくり
や多様な働き方の実現が大きな課題となっている。
　本報告では，こうした日本経済の課題に焦点を当てて，日本経済の現状と課題について分析を行う
とともに，技術革新や人生100年時代を見据えた人づくりや多様な働き方の実現，第4次産業革命が
進む中で日本経済が競争力を強化するための課題について論じる。

(内閣府『平成30年度　年次経済財政報告』より，一部変更)

35　下線部aに関連して，経済用語についての記述として最も適切なものを，次のうちから選べ。

　① 人間の経済的欲望は，相対的に無限であるのに；それを満たすための経済資源には限りがあ
　　ることをディスクロージャーと呼ぶ。

　② 経済社会では欲しいものすべてが得られるわけではないので，ある財を手に入れるには他の
　　財を諦めなければならない関係を希少性の問題と呼ぶ。

　③ 新しい商品や新しい生産方法，新しい技術などを開発し，企業が取り入れていくことをトレー
　　ドオフと呼ぶ。

　④ 同一産業部門の企業どうしが，市場での競争を排除するために協定を結ぶことをカルテルと
　　呼ぶ。

36 下線部bに関連して，次の図は日本の主な好景気の時期を示したものである。図中の空欄
  A ～ D の好景気に関する記述として最も適切なものを，あとのうちから選べ。

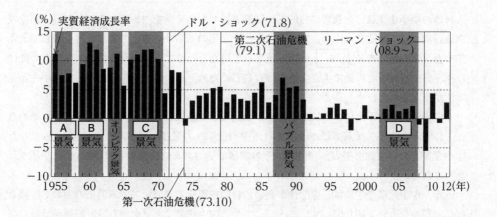

① Aの期間を岩戸景気と呼び，大衆社会の到来と共に消費ブームがおきた時期である。その背
　景には，「投資が投資を呼ぶ」といった現象や「国民所得倍増計画」があった。

② Bの期間をいざなぎ景気と呼び，乗用車や家電製品などの耐久消費財の需要が拡大し，設備
　投資が増大した時期である。この時期に日本は資本主義国第2位の経済大国となった。

③ Cの期間を神武景気と呼び，「日本始まって以来」の好景気からのネーミングである。当時の
　『経済白書』には「もはや戦後ではない」と記載された。

④ Dの期間をいざなみ景気と呼び，長さの点においてはいざなぎ景気を抜いたが，その恩恵が
　偏ったことなどのために「実感なき景気回復」といわれた。

37 下線部 c に関連する次の文章中の空欄 　E　・　F　 に該当する語句の組合せとして最も適切なものを，あとのうちから選べ。

　　日本の中小企業は，企業数の約99%，従業者数でも約7割を占めている(2016年)。高度経済成長期には，製造業の中小企業の多くは，大企業の下請けや資金の供与などを通じて大企業と密接な関係にある　E　に組み込まれていた。そのような中小企業と大企業との間には生産性や賃金などの面で大きな格差が存在したため，その格差是正を目指して中小企業基本法が制定された。

　　その後，労働力不足による賃金上昇や中小企業の設備投資が進み，格差が是正され始めると，1999年に中小企業基本法が改正され，中小企業への過度な保護政策を見直し「独立した中小企業者の自主的な努力」の助長と「その多様で活力ある成長発展」をはかることが基本理念とされた。

　　近年，中小企業の中には，専門性が高い独自の技術やアイディアで未開拓の領域を旺盛な起業家精神をもって切り開いている　F　や，中小企業でありながら特定の製品分野で高い市場占有率を保持する企業もあらわれている。

	E	F
①	系列	ベンチャー・ビジネス
②	系列	ヘッジ・ファンド
③	合同会社	ベンチャー・ビジネス
④	合同会社	ヘッジ・ファンド

38 下線部 d に関連して，景気循環についての記述として最も適切なものを，次のうちから選べ。

① クズネッツの波は，設備投資を要因として50～60年間を周期としておきるとされている。

② キチンの波は，在庫変動を要因として3～4年間を周期としておきるとされている。

③ コンドラチェフの波は，建設投資を要因として7～10年間を周期としておきるとされている。

④ ジュグラーの波は，技術革新などを要因として20年前後を周期としておきるとされている。

39 下線部 e に関連して，次の資料1・2に示されている投資と金融についての記述として最も適切なものを，あとのうちから選べ。

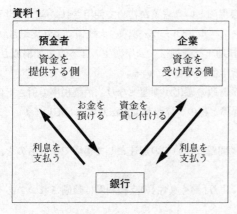
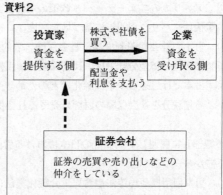

① 資料1は間接金融の説明の図であり，具体的には企業が株式や社債を発行して，資金を調達する。

② 資料1は直接金融の説明の図であり，具体的には銀行が広く預金者から預金を集め，その預金を企業が運転資金として銀行から借り入れる。

③ 資料2は直接金融の説明の図であり，具体的には企業が株式や社債を発行して，資金を調達する。

④ 資料2は間接金融の説明の図であり，具体的には銀行が広く預金者から預金を集め，その預金を企業が運転資金として銀行から借り入れる。

40 下線部 f に関連して，「豊かさ」の指標の一つである国内総生産(GDP)についての記述として最も適切なものを，次のうちから選べ。

① GDP は，1年間にその国の国民が生み出した財・サービスの合計から，中間生産物(原料や半製品など)の価額を差し引いたものである。

② GDP を生産人口への分配面からとらえたものが国民総所得(GNI)であり，2017年現在，日本の GDP は世界第3位の規模である。

③ GDP には，おいしい空気など市場で取り引きされないものは含まれず，また大気汚染などへの公害対策費は含まれるが，家事など無償労働はカウントされないなど課題もある。

④ GDP が大きくなっても，それを上回る物価上昇があれば豊かになったとはいえないので，物価上昇分を除いた名目経済成長率で「豊かさ」を表すことが多い。

41 下線部 g に関連して，社会保障についての記述として**適切でないもの**を，次のうちから一つ選べ。

① 公的扶助の起源とされるのはイギリスのエリザベス救貧法であり，社会保険制度はドイツのビスマルクによる「アメとムチ」の政策の中で創設された。

② アメリカのニューディール政策の中で社会保障という言葉が初めて使用され，第二次世界大戦後にベバリッジ報告に基づいた制度がローズベルト（ルーズベルト）大統領により実現された。

③ 日本の社会保障制度は，社会保険・公的扶助・社会福祉・公衆衛生の4本立てで構成され，特に医療と年金分野では国民皆保険・国民皆年金が実現している。

④ 日本では急速な少子高齢化などのため年金財政の悪化が課題となり，消費税率の引き上げによる増税分を社会保障の財源に充てる社会保障と税の一体改革関連法が成立している。

42 下線部 h に関連して，今日の日本における労働問題についての記述として**適切でないもの**を，次のうちから一つ選べ。

① 男女雇用機会均等法や育児・介護休業法により「働く女性」の支援制度は整備されつつあるが，仕事と家事・育児の両立が課題となっている。

② 非正規雇用労働者は最低賃金法の適用対象とはならないため，賃金が安く，正規雇用労働者との間には大きな所得格差がある。

③ 働き盛りの年齢層を中心に時間外労働が多く，サービス残業が日常化しているため，ワーク・ライフ・バランスの実現が求められている。

④ 深刻な労働力不足を背景に，2018年には，政府が指定した業種で一定の能力が認められる外国人労働者に対し，新たな在留資格を付与する改正出入国管理法が成立した。

43 下線部 i に関連して，次のグラフは日本における一般会計歳出の内訳の比率を示したものであり，ア～ウのグラフは1934年度，1955年度，2016年度のいずれかに該当する。ア～ウのグラフと会計年度との組合せとして最も適切なものを，あとのうちから選べ。

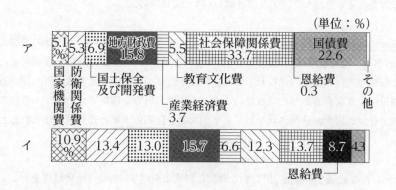

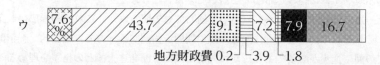

（財務省資料により作成）

	1934年度	1955年度	2016年度
①	ア	イ	ウ
②	ア	ウ	イ
③	イ	ア	ウ
④	イ	ウ	ア
⑤	ウ	ア	イ
⑥	ウ	イ	ア

［選択問題］
（Ⅶ・Ⅷのうちから1題を選んで解答すること）

Ⅶ 次の国際政治に関する文章を読んで、あとの各問い（44～50）に答えよ。

　ほとんどの人は国際連合(国連)を平和と安全の問題に結びつけて考えるが、実際には国連の資源の
大部分は「一層高い生活水準、完全雇用並びに経済的及び社会的な進歩及び発展の条件」を促進すると
いう国連憲章が定めた誓約の実行に振り向けられている。国連が行ってきた開発努力は世界の何百万
という人々の生活や福祉に大きな影響を与えてきた。こうした国連の努力を導いてきたのが、世界の
すべての人々の経済的、社会的福祉が確保されてはじめて恒久的な国際の平和と安全が達成されると
の信念であった。

（中略）

　国連は、一連のグローバルな会議を開催し、国際的な課題に関する重要な、新しい開発目標を策定し、
促進するための場を提供する。国連は女性の地位の向上、人権、持続可能な開発、環境保全、良い統
治のような問題を開発のパラダイムに組み込む必要を説いてきた。こうしたグローバルなコンセンサ
スは、1961年に始まった一連の「国連開発のための10年」を通しても表明された。これらの幅広い政策
や目標に関する声明は、それぞれの10年でとくに関心の強い問題を強調する一方で、社会的、経済的
を問わず、開発のすべての面に進歩が必要であり、かつ先進工業国と開発途上国との格差を埋めるこ
とが重要であることを一貫して強調した。

（中略）

　経済社会問題に関する国際的な討議は、国境を越える多くの問題を解決するにあたっては富める国
も貧しい国も利害が共通していることをますます反映するようになった。難民人口、組織犯罪、薬物
の取引、エイズ、気候変動のような問題は、グローバルな問題であって、行動には調整が必要である。
ある地域における慢性的な貧困と失業は、移住や社会の崩壊、紛争などを通して直ちに他の国々にも
影響を及ぼす。同様に、グローバル経済の時代にあっては、一国の金融不安は直ちに他の国の市場に
影響を与える。

（国連広報センター HP より、一部変更・省略）

44　下線部aに関連して、集団安全保障体制に関する記述として最も適切なものを、次のうちから選べ。
　①　19世紀には、集団安全保障のためにすべての国が加盟する組織をつくり、紛争は平和裏に解
　　決するというルールを定め、違反した国にはその他のすべての国が共同で制裁を加えていた。
　②　第一次世界大戦の惨禍に対する反省から、アメリカのウィルソン大統領の提唱によって国際
　　連盟が設立され、本部がニューヨークにおかれた。
　③　国際連盟は、アメリカなど大国が参加せず、総会や理事会の議決に全会一致制をとったため
　　重要な決定ができず、制裁も経済制裁に限られていたため第二次世界大戦を防げなかった。
　④　第二次世界大戦後、原加盟国51か国で国際連合が発足し、現在ではアメリカなどすべての主
　　要先進国が加盟しているが、発展途上国のうちで国連に加盟している国は半数程度である。

45　下線部 b に関連して，次の文章中の空欄 　A　 ～ 　C　 に該当する語句の組合せとして最も
適切なものを，あとのうちから選べ。

> 　国連憲章のもとに，国際の平和と安全に主要な責任を持つのが安全保障理事会である。国
> 際連盟との重要な違いの一つは，その決定を 　A　 する能力を持っていることである。理
> 事会は15か国で構成される。常任理事国 5 か国（中国，フランス，ロシア連邦，イギリス，
> アメリカ）と，総会が 　B　 年の任期で選ぶ非常任理事国10か国である。各理事国は 1 票
> の投票権を持つ。手続き事項に関する決定は15理事国のうち少なくとも 9 理事国の賛成投票
> によって行われる。実質事項に関する決定には，5 常任理事国の同意投票を含む 9 理事国の
> 賛成投票が必要である。常任理事国の反対投票は 　C　 と呼ばれる。

	A	B	C
①	勧告	2	抵抗権
②	勧告	5	拒否権
③	強制	5	抵抗権
④	強制	2	拒否権

46　下線部 c に関連して，国際平和が危機に瀕した出来事の一つに冷戦がある。冷戦に関する記述と
して最も適切なものを，次のうちから選べ。

① 冷戦とは，第二次世界大戦後に顕在化した，アメリカを中心とした西側陣営とイタリアを中
心とした東側陣営との対立で，軍事力を行使する戦争にまではいたらない対立をいう。

② アメリカが西側諸国と北大西洋条約機構を結成したのに対し，東側諸国はワルシャワ条約機
構を結成した。

③ 朝鮮戦争の勃発により，世界は核戦争の瀬戸際まで追い込まれたが，その一方で，部分的核
実験禁止条約が締結されるなどデタントが進んだ。

④ 1980年代にゴルバチョフが共産党の書記長に就任すると，マーシャル・プランという政策を
進め，ついにアメリカのブッシュ大統領とマルタで会談し，冷戦の終結を宣言した。

47 下線部dを実現するためには，教育の普及が重要とされる。教育の普及などに取り組む国際機関についての次の文章中の空欄 D ～ F に該当する語句の組合せとして最も適切なものを，あとのうちから選べ。

　 D は異なる文明，文化，国民の間の対話をもたらす条件を創り出すために活動する。一般に共有する価値観を尊重することに基づき，持続可能な開発，平和の文化，人権の順守， E を目指す。 D の活動領域は教育，自然科学，社会・人文科学，文化，コミュニケーションおよび情報に及ぶ。とくに関心を持っていることは，すべての人が教育を受けられるようにし，……また，文化的アイデンティティの表明を支援し，世界の F を保護し，情報の自由な流れと報道の自由を促進し，かつ開発途上国のコミュニケーション能力を強化することに努める。

（国連広報センターHP より，一部省略）

	D	E	F
①	UNESCO	貧困の削減	自然遺産や文化遺産
②	UNESCO	健康の増進	難民
③	UNHCR	貧困の削減	難民
④	UNHCR	健康の増進	自然遺産や文化遺産

48 下線部eに関連して，人権に関する条約の中で日本が批准していないものを，次のうちから一つ選べ。
　① 子どもの権利条約　　　　　　　② 死刑廃止条約
　③ 女子差別撤廃条約　　　　　　　④ 人種差別撤廃条約

49 下線部fに関連して，1990年代以降におこった，国内外に大きな影響を及ぼした対立に関する記述として適切でないものを，次のうちから一つ選べ。
　① 冷戦終結後，政治的イデオロギーによる制約がなくなったため，多民族国家であった旧ユーゴスラビアでの紛争のような民族紛争や地域紛争が多発した。
　② アメリカで「同時多発テロ」がおこり，アメリカは実行犯とされたイスラーム過激派を支援するタリバン政権下のアフガニスタンを攻撃した。
　③ チュニジア，エジプト，リビアの長期独裁政権が，軍の行動から始まる反政府運動によって倒され，「プラハの春」が進展した。
　④ ロシアはウクライナ領であったクリミア半島をロシアに編入したが，アメリカ，EU，日本などはこれを認めず，ロシアに対して制裁措置を実施した。

50 下線部gに関連して，国連による紛争の解決についての記述として**適切でないもの**を，次のうち
　　から一つ選べ。

　　①　国連憲章では，どのような場合でも国連加盟国が武力行使することを全面的に禁止した。
　　②　安全保障理事会と加盟国が特別協定を結び，国連軍を創設し軍事的措置をとることができる。
　　③　冷戦時代にも，地域紛争などで停戦が成立すると平和維持活動を展開することがあった。
　　④　現在は，平和維持活動に加え，紛争後の社会・国づくりを支援する平和構築に取り組んでいる。

VIII 次の国際経済に関する文章を読んで，あとの各問い(51〜57)に答えよ。

　世界経済は，グローバル化やデジタル技術などの進展と共に，世界的なサプライチェーンと金融システムの発達により，<u>相互依存</u>がこれまで以上に強まっている。これらは更なる成長の機会を生み出す一方，一地域の経済ショックや<u>商品相場の変動</u>等の要素が同時に他の地域又は世界経済全体に対して影響を及ぼしやすくしている。また，国境を越えた経済活動を更に円滑なものとするため，<u>ルールに基づいた経済秩序の維持・構築</u>の必要性が一層高まっている。2017年の世界経済は，短期的には回復基調にあるが，中長期的には引き続き金融の脆弱性，地政学的緊張，政治的不確実性等による下方リスクが存在している。

　一方，グローバル化に逆行する動きとして，欧米の主要国内で高まった<u>保護主義</u>や内向きの傾向があり，この動きは引き続き顕著である。その背景は，国内所得格差の拡大，雇用喪失，<u>輸入品</u>の増加，移民の増加，地球環境問題など一様ではないと考えられる。<u>欧州</u>では，移民・難民流入数が減少する一方，南北の<u>経済格差</u>は改善が見られていない。米国では，<u>トランプ大統領</u>が，選挙公約であった「米国第一主義」を改めて強調し，米国製品購入や米国民の雇用促進を進めるなど，保護主義傾向が強まった。

(外務省『外交青書2018』より，一部変更)

51 下線部aに関連して，各国経済の相互依存が強まっている理由の一つに，国際経済が貿易を中心に展開していることがある。貿易に関連する比較生産費説についての次の文章中の空欄 A 〜 C に該当する数値の組合せとして最も適切なものを，あとのうちから選べ。

> 　甲国には220人の労働者がおり，乙国には170人の労働者がいる。毛織物を1単位生産するのに，甲国では100人，乙国では90人の労働者を要し，ブドウ酒を1単位生産するのに，甲国では120人，乙国では80人の労働者を要する。かつては，甲国は毛織物とブドウ酒をいずれも1単位ずつ生産し，これらをすべて国内で消費していた。また，乙国も毛織物とブドウ酒をいずれも1単位ずつ生産し，それをすべて国内で消費していた。
>
> 　ところが，この2国間で国際分業が成立し，甲国は国内にいる220人の労働者をすべて毛織物生産に投入して，毛織物を A 単位生産するようになった。また，乙国も国内にいる170人の労働者すべてをブドウ酒生産に投入して，ブドウ酒を B 単位生産するようになった。そして，甲国と乙国との間で毛織物とブドウ酒を1単位ずつ無関税で交換するようになったことで，甲国は以前よりも毛織物を C 単位だけ多く消費できるようになった。

	A	B	C
①	2.125	2.2	0.2
②	2.125	2.2	0.125
③	2.2	2.125	0.125
④	2.2	2.125	0.2

52 下線部 b に関連して，商品相場の変動と同様に，為替相場（為替レート）の変動が世界経済に与える影響も大きい。次のア～エのうちで，一般に，円高ドル安になる場合の組合せとして最も適切なものを，あとのうちから選べ。

　　ア．日本からアメリカへの輸出が増えた。
　　イ．アメリカから日本への輸出が増えた。
　　ウ．日本に比べてアメリカの金利が高い。
　　エ．アメリカに比べて日本の金利が高い。

　　① アとウ　　　　　② アとエ　　　　　③ イとウ　　　　　④ イとエ

53 下線部 c に関連して，貿易におけるルールの整備などを行っている世界貿易機関（WTO）についての次のA・Bの記述の正誤の組合せとして最も適切なものを，次のうちから選べ。

　　A．WTOの前身は国際通貨基金であり，貿易保護措置を撤廃して世界貿易を拡大するために，
　　　　自由・無差別・多角の三原則を掲げていた。
　　B．ウルグアイ・ラウンドの合意に基づいて，新たな国際機関としてWTOが設立され，その後
　　　　はじまったドーハ・ラウンドで農産物の貿易における南北間の対立が完全に解消された。

　　① A－正　B－正　　　　　　　　② A－正　B－誤
　　③ A－誤　B－正　　　　　　　　④ A－誤　B－誤

54 下線部 d に関連して，次のア～エの政策のうち，保護主義的な貿易政策に該当するものはいくつあるか。その数として最も適切なものを，あとのうちから選べ。

　　ア．輸入に関して関税を高くした。
　　イ．輸入に関して数量制限を実施した。
　　ウ．自国の弱い産業分野に補助金を支給した。
　　エ．輸入製品に関する規格基準を緩めた。

　　① 1　　　　　　　② 2　　　　　　　③ 3　　　　　　　④ 4

55 下線部 e に関連して，貿易など国際間の経済取引の収支を国際収支という。「官民による食料や医薬品の無償援助」は国際収支統計の上でどこに分類されるか。最も適切なものを，次のうちから選べ。

　　① 第一次所得収支　　② 第二次所得収支　　③ 資本移転等収支　　④ 金融収支

56 下線部 f に関連して，欧州連合(EU)に関する次の文章中の空欄 D ～ F に該当する語句の組合せとして最も適切なものを，あとのうちから選べ。

> 1993年，D 条約が発効して，EU が発足した。1998年には EU の金融政策を策定・運営するために E が設置され，翌年からは共通通貨ユーロが導入された。また，2009年に発効した F 条約によって，欧州理事会常任議長(EU 大統領)や欧州連合外務・安全保障政策上級代表(EU 外相)が新設された。

	D	E	F
①	マーストリヒト	ECB	リスボン
②	マーストリヒト	FRB	リスボン
③	リスボン	FRB	マーストリヒト
④	リスボン	ECB	マーストリヒト

57 下線部 g に関連して，経済協力開発機構の下部機関で，発展途上国への経済援助の調整と推進のために設置された機関の略称として最も適切なものを，次のうちから選べ。

① DAC   ② UNCTAD   ③ NIEO   ④ EEC

Ⅰ　原始・古代史諸問題

A　古墳時代～奈良時代

【1】 正解は②。Aは正しい。ヤマト政権は大王（のちの天皇）を中心とした豪族の連合政権で，豪族は氏とよばれる血縁関係で結ばれた同族集団をつくっており，朝廷から姓という地位を表わす称号を与えられていた。姓の主なものには次のようなものがある。

臣（おみ）	中央の有力豪族・地方の伝統ある豪族に授与，葛城氏・平群氏・蘇我氏・出雲氏など
連（むらじ）	特定の職能で仕えた有力豪族に授与 大伴氏・中臣氏・物部氏・土師氏など
君（きみ）	地方の有力豪族などに授与
直（あたい）	地方の一般豪族などに授与

　Bは誤り。子代ではなく部曲。子代は名代とともに大王家の私有民をさす。氏では氏上と呼ばれる統率者が氏人とよばれる氏の構成員を率いた。氏は田荘という私有地を持ち，部曲という私有民に耕作させた。部曲は所有者の氏の名をつけて蘇我部・大伴部などと呼ばれた。

【2】 正解は③。①は誤り。平城京遷都時の天皇は元明天皇（天智天皇の娘で，元正天皇の母）の時。②も誤り。条坊制とは古代の都市区画のことで，中央を貫く朱雀大路によって都を左京・右京に分けたのち，南北にはしる大路（坊）と東西にはしる大路（条）で碁盤の目状に区画したものをいう。条坊制が採用された最初の都は奈良飛鳥の北西に造られ，694年，持統天皇時に遷都が行われた藤原京である。③は正しい。都の北方には宮城（大内裏）がおかれ，「天子南面」といって天皇は北を背にして南に向かって座っている。天皇から見て左（東）が左京，右（西）が右京となる（右上図参照）。④も誤り。富本銭はわが国最初の通貨で，鋳造されたのは持統天皇の前の天武天皇の時。

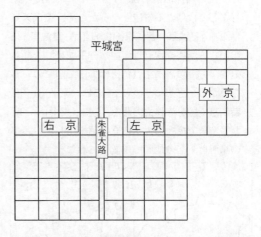

【3】 正解は④。奈良時代は貴族・皇族・僧侶間で政権争いが続いた。流れを下記でつかんでおこう。

政権担当者	政界のようす
藤原不比等	娘の宮子を文武天皇の夫人につけ首皇子（聖武天皇）を生ませる。大宝・養老律令の制定や平城遷都で活躍。
長屋王	天武天皇の孫。不比等の死後に政権握る。723年，三世一身法を施行。不比等の娘光明子の立后に反対し，729年，謀反の疑いをかけられ自殺（長屋王の変）。
藤原四子	不比等の息子（南家の武智麻呂・北家の房前・式家の宇合・京家の麻呂）が聖武天皇の即位と光明子の立后により権力を握る。737年，天然痘により相次いで病死。
橘諸兄（もろえ）	光明皇后の異父兄でもと皇族。唐から帰朝した吉備真備・僧玄昉と政権握る。740年，藤原広嗣（宇合の子）が大宰府で反乱を起こすが退ける。
藤原仲麻呂	南家武智麻呂の子。孝謙天皇（聖武天皇と光明子の娘）と光明皇后の信任をうけ政権握る。757年，諸兄の子橘奈良麻呂の乱を未然に防ぎ，淳仁天皇を擁立し恵美押勝の名を賜る。
道鏡	孝謙上皇の寵愛を受け台頭し，764年，対立する恵美押勝を退ける（恵美押勝の乱）。孝謙上皇の重祚（称徳天皇）後に宇佐八幡宮の神託と称して皇位をねらうが和気清麻呂らの活躍で失敗し下野国薬師寺に追放（770年）。

| 藤原百川（ももかわ） | 宇合の子，広嗣の弟。藤原永手らと**天智天皇**の孫にあたる**光仁天皇**をたて律令体制の再建をめざす。 |

　上記の**藤原広嗣の乱**（740年）や天然痘の流行などで政情が不安定となったため，聖武天皇は遷都〔平城京→**恭仁京**（山背国）→**難波宮**（摂津国）→**紫香楽宮**（近江国）→**平城京**〕を繰り返す一方，鎮護国家（仏法によって国家の安泰をはかる）思想に基づいて，741（天平13）年，恭仁京で国分寺建立の詔を，743（天平15）年，紫香楽宮で盧舎那大仏造立の詔を出した。遷都の場所は下記の地図で確認しておこう。

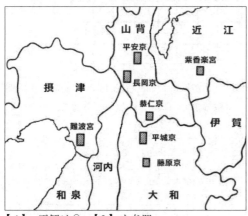

【4】　正解は②。【3】を参照。
【5】　正解は③。【3】を参照。

B　平安時代

【6】　正解は④。平安時代中期，藤原氏による摂関政治が形成されるなか，**醍醐天皇**（897～930年）および**村上天皇**（949～967年）の時代は摂政・関白がおかれずに天皇親政が行われた。この2代の治世を**延喜・天暦の治**といい，後世「聖代」といわれ天皇政治の理想とされた。両天皇の主な事績は下記の通り。

| 延喜の治（醍醐天皇） | ①延喜の荘園整理令（902）の発布
②最後の班田収授法の施行（902）
③**延喜格式**の編纂（907・927）
④『**日本三代実録**』の編纂（901）
⑤『**古今和歌集**』の編纂（905） |
| 天暦の治（村上天皇） | ①調・庸の期限内納入，新儀式の制定
②**乾元大宝**の鋳造（958）
③『**後撰和歌集**』の編纂（951） |

　①は延久の荘園整理令が誤りで，**延喜の荘園**

整理令が正しい。延喜の荘園整理令は902（延喜2）年に出された**最初の荘園整理令**で，新立荘園の停止，897年以降の勅旨田（ちょくしでん）の開発を停止している。延久の荘園整理令は，後三条天皇の1069（延久元）年に出されたもの。②も誤り。奈良時代に成立した『**日本書紀**』に続いて六つの正史（公式歴史書）が作られたが，これを**六国史**（りっこくし）という。成立時の天皇は下記を参照。醍醐天皇時に編纂されたのは『**日本三代実録**』。

書名	完成年	天皇
日本書紀	720	元正天皇
続日本紀	797	桓武天皇
日本後紀	840	仁明天皇
続日本後紀	869	清和天皇
日本文徳天皇実録	879	陽成天皇
日本三代実録	901	**醍醐天皇**

　③の最初の勅撰和歌集『**古今和歌集**』の編纂は村上天皇ではなく醍醐天皇の時。村上天皇の時に編纂されたのは『**後撰和歌集**』。④は正しい。奈良時代の708（和銅元）年，元明天皇の時に発行された和同開珎のあと，（和同開珎を含めて）十二種類の貨幣が鋳造されたがこれを**皇朝（本朝）十二銭**という。万年通宝・神功開宝・隆平永宝・富寿神宝・承和昌宝・長年大宝・饒益神宝・貞観永宝・寛平大宝・延喜通宝・**乾元大宝**（けんげん）の12種類で，最後の乾元大宝が村上天皇時に発行されている。

【7】　正解は③。9世紀末～10世紀前半，国司制度の腐敗などから治安が乱れ，地方豪族・有力農民らが武装し各地で蜂起するようになった。また，海賊・盗賊などの活動も活発化した。そこで朝廷は，武芸をもって朝廷に仕える中・下級貴族（軍事貴族）を**押領使**（おうりょうし）・**追捕使**（ついぶし）として派遣して鎮圧にあたらせた。やがて彼らは土地を開墾して地方に土着し，一族を家子（いえのこ），支配下の農民を郎党（等），下人・所従という家来にして中小武士団を形成し，国衙の警備にあたったり，都に出て宮中の警備にあたる**滝口の武士**（9世紀末，宇多天皇時に設置）として採用されるようになった。北面の武士は11世紀末，白河上皇の時に設置された院の警備にあたる武士。

【8】　正解は③。中小武士団は武士団どうしの争いのなかで，大武士団になっていくが，その際，土着国司・豪族・地方に下った皇族・貴族の子孫（高貴な血を引く者という意味で貴種という）を統率者として迎えるが，これを武家の**棟梁**と呼ぶ。代表的棟梁には**高望王**を祖とする**桓武平氏**と**源経基**を祖とする**清和源氏**がある。下記系図参照。源経基は**藤原純友の乱**で功績をたてた。純友は伊予の掾（国司）であったが，任期が切れた後も伊予に住みつき，939（天慶2）年，日振島を中心に海賊船を率いて伊予・讃岐の国府や大宰府を襲った。これに対して，朝廷は，**小野好古・源経基**を追捕使に任じて純友軍を討たせた。同時期，東国でも**平将門の乱**（935〜940）が起こっており，この両乱を**承平・天慶の乱**という。

【9】　正解は①。源経基のあとも清和源氏は摂関家（藤原北家）と結んで，様々な事件や戦乱で手柄を立て勢力を延ばしていった。源経基の子**源満仲**は969（安和2）年の**安和の変**（醍醐天皇の皇子源高明が満仲の訴えで失脚した事件）で手柄をたて摂関家に仕えるようになった。満仲の子源頼光・頼信兄弟も藤原兼家・道長に仕えて勢力を伸ばし，頼信は1028〜31年の**平忠常の乱**（もと上総介平忠常が朝廷に対して反乱を起こし房総を占拠）の際に追捕使（追討使）に任命されて戦わずして乱を鎮圧した。この乱を機に平氏にかわり源氏が東国に勢力を伸ばしていった。

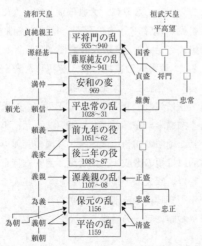

【10】　正解は①。源氏は前九年・後三年の役でも活躍する。**前九年の役**（1051〜62年）は陸奥の俘囚（朝廷に帰服した蝦夷）の長であった安倍氏（安倍頼時ついで貞任・宗任兄弟）がおこした反乱（下記系図参照）であったが，陸奥守・鎮守府将軍の**源頼義**（頼信の子）・義家父子が出羽の豪族清原氏の助けをうけ厨川の柵の戦いで安倍氏を破った。**後三年の役**（1083〜87年）は前九年の役後，勢力をつけた清原氏一族間の争いで，まず，**清原真衡と家衡・清衡**連合との間で争いが起こり，真衡病死後，**家衡と清衡**の間で争いが起こった。このとき陸奥守・鎮守府将軍**源義家**は清衡を助けて家衡を金沢の柵の戦いで破った。後三年の役のあと源氏が東国での勢力を固める一方，もとの藤原姓を名乗るようになった清衡（**藤原清衡**）に始まる奥州藤原氏が**清衡**，子の**基衡**，子の**秀衡**の3代約100年に渡って岩手県の**平泉**を中心に栄華を築いた。

〔前九年・後三年関係系図〕

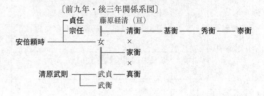

Ⅱ　中世史諸問題

A　執権政治

【11】　正解は③。北条氏の執権政治については下記を参照。

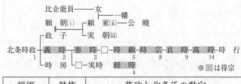

将軍	執権	幕政と北条氏の動向
源頼朝 1192〜99		
源頼家 1202〜03		時政・政子，頼家の独裁停止→有力御家人13人による**合議政治**開始（1199） **梶原景時**滅ぼす（1200） **比企能員**滅ぼす（1203） 時政，頼家を伊豆に幽閉→3代将軍に実朝擁立（1203）→頼家暗殺（1204）

源実朝 1203〜19	北条 時政 1203〜05	時政，政所別当に就任→**執権**と称する（1203） 畠山重忠滅ぼす（1205） 時政，平賀朝雅の将軍擁立に失敗→伊豆へ引退
	北条 義時 1205〜24	義時，政所別当に就任（1205） 和田義盛滅ぼす（**建保合戦**）（1213），侍所別当兼任→執権地位確立 頼家の子公暁が実朝暗殺（1219）→源氏断絶 藤原（九条）頼経を摂家将軍に（将軍宣下は1226） 承久の乱（1221）―六波羅探題設置，新補地頭の設置
藤原頼経 1226〜44 （摂家将軍）	北条 泰時 1224〜42	連署設置（1225）―執権の補佐，初代連署時房 評定衆任命（1225）―合議政治の制度化，有力御家人11人任命 御成敗式目制定（1232）
藤原頼嗣 1244〜52 （摂家将軍）	北条 経時	
宗尊親王 1252〜66 （皇族将軍）	北条 時頼 1246〜56	三浦泰村滅ぼす（**宝治合戦**）（1247） 引付衆任命（1249）―評定衆補佐 後嵯峨上皇皇子宗尊親王を皇族将軍に（1252）
	北条 長時	弘長の関東新制（1261）
惟康親王 1266〜89 （皇族将軍）	北条 政村	
	北条 時宗 1268〜84	元寇 文永の役（1274） 弘安の役（1281）
久明親王 1289〜1308 （皇族将軍）	北条 貞時 1284〜1301	霜月騒動（1285）―内管領平頼綱が安達泰盛滅ぼす 永仁の徳政令（1297）
守邦親王 1308〜1333 （皇族将軍）	北条 師時	〰〰〰は北条氏の他氏排斥

3代執権**泰時**の頃，幕政の中心にいた重要人物（義時・大江広元・政子）が次々と亡くなった。そこで，1225（嘉禄元）年，執権の補佐役として設けられたのが**連署**である。連署の名は命令文書などに執権と連ねて署名したのでつけられた。初代連署に就任したのは泰時の叔父**時房**で以後，北条氏が就任する。また，泰時は時政の時代から始まった合議政治を制度化しようと1225（嘉禄元）年，有力御家人11名を**評定衆**

に任命し重要政務の評議や裁判にあたらせた。さらに1232（貞永元）年には最初の武家法として，**御成敗式目（貞永式目）**を制定する。制定の背景には，1221（承久3）年に起こった朝廷・幕府間の争いである**承久の乱**後に増えた荘園領主と御家人の土地を巡る訴訟事件の増加や，寛喜の大飢饉（1231年）にともなう社会不安による紛争の増大などがある。

【12】　正解は①。A・Bともに正しい。御成敗式目（貞永式目）は全部で51条からなり，頼朝以来の**先例**（過去の判例）・**道理**（武士社会の道徳や慣習）を基準として作られ，守護・地頭の職務規定，所領相続規定，行政・民事・刑事規定などが定められている。法律が足りなくなった場合は，新たに追加していったが，これを**式目追加**といい，また，これを分類・編纂したものを**新編追加**という。御成敗式目は**最初の武家法**で，**室町幕府も基本となる法律は御成敗式目をそのまま採用し必要に応じて法律を追加した**が，これを**建武以来追加**という。この御成敗式目は後世，戦国大名が制定した**分国法**や江戸時代の武家諸法度などにも影響を与えている。

【13】　正解は④。御成敗式目の第3条は守護の職務規定である。史料の概訳は「守護の任務について右大将家（源頼朝）の時代に定めおかれたのは，大番役の催促，謀叛人・殺害人の逮捕…などの事柄である」で，右大将とは**右近衛大将**（宮中の警固などを司る右近衛府の長官）の略で，頼朝は1190（建久元）年にこの役に任ぜられている。ちなみに，**大番催促**（御家人に京都大番役）〈京都に上り3年間，皇居を警備する〉を勤めさせる），**謀叛人の逮捕**（謀叛人を逮捕する），**殺害人の逮捕**（殺人を犯した者を逮捕する）は総称して**大犯三箇条**という。

【14】　正解は②。Aは正しい。Bは兵粮米ではなく加徴米。守護と同じ1185（文治元）年におかれた地頭の任務は国衙領・荘園の管理で，具体的には税の徴収，土地管理，治安維持を任務とした。収入は土地管理者としての収入であったが，戦時には反別（1反あたり）5升の**兵粮米**（戦時に兵士の食糧となる米）の徴収権が認

められた。1221（承久3）年，後鳥羽上皇が起こした朝幕間の争いである承久の乱で幕府が勝利したあと，上皇側の貴族・武士の所領3000ヵ所が没収され，御家人が地頭として任命された。これを**新補地頭**という（従来の地頭は本補地頭）。多くの御家人が西国へと移住し，従来いた荘官などにかわり，新たに地頭となった。地頭の得分（収入）は従来の荘官などにならったが（先例），不明の場合が多く，また，わかっていても（得分が）少ない場合が多かった。そこで決められた得分についてのきまりが**新補率法**である。新補率法で決められた地頭の得分は，(1)田畠11町につき1町を免田として地頭に与え，(2)田畠1反あたり5升の**加徴米**（地頭の得分として徴収できる米）の徴収権を与える，(3)山野河海の収益のうち半分は，地頭のものとするなどであった。承久の乱後，武士の勢力が拡大していくと，地頭が横暴化し荘園の年貢を領主に収めない（年貢未進）ことが多くなり，荘園領主と地頭の争いが激化した。そこで2つの解決方法がとられた。1つは**地頭請（地頭請所）**で，これは定額の年貢の納入を条件に地頭に荘園の管理いっさいをまかせるもので，定額の年貢（請料）以外の収入は地頭のものになった。もう1つは**下地中分**。これは荘園（下地という）を荘園領主側・地頭側の2つに分け，互いに干渉することなく年貢を徴収したり，荘園を管理したりするもの。京都松尾神社を領主とする**伯耆国東郷荘**の下地中分（13世紀半）は図が残っていて有名。

【15】　正解は①。御成敗式目はあくまで武士のための法律で**武家社会のみで通用**し，公家の社会では養老律令の流れをくむ律令法が，荘園では本所法という法律が適用された。出題の「…この式目は…」の史料はこのことについて説明した『**泰時消息文**』（泰時が六波羅探題であった弟重時に送った手紙）である。

　下記は重要箇所の抜粋と訳。

> 「さてこの**式目**をつくられ候事は，なにを本説として被注載之由，人さだめて誹難を

加事候歟。ま事にさせる本文にすがりたる事候ねども，たゞどうりのおすところを被記候者也。…この式目は只かなをしれる物の世間におほく候ごとく，あまねく人に心えやすからせんために，武家の人への**はからひ**のためばかりに候。これによりて京都の御沙汰，律令の**おきて**も聊もあらたまるべきにあらず候也。…」

貞永元九月十一日　**武蔵守在**―（判）　**駿河守殿**

> 「さてこの**御成敗式目**（式目）を作ったことについては何をよりどころ（本説）に書いたのか人はきっと非難することでしょう。たしかにこれといった文章に頼ったわけではないのですが，ただ**道理**（どおり）にあることを書いたのです。…この式目はかなしか知らない者が世間に多い状況のなかで，広く人々に理解（心えやすからせん）してもらうために，武士の**便宜（はからひ）**のために作りました。これにより京都の命令（御沙汰），律令のおきてがすこしでも改まるわけではありません。」

　1232年（貞永元年）9月11日　武蔵守（**北条泰時**）　駿河守（**北条重時**）殿

B　室町時代の土一揆

【16】　正解は③。室町時代，農業生産力の向上を背景に，**惣村**という自治的な村をつくった農民たちは荘園領主や守護大名などに対して愁訴・強訴・**逃散**などの抵抗を行ったが，最後の手段として武装蜂起したのが**土一揆**。土一揆には経済的要求を掲げて起こす**徳政一揆**，政治的要求を掲げて起こす**国一揆**，宗教的な一向一揆がある。代表的なものは下記を参照。

正長の徳政一揆 1428	①将軍義持の死を契機に近江坂本の馬借が徳政を求め蜂起②農民ら酒屋・土倉・寺院を襲撃③管領の畠山満家が鎮圧④意義―最初の大規模な土一揆※史料―『大乗院日記目録』―(a)，大和柳生の徳政碑文―(b)
嘉吉の徳政一揆 1441	①将軍義教暗殺（嘉吉の乱）後，義勝が新将軍に決定，農民ら「**代始めの徳政**」を要求して京都乱入②幕府，徳政令を発布し収拾※史料―『建内記』）―(c)

播磨の国一揆 1429	①播磨の国人らが守護の赤松満祐の追放めざして蜂起②「国中侍あらしむべからず」を目標※史料―『薩戒記』―(d)
山城の国一揆 1485～93	①南山城の国人ら応仁の乱後も抗争を続ける畠山政長・畠山義就に対し両軍撤退などを要求し蜂起②両軍を撤退させ国人36人の月行事による8年間の自治※史料―『大乗院寺社雑事記』―(e)
加賀の一向一揆 1488～1580	①加賀の一向宗の坊主を中心に農民・国人が蜂起②守護の富樫政親を滅ぼし政親の一族泰高を擁立し以後、約100年にわたり坊主・国人らによる自治、"百姓の持ちたる国"※史料―『蔭凉軒日録』―(f)

次に各土一揆に関する史料と訳を載せておく。

(a)『大乗院日記目録』(尋尊の著)

> 「(正長元年)九月　日，一天下の土民蜂起す。徳政と号し，酒屋・土倉・寺院等を破却せしめ，雑物等 恣 にこれを取り，借銭等悉くこれを破る。官領これを成敗す。凡そ亡国の基，これに過ぐべからず。日本開白以来，土民蜂起是れ初めなり。」

「正長元年（1428年）9月　日，一天下の農民（土民）が一斉に蜂起した。『徳政だ』と叫んで，酒屋・土倉・寺院などを（襲って）破壊し，質入れした物品などを思うままに略奪し，借金証文などをすべて破り捨てた。管領（畠山満家）がこれを取り締まった。総じて国が亡ぶ原因として，これ以上の事件はない。日本の国が始まって以来（日本開白），土民が立ち上がったというのは，これが初めてである。」

(b)柳生の徳政碑文（大和―奈良県―の柳生に建てられた地蔵像に刻まれた碑文）

> 「正長元年ヨリサキ者カンヘ四カンカウニヲキメアルヘカラス」

「正長元年（1428年）から以前については，神戸の四か郷には負債はないものとする」

(c)『建内記』（万里小路時房の日記）

> 「(嘉吉元年九月三日)…近日，向辺の土民蜂起す。土一揆と号し，御徳政と称して，借物を破り，少分を以て押して質物を請く。繿江 州 より起る。…今土民等，代始に此の沙汰は先例と称すと云々。言語道断の事なり。…」

「嘉吉元年（1441年）9月3日…最近，(都の)周りの土民が蜂起した。土一揆と号し，徳政だといって借金を破棄し，わずかな銭で強引に質入れした品物を請け出す。事件は近江国（江州）から起こった。…今農民らは新しく将軍が決まったから徳政令をだすのが正長の土一揆からの先例だといっている。言語道断のことである。」

(d)『薩戒記』(中山定親の日記)

> 「(正長二年正月二十九日)…或人曰はく。播磨国の土民，旧冬の京辺の如く蜂起す。…凡そ土民侍をして国中に在らしむべからざる所と云々。乱世の至りなり。仍て赤松入道発向し了んぬ者。」

「正長2年（1429年）正月29日…ある人が次のように語った。『播磨の土民が，去年冬の京都周辺と同じように（正長の徳政一揆のこと），一斉に立ち上がった。…だいたい土民は侍を国の中にいさせないのだともいっている。乱世もきわまったものだ。このため赤松入道（満祐）は（京都から鎮圧のために播磨国にむけて）出陣した』と語った。」

(e)『大乗院寺社雑事記』(尋尊・政覚・経尋の日記)

> 「(文明十七年十二月十一日)一，今日山城国人集会す。上ハ六十歳，下ハ十五六歳と云々。同じく一国中の土民等群集す。今度両陣の時宜を申し定めんが為の故と云々。然るべきか，但し又下極上の至りなり。」

「文明17（1485）年12月11日　一，今日，山城の国人が集会をした。その年齢は上が60歳，下が15，6歳という。同じく山城国中の土民等が群れ集まった。今度の（畠山）両陣の処理を相談して決めるためだという。もっともなこと

であろう。ただし，これは下剋上がきわまったものだ。」

(f)『蔭涼軒日録』

> 「(長享二年六月二十五日)…今晨，香厳院に於いて叔和西堂語りて云く。今月五日越前府中に行く。其れ以前越前の合力勢賀州に赴く。然りと雖も，一揆衆二十万人，富樫が城を取り回る。故を以て，同九日城を攻め落さる。皆生害して，富樫一家の者一人これを取り立つ。」

「長享2 (1488) 年6月25日…今朝，香厳院で叔和西堂が次のように話してくれた。『今月5日に越前の府中に行った。この日より前に越前の守護朝倉氏の援軍（越前の合力勢）が加賀国（賀州）へ向かって出発していた。しかし，一向一揆の軍勢20万人が富樫氏の高尾城（富樫が城）を包囲した。そのため今月9日には城を攻め落とされ，城中の富樫一族の者はみな殺されて，一向一揆側は富樫一族の者一人（泰高のこと）を加賀国の守護にとりたてた。』」

問題文のⅠは山城国一揆 (1485〜93)，Ⅱは播磨の国一揆 (1429)，Ⅲは加賀の一向一揆 (1488〜1580) の史料。

【17】 正解は①。惣村の発達とともに，荘園領主へ納める年貢などを惣村がひとまとめにして請け負う地下請（村請・百姓請）がしだいに広がり，村民への年貢の割り当ても惣村が主体となって行うようになった。②の地下検断（自検断）は村内の裁判・警察（検断）を領主・守護に頼らず，村民によって行うものをいう。③の地頭請（地頭請所）は【14】を参照。④の負名体制は10世紀ごろ，朝廷は税制を人に対して課税するものから有力農民（田堵）の経営する田地に対する課税に変えたが，このような体制を負名（田堵のこと）体制という。

【18】 正解は②。【16】の正長の徳政一揆を参照。

【19】 正解は④。kに入るのは「柳生の徳政碑文」これも【16】の正長の徳政一揆を参照。mに入るのは「分一銭」。高利貸し（土倉）から金を借りている債務者が，幕府に頼んで土倉に対し

て徳政令（借財の帳消し令）を出してもらう。これで債務者の借金はなくなるが，その代わり，借金の一割を幕府に徳政令発布の手数料として納めるが，これを分一銭という（土倉が分一銭を納め，徳政令を免除してもらう逆もある）。

【20】 正解は④。鎌倉時代の元寇後，分割相続による所領の細分化，貨幣経済の浸透，元寇における軍事負担と恩賞の不充分などが原因で御家人の生活が苦しくなった。幕府を支えていたのが御家人であったので，御家人の窮乏を救わねばと出されたのが，1297（永仁5）年，執権北条貞時の時に出された永仁の徳政令である。内容は，(1)御家人の所領の売却・質入を禁止する，(2)御家人に売却した所領で20年（廿年）を経ないものは持ち主に無償返還する，(3)非御家人・凡下（庶民のこと，ここでは借上と呼ばれる高利貸しのこと）に売却した土地は20年過ぎても無償返還させるなど。

Ⅲ 近世史諸問題

【21】 正解は①。江戸幕府の組織の特徴は将軍を頂点とするピラミッド構造をしており，要職は原則として譜代大名（関ヶ原の戦い前から徳川氏

```
                      ┌ 町奉行
          ┌ 大 老     ┌ 勘定奉行
将軍 ─ 老 中 ┤        └ 大目付
          ├ 若年寄 ─ 目 付
          └ 寺社奉行

-- は譜代  …… は旗本
```

の家臣であった大名）・旗本に限定され，将軍直属の職は譜代大名，老中支配の職は旗本が就いた。上図のように大老・老中・若年寄・寺社奉行などは譜代大名，(江戸)町奉行・勘定奉行・大目付などは旗本が就任した。

【22】 正解は②。将軍直属の家臣のうち，1万石以上の家臣を大名といい，1万石未満を直参といった。直参は，(1)旗本—将軍と御目見得（謁見）ができ，かつ知行地と呼ばれる土地を与えられる知行取か，または蔵米という米が支給される蔵米取であった，(2)御家人—御目見得ができず蔵米取であった—の2つに分けられる。大

名も旗本・御家人も，それぞれ石高に応じて軍役（例えば1000石なら鉄砲2丁，弓1張，鑓5本，馬上1騎など）が課せられた。よってAは正しく，Bは誤り。

【23】　正解は③。①は誤り。江戸時代，農村は幕府や藩の法度に反しない範囲で自治が認められた。自治を担当した農民を**村方三役**という。村方三役は**名主**・**組頭**・**百姓代**の3つからなる。**名主**は関西では**庄屋**，東北地方では**肝煎**と呼ばれた。沙汰人は中世の惣村指導者。②も誤り。江戸時代の農民は本百姓と水呑百姓の2階級があった。**本百姓**（年貢賦課の対象となった土地高請地を持っていたので高持ともいう）は田畑・屋敷地を所有する農民で**検地帳**に記載され年貢納入の義務を負った。**水呑百姓**（無高）は土地を持たず本百姓から田地を借りて小作した。その他，名子・被官は有力な本百姓に従属した農民のことで，**村政に参加できるは本百姓のみ**。③は正しい。農民の負担には，田畑・屋敷地に賦課されるものとして**本途物成**（本年貢・正税）がある。これは米納が原則で，標準的な税率は四公六民（年貢率40％）である。④も誤り。**高掛物**は村の石高に課せられた付加税で，山野・原野・河海・副業からの収入に課した税は**小物成**で現物納か銭納が原則であった。

【24】　正解は②。江戸時代の身分制度である士農工商の工（職人）と商（商人）は町に住んだので町人といった。町人は屋敷の間口に対し**地子銭**（地子），夫役として町人足役，営業に対し運上・冥加という税をおさめた。③の町**入用**（町費）とは町の維持に必要な費用（祭りの費用，消防の費用，道路造りの費用）などをいう。寛政の改革で松平定信はこれを節約させて節約分の7割を飢饉・災害に備えて積み立てさせた（七分金積立）。

【25】　正解は④。④の内容は寛永令の参勤交代。大名統制のための武家諸法度の最初のものは1615（元和元）年，2代将軍**秀忠**の時に南禅寺の金地院**崇伝**が起草した**元和令**で13条からなっていた。内容は**文武の奨励**，**私婚の禁止**，倹約の奨励，**城郭の新築・無届け修築禁止**などが規

定されている。3代将軍**家光**の時の1635（寛永12）年に出された**寛永令**は儒学者の**林羅山**によって起草されたもので，内容は19条からなり，**参勤交代制**の実施，500石以上の大船建造禁止・無断での関所の設置禁止などが加わる。以下に元和令・寛永令の史料（抜粋）と訳をあげておく。

●武家諸法度（元和令）

> 「一　文武弓馬ノ道，専ラ相嗜ムベキ事。
> …
> 一　諸国ノ居城修補ヲ為スト雖モ，必ズ言上スベシ。況ンヤ新儀ノ構営堅ク停止令ムル事。…
> 一　私ニ婚姻ヲ締ブベカラザル事。…」
> 　　　　　　　慶長廿年卯七月　日

一　諸大名は，学問と武術をみがくことにつとめなければならない。
一　城を修理するときでも届けなければならない。新築することはかたく禁止する。
一　諸大名は，幕府の許可なくかってに結婚の約束をしてはならない。
　　1615年（慶長廿）年7月　日

●武家諸法度（寛永令）

> 一　大名小名，在江戸交替，相定ル所也。毎歳夏四月中参勤致スベシ。…
> 一　私ノ関所，新法ノ津留，制禁ノ事。
> 一　五百石以上ノ船停止ノ事。
> 　　　　寛永十二年六月廿一日

一　大名・小名に対し，国元と江戸の参勤交代を定める。毎年夏4月中に江戸に参勤すること。
一　私設の関所をおいたり，新たに法を作って津留を行うことを禁止する。
一　五百石積み以上の大船の建造は禁止する。
　　1635（寛永十二）年6月21日

【26】　正解は③。朝廷・公家の統制法である**禁中並公家諸法度**は1615年，2代将軍**秀忠**のときに南禅寺の金地院**崇伝**によって起草され

た。内容は17条からなり，**天皇・公家の政治活動の規制**，儀礼・席次・任免・改元・改暦・**紫衣**（高僧に与えられる紫の衣）・上人号の授与に関する規定などが定められている。紫衣規定に違反して起こったのが，3代将軍家光の**1627（寛永4）年**におこった**紫衣事件**である。時の**後水尾天皇**が幕府に諮らず紫衣を僧侶数十人に与えたことが，幕府によって無効とされた事件である。このとき幕府に抗議した大徳寺の僧**沢庵**は出羽上山へ流罪となり，天皇も憤慨して退位し，1629（寛永6）年，**明正天皇**（後水尾天皇の娘で，奈良時代の称徳—孝謙—天皇以来860年ぶりの**女帝**）に譲位する。④の**尊号一件**とは1789（寛政元）年，松平定信が寛政の改革を行っている時におきた事件で，光格天皇が父閑院宮典仁親王に太上天皇（上皇—もと天皇に与えられる）の尊号をおくろうと計画したが，典仁親王は天皇にはなってはいないと定信が反対中止させ関係者を処罰した事件。

【27】　正解は③。江戸幕府の経済基盤としては全国に約400万石ある天領（幕領）と呼ばれる幕府の直轄領からの年貢収入の他に，**佐渡相川・伊豆の金山**，**石見大森・但馬生野の銀山**などの直轄鉱山からの収入，江戸・京都・大坂（三都），長崎・堺・伏見・奈良・駿府などの重要都市からの収入，その他，貨幣（慶長金銀）の鋳造，商工業者への税（運上・冥加）や御用金の賦課などがあった。③の**別子**は1690（元禄3）年に泉屋（住友家）が発見した銅山。

【28】　正解は④。江戸時代，陸上交通では五街道の整備が行われた。街道の施設としては以下のものがある。

一里塚	約1里（4km）ごとに設置された塚
宿駅（宿場）	約2～3里ごとに設置された宿泊施設　本陣は大名・公家用，脇本陣は武士用，旅籠・木賃宿は庶民用
問屋場	公用人馬の差配，公用文書・荷物の中継　※東海道藤枝の問屋場は有名
関所	治安維持を図る，「入鉄砲に出女」を厳しく点検

②の**駅家**（うまや）は古代，都と国府をむす

ぶ街道（駅路）の30里ごとにおかれた中継所で中央の命令を伝える役人などが利用した。

【29】　正解は①。①の天正大判は**豊臣秀吉の時代**に**後藤徳乗**（室町時代の彫金師後藤祐乗の子孫）によって鋳造された貨幣。②江戸時代の貨幣には金貨・銀貨・銭貨の三貨がある。金貨は計数貨幣で大判・小判などが，銀貨は秤量貨幣で丁銀・豆板銀などが，銭貨も計数貨幣で**寛永通宝**（一文銭）などがある。③5代将軍綱吉の時代，寺院の改築・造営費用，明暦の大火の復興費用，金銀産出量の激減などが原因で，幕府は深刻な財政難に陥った。そこで**勘定吟味役**（財政を担当する勘定奉行所の監査役）で，のちに勘定奉行となる**荻原重秀**の意見で貨幣の改鋳を行い金の含有量をおとした**元禄小判**を発行し差額**出目**を得た。④しかし，質の悪い貨幣が出回ることで物価が高騰したので，次の6代将軍家宣・7代家継の時代に**正徳の治**を行った**新井白石**は綱吉時代の勘定奉行であった荻原重秀を退け，金の含有量を元に戻した良質の**正徳小判**を鋳造して物価高騰を防いだ。

【30】　正解は④。江戸時代，ポルトガルは中国のマカオを拠点に中国産の生糸（白糸）を持ち込み莫大な利益を得ていた。こうしたポルトガルの利益独占を防ぐために，1604（慶長9）年に始まったのが**糸割符制度**である。これは**京都・堺・長崎**（のち**江戸・大坂**が加わる）の特定商人（五ヵ所商人）に糸割符仲間というグループをつくらせ，これに輸入生糸の買取権と価格の決定権を与え一括購入させ，その後，各都市の商人に分配した制度。これによってポルトガルは仲間の決めた値段で生糸を売らなければならなくなった。

IV　文化史（古墳文化～平安文化）

A　古墳文化～白鳳文化

【31】　正解は③。古墳時代人の風習には，(1)**禊**—神を祭る神事の前などに川や滝などで身を洗い，身についている罪やけがれを落とし清めるもの，(2)**祓**—祓串でわざわいや罪悪を払いの

けるもので，特に6月と12月の晦日に行うものを大祓という。(3)**太占**—甲骨占いの1つで，鹿の肩胛骨を焼いて，そのひびわれの形によって吉凶を判断するもの，(4)**盟神探湯**—水の入った鉢に小石を入れ，水を沸騰させ，手で底にある小石を拾わせ，やけどの有無で真偽を判定するもの。氏姓の不正を正すなどのために行われた。

【32】 正解は①。仏教の公伝は**百済の聖明王**が日本の**欽明天皇**に仏像・経典を伝えた時とされている。その時期に関しては2説ある。①**戊午説**—『**上宮聖徳法王帝説**』(聖徳太子の伝記)・『**元興寺縁起**』(元興寺の由来について書かれた)によると538年に伝わったとある(戊午は538年を干支であわらしたもの)，②**壬申説**—『**日本書紀**』によると552年に伝わったとされる。『日本書紀』の記述は年代に誤りが多いことから，538年説が有力とされている。

【33】 正解は②。蘇我稲目の子馬子は587年，皇位継承と仏教受容問題で対立した物部守屋を滅ぼしたのち，**崇峻天皇**をたて政権を独占する。ところが天皇が馬子のことを快く思っていないことを知ると，東漢直駒を使い天皇を暗殺し，代わって敏達天皇の皇后であった炊屋姫を即位させ，最初の女帝である**推古天皇**とした。さらに天皇の甥にあたる厩戸皇子(聖徳太子)を摂政(皇太子)にたて，太子と協力して冠位十二階や十七条憲法を制定するなど中央集権化を進める一方，天皇支配の正当性を示すため『**天皇記**』・『**国記**』という歴史書の編纂を行った。また，仏教を保護し自ら氏寺として**飛鳥寺**(法興寺・元興寺)を建立した。①は推古天皇ではなく，崇峻天皇。③中大兄皇子・中臣鎌足に滅ぼされたのは馬子の子蝦夷とその子の入鹿。④『旧辞』『帝記』ではなく『天皇記』『国記』。

【34】 正解は③。図は法隆寺金堂の**釈迦三尊像**で作者は**鞍作鳥**(止利仏師)である。飛鳥時代の代表的な彫刻作品には次表のものがある。②と④の選択肢にある康弁は鎌倉時代に活躍した慶派仏師で代表作には興福寺の「天灯鬼・龍灯鬼像」がある。

飛鳥寺	釈迦如来像(飛鳥大仏)(金銅像)(606)—鞍作鳥(止利仏師)の作，日本最古
法隆寺	・金堂釈迦三尊像(金銅像)(623)—鞍作鳥の作 ・夢殿救世観音像(木像)—聖徳太子等身像，明治初期フェノロサが調査 ・宝蔵殿百済観音像(木像)
中宮寺	半跏思惟像(弥勒菩薩)(木像)
広隆寺	半跏思惟像(弥勒菩薩)(木像)

【35】 正解は④。7世紀後半から8世紀初頭，特に天武・持統天皇の時代を中心とする文化を白鳳文化といい，薬師寺はその代表的な寺院。この時代の寺院は下記を参照。

薬師寺	天武天皇が皇后の病気平癒を祈り創建(698)，のち藤原京から平城京へ移築，**東塔**—裳階つき三重塔，「凍れる音楽」はフェノロサ(米)の言葉
大官大寺	もと百済大寺，天武天皇時に高市大寺・大官大寺と改称，官大寺(国立の寺院)の筆頭，のち藤原京から平城京へ移築され大安寺
山田寺	蘇我石川麻呂の建立(641)，廻廊部分は最古の木造遺構
川原寺	(弘福寺)，大官大寺・薬師寺・元興寺と並ぶ四大寺の1つ

B 平安時代の文化

【36】 正解は①。平安中期から後期(10世紀～11世紀)の文化を国風文化という。この頃の和歌の名手には**六歌仙**がいる。**小野小町・在原業平・僧正遍昭・喜撰・文屋康秀・大友黒主**の6人で，このうち**在原業平は伊勢物語の主人公**。文学では虚構の創作文学**物語文学**が多く残された。代表的なものは下記参照。

『竹取物語』	9世紀末成立，翁とかぐや姫の伝奇物語，**物語文学の祖**
『伊勢物語』	9世紀末成立，在原業平を主人公とした最初の歌物語(和歌にまつわる話)
『源氏物語』	1008年頃成立，平安文学の最高傑作，紫式部(中宮彰子の女房)の著
『堤中納言物語』	10世紀後半成立，10編の物語からなる短編物語集
『宇津保物語』	10世紀後半成立，左大将の娘貴宮と求婚者たちが繰り広げる結婚談
『落窪物語』	10世紀後半成立，継母の虐待に耐えた落窪の姫の物語

【37】　正解は②。平安時代の貴族の生活についての問題。男子の服装には正装として**束帯**・**衣冠**（束帯を簡素化したもの）が，日常着として**直衣**（ただの衣の意味）が，狩りの時に着る狩衣などがあった。一方，女子の正装には**女房装束**（十二単）が，日常着は**小袿**に袴などがあった。また，貴族の邸宅は**寝殿造**でつくられていた。屋敷は塀で囲まれていて四足門を入ると中央に家の主が住む**寝殿**（柱は白木造，屋根は**檜皮葺**で作られている）がある。その両側に家族が住む**西対**，**東対**があり，それぞれが**渡殿**という廊下でつながっている。庭には池があり，月見をしたり和歌を詠んだりする泉殿，釣りを楽しむ釣殿などで構成されている。成人式は今日のように20歳になったので行う訳ではなく，**一人前になったと思った時点で行った**。男子の成人式を**元服**，女子の成人式を**裳着**（裳という衣をつけたので）という。当時の貴族は，**陰陽道**（中国で生まれ日本で発展した呪術に関する学問）の影響で迷信・占い・方違・物忌・具注暦などが信じられた。**方違**は日によって悪い方角が決まっていて，そちらの方角へ行かなければならない時，前夜，他の方角で一泊して，翌日，方角を変えて目的地に行くものをいう。**物忌**は災いから免れるため，一定期間食事や行動を慎み家内にこもることをいう。①は直衣が誤りで衣冠・束帯，③は18歳とは限らない，④は末法思想ではなく陰陽道。

【38】　正解は①。平安時代の貴族は日記をつけることを日課とした。代表的な日記（および随筆）は下記参照。

『土佐日記』	935年，紀貫之の著，最初の仮名で書かれた日記，女性に仮託
『蜻蛉日記』	10世紀半，藤原道綱の母，夫藤原兼家との結婚生活の自叙伝風物語
『更級日記』	11世紀前，菅原孝標の女が父の任地上総からの帰京から書き始めた回想録
『和泉式部日記』	11世紀前，敦道親王との恋愛を回想
『紫式部日記』	11世紀前，紫式部の日記
『枕草子』	11世紀初，清少納言（皇后定子の女房）の随筆

A．皇后定子（藤原道隆の娘）に仕えた女房は清少納言で，彼女が残した随筆が『**枕草子**』。なお，『源氏物語』の作者である紫式部は中宮彰子（藤原道長の娘）に仕えた女房。B．は『蜻蛉日記』。

【39】　正解は③。写真は六波羅蜜寺の『**空也上人像**』。平安中期，宗教では**浄土教**が発達した。これは**阿弥陀如来**という仏を信仰し「**南無阿弥陀仏**」（阿弥陀仏に南無〈すがる〉の意）の念仏を唱えれば，死後，**極楽浄土**（阿弥陀如来の住む清らかな世）へ行って**往生**（生まれ変わる）することができるという来世信仰。浄土教が発達した背景には末法思想の流行がある。末法思想とは釈迦入滅後，正法・像法を経て国を守る仏法の力が衰え暗黒時代に入るという思想で，日本では1052（永承7）年から入ると言われていた。浄土教の布教者（聖）には，市聖・阿弥陀聖と呼ばれ全国を遍歴して念仏の功徳を広めたことで知られる**空也**。往生の仕方を説き『**往生要集**』（985年）を著した**源信**（恵心僧都）などがいる。**鎌倉時代**，慶派仏師運慶の四男**康勝**が，空也が念仏を唱えると口から「南無阿弥陀仏」の1字1字が六体の阿弥陀仏となって現れたという伝承をもとに『**空也上人像**』を残した。①は源信ではなく空也，②題目（「南妙法蓮華経」）ではなく念仏。④は平安時代ではなく鎌倉時代。

【40】　正解は③。彫刻では**定朝**が**寄木造**の手法を完成させる。これは，仏像を前面・背面・脚部などにわけて作ったのち，最後に張り合わせるもの。別々に作ることで大量生産が可能になる。末法の世に入るということで仏像の需要が増えたため考え出された手法。代表的な作品には**定朝**の作である**平等院鳳凰堂の阿弥陀如来像**などがある。また，世俗画では日本の花鳥風月を題材とした和風の絵「**大和絵**」が巨勢金岡らを祖に描かれるようになる。仏画では**来迎図**が残される。臨終の際に人（**衆生**）を極楽浄土につれていくべく阿弥陀如来が多くの仏を従えて迎えにきている場面を描いたもので**高野山聖衆来迎図**が有名。

【41】　正解は④。縄文土器と弥生土器の違いをつかんでおこう。**縄文土器は**，⑴品質―低温で焼かれ**厚手で黒褐色もろい**，⑵文様―縄目文，隆起線文・無文・撚糸文など，⑶種類―丸底土器（草創期），尖底土器（早期），平底土器（前期），火炎形土器（中期），注口土器（後期），亀ヶ岡式土器（晩期），深鉢形土器（全時代）。**弥生土器は**，⑴品質―高温で焼かれ**薄手で硬く赤褐色**。⑵文様―無文，幾何学模様，⑶種類―**壺**（貯蔵用），**甕**（煮炊き用），**高杯**（盛付用），**甑**（炊飯用）などの特徴がある。①は3期ではなく6期（縄文時代は土器の形式から**草創期・早期・前期・中期・後期・晩期**の6期に分かれる），②は薄手で赤褐色ではなく**厚手で黒褐色**，③は弥生土器の説明。

【42】　正解は③。縄文土器は約1万3000年前につくられた世界最古の土器である。こうした土器の年代測定法には放射性炭素14測定法・ウラン年代測定法・年輪年代法などがある。このうち放射性**炭素14測定法は**，大気中には炭素14（^{14}C）という元素があり，生物はそれを体内に取り入れる。生物が死ぬと炭素14の取り入れがストップし，その後，徐々に減少し5730年で半減する。この原理を利用して土器に付着している炭化物や同じ地層から出土した木や骨などの炭素14の残存量で年代を測定する方法。古墳時代に入ると弥生土器の系統をひく**土師器**が土師部らによって作られた（色は**赤褐色**である）。さらに5世紀になると**朝鮮**から**須恵器**が伝来する。これは高温で焼かれた硬質の土器で薄くて壊れやすい。色は**灰色**である。

【43】　正解は③。縄文時代の特徴には，⑴打製石器の他に**磨製石器の使用**，⑵縄文土器の製作，⑶弓矢の使用などがある。日本列島が大陸と陸続きであった更新世の時代，人々は狩猟や採取の生活をしており，獲物や木の実を求めて移動を繰り返し，住居はつくらず岩かげや洞穴に居住していたが，縄文時代の人々は水の便のよい海辺や台地に小集落を形成し竪穴住居を建て定

住生活をするようになった。縄文時代人の風習には**土偶・土版・土面・石棒**の製作，**抜歯**，叉状研歯などがある。**土偶**は土で作られた人形でほとんどが女性をかたどっていることから，多産を祈ったなどの説がある。**石棒**は男性器をかたどったもので恵みと多産を祈ったと考えられる。**抜歯**は歯のうちの門歯と犬歯を抜くもので，成人の通過儀式として行われたとされている。叉状研歯は前歯をフォーク状に削るもので魔除けのためと考えられている。①磨製石器は使用されている，②定住生活は始まっている，④は叉状研歯ではなく抜歯。

【44】　正解は④。すべて正しい。弥生文化は，⑴**弥生土器の製作**，⑵**金属器の使用**，⑶**水稲農耕の普及**，⑷織物の出現などを特徴とする。稲作は中国南部から長江下流に伝わり，そこから北上して朝鮮南部へ，そこから九州北部，西日本，関東，東北へと広がっていった。しかし，気候が稲作に向かない**北海道**と，食料が豊富な**沖縄**には伝播しなかった。北海道はサケ・マスに頼る**続縄文文化**が（7世紀からは**擦文文化**と呼ばれる鉄器文化が），沖縄は貝類に頼る**南島**（貝塚）**文化**が栄えた。

【45】　正解は②。Aは正しい。天平文化（奈良時代の文化）の代表的な工芸品である正倉院御物は，**聖武天皇の遺品**などを光明皇太后が東大寺の**正倉院宝庫に納めた**もので，イラン・ペルシアなどの影響を受けた国際性に富んだものが多い。Bは誤り。**正倉院宝庫**は高床式の倉庫で，南倉・中倉・北倉からなり，南倉・北倉は柱をつかわず，三角形の長材を積み重ねて造った**校倉造**である。書院造は室町時代に成立した和風建築様式の祖。

【46】　正解は⑥。図の出典は『**一遍上人絵伝（一遍聖絵）**』で浄土宗の開祖**一遍**の生涯を描いた絵巻で円伊の筆によるもの。場面は備前国（岡山県）の**福岡市**で，一遍（左手黒い衣を着ている）が追いかけてきた吉備津宮神社の神主の息子に切り殺されかけているところである。福岡市は鎌倉時代，**三斎市**（月に3度開かれる市）で知られ，絵から布や米などが販売されている

ことがわかる。手前には**備前焼**の壺や甕がおかれている。選択肢にある瀬戸，越前，常滑，信楽，丹波，備前の焼き物は古くから生産が続いていて「日本六古窯」とよばれ，備前焼もその１つ。絵が備前福岡市であることがわかれば解ける問題。

【47】　正解は②。茶道（茶の湯）は鎌倉時代に臨済宗の開祖栄西が中国から喫茶の風習をもたらし，南北朝〜室町にかけて闘茶（茶の産地をあてる）・茶寄合（茶会）が流行する。室町時代の東山時代になると一休に学んだもと奈良称名寺の**村田珠光**が禅の精神を取り入れ**侘茶**（簡素な小座敷と道具立の中で精神的深みのある茶を味わう）を創始する。侘茶は室町末期の堺の**武野紹鴎**を経て桃山時代の堺の**千利休**により大成し，千利休は京都に**妙喜庵待庵**と呼ばれるわずか２畳の茶室を設計している。選択肢①の織田有楽斎は信長の弟で，千利休に茶を学び京都に如庵という茶室を作っている。

【48】　正解は①。朝鮮では古くから白磁や青磁といった磁器がつくられていたが，秀吉の朝鮮出兵（**文禄の役—1592年**，**慶長の役—1597年**）の際に，多くの朝鮮人陶工が捕虜として連れてこられ，茶の湯の流行とあいまって，各地で**お国焼**と呼ばれる陶磁器が焼かれるようになった。お国焼の一つである肥前の有田焼は朝鮮の陶工**李参平**が始めた磁器で，伊万里という港から出荷されたので伊万里焼ともいう。江戸の初期，肥前の**酒井田柿右衛門**は有田焼で上絵付の法（釉薬を塗って焼いたあとに再び色を塗って焼く技法）を研究し**赤絵**の手法を完成した。**濃絵**は金箔の地の上に絵具を厚く塗り重ねていく障壁画などで使われる手法。

【49】　正解は①。酒井田柿右衛門の代表作は『**色絵花鳥文深鉢**』。

【50】　正解は②。江戸時代の元禄時代，京都の**野々村仁清**は上絵付の法をもとに色絵の技法を完成し**京焼の祖**とよばれる。代表作には【49】の選択肢②〜④の『色絵藤花文茶壺』『色絵吉野山図茶壺』『色絵月梅文茶壺』などがある。

Ⅵ　明治・大正史（選択問題）

A　明治政府の諸改革

【51】　正解は②。1869（明治２）年に行われた**版籍奉還**は藩主（大名）に藩（土地），籍（人民）を天皇に返還させるもので，薩摩の大久保利通，長州の木戸孝允，土佐の板垣退助，肥前の大隈重信が，各藩主を説得した結果，**薩・長・土・肥**の藩主が版籍奉還の上表を提出し，他藩も追随して全国274藩が奉還を行った。旧藩主は**知藩事**となり，旧石高の10分の１が家禄として授与され，以前と同じように藩政にあたった。版籍奉還後も知藩事が税権・軍事権を握っており以前と変わっていなかったので，1871（明治４）年，予想される抵抗に備えて**薩摩・長州・土佐**藩から徴兵した**御親兵**の軍事力を背景に，**廃藩置県令**（廃藩置県の詔）を出して一挙に藩を解体した。この結果，全国は３府（東京・京都・大阪）302県，すぐに３府72県，1888年には３府43県となった。藩兵は解散させられ，知藩事は東京在住となり，新たに**府知事・県令**が派遣されることになった。①薩長土肥ではなく**薩長土**，②1872（明治５）年，政府は琉球王国に**琉球藩**をおいて**尚泰**を藩王として華族に列した。前年に廃藩置県が行われているにもかかわらず藩をおいたのは，王国をいきなり県にすることで清国を刺激するのをおそれたのが理由（沖縄県が置かれるのは1879年）。また，蝦夷地が北海道と改められるのは1869（明治２）年，④明治政府の中央官制は，(1)王政復古の大号令の時（1867年）—三職（総裁・議定・参与），(2)政体書の時（1868年）— 7 官制，(3)版籍奉還の後（1869年）— ２官６省制，(4)廃藩置県の後（1871年）— ３院制，(5)1885年—内閣制度と変わっている。

【52】　正解は④。郵便事業は所管である駅逓寮の長官駅逓頭**前島密**の指導下進められ，1871（明治４）年，東京・京都・大阪間で開始され，それまでの飛脚制度は廃止された。外国との交換業務も始まり，1877（明治10）年には，ベルリンで青木周蔵が万国郵便連合条約に調印した。

【53】 正解は④。兵制改革の推進者は長州の**大村益次郎**（村田蔵六）で，彼が暗殺されたのちは同じ長州の**山県有朋**が改革を推進した。1871（明治4）年8月，仙台・東京・大阪・熊本に**4鎮台**（常備陸軍—のち6鎮台）が設置された。その後，**徴兵令**をだして国民を徴兵しようとしたが，反発を避けるため，1872（明治5）年11月，徴兵の趣旨を説明した**徴兵告諭**を発布する。出題部分の抄訳は「およそこの世にある物すべて，税のかからないものはない…**西洋人はこれ（徴兵）を血税といっている。その生き血で国に尽くすという意味である。**…陸海の二軍を常備し，全国民の**20歳以上の男子はすべて兵籍に編入し，国家の危急に備えるべきである。**」徴兵告諭の翌年，1873（明治6）年1月，政府はフランスの軍制をモデルに**徴兵令を発布し，20歳以上の成年男子に3年の兵役の義務を課した。**その後，各地で徴兵に反対する**血税一揆**（1873〜74年）がおこるが，これは徴兵告諭のなかの「**其生血ヲ以テ国ニ報スルノ謂ナリ**」という一文に，農民が徴兵されると血を抜かれると誤解しておこしたのでついた名前。

【54】 正解は①。明治政府は財源を農民が納める年貢（米）から土地に対する課税にかえ国庫の安定を図ろうとした。これが**地租改正**である。1873（明治6）年に**地租改正条例**を出し地租改正を断行した結果，(1)課税対象は収穫高から**地価へ**，(2)税率は一定せずから定率の**3％**に，(3)納税は物納から**金納**に，(4)納税者は耕作者から**地主**へとかわった。地租改正によって政府の財政は安定したが，これまでの収入が減らないように地価が高めに設定されたので，農民の負担は重かった。そのため，各地で**地租改正反対一揆**が起こり，政府は**1877（明治10）年**に地租を地価の**2.5％**に引き下げた。グラフの3段目で政府の配分比が減っているのはこれが原因。また，小作人が地主におさめる年貢は物納（米）で，地主が政府に収める地租は定額金納であったので，米価が上昇すると地主の利益が高騰した。グラフの地主の配分比が増えているのはこれが原因。

【55】 正解は⑤。Ⅲ→Ⅰ→Ⅱの順。明治時代の教育に関する制度・法令を下記にまとめた。

1871年	文部省設置
1872年	**学制**発布—フランスの制度を採用
1879年	**教育令**発布—アメリカの制度を採用
1880年	改正教育令発布—政府の指導・監督強化
1886年	**学校令**発布—ドイツの制度を採用，初代文部大臣森有礼（もりありのり）
1890年	**教育勅語**発布
1903年	国定教科書制度の開始—小学校の教科書を文部省著作のものに限定

Ⅰに関して第1次山県内閣の時，1890（明治23）年に発布された**教育勅語**（教育に関する勅語）は元田永孚（もとだながざね）・井上毅（いのうえこわし）らが起草し，忠君愛国・忠孝一致を教育の基本にしたもの。1891（明治24）年，第一高等中学校講師でキリスト教徒であった**内村鑑三**は『教育勅語』への敬礼を拒否し教壇を追われた（内村鑑三不敬事件）。

B 明治政府の貨幣・金融制度

【56】 正解は③。江戸時代，関西では銀貨・関東では金貨が使われ統一されなかったうえに，藩だけで通用する藩札も流通していた。また，戊辰戦争の戦費調達のために（発行数に制限がない）不換紙幣である太政官札，民部省札なども発行され，大きな混乱が起きていた。これらを整理するため，1871（明治4）年，**伊藤博文**の建議によって**新貨条例**が公布され，金貨・銀貨・銅貨の新貨幣が発行された。貨幣の単位は円・銭・厘の十進法が採用され，また，**金本位制**を採用し，1円金貨（純金1.5g含有）を原貨とした。金本位制とは，金貨（金地金）と紙幣や銀行券・補助貨幣などの通貨との交換（兌換）を保証するものであるが，日本には十分な金がなかったので，実際は金銀複本位制が採用された。1872（明治5）年には新政府紙幣（グラフの新・改造紙幣）を発行し，太政官札・民部省札の回収を図ったがこれも不換紙幣であった。金融面では1872（明治5）年，殖産興業のための民間への融資などを目的に伊藤博文の建議，**渋沢栄一**の起草で**国立銀行条例**が制定された。これによって政府公認の民営の国立銀行が設立され

【57】 正解は①。当初，国立銀行は正貨（金貨・銀貨）との交換を義務づけた兌換銀行券の発行を義務づけられたので第一，第二，第四，第五の4行にとどまったが，1876（明治9）年，この義務を廃止した（不換紙幣の発行を認めた）ので設立が急増し，1879（明治12）年までに計153行の銀行が設立された。1881（明治14）〜1892（明治25）年（グラフのZの時代），大蔵卿（のち大蔵大臣）松方正義による財政改革が行われた。この当時，1877（明治10）年（グラフのYの時期）に勃発した西南戦争の戦費調達のための大量の政府紙幣（不換紙幣）の発行や，国立銀行による不換紙幣の発行などでインフレが起こり，紙幣の価値が落ちた。その結果，税収の多くを地租（現金）にたよる政府は深刻な財政難に陥った。

【58】 正解は②。そこで，松方正義は増税を行う一方で（朝鮮でおきた壬午事変などに備えるため）軍事費以外の歳出削減で不換紙幣を集め，半分を整理（焼却）し，半分で正貨（銀貨）を購入して紙幣兌換に備えた。また，1882（明治15）年，日本銀行を創設し，これを唯一の発券銀行（中央銀行）とする一方，1883（明治16）年，国立銀行条例を改正して国立銀行の営業期限を20年間とし銀行券発行権のない普通銀行へ転換させた。日本銀行は，銀貨と紙幣の価値の差がほとんどなくなった1885（明治18）年に銀兌換の銀行券を発行し，ここに銀本位制が確立した。①の最初の社会主義政党である社会民主党が結成されたのは1901（明治34）年，③松方財政によるデフレ政策で没落した農民が自由党急進派（左派）の地方党員と結んで各地で騒擾事件を起こした。秩父困民党の起こした秩父事件（1884年）もその1つであるが，県令三島通庸が関わっているのは福島事件（1882年），④銀本位制の確立で物価が安定し，金利も低下して資金が借りやすくなった結果，鉄道・紡績などで会社設立がブーム（企業勃興）となった（1886〜89年）が，八幡製鉄所が設立されたのは日清戦争後の1897年でZの時期からは外れる。

【59】 正解は①。第1次伊藤内閣から第1次松方内閣まで藩閥内閣が続き，初期議会では政府と政党（民党）が激しく対立した。しかし，第2次伊藤内閣時に日清戦争が勃発すると政党は政府に協力するようになり，戦後，政府も政党の協力を必要としたので，第2次伊藤内閣は自由党の党首板垣退助を，次の第2次松方内閣も進歩党（改進党の後身）の党首大隈重信を外相として入閣させた。②は第2次伊藤内閣。伊藤博文は黒田・山県・松方らの首相経験者や，井上馨・西郷従道ら大物を入閣させたため元勲内閣と呼ばれる。③は第1次松方内閣。この内閣の海相樺山資紀の藩閥政府擁護の蛮勇演説で紛糾し議会は解散，第2回衆議院総選挙が行われた。この時，内相の品川弥二郎は厳しい選挙干渉（妨害）を行ったにも関わらず民党が勝利し，松方内閣は軍事予算を否決され総辞職する。④は第3次伊藤内閣。この内閣は軍備拡張のため地租増徴案を提出したが，自由党・進歩党は反対し否決，その後，合同し憲政党を結成，解散後の選挙で第1党となったため伊藤内閣は退陣した。

【60】 正解は③。明治政府は維新後から金本位制度の確立をめざしたが，十分な量の金を確保できず，やむをえず銀貨を本位貨幣とする銀本位制度を採用した。しかし，日清戦争（1894年）に勝利し下関条約で多額の賠償金をえると，それを元手に金を購入，1897（明治30）年，第2次松方内閣の時に発布された貨幣法で金本位制に移行した。金本位制は1917（大正6）年，寺内内閣の金輸出禁止（第一次世界大戦における金の流出を防ぐため）で停止，1930（昭和5）年，浜口内閣のときの金解禁（蔵相井上準之助）で復帰，1931（昭和6）年，犬養内閣の金輸出再禁止（蔵相高橋是清）で再び停止している。

日本史　　正解と配点

（60分，100点満点）

問題番号		正　解	配　点
Ⅰ	1	②	2
	2	③	2
	3	④	2
	4	②	2
	5	③	2
	6	④	2
	7	③	2
	8	③	2
	9	①	2
	10	①	2
Ⅱ	11	③	2
	12	①	2
	13	④	2
	14	②	2
	15	①	2
	16	③	2
	17	①	2
	18	②	2
	19	④	2
	20	④	2
Ⅲ	21	①	2
	22	②	2
	23	③	2
	24	②	2
	25	④	2
	26	③	2
	27	③	2
	28	④	2
	29	①	2
	30	④	2

問題番号		正　解	配　点
Ⅳ	31	③	2
	32	①	2
	33	②	2
	34	③	2
	35	④	2
	36	①	2
	37	②	2
	38	①	2
	39	③	2
	40	③	2
Ⅴ	41	④	2
	42	③	2
	43	③	2
	44	④	2
	45	②	2
	46	⑥	2
	47	②	2
	48	①	2
	49	①	2
	50	②	2
Ⅵ	51	②	2
	52	④	2
	53	④	2
	54	①	2
	55	⑤	2
	56	③	2
	57	①	2
	58	②	2
	59	①	2
	60	③	2

— 232 —

令和元年度　世　界　史　解答と解説

　例年同様，特定の時代や地域に偏ることなく幅広い出題であったが，先史時代からの出題があった。また，数題ではあるが，年号を覚えていないと解けない問題も出題された。ただし，多くは基本知識をしっかりと身につけていれば，高得点が取れる問題である。地図問題も絵画問題も出題されたが，すべて教科書や資料集に掲載されているものであった。

I　古代から中世にかけての西洋の歴史

【1】　①の「慣習法を成文化」したのはドラコンであり，クレイステネスではない。クレイステネスは，貴族勢力の基盤である旧来の部族制を解体し，地域に基づく新たな部族制を編成した。また，僭主の出現を防止するため，陶片追放（オストラキスモス）と呼ばれる制度を実施した。②は正しい文である。ペイシストラトスは，前6世紀に僭主となり，中小農民の保護を行った。よって，正解は②となる。③の「陶片追放（オストラキスモス）の制度を創設」したのはクレイステネスであり，ソロンではない。ソロンは，借金の帳消しや債務奴隷の禁止，財産政治を行った。④の「財産政治を実施」したのはソロンであり，ペリクレスではない。ペリクレスは，ペルシア戦争後，アテネ民主政を完成させ，アテネの全盛期を築いた政治家である。

【2】　アのスパルタクスの乱は前73年に，イのポエニ戦争でローマがカルタゴに勝利をおさめた第3回ポエニ戦争は前146年に，ウのホルテンシウス法の制定は前287年にそれぞれ起きた出来事である。よって，年代の古い順に並びかえるとウ→イ→アの順になり，正解は⑥となる。もし年号を覚えていなくても，古代ローマ史の大きな流れを覚えていれば，「アの『スパルタクスの乱』が『内乱の一世紀』中に起きた出来事であることから，イとウよりもアの出来事が

古い」と判断することができる。しかし，イとウの順番については年号を覚えていなければ並び替えることは難しいだろう。差がつく問題である。

【3】　「キリスト教が公認された」のは，コンスタンティヌス帝が313年に行ったミラノ勅令によってである。「313年」は4世紀初めであるため，ウの時期に該当する。よって，正解は③となる。なお，313年という年号を覚えていなくても，キリスト教を公認したのが「コンスタンティヌス帝」であることと，ローマ帝政期の皇帝の順番（ディオクレティアヌス帝→コンスタンティヌス帝→テオドシウス帝）を覚えていれば，ウの時期を選ぶことができる。

【4】　まず，アの文は「テオドリック大王」を手がかりに「東ゴート」の説明であると判断し，イの文は「クローヴィス」を手がかりに「フランク王国」の説明であるとそれぞれ判断する。次に，地図中のAのガリア地方はフランク王国が建国された場所であり，Bの北アフリカ地方はヴァンダル王国が建国された場所である。よって，「イ―A」の組合せが最も適切なものであり，正解は③となる。

【5】　①は「第3回十字軍」の部分が誤り。ビザンツ帝国の首都（コンスタンティノープル）を占領したのは，第4回十字軍である。②は「ユスティニアヌス1世（大帝）」の部分が誤り。ユスティニアヌス帝は6世紀にビザンツ帝国最盛期を築いた皇帝であり，軍管区制（テマ制）が実施されたのは7世紀以降のことである。なお，軍管区制とは，6世紀に最盛期を築いたビザンツ帝国が，イスラームなど諸勢力の侵入により領土縮小していく中で，危機に対応するために実施した軍事行政制度である。③は「ギリシア語」と「ラテン語」が逆である。ビザンツ帝国では，建国当初の公用語はラテン語であったが，ヘラクレイオス1世の時代にギリシア化

が進み，ギリシア語が公用語となった。④は，正しい文である。よって，正解は④となる。レオン３世が726年に発布した聖像禁止令は，偶像を否定するイスラームの影響を受けて発布されたが，ゲルマン布教に聖像を必要とするローマ教会との対立を深める原因となった。

【6】 ①は「ヴェルダン条約とメルセン条約により」の部分が誤り。ローマ教皇領が成立したのはピピンの寄進によってであり，ヴェルダン条約とメルセン条約はフランク王国分割を定めた条約である。②は「ノルマンディー公国」の部分が誤り。ノルマン人の一派がスラヴ人地域に建国した国はノヴゴロド王国であり，ノルマンディー公国はロロが北アフリカに建国した国である。③は正しい文である。マジャール人の侵入をレヒフェルトの戦いで撃破したオットー１世は，962年に教皇ヨハネス12世から皇帝の帝冠を受けた。よって，正解は③となる。④は「ウルバヌス２世」の部分が誤り。神聖ローマ皇帝ハインリヒ４世を破門したのはグレゴリウス７世であり，ウルバヌス２世はクレルモン宗教会議を招集して十字軍の派遣を決定した教皇である。

【7】 1095年に十字軍の派遣を決定した会議は，「クレルモン宗教会議」である。よって，正解は①となる。②のコンスタンツ公会議は，教会大分裂（大シスマ）の解消を目的に，神聖ローマ皇帝ジギスムントの提唱で開かれた公会議である（1414年〜1418年）。この会議で異端とされたフスは，火刑とされた。③のエフェソス公会議は431年に開かれた公会議で，ネストリウス派を異端とした。④のニケーア公会議は325年に開かれた公会議で，アタナシウス派が正統とされ，アリウス派が異端とされた。なお，異端とされたネストリウス派は中国に伝播し「景教」と呼ばれ，アリウス派はゲルマン人に伝道され広まったことも押さえておくこと。

【8】　Ａ は，「毛織物産地」と「百年戦争」の原因になったことが手がかりとなり，「フランドル」地方が入ることがわかる。　Ｂ は，「戦後（百年戦争後）のイギリスで」が手がか

りとなり，「バラ戦争」が入ることがわかる。よって，正解は①となる。なお，選択肢のＡにある「シャンパーニュ」は，12世紀から13世紀にかけて大定期市が開かれたことで有名な地域である。また，選択肢のＢにある「ワット＝タイラーの乱」は，百年戦争中の1381年にイギリスで起きた農民反乱である。ワット＝タイラーの乱を思想的に指導したジョン＝ボールと，彼が述べた「アダムが耕しイヴが紡いだとき，だれが貴族であったか」という言葉も覚えておくように。

| Ⅱ | 古代インドと古代中国の歴史 |

【9】 選択肢の中でインダス文明の都市遺跡は，④の「モエンジョ＝ダーロ」である。よって，正解は④となる。なお，インダス文明の都市遺跡としては，インダス川中流域のパンジャーブ地方にあるハラッパーも覚えておくように。①のオケオは，メコン川下流域に成立した扶南の外港である。②のアンコール＝ワットは，カンボジアのアンコール朝のスールヤヴァルマン２世によって造営された寺院である。なお，アンコール＝ワットは，写真問題でも問われることがあるので，教科書や資料集で必ず確認しておくように。③のパータリプトラは，ガンジス川河畔の都市で，マウリヤ朝とグプタ朝の都が置かれた。

【10】 まず，問題文にある「前５世紀頃のインド」は，リード文４行目の「…前４世紀頃に…マウリヤ朝を建てた」から，マウリヤ朝成立前のインドであることがわかる。②の「ヒンドゥー教が社会に定着」したのはグプタ朝の時代（後４〜後６世紀）であり，④の「大乗仏教が生まれた」のは，クシャーナ朝の時代（後１〜後３世紀）である。グプタ朝もクシャーナ朝もマウリヤ朝以後に成立した王朝であり，②と④は適切ではない。さらに，②については，『マヌ法典』の成立が前２世紀から後２世紀にかけてであり，ヒンドゥー教が社会に定着した時期（後４〜後６世紀）ともずれる。次に，③の「ガウタマ＝シッダールタが…仏教を開いた」のは前５

世紀頃であるが，「ヴェーダの祭式を重視」の部分が誤り。ガウタマ＝シッダールタは，ヴェーダの祭式を否定して仏教を開いた。以上により，正解は①となる。

【11】 マウリヤ朝は，インド南部以外のインドの統一に成功した。インド南部以外の領域を示した地図は，④である。よって，正解は④となる。①は，デカン高原を中心とした領域を示していることから，サータヴァーハナ朝であることがわかる。サータヴァーハナ朝は，前1世紀から後3世紀にかけて繁栄し，マリン＝ロードの中継地点として，東西交易で繁栄した。②は，デカン高原を除く北インドを一帯の領域を示していることから，グプタ朝であることがわかる。③は，西北インドから中央アジアにかけての領域を示していることから，クシャーナ朝であることがわかる。クシャーナ朝は，後1世紀から後3世紀にかけて繁栄し，シルク＝ロードの中継地点として，東西交易で繁栄した。また，マウリヤ朝・グプタ朝・ヴァルダナ朝がアーリヤ人が建国した王朝であるのに対し，クシャーナ朝がイラン系の王朝であることも押さえておくように。

【12】 ①は，文の内容は正しいが，秦の説明である。前4世紀の孝公の時代に商鞅の変法によって国力をつけた秦は，政の時代に法家の李斯を登用して中国の統一に成功した（前221年）。②も，秦の説明である。周は，鎬京を都とした。なお，前8世紀後半に西方から侵入してきた犬戎によって鎬京が攻略されると，周は都を洛邑（現在の洛陽）に遷都した（周の東遷）。③の「仰韶文化」は，前5000年から前3000年頃に成立した新石器文化であり，周の時代ではない。④の説明は，周の時代に成立した封建制の説明であり，正解は④となる。なお，封建制は中国だけでなく西欧でも行われた統治体制であるが，西欧の封建制が契約関係であるのに対して，周の封建制が血縁関係に基づくものであることも押さえておくように。

【13】 Aは，文の内容は正しいが，前漢の高祖の説明である。秦の始皇帝は，全国を郡に分け，さらに郡の下に県を置き，中央から派遣した官吏におさめさせる「郡県制」を実施した。よって，Aは誤りとなる。Bは，秦の始皇帝の説明である。法家思想に基づく中央集権を進めた始皇帝は，改革に批判的な儒学者の弾圧を行うため，儒学関係の書物を焼き（焚書），儒学者の生き埋め（坑儒）を行った。また，全国を一律に管理するため，度量衡・文字・貨幣の統一を行った。よって，正解は③となる。

【14】 司馬遷が『史記』をまとめたのは，前漢の武帝の時代である。王莽の新建国が前漢と後漢の間に起きた出来事であることから，アとイが前漢の時代であると判断する。さらに，武帝が即位したのが呉楚七国の乱以後であることから，前漢の武帝の時代はイであると判断する。よって，正解は②となる。『史記』が武帝の時代にまとめられたことを覚えていなければ解けない問題であり，差がつく問題であろう。なお，『史記』については，中国初の通史であることと，紀伝体で書かれた書物であることも覚えておくように。

【15】 まず，アの文にある安禄山と史思明がおこした「反乱」とは「安史の乱」のことであり，玄宗の時代の755年に起きた。また，ウの「両税法」の採用は，徳宗の時代の780年に宰相であった楊炎によって施行された。よって，ア→ウの順番になることがわかる。次に，玄奘が仏教の仏典を持ち帰ったのは，太宗の時代である。さらに，太宗は第2代皇帝であり，玄宗は第6代皇帝であることから，年代の古い順に並び変えると，イ→ア→ウとなり③が正解となる。なお，インドから帰国した玄奘は，太宗の命により経典の翻訳と『大唐西域記』の編纂を行ったことも覚えておくように。

Ⅲ 西アジアの歴史

【16】 ①は，「アッカド人」の部分が誤り。ウル・ウルクを建てて楔形文字を作成したのは，シュメール人である。アッカド人は，セム語系の民族で，シュメール人を征服して，メソポタミア

初の統一国家を建てた。また，アッカド人が使用したアッカド語は，古代オリエント世界の共通語となった。②は，「ユダ王国」の部分が誤り。北メソポタミアに成立し，全オリエントを征服したのは，アッシリアである。ユダ王国は，イスラエル王国分裂後，イェルサレムを首都として南部に成立した。その後，新バビロニアによって滅ぼされ，住民はバビロンに強制連行された（バビロン捕囚）。③は，「ミタンニ王国により滅ぼされた」の部分が誤り。ヒッタイトは，ミタンニ王国を征服した。ヒッタイトは，鉄器の他に馬と戦車を用いて領土を拡大したが，「海の民」の侵入などにより滅亡した。また，ヒッタイトがインド＝ヨーロッパ語系の民族であることと，首都としたハットゥシャ（現在のボアズキョイ）も覚えておくように。④は，正しい文である。よって，正解は④となる。ハンムラビ法典については，「目には目を，歯には歯を」の復讐法であることと，身分によって刑罰に差があったことも覚えておくように。また，写真問題でも問われることがあるので，教科書や資料集で確認しておくこと。

【17】 Aは正しい文である。ディアドコイ戦争のあと，アレクサンドロス大王の王国は，アンティゴノス朝マケドニア，セレウコス朝シリア，プトレマイオス朝エジプトの3つに分裂した。Bも正しい文である。ムセイオンは，アレクサンドリアにある王立研究所で，プトレマイオス1世によって建てられた。平面幾何学を大成したエウクレイデスや浮力の原理を発見したアルキメデスなど，自然科学研究の中心となった。AもBも正しい文であり，正解は①となる。

【18】 3世紀半ば頃にシリアに侵入してローマ軍を破ったのは「ササン朝ペルシア」であり，この時の支配者は「シャープール1世」である。また，この時に捕虜となったローマ皇帝は，「ウァレリアヌス」である。よって，正解は①となる。なお，選択肢にあるホスロー1世は，ササン朝ペルシア最盛期の王で，西方では東ローマのユスティニアヌス帝と戦うとともに，東方では突厥と同盟してエフタルを滅ぼした。

また，ユリアヌスは，ローマ帝政期の皇帝で，古来の伝統的な宗教を尊重し，キリスト教優遇を廃止したため「背教者」と呼ばれた。

【19】 Aは，「アナトリア」の部分が誤り。正統カリフがビザンツ帝国との戦いに勝利し獲得したのは，エジプトとシリアである。アナトリアをムスリム勢力が支配下に置いたのは，11世紀のセルジューク朝の時代である。Bは，「サーマーン朝」の部分が誤り。ニハーヴァンドの戦いでアラブ人ムスリム勢力が破ったのは，ササン朝ペルシアである。AもBも誤りであり，正解は④となる。

【20】 フラグが率いたモンゴル軍が破ったイスラームの王朝は，「アッバース朝」である。次に，イル＝ハン国でイスラーム教を国教とした君主は，「ガザン＝ハン」である。よって，正解は①となる。なお，選択肢にある「ファーティマ朝」は，エジプトに成立したシーア派の王朝で，カイロの建設などを行った。その後，12世紀後半にサラディンに滅ぼされた。また，「オゴタイ」は，モンゴル帝国の第2代皇帝で，金を滅ぼし，カラコルムの建設などを行った。

【21】 ①は，「ニコポリスの戦い」の部分が誤り。ティムールに敗れ，バヤジット1世が捕虜となった戦いはアンカラの戦いである。ニコポリスの戦いとは，オスマン帝国がハンガリー王ジギスムント率いる連合軍を破った戦いである。②は，「アンティオキア」の部分が誤り。ビザンツ帝国の都は，コンスタンティノープルである。なお，アンティオキアは，ヘレニズム時代のセレウコス朝シリアの首都であり，キリスト教の五本山のひとつとなった。③は，正しい文である。セリム1世は，サファヴィー朝を破るとともに，マムルーク朝を滅ぼしてシリアとエジプトを支配した。さらに，メッカとメディナの保護権を獲得した。よって，正解は③となる。④は，「ベーメン（ボヘミア）の中心都市プラハ」の部分が誤り。スレイマン1世が包囲したのは，オーストリアのウィーンである。なお，ベーメン（ボヘミア）は，チェコのプラハを中心としたチェック人の居住地域であり，ドイツ三十年

戦争の発端となった新教徒の反乱が起こった都市である。

【22】　サファヴィー朝を開いた人物は「イスマーイール」であり，サファヴィー朝が国教としたのはイスラーム教の「シーア派」である。よって，正解は②である。なお，選択肢にあるアッバース1世は，サファヴィー朝の最盛期を築いた皇帝であり，首都であるイスファハーンは“世界の半分”と称されるほど繁栄した。また，同じく選択肢にあるスンナ派は，ムハンマドの言行（スンナ）に従うことを重視するイスラーム教の多数派である。

Ⅳ 　10世紀から18世紀にかけての中国とその周辺地域の歴史

【23】　①は，正しい文である。唐が滅亡すると，東アジアでは政権交代が起こり，雲南では南詔から大理に政権が交代した。よって，正解は①である。②は，「高句麗」の部分が誤り。王建が新羅を倒して建国したのは，高麗である。高句麗は，3世紀から7世紀にかけて，満州から朝鮮半島北部にかけて成立したツングース系の国家である。広開土王の時代に最盛期となったが，668年に唐と新羅の連合軍に攻撃され滅亡した。③は，「西夏」の部分が誤り。渤海は，契丹によって滅ぼされた。西夏はタングート族の李元昊が建国した国家で，東西貿易で繁栄し，漢字をもとにした西夏文字を作成した。その後，13世紀前半にチンギス＝ハンによって滅ぼされた。④は，文章の内容は正しいが，10世紀の出来事ではない。陳氏が大越国を建て，陳朝を成立させたのは13世紀のことである。陳朝については，フビライの遠征を撃退したことと，そのことで民族意識が高まり，ベトナム独自の文字である字喃（チュノム）が作られたことも覚えておくように。

【24】　西遼を建国したのは，「耶律大石」である。よって，正解は②となる。12世紀前半に宋と金の連合軍によって遼が滅亡すると，耶律大石は中央アジアに逃れ，西遼（カラ＝キタイ）を

建国した。①の李元昊は，タングート族を率いて11世紀に西夏を建国した人物で，1044年に北宋と慶暦の和約を結んだ。③の耶律阿保機は，916年に契丹を建国した人物で，926年に渤海を滅ぼした。④の完顔阿骨打は，12世紀初めに女真族を統一して金を建国した人物で，宋と結んで遼を攻撃した。内政面では，猛安・謀克制を実施するとともに，女真文字を制定した。

【25】　①は，「節度使の権限を強化」の部分が誤り。北宋は，武断政治ではなく文治主義を採用し，節度使の権力を奪い，文官優位の国家体制を樹立した。②は，「司馬光」の部分が誤り。北宋の神宗は，王安石を登用し，新法と呼ばれる財政・行政・教育の改革を行った。一方，司馬光は，王安石と対立した政治家で，『資治通鑑』と呼ばれる歴史書を編纂した。また，新法を支持した政治勢力は「新法党」と呼ばれ，司馬光を中心とする新法に反対した勢力は「旧法党」と呼ばれた。③は，「交鈔」の部分が誤り。南宋が発行した紙幣は，会子である。交鈔は，金と元の時代に発行された紙幣である。④は正しい文であり，正解は④となる。なお，大義名分論は，欧陽脩や司馬光が唱えた儒家の政治理論で，朱熹が『資治通鑑綱目』で強調した。

【26】　①は，「カラハン朝」の部分が誤り。チンギス＝ハンが倒したのは，「ホラズム＝シャー朝」である。チンギス＝ハンは，ホラズムを攻略したのち西夏への遠征を行ったが，その途上で病死した。なお，「カラハン朝」は，10世紀末にサーマーン朝を滅ぼして成立したトルコ系イスラーム王朝で，トルキスタンを支配した。11世紀半ばに東西分裂し，12世紀にカラキタイやホラズム＝シャー朝に滅ぼされた。②は，「ハイドゥ」の部分が誤り。金を滅ぼしたのは，オゴタイである。オゴタイは，モンゴル帝国第2代皇帝で，金を滅ぼした後，首都カラコルムを建設した。また，バトゥに西征を命じた。なお，ハイドゥは，オゴタイの孫であり，フビライの即位に反発してハイドゥの乱を起こした。③は，正しい文である。オゴタイの命で西征を行ったバトゥは，西征から引き返す途中，南ロシアに

とどまり，サライを都にキプチャク＝ハン国を建てた。よって，正解は③となる。④は，「モンケ」の部分が誤り。南宋を滅ぼして中国全土を支配したのは，フビライである。フビライは，支持者を集めてクリルタイを開き皇帝に即位すると，大都に遷都し，国号を「元」とした。その後，南宋を滅ぼし，中国統一を完成した。なお，モンケは，第4代皇帝で，フラグに西アジア遠征を命じ，アッバース朝を滅ぼした。

【27】　アの正統帝が土木堡でエセン＝ハンに捕らえられたのは「土木の変」で，1449年の出来事である。イの張居正が財政のたて直しをはかったのは，万暦帝の時代で16世紀後半である。ウの永楽帝が帝位についたのは，15世紀の初めである。よって，年代の古い順に並べると「ウ→ア→イ」となり，正解は⑤となる。もし，年代を覚えていなかったとしても，「永楽帝→正統帝→万暦帝」という明代の皇帝の順番を覚えていれば，答えることができる。

【28】　Aは正しい文である。「典礼問題」とは，イエズス会宣教師がキリスト布教の際に，中国人の孔子崇拝を認めたことをきっかけに起こったカトリック教会と中国の対立である。典礼問題が起こると，康熙帝はイエズス会以外のキリスト教の布教を禁止し，雍正帝はイエズス会の布教を禁止した（1724）。さらに，乾隆帝は海外貿易港を広州の1港に限定し，鎖国を開始した（1757）。Bは，「一条鞭法」の部分が誤り。人頭税（丁税）を土地税（地税）にくりこむ税制は，地丁銀制である。一条鞭法は，明の時代に銀の流通にともなって始まった税制で，徴税を簡素化するためにあらゆる賦税と徭役を一本化して銀納にした。よって，正解は②となる。

【29】　アの「鄭成功」が「反清活動の拠点」とした地域とは，「台湾」であり，地図には示されていない。イの「ダライ＝ラマ」が支配したのは，「チベット」であり，地図中のBである。よって，正解は④となる。なお，地図中のAは，「新疆」であり，清の乾隆帝がジュンガルとウイグル人を征服した際に設置された。イスラーム教

徒であるウイグル人が居住しており，現在は中華人民共和国の新疆ウイグル自治区となっている。

V　近世ヨーロッパの歴史

【30】　①は，正しい文である。マルコ＝ポーロの旅行記である『世界の記述（東方見聞録）』には，13世紀のユーラシア大陸に関する情報が記載されており，西ヨーロッパ人の東方世界観に大きな影響を与えた。なお，マルコ＝ポーロが大都を訪れ，フビライに仕えていたことも押さえておくように。②も正しい文である。トルデシリャス条約は，教皇子午線で定められた境界線を西方へ移動させた条約で，この結果，ブラジルがポルトガル領となった。③は，正しくない。エンリケは，「フランス」ではなく，「ポルトガル」の航海士である。よって，正解は③となる。エンリケは，アフリカ西北端のセウタを攻略し，インド航路開拓への道を開いた。④は，正しい文である。アメリカ大陸から大量の銀が流入した結果，ヨーロッパの銀貨が下落し，物価が上昇した。この変化を価格革命と呼ぶ。なお，貿易の中心地が地中海から大西洋へと移動した商業革命も確認しておくこと。

【31】　「イギリス＝オランダ戦争」が起こったのは，ピューリタン革命後に成立した共和政期においてである。チャールズ1世の処刑によりピューリタン革命が終了して共和政期に移行したことがわかれば，選択肢がウとエに絞れる。次に，ジョージ1世がハノーヴァー朝を開いた国王であることと，ハノーヴァー朝が名誉革命後に開かれたことがわかれば，ジョージ1世の即位よりも前であることがわかる。以上により，ウの時期が該当し，正解は③となる。

【32】　Aは，正しい文である。ダンテは，『神曲』を書く際，ラテン語ではなく民衆の日常語であるトスカナ語を用いた。また，ダンテがフィレンツェ出身であることと，『神曲』が14世紀に書かれたことも押さえておくように。Bも正しい文である。「羅針盤」とは，磁石を用いて方

位を測る道具であり，宋代の中国で実用化された。その後，イスラームを経て西欧に伝わり，大航海時代を技術面で支えた。また，羅針盤の他，地図や地球儀の発明も大航海時代を可能にすることとなった。ＡもＢも正しく，正解は①となる。

【33】　アの「ドイツ農民戦争」が1524～1525年，イの「アウクスブルクの和議」が成立したのが1555年，ウの「国王至上法（首長法）」が定められたのが「1534年」であることから，年代の古い順に並び替えると「ア→ウ→イ」の順番になり，正解は②となる。イのアウクスブルクの和議とウの国王至上法制定の年号は基本知識であるが，アのドイツ農民戦争の年号を覚えている受験生は少ないだろう。宗教改革の大きな流れで並び替えようとしても，ウだけイギリスの出来事であるため，並び替えることができない。ドイツ農民戦争の年号を覚えていなければ解けない問題であり，差がつく問題であろう。

【34】　①は，正しい文である。ユグノー戦争は，16世紀後半のフランスで起きた宗教戦争であるが，カトリックとカルヴァン派の対立に貴族間の対立や外国の干渉などが絡み合って長期化した。よって，正解は①となる。②は，「カトリック勢力」の部分が誤り。シュマルカルデン同盟を結んだのは，ドイツのプロテスタント勢力である。カール５世を中心としたカトリック勢力とシュマルカルデン同盟の対立は，シュマルカルデン戦争へと発展した。③は，「イサベル」の部分が誤り。ネーデルラントへのカトリック強制を行ったスペイン国王は，フェリペ２世である。イサベルは，カスティリャ王国の女王で，アラゴン王国のフェルナンドと結婚し，スペイン王国を統治した。また，レコンキスタを完成させ，コロンブスの航海を支援したことでも有名である。④は，「ザクセン」の部分が誤り。三十年戦争のきっかけとなったのは，ベーメン（ボヘミア）の新教徒の反乱である。1618年にカトリックとプロテスタントの対立という宗教戦争で始まった三十年戦争であったが，デンマークやスウェーデン，フランスが介入すると

国際戦争へと変化した。1648年のウェストファリア条約で終結し，主権国家体制が確立することとなった。

【35】　　Ａ　は，「コルベールを財務総監に任命」の部分が手がかりとなり，「ルイ14世」が入る。財務総監に就任したコルベールは，重商主義政策を行うとともに，東インド会社を再建し，インドや新大陸へ進出した。　Ｂ　は，「商工業者の多くが国外に逃れた」の部分が手がかりとなり，「ナントの王令（勅令）の廃止」が入る。ナントの王令は，フランスのアンリ４世が，ユグノー戦争を終結させるために発布した法令で，プロテスタントを認めた内容である。「ナントの王令の廃止」は「プロテスタントの禁止」を意味したため，商工業者の中心であったプロテスタントが国外に逃れた。商工業者が国外に逃れた結果，フランス国内の産業は停滞することとなった。以上により，正解は④となる。なお，選択肢にある「ルイ13世」は，リシュリューを宰相に任命し，新大陸（カナダ）への進出や三十年戦争への参戦など絶対王政の基礎を築いた国王である。また，「権利の章典」は，名誉革命中の1689年に制定された文書で，マグナ＝カルタとともにイギリスの基本法典のひとつとなっている。

【36】　まず，選択肢の「ヨーロッパ」にある「オーストリア継承戦争」と「七年戦争」は，ともに18世紀のヨーロッパで起きた戦争であり，ここからは選択肢を絞ることはできない。次に，選択肢の「アジア」にある「フレンチ＝インディアン戦争」と「プラッシーの戦い」は，ともに七年戦争に連動して展開された植民地戦争であり，選択肢が③と④に絞られる。最後の手がかりとなるのは，「アジアで展開」である。フレンチ＝インディアン戦争は新大陸で展開されたのに対し，プラッシーの戦いはインド，つまりアジアで展開された。以上により，正解は④となる。

VI 近代の欧米の歴史

【37】 ①のクロンプトンの業績はミュール紡績機の発明であり，飛び杼を発明したのはジョン＝ケイである。②のワットの業績は蒸気機関の改良（ピストンの上下運動を回転運動に転換）である。よって，正解は②となる。③のダービーの業績はコークス製鉄法など製鉄法の確立であり，力織機の発明はカートライトである。④のアークライトの業績は水力紡績機の発明である。

【38】 ①は，正しい文である。1765年，印紙法に反対するため開かれたヴァージニア植民地議会で，パトリック＝ヘンリが「代表なくして課税なし」と主張した。よって，正解は①となる。②は，「大陸会議を開いて」の部分が誤り。ボストン茶会事件に対し，イギリス本国はボストン港の閉鎖を行った。なお，「大陸会議」は新大陸の植民地代表が集まった会議である。また，第1回植民地会議が開かれた場所が，フィラデルフィアであることも覚えておくように。③は，「トマス＝ジェファソン」の部分が誤り。『コモン＝センス』を著したのは，トマス＝ペインである。なお，トマス＝ジェファソンは，『独立宣言』を起草した人物で，第3代アメリカ大統領に就任した。④は，「イギリス本国に協力」の部分が誤り。ラ＝ファイエットは，義勇軍として独立運動に参加し，新大陸側に協力した。

【39】 ①の「三部会の招集を決定」したのは，国民議会ではなくルイ16世である。よって，①は誤り。国民議会は，三部会から離脱した第三身分を中心に組織された憲法制定のための議会である。封建的特権の廃止や人権宣言の制定などを決定し，1791年憲法の制定を受け解散した。②の「オーストリアに宣戦した」のは，ジロンド派である。よって，②も誤り。フイヤン派は，国民議会（憲法制定議会）の中心となり，1791年憲法を制定した。その後成立した立法議会では，保守派としてジロンド派と対立した。③は，正しい文である。国民公会で独裁政治を行ったジャコバン派のロベスピエールは，テルミドー

ル9日のクーデタで穏健共和派などによって処刑された。よって，正解は③となる。なお，1799年にナポレオンが総裁政府から実権を奪った「ブリュメール18日のクーデタ」と区別すること。④にあるルイ16世の処刑を受けてヨーロッパ各国が結成した同盟とは「対仏大同盟」である。よって，④は誤り。なお，「武装中立同盟」とは，アメリカ独立戦争の際，アメリカを支援する目的で結成された同盟であり，エカチェリーナ2世によって提唱された。

【40】 問題となっている絵画は，スペインのゴヤが描いた『1808年5月3日』であり，テーマとなっているのはナポレオン軍に抵抗するスペイン民衆の反乱である。よって，正解は④となる。なお，選択肢にあるダヴィドは，『ナポレオンの戴冠式』や『アルプス越えのナポレオン』を描いたフランスの画家である。また，「ライプツィヒの戦い（諸国民戦争）」とは，1813年にナポレオンがプロイセン・オーストリア・ロシア・スウェーデンの連合軍に敗れた戦いである。

【41】 ①は，「ロシア」の部分が誤り。「カルボナリが蜂起した」のは，イタリアである。カルボナリは，ウィーン体制の下で「自由」と「国家統一」を目指した秘密結社である。なお，ウィーン体制下のロシアで起こった自由主義を求める反乱は，青年将校が起こしたデカブリストの乱である。②は，「オーストリア」の部分が誤り。ギリシアは，オスマン帝国からの独立を目指し，ギリシア独立戦争を起こした。ウィーン体制下のヨーロッパは，ギリシア独立戦争を支持し，ギリシアは独立に成功した。③は，正しい文である。宗教改革300周年にあたる1817年，ウィーン体制下のドイツでは，ドイツの大学同盟（ブルシェンシャフト）が自由と統一を目指して運動を起こした。よって，正解は③である。④は，「スペイン」の部分が誤り。七月革命が起こったのは，フランスである。1830年の七月革命の結果，ブルボン復古王政は打倒され，七月王政が成立した。なお，七月王政を打倒した1848年の「二月革命」と区別しておくように。

【42】 Aは，「マッツィーニ」の部分が誤り。両

シチリア王国を占領し，サルデーニャ王に譲った人物は，「ガリバルディ」である。ガリバルディは，「赤シャツ隊（千人隊）」と呼ばれる軍隊を率いて両シチリア王国を占領した。なお，マッツィーニとは，ウィーン体制下のイタリアで青年イタリアを組織した人物で，1849年にはローマ共和国を樹立した。Bは，「ドイツ連邦」の部分が誤り。ビスマルクが結成したのは，「北ドイツ連邦」である。1867年に結成した北ドイツ連邦では，オーストリアとバイエルンが領土に入っていないので確認しておくように。よって，正解は④となる。なお，ドイツ連邦とは，ナポレオンが組織したライン同盟に代わって，ウィーン議定書で成立した35の君主国と4つの自由市から構成される連合体である。神聖ローマ帝国・ライン同盟・ドイツ連邦・北ドイツ連邦・ドイツ帝国については，地図問題で領土（領域）が問われることがあるので，教科書や資料集で確認しておくように。

【43】 先住民強制移住法が制定された年から解くのではなく，大統領やアメリカの領土拡大の順番から解く問題である。1代ワシントンの時に13植民地でイギリスから独立，1789年のパリ条約でミシシッピ川以東のルイジアナを獲得する。3代ジェファソンは，フランスからミシシッピ川以西のルイジアナを買収，5代モンローはスペインからフロリダをそれぞれ買収した。そして，7代ジャクソンの時，先住民強制移住法が制定され，先住民は保留地へと追いやられた。その後，11代ポークの時にテキサスとオレゴンを併合，さらにアメリカ＝メキシコ戦争後，カリフォルニアとニューメキシコを獲得した。よって，「先住民強制移住法」の制定は，アメリカ＝メキシコ戦争よりも前であり，[ア]の時期に該当する。よって，正解は①となる。なお，アメリカの領土拡大を正当化した"マニフェスト＝ディスティニー（明白な天命）"という言葉も覚えておくように。

Ⅶ 交通の歴史（選択問題）

【44】 ①は，「打製石器」の部分が誤り。農耕・牧畜の開始と同時に使われ始めたのは，「磨製石器」である。なお，打製石器は，狩猟・採取を行っていた旧石器時代から用いられていた。②は，正しい文である。エジプトやメソポタミアでは，ナイル川やティグリス・ユーフラテス川といった大河が流れており，灌漑農業に必要な水と肥沃な土地に恵まれていた。よって，正解は②となる。なお，古代ギリシアの歴史家であるヘロドトスが残した「エジプトはナイルのたまもの」という言葉と，メソポタミアからパレスチナにおよぶ農耕地帯を表現した「肥沃な三日月地帯」という言葉も覚えておくように。③は，「農耕の様子」の部分が誤り。ラスコーの壁画に描かれているのは，牛や馬，狩人など旧石器時代に行われた狩猟の様子である。なお，フランスのラスコーと並んで，スペインのアルタミラも洞穴壁画として有名である。④は，「アフリカ大陸」の部分が誤り。トウモロコシやジャガイモなどは，アメリカ大陸原産の作物である。これらの作物は，大航海時代以降，ヨーロッパを経由して世界中に広まった。

【45】 [b]は，「アケメネス朝」と「国道」が手がかり。アケメネス朝がつくった国道は，「王の道」である。王の道とは，ダレイオス1世によって建設されたスサから小アジアのサルデスに至る幹線道路である。[c]は，王の道に整備された制度が入る。アケメネス朝の時代に王の道に整備された制度とは，「駅伝制」である。道の途中に宿駅が設けられ，馬や食料などが備えられた。よって，正解は①となる。なお，選択肢にある「草原の道」とは，ユーラシア大陸を東西に横断する交易路のひとつであり，「ステップ＝ロード」とも呼ばれた。また，「千戸制」は，チンギス＝ハンが組織した軍事行政制度である。

【46】 ①のコロッセウムは，ローマの時代に建設された円形闘技場で，剣闘士の見世物などが行われた。②のパンテオンは，ローマの時代に建

設された神殿で，あらゆる神が祀られたことから「万神殿」とも呼ばれる。③の凱旋門は，軍事的勝利を祝うために建設された門であり，古代ローマでは，コンスタンティヌスの凱旋門が有名である。④のアルハンブラ宮殿は，ナスル朝の都グラナダにある宮殿で，スペインにおける中世イスラーム建築を代表する建物である。よって，古代ローマ人が残した建築物でないものは「アルハンブラ宮殿」となり，正解は④となる。

【47】　Aは，正しい文である。「オアシス」とは，砂漠で地下水が湧き出るところであり，砂漠を移動する商人は，オアシスをたどりながら移動した。この道を「オアシスの道（シルク＝ロード）」と呼ぶ。また，オアシスにつくられた都市を「オアシス都市」と呼び，敦煌や亀茲（クチャ）が有名である。Bも正しい文である。ソグド人は，中央アジアでシルク＝ロード（オアシスの道）の中継交易で活躍したイラン系民族である。また，中国にゾロアスター教やマニ教を伝えたことでも有名である。よって，正解は①となる。

【48】　①の「製紙法」が「イスラーム世界に伝えられた」のは，751年のタラス河畔の戦いである。タラス河畔の戦いでアッバース朝の捕虜となった唐の兵士の中に紙漉き職人が含まれており，イスラーム世界に製紙法が伝わった。②の「カトリックの布教…大都の大司教に任命された」のは，「モンテ＝コルヴィノ」である。なお，モンテ＝コルヴィノがフランチェスコ会修道士であることも覚えておくこと。③の「マテオ＝リッチ」が作成した地図は，『坤輿万国全図』である。「坤輿」とは「地球」という意味であり，中国では最初の本格的な世界地図となった。なお，『皇輿全覧図』とはブーヴェとレジスによって作製された中国本土の実測図である。④は，正しい文である。「シノワズリ」とは，18世紀のフランスを中心に起こった中国への関心の高まりのことである。よって，正解は④となる。

【49】　「蒸気船を試作した人物」とは，「フルトン」である。フルトンは，蒸気船クラーモント号で

ハドソン湾の航行に成功した。よって，正解は③となる。また，フルトンがアメリカ人であることも押さえておくように。①の「ホイットニー」は，アメリカの発明家で綿繰り機を発明した。ホイットニーの綿繰り機の発明により，アメリカ南部で行われていた黒人奴隷による綿花プランテーションが拡大した。②の「ニューコメン」は，地下水をくみ上げるための蒸気機関を発明した。なお，ニューコメンの蒸気機関は「上下運動」であるのに対して，ワットが蒸気機関を改良して「回転運動」を生み出したことも覚えておくこと。④の「スティーヴンソン」は，イギリスの発明家で蒸気機関車を実用化した。蒸気機関車はストックトン・ダーリントン間で初運転され，マンチェスター・リヴァプール間で営業運転された。また，蒸気機関車を発明したのがトレヴィシックであることも覚えておくように。

【50】　「スエズ運河」の場所は地図中のBであり，「スエズ運河の完成に貢献した人物」とは，フランス外交官の「レセップス」である。よって，正解は③となる。スエズ運河は1869年に開通したが，1875年にはインドへの航路の確保を狙うイギリスに売却された。第二次世界大戦後，エジプトの民族主義が高まると，ナセル大統領がスエズ運河の国有化を宣言，第二次中東戦争（スエズ戦争）が勃発した（1956年）。なお，地図中のAは「パナマ運河」であり，選択肢にある「オスマン」とはオスマン帝国の建国者である。

Ⅷ　第一次世界大戦以降の世界史（選択問題）

【51】　①は，「ルーマニア」の部分が誤り。サライェヴォ事件をきっかけにオーストリアが宣戦したのは「セルビア」である。よって，正解は①となる。なお，サライェヴォ事件とは，1914年6月28日にボスニアの州都サライェヴォで起きたセルビア人によるオーストリア皇太子暗殺事件である。②は，正しい文である。イタリアは，「未回収のイタリア」をオーストリア＝ハンガリーから割譲させるという条件で，三国同盟から離

脱して連合国側で参戦した。③も正しい文である。タンネンベルクの戦いは，第一次世界大戦初期に東部戦線で行われた戦いで，ドイツ軍がロシア軍に大勝した戦いである。④も正しい文である。第一次世界大戦の不満から，労働者がペトログラードで起こした蜂起をきっかけに第二次ロシア革命が始まった（1917年3月）。ロマノフ朝は打倒され，臨時政府が樹立された。なお，ロマノフ朝を打倒した三月革命（ロシア暦二月革命）と，二月革命後の二重権力状態を解消してボリシェヴィキ独裁を実現した十一月革命（ロシア暦十月革命）を区別しておくように。また，日露戦争への不満を背景に起こった第一次ロシア革命とも区別して整理しておくように。

【52】 Aは，「サンフランシスコ会議」の部分が誤り。「海軍軍備制限条約が結ばれた」のは，ワシントン会議である。1921年から1922年にかけて行われたワシントン会議では，海軍軍備制限条約・九カ国条約・四カ国条約の3条約が成立した。海軍軍備制限条約では，主力艦の総トン数比が定められた（米：英：日：仏：伊＝5：5：3：1.6：1.6）。また，四カ国条約では日英同盟の解消と太平洋の現状維持が，九カ国条約では中国の主権回復と領土保全がそれぞれ決められた。ワシントン会議で成立した「日本の封じ込め」をワシントン体制と呼び，「ドイツの封じ込め」を行ったヴェルサイユ体制とともに戦間期の国際秩序となった。Bは，正しい文である。「不戦条約」は，1928年にブリアン（仏）とケロッグ（米）によって提唱された国際条約で，「ケロッグ＝ブリアン協定」とも呼ばれる。国際紛争の解決手段としての戦争を否定したことで有名である。不戦条約は，史料問題として問われることも多いので，教科書や資料集で確認しておくこと。正解は③になる。

【53】 ①の北京の学生たちによって行われたパリ講和会議への抗議運動とは，「五・四運動」である。よって，①は誤り。二十一ヵ条要求の廃棄要求がパリ講和会議で認められなかったことをきっかけに，1919年5月4日に抗議運動（五・

四運動）が起こった。この運動の結果，政府は逮捕学生を釈放し，ヴェルサイユ条約の調印を拒否した。②の「非暴力・非協力の運動」を提唱したのは，「ガンディー」である。第一次世界大戦中，イギリスはモンタギュー宣言を発表し，戦争協力の代償として戦後の自治をインドに約束した。しかし，第一次世界大戦後のイギリスは，独立運動を弾圧するローラット法を制定，これに反発したガンディーは，第一次非暴力・不服従運動を開始した。③のスカルノが組織したのは，インドネシア国民党である。「イスラーム同盟（サレカット＝イスラーム）」は，第一次世界大戦前に結成された。インドネシアのイスラーム教徒による民族主義運動組織で，インドネシア独立運動の中心となった。④は，正しい文である。ムスタファ＝ケマルは，ギリシア軍を破りギリシアよりイズミルを奪回した後，ローザンヌ条約を結び，不平等条約の撤廃に成功した。その後，1923年にトルコ共和国を樹立し，大統領に就任した。よって，正解は④となる。なお，「トルコ人の父」を意味する「アタテュルク」の称号が与えられたことも覚えておくように。

【54】 選択肢にある「柳条湖での鉄道爆破（柳条湖事件）」が起きたのは1931年であり，「二十一ヵ条の要求」を中国に突き付けたのは，1915年である。よって，選択肢は①と②に絞れる。次に「フィウメ併合」は1924年にイタリアが行った出来事であり，「ラインラント進駐」は1936年の出来事である。よって，正解は②となる。「フィウメ併合」の年号以外は基本レベルであり，年号で解く問題である。

【55】 アの「ミッドウェーの海戦」は1942年，イの「真珠湾攻撃」は1941年，アメリカ軍の「沖縄戦開始」は1945年である。よって，年代の古い順に並びかえると「イ→ア→ウ」となり，正解は③となる。もし，年号を覚えていなくても，真珠湾攻撃によって太平洋戦争が開始したことと，ミッドウェー海戦が太平洋戦争前半に行われたこと，さらに沖縄戦開始が太平洋戦争終盤に行われたことがわかれば，答えることができ

る問題である。

【56】　ドイツの分断が決定的になったのは，ソ連が行った「ベルリン封鎖」によってである。1948年，西側管理地区の通貨改革に反発したソ連は，ベルリン封鎖を実施し，西ベルリンを孤立させた。これに対し，アメリカは「大空輸作戦」を実施し，大量の物資を西ベルリンに投下し，ベルリン封鎖を無意味にした。よって，　A　には，「ベルリン」が入る。　B　には，北朝鮮と韓国の国境線が入る。北朝鮮と韓国の国境線は，「北緯38度線」である。よって，正解は②となる。なお，選択肢にある「ニュルンベルク」とは，第二次世界大戦後にニュルンベルク国際軍事裁判が行われた都市である。また，「北緯17度線」とは，インドシナ戦争後に設定されたベトナムを南北に分割した軍事境界線である。

【57】　地図中のAはモロッコであり，Bはレバノンである。モロッコはモロッコ事件でドイツと衝突した後にフランスの保護国となり，1956年にモロッコ王国としてフランスから独立した。また，レバノンは，第一次世界大戦後，フランス委任統治領シリアの一部となったが1943年に分離独立した。ともにフランス領の一部であり，ともにフランスから独立した。よって，解答の手がかりとなるのは，「1956年」と「一部はスペインからの独立」の部分である。「1956年」での判断は細かい知識となり，難しいため，「スペインからの独立」で判断する。モロッコとレバノンのうち，一部がスペインの領土であったのは，モロッコである。よって，正解は①となる。

世界史　正解と配点

問題番号		正　解	配　点	問題番号		正　解	配　点
Ⅰ	1	②	2	Ⅴ	30	③	2
	2	⑥	2		31	③	2
	3	③	2		32	①	2
	4	③	2		33	②	2
	5	④	2		34	①	2
	6	③	2		35	④	2
	7	①	2		36	④	2
	8	①	2	Ⅵ	37	②	2
Ⅱ	9	④	2		38	①	2
	10	①	2		39	③	2
	11	④	2		40	④	2
	12	④	2		41	③	2
	13	③	2		42	④	2
	14	②	2		43	①	2
	15	③	2	Ⅶ	44	②	2
Ⅲ	16	④	2		45	①	2
	17	①	2		46	④	2
	18	①	2		47	①	2
	19	④	2		48	④	2
	20	①	2		49	③	2
	21	③	2		50	③	2
	22	②	2	Ⅷ	51	①	2
Ⅳ	23	①	2		52	③	2
	24	②	2		53	④	2
	25	④	2		54	②	2
	26	③	2		55	③	2
	27	⑤	2		56	②	2
	28	②	2		57	①	2
	29	④	2				

令和元年度　地　理　解答と解説

Ⅰ　地形に関する問題

【1】 地球全体の海洋と陸地の面積比は約7：3であることから表Aと表Bのアとイの面積をくらべてみる。より面積の大きいイが海洋，アが陸地と判断する。次に北半球と南半球の判別だが，南緯90度付近，すなわち南極大陸周辺を思い浮かべてほしい。

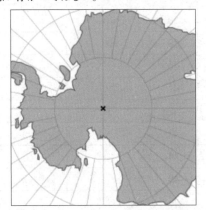

上の図は正積方位図で描いた南極大陸である。これを見れば南極点付近は陸地しかないことに気づくだろう。一方，北半球は北極海である。80°〜90°で陸地面積の大きいAが南半球，Bが北半球と判断する。正解は③。

【2】 Eはアフリカの大部分やブラジル，カナダなどに分布している。これは安定陸塊である。Fはイギリス，スカンディナビア半島，アメリカ合衆国東海岸，オーストラリア東岸に分布している。これらは古期造山帯が分布している場所である。Gは日本などの環太平洋や，ヒマラヤからアルプスにかけて帯になっているので新期造山帯と判断しよう。

それをふまえて①から見る。①は適切でない。アフリカ南部にはドラケンスバーグ山脈という古期造山帯があるが，新期造山帯はない。よってこれが正解。②は適切。オーストラリアの大部分は安定陸塊である。③は適切。千島列島か

らカムチャツカ半島は環太平洋造山帯であり，新期造山帯にあたる。④は適切。アパラチア山脈が古期造山帯にあたる。正解は①。

【3】 日本近海のプレートは次の図の通り。東北地方太平洋沖地震の震源地は，東北地方の太平洋側である。正解は①。

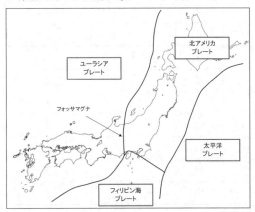

【4】 ①は不適。弧状列島や火山は，海溝に沿って分布するが，ハワイ諸島は例外的に火山が分布する場所である。ホットスポットとよばれ，プレートの真ん中に位置する。②は適切。新期造山帯は火山が分布しやすいが，ヒマラヤ山脈やアルプス山脈に大規模な火山はない。③は不適。グリーンランドではなく，アイスランド島であれば適切。「広がる境界」が陸で見られる場所は，アイスランドとアフリカ大地溝帯の2つのみ。覚えるべき場所である。④は不適。日本列島の日本海側には海溝はない。正解は②。

【5】 Pより判別する。「Pは，河川が運搬してきた土砂が堆積して形成された平野」とある。これは沖積平野である。構造平野とは，大地が侵食（浸食）されてできた平野の1つで，かたい岩盤の上にひろがる平野のこと。かたい岩盤は安定陸塊に多く見られるため，沖積平野と構造平野はそもそも分類がまったく異なる。Pは沖積平野。

Qは，河川の堆積作用によってできることが

わかり，山地に近い地形であることから谷底平野と判断できる。干潟は海岸地形で，平野に分類することは不適。正解は①。

【6】 カの写真は海岸段丘である。海岸段丘とは波の侵食によって成立した海食崖によって段丘が生じ，その土地が隆起または海水が後退（下降）してできる地形である。キの写真を見ると，U字谷と山頂に雪が確認できる。これはフィヨルドである。フィヨルドとは氷河によって削られたU字谷が沈水したもの。よって，①は適切。②は「土地の沈降」と「海面の上昇」が不適切。③は「リアス海岸」が不適切。④は「スペイン北西部」が不適切。ここはガリシア地方と呼ばれ，リアス海岸が発達しており，リアス海岸の語源になった場所。正解は①。

【7】 図1は扇状地であり，sは扇央。扇央では比較的礫が粗いため，水が地面に浸み込みやすく，水無川となって地下を流れていく。よって扇端のtにくらべて水が得にくい。aは誤り。図2のuは三日月湖もしくは河跡湖とよばれ，かつての川の流路であった場所に水が残ったもの。bは正しい。正解は③。

【8】 長方形の面積を求めるには，縦と横という「長さ」の情報が必要である。地図上の長さはわかっているが，実際の長さはわからない。そこで縮尺の情報が必要となる。この地形図は問題文に2万5千分の1の地形図と明記されている。縮尺が明記されていない場合は，等高線で判断する。計曲線（太い等高線）が50mごとに引かれていれば2万5千分の1，100mごとであれば，5万分の1である。

縮尺がわかったので，次は計算である。ここで注意してもらいたいことが1つ。縮尺とは「長さ」の比であって，「面積」の比ではないということ。つまり，問題文にある「1.8cm」と「3.8cm」を掛けてしまってはいけないということである。まず，「実際の長さ」を求めて，その数字を掛け算しなければならない。では，実際の長さを求めてみよう。

縮尺2万5千分の1とは，「本当の長さは25000だけれども，地図上では1の長さで描き

ました」ということを意味している。これを式にすると以下のようになる。

$$1 : 25000 = 1.8 : X$$

内項の積と外項の積は等しいので，

$$1 \times X = 25000 \times 1.8$$
$$X = 45000 （cm）$$

注意が必要なのは，最初の式の1.8の単位はcmであるため，求めたXの単位もcmとなる。そして，問われている面積はcm^2ではなく，km^2であるため，45000cmをkmに単位変換する。

$$45000cm = 450m = 0.45km$$

同様に3.8cmの実際の長さを計算する。

$$1 \times 25000 = 3.8 \times X$$
$$X = 95000 （cm）$$

kmに変換すると，0.95kmとなる。ここではじめて「縦×横」の公式を使うことができる。

$$0.45km \times 0.95km = 0.4275$$

これに最も近い数字は$0.43km^2$の②である。

ここで考えてほしい。少数第2位までの掛け算をする必要があるのかどうかを。問題文では1.8cmと3.8cmとあるが，2.0cmと4.0cmで計算して，最も近い選択肢を選ぶほうが簡単ではないか。つまり…

2.0cm →0.5km，4.0cm →1.0km

これで計算すると，暗算でも面積は$0.5km^2$と求められる。これに最も近いものは②で，他の選択肢は明らかに異なることがわかるだろう。数学ではないので，概数で計算することにも慣れよう。正解は②。

【9】 選択肢の地図記号は以下の通り。

市役所　◎　　郵便局　〒　　図書館

広葉樹林　　　博物館　　　　警察署　⊗

神社　　　　　電子基準点

Yの範囲には電子基準点ではなく，電波塔が見られる。正解は④。

【10】 aについて。本富士見橋付近に流水方向を示す矢印があり，入間川は，おおむね西から東

に向かって流れていることがわかる。矢印がない場合は川周辺の標高で判断する。川は高いところから低いところに流れる。地形図西側の笹井あたりに「70」の数字がある。地形図東側の新富士見橋あたりに「51」の数字があるので、西から東へ流れていることがわかる。地形図中の数字のほとんどは標高である。その例外は、地形図中央の「黒須二丁目」と「鍵山二丁目」の間の道路上の（299）である。これは国道の番号である。aは正しい。

bについて。市街地は「いるまし」駅から南西にのびる道路沿いの豊岡一丁目から扇町屋四丁目あたりだが、門前町の中心となるような大きな寺社は見当たらない。扇町屋は日光脇往還の宿駅として発達した。よってbは誤りと判断する。正解は②。

Ⅱ 気候に関する問題

【11】 aについて。高気圧では下降気流が卓越し、低気圧では上昇気流が卓越する。高気圧に覆われた地域の天気は晴れになる。aは正しい。

bについて。これも正しい。降雨のパターンとして、湿った空気が斜面に当たり、上昇して雨雲が発達する地形性降雨と、空気と空気がぶつかり（収束し）、その空気が上昇し雨雲が発達する対流性降雨、前線の影響による前線性降雨などがある。正解は①。

【12】 選択肢の4つの海流は、海域と名前を頭に入れなければならないもの。メキシコ湾流は暖流である。正解は④。

ここでは、海流の法則について記す。赤道付近は貿易風が吹いている。貿易風の風向きは気圧の配置とコリオリの力によって、東風（東から西に向かって吹く風）である。この風は赤道付近の海流の向きを決める要因の1つで、赤道付近の海流も貿易風同様、東から西に向かって流れる。赤道付近は太陽からのエネルギーを多く受けるため、海水はあたためられる。よって、「赤道から」流れる海流は暖流となる。日本近海の日本海流（黒潮）はまさにこれである。暖流は赤道から離れるにしたがい熱を失い、いずれ「赤道に向かう」寒流となる。大西洋のカナリア海流は低緯度を流れるが、赤道に向かう海流なので寒流である。

【13】 すべて南半球の都市なので、気温の高い夏は12〜2月あたりである。ブリズベンは中緯度の大陸東岸にあり、夏の気温が高く、年中降水量のある温暖湿潤気候なので②と判断する。大陸西岸のパースは、夏は高温乾燥で、冬は湿潤な地中海性気候である。地中海性気候の場所はすべて覚えておくと役立つ。該当するグラフは③。アフリカ大陸西岸は寒流のベンゲラ海流の影響でナミブ砂漠が形成される。ウォルヴィスベイは降水がほとんど見られない砂漠気候の④。アフリカ東岸はサバナ気候が広がるのでケリマネは①となる。正解は②。

【14】 ①は「赤道気団」が不適。小笠原気団であれば適切。②は「高温」が不適。やませは低温・多湿な風である。③は適当。これは台風のことである。熱帯低気圧は地域によって名称が変わる。インド洋でのサイクロン、アメリカでのハリケーン、日本近海での台風は覚えておこう。④は「湿潤」が不適。シベリア気団はその名のとおりシベリアで発達する気団。陸地で発達するため乾燥している。では、どこから日本海側で冬に大量の降雪が見られるほどの湿気を得るのか。それは暖流である（蒸発量の多い）対馬海流である。正解は③。

【15】 間帯土壌とは、気候や植生ではなく、母岩の影響が強い土壌のことで分布は局地的である。②テラローシャは、ブラジル高原南部に分布する赤紫色の間帯土壌。コーヒー豆の生産に適する。③レグールは別名、綿花土とよばれ、綿花の栽培に適している。インドのデカン高原に分布する黒い土壌である。玄武岩由来ということも覚えておく。④テラロッサは主に地中海沿岸に分布する石灰岩由来の土壌で、赤い色をしている。選択肢の中で間帯土壌ではなく、気候や植生の影響を受けた土壌である成帯土壌に分類されるのが、①のラトソルである。ラトソルは主に熱帯に分布し、強い溶脱作用で養分

が少ないため，焼畑が見られる。正解は①。

【16】　世界で高床の家屋が見られる場所として
は，東南アジアなどの熱帯地域とロシアなどの
永久凍土地域が挙げられる。東南アジアのよう
な湿気の多い地域では，その湿気をため込まな
いよう風通しをよくする。湿気は下に落ちるた
め，床を高くするという工夫が見られる。問題
文に「風通しをよくするため」とあるので②が
当てはまる。永久凍土地域で高床にする理由は，
家屋内の生活排熱を地中の永久凍土層に伝えに
くくするためである。永久凍土層に排熱が伝導
してしまうと凍った土が融けてしまい，地盤が
緩んで家屋が傾いたり倒壊したりするからであ
る。正解は②。

【17】　aについて。砂漠において日中の気温は50
度を越えることもあり，非常に暑い。「熱い」
と表現した方がよいかもしれない。一方，夜間
は大変冷え込む。乾燥帯では，地表面から宇宙
空間に向かう空気中に放射を遮るものがないの
で，エネルギーをもった光（放射）が地表面に
返ってこないためである。日本でも冬の天気で，
晴れた日の夜に「放射冷却現象」のため非常に
冷え込むことがある。aは正しい。
　bについて。ケッペンの気候区分で亜寒帯の
定義は，「最寒月の平均気温は－3℃以下，最
暖月の平均気温は10℃以上」である。10℃未満
では寒帯なのでbは誤り。正解は②。

【18】　太平洋赤道海域の日付変更線付近から南米
ペルー沿岸にかけての広い海域で，海水温が平
年にくらべて高くなる現象をエルニーニョ現象
という。逆に低くなる現象をラニーニャ現象と
いう。よってPはラニーニャ現象。エルニーニョ
現象が発生すると太平洋西部の熱帯域の海水温
が下がり，日本では夏は低温多雨，冬は暖冬と
なる傾向がある。ラニーニャ現象の場合は逆に
日本の夏は高温，冬は厳冬になる傾向がある。
このような海水温の変動は，大気や海水の循環
に密接に関係し，異常気象に影響をおよぼすと
考えられている。正解は④。

Ⅲ　農林水産業に関する問題

【19】　アを見ると，アメリカと中国，ブラジルな
どの生産量が多い。小麦であれば，ロシア，カ
ナダの円はもっと大きくなるはずで，オースト
ラリアやパキスタンには円も見当たらない。こ
のことからアは，とうもろこしと判断する。と
うもろこしは，ブラジルとアルゼンチンも生産
量が多く，この2か国にアメリカを加えた3か
国では，牛肉の生産量が多い。牛の飼料となる
のがとうもろこしである。最近ではこの3か国
では牛が栄養を効率的に吸収できることのわ
かった大豆の生産も盛んになっている。イを見
ると，中国の円が極端に大きい時点で豚と判断
できる。世界の豚の生産量・飼育頭数の約半数
は中国である。また，インド，アルゼンチンに
円がないことからも牛ではないことがわかる。
正解は④。

【20】　大土地所有制にもとづく大農園の名称は，
国によって異なる。アルゼンチンではエスタン
シア，ペルーやメキシコなどのスペイン領で
あった地域ではアシエンダ，ブラジルではファ
ゼンダという。エステートは熱帯アジアなどの
プランテーションにおける大農園のこと。正解
は②。

【21】　aは適切。熱帯地域では豊かでない土壌が
広がり，焼畑によって肥料を土地に与える。そ
こではキャッサバ，タロいも，ヤムいもなどが
栽培されている。キャッサバはタピオカの原料，
タロいもやヤムいもは，さといも，やまいもに
近いもの。bは適切。中国東北部は冷帯で，乾
燥した土地。農業は畑作となり，大豆やこうりゃ
んなどが栽培されている。cは適切。フロリダ
半島は亜熱帯の気候で，野菜や果物生産が盛ん
である。フロリダ産のグレープフルーツなどは
日本にも輸出されており，目にしたことがある
人もいるのではないだろうか。dは不適切。移
牧とは，アルプス山脈に見られる夏と冬で牧場
を変える牧畜のこと。アルプスのふもとは夏に
なると乾燥し暑くなるため，山の中腹にある牧
場に移動する。この牧場をアルプといいアルプ

ス山脈の語源と考える説がある。dのアンデス地方では，リャマやアルパカが飼育されている。正解は④。

【22】　熱帯地域で生産される木材を南洋材といい，代表的な樹種として，合板の材料となるラワン，工芸品などに利用される黒檀やチークが挙げられる。熱帯には常緑広葉樹が多いが，ケヤキは落葉樹で温帯林のため適切でない。トウヒはエゾマツ科の変種で，最終氷期に広く分布していた樹種で亜寒帯林に多く見られるので不適。ドイツトウヒはクリスマスツリーに利用されることもある。正解は②。

【23】　写真を見ると，熱帯林の様子が見て取れる。ここから③は不適。なつめやしは乾燥帯に多く見られるやしで，オアシスの周辺に植えられ，木陰をつくりオアシスの水の蒸発を防ぐことにも利用される。また，実はデーツとよばれて保存食にもなる。

　マーガリンや洗剤，石鹸などの原料となるものが①の油やしからとれるパーム油である。パーム油の生産の9割近くがインドネシアとマレーシアに集中していることをおさえておこう。

　②のカカオはチョコレートなどの原料で，ギニア湾岸で多く生産される。④のココやしは海辺に多く見られるやしのこと。実はココナッツとよばれ，ココナッツジュースを多く含み，胚乳はそのまま食せるほか，ココナッツミルクになり，様々なものに利用される。正解は①。

【24】　最近では，農業でも工業でも，多くの作物や製品の生産上位に中国とアメリカが入るため，これらの国々で判断することは得策ではない。それ以外の国に注目しよう。

　Pを見ると，地中海性気候のイタリア，フランスが上位にあるのでぶどうと判断する。ワインの原料になる。ぶどうで注意しなければならないのは地中海性気候でなければ生産できないわけではない。ドイツや北海道でも生産が盛んである。

　Qを見ると，インド，ケニア，スリランカと低緯度地域の国が並ぶ。これは茶である。すべての国で標高差があり，斜面を利用した茶の栽培が見られる。ケニアは輸出も上位で，世界1位となる年もあるので，しっかりおさえたい（2016年は中国についで2位）。

　Rを見ると，ロシアとウクライナという比較的寒冷な国が並ぶ。これはじゃがいも。日本では約8割が北海道で生産される。ポテトチップスの原料などにも利用され，「北海道産のじゃがいも」という表記を見たことがあるだろう。じゃがいもは寒冷で土壌がやせていても生産が可能な作物である。正解は⑥。

【25】　①は不適。日本における農業就業人口は減少傾向にある。農業人口の高齢化に加え，後継ぎの不足から農地が放棄されることもある。②は不適。耕地面積も増加傾向にあるとは言えない。③は適切。農業就業人口が減少しているが，全員が農業をやめたわけではない。一方で，放棄される農地を吸収し，経営規模を拡大した農家や農業法人は増加傾向にある。④は不適。食生活の多様化により，米の1人あたりの年間消費量は減少傾向にあり，稲作農家を悩ませている。米を家畜の飼料にしたり，加工したりして，全体の消費量を増やそうとする努力が行われている。正解は③。

【26】　①は，経済力のあるアメリカやヨーロッパの先進国，食料の輸入大国の日本が入っているので水産物の輸入金額と判断してよいだろう。②〜④はいずれも中国が1位だが，他に特徴的な国から判断する。②はペルーが入っている。ペルー沖ではアンチョビーの漁獲が盛んで，ペルーの経済の中心の一つとなっている。アンチョビーはカタクチイワシの一種で，冷たい海水を好む。そのため，2014〜2016年に発生したエルニーニョ現象によって，やや漁獲量を落とした。②は世界の漁業生産量。④は2位のノルウェーが目につく。ノルウェーはフィヨルドに天然の良港をもち（たとえばベルゲン），良質の水産物を輸出している。ノルウェー産のサーモンは日本でも有名である。よって，水産物の輸出金額と判断する。残った③が養殖業生産量で，東南アジアではエビなどの養殖がさかんで日本にも輸出されている。正解は③。

【27】 鉄鉱石の判別から。分布と資源名を組み合わせる問題の場合，まずオーストラリアを確認したい。オーストラリアの北西部（ピルバラ地区）に分布が確認できれば，それは鉄鉱石の可能性が高い。今回の■がそれにあたる。鉄鉱石はほかに，カナダの北東部（ラブラドル地方），ブラジル（カラジャス，イタビラの2つ），スウェーデン北部（キルナ），五大湖西側（メサビ）などに分布する。今回の問題では出題されていないが，オーストラリアの北東部（グレートディヴァイディング山脈）に分布が確認できた場合，それは石炭と考えよう。

ボーキサイトは熱帯・亜熱帯地方の高温多湿地域に分布する資源である。赤道周辺，とくにオーストラリアの北端（ヨーク岬半島やダーウィン付近）に分布が確認できればそれである。今回の○にあたる。

金の分布でおさえておきたい場所は，南アフリカやロシア東部（シベリア）などである。今回は鉄鉱石とボーキサイトで判別したい。正解は④。

【28】 今回の問題で特徴的な発電割合をもつ国といえば，フランスとノルウェーである。フランスは世界でも屈指の原子力発電の割合が大きい国であり，75％前後である。ノルウェーはスカンディナビ山脈を利用した水力発電の割合が約95％と大きく，ほとんどが水力発電でまかなわれる国である（2016年は96.3％）。他に原子力発電の割合が大きい国は，ウクライナ（チェルノブイリがある），ベルギー，スウェーデン（スウェーデンは水力と原子力が半々）などが挙げられる。また，水力発電の割合が大きい国には，ブラジル，カナダ，スウェーデン（上記のとおり），パラグアイ（イタイプダムを利用）などが挙げられるが，水力発電の割合がほぼ100％という国が複数あり，中央アフリカに多いことを覚えておくと，どこかで役に立つかもしれない。以上のことから，③がフランス，④がノルウェーと判別できる。

①と②の比較をすると，②の方がその他の割合が大きい。その他にあたるのが太陽光や風力などである。ドイツは太陽光発電の先進国であり，また，風力発電に適した偏西風の影響をロシアよりも受けやすい。このことから②がドイツと判別する。正解は②。

【29】 この問題のポイントはOAPECのAの分布である。すなわち，アラブに関係ある国を選ぶ。②のイランの主要民族はペルシャ人。ペルシャ人とアラブ人は祖先を異にするほど，別の民族である。そのため，イランがアラブと名の付く組織に入ることは想像しにくい。③と④は，それぞれの国の位置とアフリカにおけるアラブ人の分布を考えればよい。サハラ砂漠南部のサヘル地帯が文化的な境目と考えよう。アラブ人はアラビア半島からアフリカに進出したが，サヘル地帯以南にはほとんど進出しなかった。そのため，現在でもアラブ人が多いアフリカの国は，①のアルジェリアのように北アフリカにある。アンゴラやナイジェリアはサヘル以南にあるため，適切ではない。正解は①。

【30】 aは「加熱して液体」が誤り。固体・液体・気体の状態変化の基礎がわかっていれば誤りと気づくだろう。熱せられたフライパンに水滴を落とす（水滴は加熱される）と，蒸発して気体になる。気体の天然ガスを液化させるには，マイナス162℃まで冷却する必要がある。

bは正しい。メタンハイドレートとはメタンが水分子に囲まれた包接水和物の固体のこと。見た目が氷に似ている。日本近海は世界有数のメタンハイドレート埋蔵量をほこる海域で，数十年前の試算で，その埋蔵量は日本で使用される天然ガスのおよそ100年分とされ，商用化をめざし研究が進められている。正解は③。

【31】 ①は適切。セメントは，原料の重量が製品の重量を大きく上回る原料指向型の1つで，日本では秩父や宇部などが有名。②は不適。鉄鋼もセメントと同様，原料指向型。日本の場合，原料のほとんどが船舶で輸入されてくるため，おのずと交通（臨海）指向型にもなる。③は適切。集積回路の製品は小さく軽く価格が高いた

め，航空機や高速道路を使用しても十分に利益があがる。そのため納品までのスピードを重視し，交通の便がよい場所に立地する交通指向型に分類される。④は適切。自動車（自動車工業）は数万の部品からなり，それらの集積を求める総合工業である。トヨタ自動車が導入したジャストインタイム（カンバン方式）は集積していることのメリットを生かしたしくみといえる。正解は②。

【32】 ①は不適。アの地域に見られる工業の説明は適切だが，代表都市が不適。モントリオールはカナダの南東部にある都市であり，太平洋側にはない。この地域の代表的な都市はシアトルである。②はシリコンプレーンが不適。イの地域にあるIC産業がいち早く集積した場所の名称はシリコンバレーである。シリコンプレーンはウの地域の名称。内陸のダラス周辺を指す言葉である。③は適切。テキサス州周辺に見られる工業の説明が書かれており，ダラスのほか，フォートワースやヒューストンなどが代表都市である。④はサンベルトが不適。エの地域は長らくアメリカの重工業の中心地で，アメリカの工業全体を牽引した地域であるが，1970年代からのサンベルト（北緯37度以南の地域）の台頭により，衰退が顕著となった。そのことを揶揄する意味でも，サンベルトに対し「スノーベルト」「ラストベルト（ラストは錆の意）」と言われる。中心都市の1つであるデトロイトは世界一の自動車の都市として名高かったが，2013年，デトロイト市は財政破綻を宣言するほど産業は厳しいものとなった。現在では先端技術産業の誘致が進みつつある。正解は③。

【33】 2000年あたりから，急激な成長を見せた国は中国である。Yが中国と判断する。Xは工業付加価値額は少ないが，1人あたりの付加価値額は高い。このことから人口の少ない小国であるが経済発展の進んだシンガポールと判断する。残りのZが韓国。正解は⑤。

【34】 ①は適切。すべての国で面積は日本より大きく，鉱産資源が豊富である。②は不適。南アフリカ共和国の人口は約5856万人であり，日本

の約1億2686万人には及ばない。日本の人口は世界で11位である（2019年）。③は不適。中国は市場経済を取り入れているが，共産党の一党支配の社会主義国である。④は不適。国連安全保障理事会の5つの常任理事国はいずれも核保有国で，ここでは中国とロシアである。インドも，隣国のパキスタンとの対立を激化させ，両国とも核保有国である。ブラジルと南アフリカ共和国は保有していない。正解は①。

Ⅴ 地球的な課題に関する問題

【35】 一般的に，経済の成長にともない，少子化と高齢化が進展する。少子高齢化が進むと人口ピラミッドの底辺が短くなり，65歳以上の上部がふくらむ。少子高齢化の影響が最も小さいのはイである。これが1970年と判断する。アとウを比べた場合，ウが最も少子高齢化が進んでいる。これが最新の2017年。残ったアが1990年である。正解は③。

【36】 人口抑制策として1979年から一人っ子政策を実施していたのは中国。しかしその後，急速な少子高齢化，若年労働力不足などが進み，2016年，一人っ子政策は廃止され，すべての夫婦が二人の子どもをもつことを認めた。正解は①。

【37】 連続する多くの大都市が交通網や通信網などによって結合され，相互に密接なつながりを持つ巨大な都市域をメガロポリス（巨帯都市）という。①のコナーベーションとは，複数の都市の市街地が連結している状態を指す言葉で，東京・横浜間などがそれ。都市の景観が連続していることがメガロポリスとの違い。③のプライメートシティは首位都市ともよばれ，その国の人口が極端に集中し，多くの都市機能が集まっている都市のこと。④のメトロポリスは，都市機能が集中し，大都市圏を形成する中心都市のこと。正解は②。

【38】 ①のシティとは，ロンドンの中心業務地区（CBD）のこと。②のドックランズとは，ロンドン東部のテムズ川沿岸の再開発地域のこと。

老朽化した港湾施設（ドック）があったが，再開発によってオフィスビルや高層住宅などが建設された。③のラ・デファンスとは，パリ郊外の再開発地区のこと。歴史的建造物が多い市内に対し，高層ビル群が目立つ現代的な街並みが広がっている。④のレッチワースとは，ロンドン郊外の田園都市。ハワードが提唱した思想を体現した都市で，職住近接型の都市となっている。正解は③。

【39】　①は「カスピ海」が不適。中央アジアのアムダリヤ川やシルダリヤ川周辺では，大規模な綿花栽培のための取水が過剰に行われ，極端に面積が減少したのはアラル海である。②は「工業化」が不適。サハラ砂漠の南縁にあたるサヘル地域で砂漠化が進行したのは，過放牧や過伐採などの人為的要因が大きい。④は「海水温の低下」が不適。サンゴ礁の白化現象が見られるのは海水温の上昇が原因。正解は③。

【40】　気候変動枠組条約は，1992年に採択された。1995年から条約の具体的な目標を交渉する気候変動枠組条約締約国会議（COP）が毎年開かれ，1997年には温室効果ガスの削減目標を定める京都議定書が採択された。その後，2020年以降にすべての国が参加する「ポスト京都議定書」の枠組みづくりが進められ，2015年，COP21では先進国だけに排出削減を義務づけるのではなく，条約に加盟するすべての国・地域が削減に参加するパリ協定が採択された。しかし，アメリカのトランプ大統領は「地球温暖化という概念は，アメリカの製造業の競争力を削ぐために中国によって中国のためにつくりだされた」と主張し，2019年，パリ協定から離脱を表明した。正解は②。

【41】　カの文章について。タミル人とはインドの主要民族の一つ。おもに南インドとスリランカに居住し，ヒンドゥー教を信仰する人が多い。スリランカでは仏教徒のシンハラ（シンハリ）人が多数派を占め対立し，多数の死者が出た。スリランカはX。
　キの文章について。ブミプトラ政策とは，Zのマレーシアにおける先住民族優遇政策のこ

と。経済の実権を握る中国系やインド系と，先住民のマレー系住民との経済格差が問題となったため，雇用や経済で優遇する政策が行われた。
　クの文章について。ロヒンギャは時事問題。ミャンマー政府はロヒンギャをバングラデシュの不法移民として，ロヒンギャそのものを「民族」として認めていない。ロヒンギャはベンガル人であり，不法にミャンマーの土地を奪っているという認識がミャンマー国内で存在する。ミャンマーはY。正解は②。

【42】　④の与那国島は日本最西端の沖縄県の島。北方領土とは①，②，③のほかに，日本最北端である択捉島を加えた島々である。正解は④。

<hr/>

Ⅵ　ラテンアメリカに関する問題

【43】　Aはパナマ地峡，ほぼ中央にパナマ運河が通じ，太平洋と大西洋を結ぶ。Bはアンデス山脈。スエズ地峡は，エジプト北東部にあるアジアとアフリカをつなぐ地峡。地中海と紅海を結ぶスエズ運河が横断する。ロッキー山脈は北アメリカ大陸の西側に南北に走る新期造山帯。正解は③。

【44】　下図でアマゾン川の河口の位置を確認しておきたい。ちょうど海岸線が折れ曲がる場所が河口部である。この場所に河口部が来ていないアは，残りの選択肢であるオリノコ川である。

オリノコ川とはベネズエラを流れる河川で，流域にはリャノとよばれる熱帯草原が分布する。カンポとはカンポセラードともよばれ，ブラジル高原に広がる熱帯草原のこと。正解は④。

【45】　上の【44】の図でラプラタ川の河口も確認

してほしい。この河口部にはパンパとよばれる平原が広がり、肥沃な土壌が分布している。気候は温暖湿潤気候（Cfa）である。D地点はCfaであることから選択肢で正解は一つとなる。大陸東岸にはCfaが多く分布していることを地図帳などで確認しておこう。正解は①。

【46】 イはカリブ海。①のアラフラ海とは、オーストラリア大陸とニューギニア島の間の海。②のバルト海とは、スウェーデンやドイツなどに囲まれた海。③のエーゲ海とはギリシャとトルコの間にある海のこと。正解は④。

【47】 15世紀から起こった大航海時代（大探検時代）で主役を担ったのが、インド方面に進出したポルトガルと、アメリカ大陸（当時、新大陸といった）に進出したスペインであった。ポルトガルはインド到達を達成したのち、マラッカ海峡をぬけ、中国まで到達。マカオを根拠地として活動していた。その延長に日本の種子島漂着がある。一方、インド航路を西回りに求めたコロンブスを支援したことで、アメリカ大陸進出に注力したスペインは、ラテンアメリカの多くの土地に宣教師とコンキスタドール（征服者と訳される）を送った。代表的なコンキスタドールはアステカを滅ぼしたコルテスと、インカを滅ぼしたピサロであろう。このように、ラテンアメリカのほとんどの土地がスペインの植民地となっていったため、現在でもスペイン語を話し、カトリックを信仰している人が多い。その例外としてはブラジルで、ポルトガル人がたまたまブラジルに漂着したことがポルトガル支配のきっかけであった。そのため、現在でもブラジルはポルトガル語を話す。ちなみに、ブラジルとは、このときの航海で発見された染料のもとになる木が「パウ・ブラジル」とよばれていたことが語源となっている。また、このときの航海に、喜望峰の到達者であるバルトロメウ・ディアスもいたが、ブラジル「発見」後の嵐で行方不明となった。正解は③。

【48】 地図中の国名は、カはメキシコ、キはボリビア、クはアルゼンチンである。アルゼンチンは白人が多い国としておさえてほしい。よって、

グラフはR。つぎにラテンアメリカでもインディヘナとよばれる先住民の割合の高いのはボリビアで、アンデス高地に広く分布する。Qがボリビア。メスチーソとは、ヨーロッパ系（白人）と先住民の混血のことで、メキシコでの割合が高い。正解は①。

【49】 地図中のサはキューバ、シはベネズエラ、スはエクアドル、セはブラジルである。①は「英語」が不適。【47】で記したように、ラテンアメリカの多くの国はスペイン語を話す。キューバの旧宗主国もスペインである。②は適切。ベネズエラは近年、多くの原油が埋蔵されていることが発見され、埋蔵量は世界一となった。原油に依存した経済で、原油価格が下落した近年、経済成長率が大きくマイナスとなった年もあった。③は不適。エクアドルは赤道直下であるが、アンデス山脈があるため高山気候も分布する。④は不適。航空機を生産できるまでになったブラジルだが、輸出品の1位は大豆（11.8％）、2位は鉄鉱石（8.8％）で、機械類は3位（8.1％）である（2017年）。正解は②。

【50】 タは、アルゼンチンとブラジルにまたがるイグアスの滝で、Zにあたる。世界三大瀑布とよばれているのはこのほかに、アフリカのジンバブエとザンビアにまたがるヴィクトリアの滝、アメリカとカナダにまたがるナイアガラの滝のことで、いずれも自然的国境となっている。チのインカ帝国とは、ペルー南部のアンデス山脈あたりに領土を持った帝国であるとわかっていれば、Yと判断できるだろう。インカ帝国は、文字を持たないが、きわめてすぐれた建築技術を持ち、スペイン人が建てた建物は地震で倒壊したが、インカ帝国時代の建物（石垣）はびくともしなかったという記録も残っている。また、インカ帝国の遺産にはナスカの地上絵やマチュ・ピチュ遺跡が挙げられる。チの文章はマチュ・ピチュ遺跡のことである。Google Earthなどで見ることをおすすめする。ツはエクアドル沖合のガラパゴス諸島でXにあたる。ダーウィンがここを訪れた際に、進化論の着想を得たことで有名。よって、正解は⑥。

地理　　正解と配点

問題番号		正　解	配　点
I	1	③	2
	2	①	2
	3	①	2
	4	②	2
	5	①	2
	6	①	2
	7	③	2
	8	②	2
	9	④	2
	10	②	2
II	11	①	2
	12	④	2
	13	②	2
	14	③	2
	15	①	2
	16	②	2
	17	②	2
	18	④	2
III	19	④	2
	20	②	2
	21	④	2
	22	②	2
	23	①	2
	24	⑥	2
	25	③	2
	26	③	2

問題番号		正　解	配　点
IV	27	④	2
	28	②	2
	29	①	2
	30	③	2
	31	②	2
	32	③	2
	33	⑤	2
	34	①	2
V	35	③	2
	36	①	2
	37	②	2
	38	③	2
	39	③	2
	40	②	2
	41	②	2
	42	④	2
VI	43	③	2
	44	④	2
	45	①	2
	46	④	2
	47	③	2
	48	①	2
	49	②	2
	50	⑥	2

令和元年度　倫理政経　解答と解説

倫理分野は，例年同様に大問4，小問25であり，すべてリード文からの出題だった。大問は教科書の単元に沿って，「青年期」「源流思想」「日本思想」「西洋近現代思想」の順で出題されているのも例年通りであるが，大問Iに西洋近現代思想の内容が含まれていたり，昨年同様にグラフ読み取り問題が出題されていたり，文章選択肢の出題が目立つなど，センター試験に近い出題が増えている。また，思想家の原典資料が8つも出題されていたのも本年の特徴である。教科書に掲載の資料文や脚注部分にも注意して幅広い学習を心がけ，思考力・判断力を問う出題への対策として，センター試験の過去問題の学習も行いたい。

I 青年期の課題と自己形成

【1】　基礎学力到達度テストの「倫理」分野では昨年に続いてのグラフ読解問題。選択肢の文章をグラフの項目にあてはめて丁寧に吟味する習慣をつけたい。①は日本の「そう思う」8.5％と，「どちらかといえばそう思う」21.4％の二項目を加えると29.9％となり，他の4か国の「そう思う」だけの割合よりも少ない。また，日本の「そう思わない」40.9％と，「どちらかといえばそう思わない」28.5％を加えると，69.4％となり，他の4か国より圧倒的に多い。したがって，正しい文章である。②はすべての国の「どちらかといえばそう思う」の項目を見ると，日本21.4％，韓国26.8％，アメリカ31.4％，イギリス30.2％，フランス28.0％であり，20％を下回った国はないので正しい。③はアメリカの「そう思う」49.2％と「そう思わない」4.7％が10倍以上なので，前半は正しいが，フランスの「そう思う」65.4％と「そう思わない」1.3％も10倍以上の開きがあるので，後半が誤り。④は韓国の「そう思わない」15.4％と「どちらかといえばそう思わない」15.3％を加えると30.7％となり，

30％以上になるので正しい。正解は③。

【2】　文脈から「相手との距離を保ちながら時に傷つけたり傷つけられたりすることも覚悟して…」を意味するものを選ぶ。①「オイディプス（エディプス）・コンプレックス」は，精神分析学の創始者フロイトの用語で，男児が自己のリビドー（性の衝動）を母に向け母を一人占めしようとし，畏怖する父への憎しみを無意識の中に抑圧するというもの。ギリシャ神話の悲劇で，自分の父を殺し母を妻とするという神の宣託のままに生きることになってしまった「オイディプス王」から名付けられた。②「集合的（集団的，普遍的）無意識」は，フロイトの弟子で後に決別した精神分析学者ユングの用語。人類が太古から繰り返してきた無数の体験が積み重なってできた無意識の領域のことで，普遍的な型（アーキタイプス）をもっている。③「ホモ・シンボリクス」は，シンボル（象徴）を操る動物という意味で，ドイツの哲学者カッシーラーが定義した。言語や記号などのシンボルを使い独自の世界を形成することに人間の特質を見出した言葉。④「ヤマアラシのジレンマ」は，2匹のヤマアラシが体をよせて温め合おうとするが，近づきすぎると自分の針で互いを傷つけてしまうというジレンマ（板挟み）におちいってしまうという話。人間関係でも仲良くしようとしても，近よりすぎると自我（エゴ）の衝突が起こりやすくなるので，適度な心理的距離を保つことが求められるという意味になる。ドイツの哲学者ショーペンハウアーが記した寓話を，フロイトが心理学の用語として使った言葉。正解は④。

【3】　①のホリングワースはアメリカの心理学者で，『青年心理学』を著し，青年期を「子どもが家族の監督から離れて自立しようとする心理的離乳の時期」と説いている。「第二の誕生」はフランスの思想家で社会契約説を説いたル

ソーに関する言葉。ルソーが著書『エミール』の中で，「われわれはいわば二度生まれる。一度目は生存するために。二度目は生きるために。一度目は人類の一員として。二度目は性をもった人間として」と述べた内容は，青年期の自我のめざめとして「第二の誕生」と表現される。②のレヴィンはドイツ・アメリカの心理学者で，青年期を児童期と成人期との間にはさまった時期であり，子どもの集団にも大人の集団にも属さない中間の存在であることから境界人（マージナル・マン）と呼んだ。マージナル・マンは，「境界人」のほか「周辺人」とも訳され，複数の社会集団の周辺や境界線上に位置し，そのいずれにも属さない人びとのことを意味する。③の「心理・社会的モラトリアム」は，ドイツ・アメリカの精神分析学者エリクソンの言葉で，青年期が職業や結婚などの人生における大きな選択や決断，社会的義務を猶予され，自分の生き方を模索して大人への準備をする期間であることを意味する。金融機関が支払いを猶予することを意味していたモラトリアムという語を，エリクソンが青年期の心理を考察する用語として使った。正解は②。

【4】 ①のベルクソンは『創造的進化』や『道徳と宗教の二源泉』などを著したフランスの哲学者。彼の用語「エラン・ヴィタール」は，「生命の飛躍」のことで，宇宙における生命進化の根源となる，生命の創造的な力を意味する。また，「エラン・ダムール」も彼の用語で，「愛の飛躍」と訳され，家族や国家の枠を超えた普遍的な人類愛の実践に至ること。それぞれ，「閉じた社会」「開いた社会」のことではない。彼によれば，生命の創造的進化の流れは，本能的に集団を守ろうとする閉鎖的な「閉じた社会」から，エラン・ダムールによってその閉鎖性の枠を破り，普遍的な人類愛に満ちた「開いた社会」へと進化するという。②のハイデッガーはドイツの哲学者。ナチスへの協力が指摘される人物で，『存在と時間』を著し，人間存在を「死への存在」「世界内存在」「ひと（ダス・マン）」などの概念を用いて考察した。②の「限界状況」

や「実存的交わり」は，ハイデッガーと同時代のドイツの実存哲学者ヤスパースの思想。③のフロムはドイツに生まれアメリカに亡命した社会心理学者。人間の社会的性格を，権力や財産を奪って内面の虚しさを埋めようとする非生産的性格と，自発的な仕事や愛を通じて成長する生産的性格とに類型化して考察した。また，ファシズムに巻き込まれた大衆の心理を「自由からの逃走」として分析した。④のアダム・スミスはイギリス古典派経済学の祖。主著『諸国民の富』で，各人の利己的な営利追求が結果的に生産力を高め「見えざる手」に導かれて社会全体の富を増大させるという自由放任主義をとなえた。また，『道徳感情論』を著し，人間は「公平な観察者」の立場に自分をおき，この第三者からみても共感を得られる範囲内で利己的な営利追求が是認されると説いた。共感（同情）などの道徳感情は生まれつき人間に備わっていると考えるので，④の「道徳感情が私たちには欠けているが」は誤り。③のフロムについては教科書では「自由からの逃走」の記述が中心であり，社会的性格の類型については学習が難しかったかもしれないが，消去法でも解答は導き出せる。正解は③。

Ⅱ 源流思想

【5】 ①〜④の語句はすべてギリシャ語。①のロゴスは言葉，定義，論理，理法，理性などをあらわす。ギリシャにおける哲学の起こりは，伝承された事実にもとづく神話（ミュトス）からロゴスによる真理の探究であると言われる。英語のlogicの語源となり，サイコロジー（心理学）などの〜logy（「〜学」）のもととなった言葉。②のピュシスはフュシスとも呼ばれる，生命的な運動の原理，自然のままの本性を意味する。人間がつくった人為的なものを意味するノモスに対立する言葉。③のアルケーは，始まり，根源，原理を意味する。古代ギリシャの自然哲学者は自然の事物のアルケーを探究し，哲学の祖とされるタレスは水，ヘラクレイトスは火，ピ

タゴラスは数がアルケーにあたると考えた。④のアレテーは、ものが持つ本来の機能をよりよくするものを意味し、優秀性、卓越性をあらわしていたが、ソクラテスが倫理的な意味をもたせ、人間としての優秀性、魂のすぐれた働き、徳を意味するようになった。正解は③。

【6】 ソクラテスは著書を残していないため、弟子の著書により、その思想がうかがえる。特に弟子のプラトンが記した対話編の『ソクラテスの弁明』は、「国家の神々を認めず、青年に害毒を流した」という理由で裁判にかけられたソクラテスが、法廷で陪審員であるアテネ（アテナイ）市民に向かって自己の思想を述べた様子をえがいている。①〜④はすべてソクラテスに関係するものであるが、資料文の「魂をできるだけすぐれたものにするということ」という部分から、③の「プシュケーへの配慮」を選ぶ。プシュケーはギリシャ語で、もともと息をすること、生命の原理を意味し、心、魂とも訳される。したがって③は「魂への配慮」のこと。①はソクラテスの活動の出発点ともなったもので、デルフォイの神託で「ソクラテス以上の知者はいない」とされたソクラテスが、その意味を探ってたどり着いた理由でもある。知者と言われていた人びとが、知らないのに知っていると思い込んでいるのに対して、自分は善美の事柄について無知を自覚しており、その無知の自覚において、他の知者とよばれる人びとに勝っていることに気づいたというもの。②の問答法は、ソクラテスの真理の探究方法であり、相手と問答を繰り返しながら、相手に無知を自覚させて、真の知を発見させようとすること。ギリシャ語ではディアレクティケーであり、対話法、助産術、産婆術ともいわれる。④のデルフォイ（デルフィ、デルポイ）は古代ギリシャの聖地で、予言の神アポロンを祀る神殿があり、そこの巫女を通じてアポロン神の神託がくだされることで知られていた。正解は③。

【7】 イデア論にもとづく理想主義の思想を説いたプラトンは、人間の魂を、指導的部分である理性、理性に従って行動する気概（意志）、肉体にかかわる本能的な欲望、という3つの部分に分けて考察した（魂の三分説）。そして、理性の徳を知恵、気概の徳を勇気、欲望の徳を節制とし、理性が気概と欲望を統御して魂全体の秩序と調和が保たれるとき、魂全体の徳である正義が実現されると考えた。この、知恵・勇気・節制・正義は、四元徳といわれる。また、プラトンの弟子であり、現実主義的な思想を説いたアリストテレスは、「人間は本性上、ポリス的（国家的、社会的）動物である」と考え、ポリス（国家）の成立に深くかかわる友愛と正義の徳を特に重んじた。彼は正義について、広い意味での正義である全体的正義として、ポリスの法を守るという、ポリス全体の幸福をめざし、すべての徳を導く働きをする徳を考えた。さらに、人びとの間の公平性の実現という、狭い意味での正義である部分的正義として、各人の功績や働きの違いに応じて名誉や財を分配する配分的正義と、裁判や取引などで利害・得失を均等にするよう調整する調整的正義（矯正的正義）の二つを考えた。②③④はアリストテレスの正義論である。正解は①。

【8】 福音書はイエスの言行を記したもので、「マルコによる福音書」「マタイによる福音書」「ルカによる福音書」「ヨハネによる福音書」の四福音書が『新約聖書』に収められている。資料文は、キリスト教の隣人愛が説かれたイエスの言葉。従来のユダヤ教では「隣人を愛し、敵を憎め」と言われていたが、ここでの隣人が、自分の仲間、同じ民族という狭い意味での隣人であるのに対し、イエスの説いた隣人愛は、敵や自分を害する者や異教徒を含め、すべての人を分け隔てなく愛するものである。イエスによれば、無差別・平等・無償の神の愛（アガペー）に生かされた人間は、この愛に応えるために、神への愛と隣人愛の実践につとめることが求められる。それをあらわしたイエスの言葉が「心をつくし、精神をつくし、思いをつくして、主なるあなたの神を愛せよ」と、「自分を愛するように、あなたの隣人を愛しなさい」である。正解は②。

【9】　Aの「イスラーム」は，アラビア語で「絶対的な服従」，「帰依」を意味し，唯一神であるアッラーに絶対的に服従し，その教えを守ることをあらわすので，Aは正しい。なお，イスラーム信者（ムスリム）の信仰の柱となる六信は，アッラー・天使・啓典（聖典，教典）・預言者・来世・天命を信じることである。イスラームの開祖であるムハンマドは，最後にして最大の預言者とされ，「神の子」や「救世主」ではない。このムハンマドの血統を重んじ，4代目のカリフ（ムハンマドの後継者であり，政治的・宗教的指導者）である従兄弟のアリーの子孫のみを正統な後継者とするのがシーア派である。シーアとは党派を意味し，全ムスリムの中では少数派であるが，イランでは国教となっている。このシーア派と対立し，ムハンマドの言行（スンナ）に従う者を意味する一派がスンナ派（スンニー派）であり，全ムスリムのおよそ90％を占める多数派である。Bは誤り。正解は②。

【10】　仏教の開祖ブッダ（真理を体得した者，覚者）が説いた四諦とは，ブッダが悟った縁起の法を，実践の過程としてまとめた四つの真理。苦集滅道ともいわれる。苦諦は，人生は苦であるという真理。集諦は，苦の原因は煩悩であるという真理。滅諦は，煩悩を滅したところに安らぎの境地（涅槃，ニルヴァーナ）があるという真理。道諦は，涅槃に至る道，方法が八正道であるという真理。空所ウは，「苦の生起の原因」を意味するものなので，集諦が入る。空所エは，「真実としての苦の消滅」を意味するものなので，滅諦が入る。資料文の『大蔵経』は，ブッダの説いた教えをまとめた原始仏教の経典。悟りを得たブッダが初めて比丘（修行仲間，男性の修行僧）たちに悟りの内容を説いた初転法輪の部分である。正解は①。

【11】　諸子百家は，古代中国の春秋時代末期から戦国時代にかけて活躍した，さまざまな思想家や学派の総称。そのうちの法家は，韓非子，商鞅，李斯を代表とし，法律と刑罰による国家の統治，社会秩序の安定を説く。孔子は儒家の祖とされ，家族愛である孝悌を基本にした，他者

に対して自然におこる親愛の情である仁にもとづく道徳的秩序によって国家を治める徳治主義の政治思想を説いた。儒家の思想は，孔子の没後，弟子たちに継承され，道徳の内面性を重んじる学派と，社会規範である礼を重んじる学派が登場する。その中から戦国時代には，性善説を説く孟子や，性悪説を説く荀子が活躍する。荀子は礼を重んじ，「人の性は悪にして，その善なるものは偽なり」と説き，人間の善なる行為は，後天的に人の作為によりつくられると考えた。③の朱子（朱熹）は12世紀，宋の時代の儒学者。諸子百家の思想家ではない。理気二元論にもとづく性即理や，格物致知，居敬，窮理などの思想を説き，朱子学という新しい儒学を形成した。③の説明は，諸子百家のうち，道家の祖とされる老子の思想。老子は，万物の根源を仮に道（タオ）と呼び，この道に素直に従って作為をせずにありのままに生きる無為自然，柔和で人と争わない謙虚な態度である柔弱謙下などの思想を説いた。正解は③。

Ⅲ　日本思想

【12】　アメリカの文化人類学者ベネディクトは，『菊と刀―日本文化の型』を著し，西洋文化がキリスト教文化にもとづき，神の教えに背くことを恐れる「罪の文化」であるのに対し，日本文化は集団の和合を重んじ，他人からの非難を避けようとする「恥の文化」であると説いた。ベネディクトについては教科書の扱いも少ないが，本文の文脈から考え，①の「理」は理性，論理などと使われるように西洋のロゴスの伝統であったり，性即理（朱子学），心即理（陽明学）などと使われたりするように，中国思想的なものと考え，②の「罰」も罪に応答するものと考えれば，①②は不適と判断できる。③の「和」も，日本では特に聖徳太子以来重んじられた倫理観であるが，空所の後の「世間という社会集団からどのように見られるかが倫理的規準」という部分から，〝世間から見て恥ずかしくない行為〟などと言うことを思い起こして④の「恥」が最

【13】 古代日本人の倫理観では,「清き明き心（清明心）」という,清流のように清らかで太陽のように明るい純粋な心情が理想とされた。一方,罪悪観をあらわす言葉が「罪」や「穢れ」であり,両者ともに外部から付着し,平穏な生活を脅かすもので,共同体の秩序を乱すことから,病気や自然災害などまでも含むものだった。したがって,それらはキリスト教文化圏での「原罪」の思想のような,人間に内在する根源的な罪ではなく,神聖な水に浸かって心身を清める「禊（みそぎ）」や,罪の代償物をさし出したりして取り去る「祓い（祓え）（はらい）」によって,落とすことができると考えられた。空所bには「穢れ」,cには「禊」が入る。正解は②。

【14】 空海は日本真言宗の開祖で,最澄とともに平安仏教を代表する僧。弘法大師ともいわれる。讃岐（さぬき）（香川県）に生まれ,東大寺の僧となった後,最澄らとともに唐に渡り,長安で中国密教の第一人者である恵果（けいか）に師事し,密教を学ぶ。帰国後は,高野山に金剛峯寺（こんごうぶじ）を建て,また,諸国を遊行し真言宗の布教や民衆の教化につとめた。①の大乗戒壇（だいじょうかいだん）は,日本天台宗の開祖・最澄に関するもの。正式な僧の資格（「戒」）を授ける場所を戒壇という。日本には中国僧・鑑真によって上座部仏教の具足戒が伝えられていたが,最澄は,法華経の一乗思想にもとづき,すべての人が仏になることができると説いて,比叡山に新たな大乗戒壇を設け,大乗仏教の在家の修行者に向けられた大乗戒（菩薩戒）によって僧となる制度をつくることを主張した。②の曼荼羅（まんだら）は,宇宙の真理を表したものという意味で,空海が伝えた密教の世界観を図式化して絹や紙に描いたものであり,密教の儀式に用いられた。③の三密は,空海が伝えた真言宗の修行法で,手に印契を結び（身密）（いんけい）（しんみつ）,口で仏の真言をとなえ（口密）（くみつ）,心（意志）で仏を思い起こす（意密）（しんくい）（そく）,という身口意の三つの行。④の即身成仏（しんじょうぶつ）は,空海が伝えた真言宗の思想の中心をなすもので,三密の行によって肉体そのものが宇宙の究極の原理を示す仏である大日如来と

同化し,この身のまま仏になれるという思想。正解は①。

【15】 資料文の『歎異抄（たんにしょう）』は,浄土真宗の開祖・親鸞の弟子・唯円が,師の没後,師の教えと異なる説が生じているのを嘆いて著した書。悪人正機など,親鸞の中心思想が伝えられる。親鸞は,阿弥陀仏は自らの力では悟りを開くことのできない人びとを救うために誓願を立てたのだから,自力で悟りを開ける善人よりも,煩悩具足の凡夫（欲望にとらわれた,ただの人）という自覚をもった悪人こそが,阿弥陀仏の救いにふさわしい,と説く。ここでの「善人」「悪人」が,日常的な道徳における「いい人」「わるい人」ではなく,「自力の修行により悟りを開こうとする人」「煩悩にとらわれ自力では悟りが開けない人」をさしていることに注意。「善人なおもて往生をとぐ,いはんや悪人をや」（自力作善の善人でさえ阿弥陀仏は救うのだから,自分の無力さを自覚している悪人はなおさら往生できる）という親鸞の言葉は,救いが人間の努力（自力作善）によるものではなく,弥陀の本願（阿弥陀仏が修行の際に立てた,すべての衆生を救済しようとする誓願で,48あるため四十八願ともいう）によるものであるという,絶対他力の思想が表されている。正解は④。

【16】 問われている「室町時代」の「茶道や華道」に関する知識がなくても,問題文の「禅宗の影響」から類推して解答を導き出したい。禅は釈迦が悟りを開いた修行法でもあり,古代インドから重んじられていたが,6世紀初めにインドの菩提達磨（ぼだいだるま）（ボーディダルマ）が中国に伝えてから宗派として発達,唐から宋の時代にかけて盛んになった。日本では,宋で学んだ栄西が臨済宗,道元が曹洞宗を伝え広まった。特に臨済宗は,仏教思想・修行法としてだけでなく,茶道・書道・絵画・建築などの日本文化にも大きな影響を与えた。鎌倉時代に栄西が伝えた茶道は,室町時代には「わび茶」として洗練され,安土桃山時代に千利休によって大成される。「わび」とは簡素・静寂なおもむきのことで,絢爛（けんらん）豪華や派手さとは対極にある,物が不足し,う

らぶれた境地に安らぎの喜びを見出そうとする日本人の美意識をあらわす。華道も室町時代に茶の湯に取り入れられ深められた。これ以外，室町時代の禅僧・雪舟が大成した水墨画も，墨の濃淡や線の強弱などの技法で，かすかで深い精神性をたたえた幽玄の美をあらわす芸術である。①は「質素な内面と対照的な」が誤り。②は「色彩豊か」「絢爛豪華」が誤り。④は「荘厳・重厚」「力強い」が誤り。正解は③。

【17】　江戸時代は戦乱が治まり，俗世を離れることを説く仏教にかわって，現実社会の中での人のあり方を重んじる秩序理念として儒教が求められるようになった。資料文の出典『春鑑抄』は，江戸時代初期の代表的な朱子学者・林羅山の主著。資料文の「天は尊く地は卑し」「上下差別あるごとく」の文言から，「上下定分の理」を説いた林羅山とわかる。君臣上下の身分関係は，天地間の自然の道理（天理）と同様に理法として定められているという内容で，封建社会の身分秩序を朱子学の理の考え方から論理的に正当化しようとしたものである。林羅山は，師である藤原惺窩の推薦により徳川家康以降四代の将軍に仕え，幕府の文教に関わった。つねに心に敬（「つつしむ」の意）を持って身分秩序にしたがって行動するという「存心持敬」を説き，人間本来の心に返って，天地万物の道理（天理）と一体化すること（天人合一）を主張した。①の本居宣長は江戸時代中期の国学の大成者。『源氏物語玉の小櫛』や『古事記伝』，『玉勝間』などを著し，「もののあはれ」，「真心」，「惟神の道」などの思想を説いた。③の安藤昌益は江戸時代中期の農本主義の思想家。『自然真営道』を著し，すべての人々が農業に従事し自給自足の生活を営む「万人直耕」の世の中で，差別のない理想的な社会である「自然世」を説いた。④の石田梅岩は江戸時代中期の思想家。町人として生きながら庶民のための生活哲学である心学（石門心学）を説いた。彼は『都鄙問答』を著して，商人の利潤追求を天理として肯定し，正直・倹約・知足安分という生活態度で，勤勉に職分に励むべきとする町人道徳を説いた。正

解は②。

【18】　①の福沢諭吉は明治時代の代表的な啓蒙思想家。『学問のすすめ』，『西洋事情』，『文明論之概略』などを著し，啓蒙思想団体である明六社にも参加。「門閥制度は親の敵でござる」と説くほどの反封建的な感情をもち，天賦人権論を主張。国民の啓蒙や日本の近代化のために，「一身独立して一国独立す」と述べて独立自尊の精神の必要性や，「人間普通日用に近き実学」として実生活に役立つ合理的な西洋の学問（数理学）を学ぶことの必要性を説いた。②の西村茂樹は明六社にも参加した明治時代の思想家。『日本道徳論』を著し，当時の急速な欧化主義を批判して，皇室中心の観点から儒教にもとづく国民道徳の回復を説いた。③の徳富蘇峰は明治から昭和にかけての評論家。新島襄の同志社で学び，自由民権運動に参加，雑誌『国民之友』や『国民新聞』を発刊して，当初は国民大衆の立場からの日本の近代化をめざす平民主義を説いていたが，日清戦争後から欧米の帝国主義の影響を受けて国家主義の思想を説くようになった。④の中村正直は明六社に参加した明治時代の啓蒙思想家・教育者。当初儒学を学び昌平坂学問所の教授になったが，洋学を研究しイギリスに留学。イギリスの作家スマイルズの著作を『西国立志編』として翻訳，「天は自ら助くる者を助く」という自助論を紹介したり，J.S.ミルの『自由論』を『自由之理』として翻訳，紹介したりして，個人主義道徳の普及につとめた。「フィロソフィー」を「哲学」と訳すなどしたのは，明治時代の哲学者・西周。西周は明六社に参加して西洋思想の紹介につとめた。哲学をはじめとして，理性・主観・客観・現象など多くの哲学用語を考案し，さまざまな学問を総合する哲学を「百学の学」とよんで重んじた。正解は④。

Ⅳ　西洋近代思想

【19】　ピコ・デラ・ミランドラはイタリアのルネサンスの人文主義者。プラトン主義の研究をし

ながら，ローマでの討論会のために作成した演説草稿が資料文の『人間の尊厳について』である。その中でピコは，神は人間に自由な選択の力を与え，自己の生き方を自由に選ばせるようにしたので，人間は自由意志によって地上の動物に堕落することも，天上の神の領域にまで高まることもできると説き，人間が自らの「自由意志」で自分自身を形成していくことに「人間の尊厳」の根拠があると考えた。ルネサンスの時代には，中世の宗教的束縛から解放され，自由意志によって自己の能力を無限に発揮して何事でも成し遂げることができる万能人（普遍人）が理想とされた。反面，それは神の摂理や神の恩寵という伝統的なキリスト教の教義との関係をどう考えるかという問題にもつながり，エラスムスとルターの自由意志論争などが展開されることになる。正解は①。

【20】　Aのルターはドイツの神学者で宗教改革の指導者。ローマ・カトリック教会の贖宥状（免罪符）販売に抗議して『95カ条の意見書（論題）』を発表し，宗教改革の端緒を開く。ルターの思想は主著『キリスト者の自由』にみられる，聖書中心主義，信仰義認観，万人司祭主義などが中心だが，エラスムスの『自由意志論』に対して『奴隷意志論』を記して反論し，人間は原罪を有しているから，その自由意志は神から離反して罪を犯さざるをえず，人間は神の恩寵によってのみ救われると説いた。Bのエラスムスはルネサンス時代のオランダの人文主義者。『愚神礼讃（痴愚神礼讃）』を著して人間や聖職者の愚かさを風刺した。彼は聖書研究と人文主義の教養をもとにカトリック教会の堕落を批判し，コスモポリタン（世界市民）の立場からキリスト教国家の和合と平和を訴えたが，ルター派による宗教改革の熱狂には批判的だった。また，『自由意志論』を著し，神の恩寵と人間の自由は両立し，善は神の恵みであり，悪は自らが生み出したものであると説いて，人文主義の立場から人間の自由意志を認めた。A・Bともに正しい。正解は①。

【21】　資料文の「私は…その本質あるいは本性は

ただ，考えるということ」，「私をして私たらしめるところの『精神』は物体から全然分かたれているものであり」などの部分から，考えること，思惟を属性とする精神，理性的な自我の存在を明晰判明な観念として，疑いえない哲学の基本原理とみなしたデカルトだと判断する。この部分からは，思惟を属性とする精神と，空間的な広がりである延長を属性とする物体とを，それぞれ独立した二つの実体とみなす，デカルトの物心二元論（心身二元論）も読み取れる。デカルトは近代フランスの哲学者で合理論の祖とされる。方法的懐疑のすえに，「我思う，ゆえに我あり」（コギト・エルゴ・スム）という真理にたどりつき，この精神的な自我の存在を出発点にして，さまざまな知識を合理的な推論・論証によって導き出す演繹法をとなえ，その上にあらゆる学問を築こうとした。資料文の出典は彼の主著『方法序説』である。①はイギリス・ルネサンス期の哲学者で経験論の祖とされるベーコン。経験にもとづく知識は自然を支配する力になる，というベーコンの思想があらわれた言葉で，彼の主著『ノヴム・オルガヌム（新機関）』の中の「人間の知識と力とは合一する」という言葉に由来する。③はオランダの哲学者で合理論に位置づけられるスピノザ。スピノザはデカルトの物心二元論に対して，無限で唯一の実体としての神を想定し，精神も物体も神の二つの属性であり，両者は神において統一されていると考えた。自然を神のあらわれとするスピノザの思想は「神即自然」と表現され，汎神論（この世のすべては神のあらわれであり神はこの世に遍在するとする考え方）といわれる。彼の主著は『エチカ（倫理学）』。④はフランスのモラリストであるモンテーニュ。「ク・セ・ジュ」は彼の主著『エセー』に記された言葉で，「私は何を知っているか」の意味のフランス語。モンテーニュの懐疑主義をあらわす言葉だが，真理の探究を否定するものではなく，安易な断定や独断を避けて，つねに疑いをもち謙虚な態度で真理を探究し続ける生き方を求めたものである。正解は②。

【22】　ルソーはフランスの啓蒙思想家で，社会契約説を説いた。ルソーは自然状態を，人間が生まれつきもつ自然な自己愛と憐憫の情（あわれみ，思いやり）にもとづいて平和に暮らしていた理想状態と考える。しかし，文明社会によって私有財産の考え方と不平等が広まり人間社会は堕落したと考え，真の社会契約によって市民的自由を得る必要があると説く。彼の説く社会契約とは，社会の構成員が公共の福祉をめざす普遍的な意志である「一般意志」のもとに自己の権利をゆだねる契約を結び，共同体の力で自己の権利を保障するというものである。この一般意志は，個人の利益をめざす「特殊意志」や，その総和である「全体意志」とは区別される必要がある。資料文では「後者は，共通の利益だけをこころがける」とあるので，後者にあたる空所ウには一般意志が入る。そして「前者は，私の利益をこころがける。それは　エ　の総和であるにすぎない」という文脈から，前者にあたる空所イには全体意志が，空所エには特殊意志が入る。ルソーによれば，人間の権利はホッブズが説くように国家に譲渡もできないし，ロックが説くようにその一部を政府に信託できるものでもない。したがってルソーは全人民が直接に意志を表明する直接民主主義のみを認め，イギリスの代議制を批判した。正解は③。

【23】　①のカントはドイツ観念論の祖とされ，批判哲学や人格主義の道徳を説いた。彼は人間のもつ理性そのものを批判検討し，人間の認識能力が及ぶ範囲と限界を明らかにしたが，それは，人間が知ることができるのは感覚に与えられる現象だけであり，それら諸現象の根底にある物自体，世界そのものは正確に認識することはできない，というものである。しかし，感覚的な経験を超えた神や魂の不死，完全な自由などについては，理論理性の認識が及ばなくても，道徳的な意志能力である実践理性が善を実現するための条件として要請するものであると考えた。彼はまた，実践理性が立てた普遍的な道徳法則に自らが自発的に従うことを自律とよび，自律的に行為する自由な道徳的主体である人格

に，人間の尊厳の根拠があると説いた。①の内容は正しい。②のベンサムはイギリスの哲学者で功利主義の確立者。「最大多数の最大幸福」という功利主義の標語をとなえ，人間は快を求め苦痛を避けようとする存在であるという人間観から，快楽を数量的に計算（快楽計算）し，社会改革の指導原理として役立てようとした。②の文章の「市民社会を欲望の体系と呼び」，「人倫の最高形態が実現」という考え方はドイツ観念論の完成者ヘーゲル。ただしヘーゲルは②の文章のように「家族」を「人倫の最高形態」と考えたのではない。ヘーゲルによれば，客観的な法と主観的な道徳とを弁証法的に統一したものが，人間の具体的な共同体である人倫であり，人倫は，愛による共同体である家族を出発点として，家族から独立した個人が利益を追求する「欲望の体系」としての市民社会にいたり，そこで喪失された人倫が回復される人倫の最高形態，完成態が国家である。③のミルはイギリスの哲学者で，ベンサムの思想を引き継ぎつつ修正し，質的功利主義をとなえた。快楽には質的な差があり，精神的な快楽を高級な快楽とするミルの思想は，「満足した豚であるよりは，不満足な人間である方がよく，満足した愚か者であるよりは，不満足なソクラテスである方がよい」という言葉にあらわされている。④の内容はヘーゲルではなく，ミル。正解は①。

【24】　空所fには『資本論』を著し，「資本主義経済を批判的に分析」した人物が入る。マルクスはドイツの経済学者・哲学者で，親友エンゲルスとともに科学的社会主義の創始者。『資本論』，『経済学・哲学草稿』などを著し，エンゲルスとの共著『共産党宣言』は世界の社会主義運動に大きな影響を与えた。マルクスによれば，労働は本来，人間が自己の能力を発揮し自らがつくった生産物の中で自己を実現する喜ばしい活動であるが，資本主義の社会では利潤を追求する資本家の支配の下におかれ，生産物は資本家のものになり，労働は強制的なものになって非人間的なものにならざるをえない。この状況を「労働の疎外（疎外された労働）」という。「自

己外化」はヘーゲル哲学の用語で，自己を対象化することである。レーニンはマルクス主義の思想家・政治家で，ロシア革命の指導者。マルクスの時代より進んだ金融資本中心の独占資本主義の体制を，資本主義の最高段階として帝国主義とよび，その体制のもとでは植民地再分割のための帝国主義戦争が不可避であることを説いた。レーニンの主著は『帝国主義論』や『国家と革命』。正解は②。

【25】 実存主義は19世紀の合理主義や実証主義に対して，そのような客観的で抽象的な思考ではとらえられない人間の非合理的な側面を強調し，不安や絶望，孤独，苦悩，死といった問題を扱い，個別的，主体的な現実存在，真実存在としての人間を探究する思想である。実存主義の先駆者とされるキルケゴールの「私にとって真理であるような真理を発見し，私がそのために生き，そして死にたいと思うようなイデー（理念）を発見することが必要なのだ。いわゆる客観的真理などを探し出してみたところで，それが私の何の役に立つだろう」という言葉は，実存主義の特徴を端的にあらわしている。アのニーチェはドイツの哲学者で，キルケゴールと並ぶ実存主義の先駆者であるが，特に無神論的実存主義といわれる。彼は同時代をキリスト教の信仰にもとづいた伝統的な価値観が崩壊し，世界が無目的なものであることが明らかになったニヒリズム（虚無主義）の時代とみなし，「神は死んだ」と説く。そして，キリスト教道徳を奴隷道徳とよび，神の支配にかわって「力への意志」にもとづいて強く生きる超人をとなえた。なお，ニヒリズムといっても，ニーチェは人生の目的や意味を失って享楽や絶望に逃避する態度を「受動的ニヒリズム」とよんで批判し，力への意志に従って新しい価値や目的を見出して生きる態度を「能動的ニヒリズム」とよんで評価した。イのサルトルはフランスの哲学者で，無神論的実存主義の代表者。彼は人間は他の道具的な存在と異なり，あらかじめ本質が決定されているのではなく，まずこの世に存在し，その後から自由に自己をつくりあげていくと考

え，それを「実存は本質に先立つ」と表現する。そして，人間が自己のあり方を自由に選ぶことは，他者のあり方や全人類のあり方を選ぶことにもつながると説き，自己を社会に投げ込み，自己を社会の状況に拘束することの必要性を主張する。この社会参加を意味するフランス語がアンガージュマンである。ウのヤスパースは，ドイツの実存主義の哲学者で，有神論的実存主義に分類される。彼は，人間が誰しも直面する死，苦，争，罪などの乗り越えられない壁のような状況を限界状況とよぶ。これに直面して人間は自己の有限性を自覚し，さらにこの世を包み込む包括者（超越者）の存在に向かって自己の生き方を決断していくとされる。このとき，他者との「愛しながらの戦い」としての実存的交わりが必要であり，それを通じて自己の実存が深められるという。Cの「ダス－マン」は，ドイツの哲学者ハイデッガーの思想に関するもの。ハイデッガーは前期の著作『存在と時間』からは無神論的実存主義とされることがある。彼は世間の日常生活に埋没して生きる匿名の非本来的な人間のあり方を「ダス－マン」（ひと，世人）とよんだ。『存在と時間』によれば，自己が「死への存在」であることを自覚することによって，ダス－マンとしての日常性を脱し，本来の自己自身を確立するという。正解は④。

Ⅴ 現代の政治

【26】 ①．「森林法共有林分割制限違憲訴訟」。父親が持つ森林をＡとＢの兄弟で2分の1ずつの持ち分で生前贈与され，共同管理することになった。父親の死後，ＡがＢに，森林の分割を請求した。しかし，森林法186条の規定が，Ａの請求を認めない規定であったため，Ａは同規定が日本国憲法第29条（財産権）に違反するとして，分割請求を認めることを求めた裁判。最高裁において森林法第186条は違憲の判決が下され，判決後国会において廃止された。

②．「東京都公安条例事件」。東京都内にて，無許可の集会，集団行進等を主催したとして東

京都公安条例違反で起訴された被告人らが，この条例自体が日本国憲法第21条（表現の自由）に対する行き過ぎた制限であるとして争われた裁判。最高裁は，表現の自由を口実にして，集団行動により平和と秩序を破壊するような行動または，そのような傾向を帯びた行動を事前に予知し，不慮の事態に備え，適切な措置を講じ得るようにすることはやむを得ないとして，同条例は合憲であるとの判断を下した。

③．「薬事法距離制限違憲訴訟」。薬局開設の許可申請を行ったA氏に対し，広島県知事は，薬事法と県条例の定める薬局等の配置基準に適合しないとして，不許可処分とした。そこで，A氏は，距離制限を定める薬事法6条2項および県条例が，日本国憲法22条1項（職業選択の自由）に違反する等と主張して，不許可処分の取消を求め裁判で争われた。最高裁は，薬事法の距離制限規定は，不良医薬品の供給の防止などの目的のために必要かつ合理的な規制とはいえず，違憲の判決を下した。

④．「砂川政教分離訴訟（空知太神社訴訟）」。北海道の砂川市が町内会に対し，市有地を無償貸与していたが，敷地内には鳥居が建てられ，また，町内会会館内部に祠が建てられた。しかし，そのような土地利用は公共の土地である以上，日本国憲法第20条（信教の自由と政教分離の原則），第89条（公の財産の支出又は利用の制限）に反するものではないかと争われた裁判。最高裁は，一般人の目から見て，市が特定の宗教に対して特別の便益を提供し，これを援助していると評価されてもやむを得ないとして，違憲判決を下した。正解は②。

【27】　「平等」の概念には，すべての個人を法的に均等に扱って，自由な活動を保障するという「形式的平等」と，社会的・経済的弱者により厚い保護をし，他の国民と同等の自由と共存を保障していこうという「実質的平等」がある。

①．アファーマティブ・アクションとは，黒人，少数民族，女性など歴史的，構造的に差別されてきた集団に対し，雇用，教育などを保障するアメリカの特別優遇政策。ジョンソン大統領（1963〜69年在任）の時代に導入された。一方で，こうした特別の優遇措置は白人に対する逆差別であり，憲法違反とする見方がレーガン政権，ブッシュ政権の時代に強まり，黒人の側からも一種の人種的侮辱であり，もはや必要ではないとする声がある。

②．プライマリー・バランス（基礎的財政収支）とは，借入金を除いた税金などの正味の歳入と，借入金返済のための元利払いを除いた歳出の収支。

③．ペイオフとは，銀行が経営破綻した時，預金者1人につき預金の元本1000万円とその利息分までを保護する制度。

④．ナショナル・ミニマムとは，国家が国民に対して保障する最低限の生活水準のこと。正解は①。

【28】　資料ア．1954年鳩山内閣政府統一見解。
資料イ．1946年吉田首相発言。
資料ウ．2014年安倍内閣閣議決定。
資料エ．1952年吉田内閣政府統一見解。

自衛権の発動すら否定しているイが最も古く，自衛隊発足前の保安隊・警察予備隊の合憲性に言及しているエ，個別的自衛権を認め自衛隊を合憲と述べたア，個別的自衛権にとどまらず集団的自衛権をも認めたウ，といったように，憲法第9条に関する政府の解釈は変遷している。正解は④。

【29】　ア．国家権力が持つ対内的な最高性と対外的な独立性とは，国家が他国からの干渉を受けずに独自の意思決定を行うことができるということである。すなわち，他国との関係において，それぞれの国家の主権が対等であることを示している。

イ．国家の政治を最終的に決定する権利を国民が持つことを，国民主権という。

ウ．国民および領土を統治する国家の権力を統治権（立法権・行政権・司法権）という。これらの権力が及ぶ範囲を領域（領土・領海・領空）という。正解は③。

【30】　法律案の国会提出は，内閣提出法案の政府立法と国会議員発案の議員立法とがある。議長

に提出された法律案は関係する委員会に付託され，少人数で効率的かつ専門的な議論を行う。委員会で採択された法律案は，その後本会議に報告され，討論ののち採決を行う。こうした流れを，衆議院から始めた場合は参議院，参議院から始めた場合は衆議院とで同じ過程をたどり，両院で一致すれば法律案は法律となる（日本国憲法第59条1項）。衆議院で可決し，参議院でこれと異なった議決をした法律案は，衆議院で出席議員の3分の2以上の多数で再び可決したときは，法律となる（日本国憲法第59条2項）。衆議院と参議院の議決が異なった場合，衆議院が，両議院の協議会を開くことを求めることを妨げない（日本国憲法第59条3項）。参議院が，衆議院の可決した法律案を受け取った後，国会休会中の期間を除いて60日以内に，議決しないときは，衆議院は，参議院がその法律案を否決したものとみなすことができる（日本国憲法第59条4項）。この場合，衆議院で出席議員の3分の2以上で再可決されれば法律案は法律となる。正解は①。

【31】 空欄A．どのような行為が犯罪とされ，いかなる刑罰が科せられるか，犯罪と刑罰の具体的内容が事前の立法によって規定されていなければならないという刑法上の原則を罪刑法定主義という。

プログラム規定説とは，国民の権利を保障する憲法規定のなかで現実に法的効力をもたず，国家に対しその実現に努めるべき政治的，道義的目標と指針を示すにすぎないとする考え。

空欄B．「刑事被告人は，いかなる場合にも，資格を有する弁護人を依頼することができる。被告人が自らこれを依頼することができないときは，国でこれを附する」（日本国憲法第37条3項）。この内容を実現するための制度が国選弁護制度である。この制度は，被告人にだけではなく，被疑者にも同様に認められる。

空欄C．犯罪被害者等基本法とは，犯罪被害者等（犯罪やこれに準ずる心身に有害な影響を及ぼす行為の被害者及びその家族又は遺族）のための施策を総合的かつ計画的に推進すること

によって，犯罪被害者等の権利利益の保護を図ることを目的としている。その基本理念として，犯罪被害者等は，個人の尊厳が重んじられ，その尊厳にふさわしい処遇を保障される権利を有することなどが定められている。

特定秘密保護法とは，防衛大臣や外務大臣ら行政機関の長が，〈防衛に関する事項〉〈外交に関する事項〉〈外交の利益を図る目的で行われる安全脅威活動の防止に関する事項〉〈テロ活動防止に関する事項〉の4分野の情報を「特定秘密」に指定し，特定秘密の取扱いの業務を行う者に対する適正評価の実施，特定秘密の提供が可能な場合の規定，特定秘密の漏えい等に対する罰則等を規定する。秘密の有効期間は最長60年だが，例外的に延長もできる。正解は④。

【32】 日本国憲法は，国民が権利や自由を享受するだけでなく，国民に対して権利保持責任を定めている。「この憲法が国民に保障する自由及び権利は，国民の不断の努力によってこれを保持しなければならない。又，国民は，これを濫用してはならないのであって，常に公共の福祉のためにこれを利用する責任を負う」（日本国憲法第12条）。正解は③。

【33】 ①は適切な文章。

②．かつてイギリスの最高法院は，上院に付属する機関であった。しかし，伝統よりも三権分立・司法権の独立の厳格化を求める世論が高まった結果，2009年，連合王国最高裁判所が設置された。イギリスは，イングランドとウェールズ，スコットランド，北アイルランドで異なる3つの裁判制度を持つが，スコットランドの刑事訴訟以外の訴訟の最終審は連合王国最高裁判所が行う。スコットランドの刑事訴訟の最終審はスコットランド最高法院が行う。

③．ドイツに関する文章。フランスは，大統領と国民議会と呼ばれる下院議会が国の政治運営の中心であるが，大統領に強大な権限が与えられており，相対的に行政府の地位・権限が議会のそれを圧倒している。このようなフランスの政治制度を半大統領制という。

④．中国は憲法で，中国は「労働者階級の指

導する労農同盟を基礎としたプロレタリア独裁の社会主義国家」であり，全権力は人民に属すると規定する。国家権力の最高機関は全国人民代表大会である。全国人民代表大会はその常設機関として全国人民代表大会常務委員会を選出し，また中国共産党中央委員会の提議によって国務院総理と国務院構成員を任免する。司法機関としては最高人民法院があり，これも常務委員会が任免する。1954年の憲法にあった国家主席の規定は新憲法では廃止され，人民解放軍，民兵の統率権は共産党中央委員会主席のもとに移された。政党としては憲法中に，共産党が「全中国人民の指導的中核」と位置づけられ，国家権力機構と結合している。こうした制度を権力（民主）集中制という。正解は①。

【34】 日本国憲法制定に際してのマッカーサー三原則とは，（1）天皇制は存続させるが国民主権に基礎づかせること，（2）戦争の放棄，（3）封建的諸制度の廃止を内容とするものである。（1）に関しては資料3，（2）に関しては資料4，（3）に関しては資料1が関連する。正解は②。

Ⅵ 現代の経済

【35】 ①．希少性の原理についての説明。ディスクロージャーとは，企業の業績や経営状況を投資家に知らせること。これらを知ることで，投資家は自分がどこに投資するかを判断することができる。

②．トレードオフの説明。

③．イノベーションの説明。正解は④。

【36】 Aの期間（1954年12月～1957年6月）の31か月間続いた好景気は，日本始まって以来（神武天皇以来）の好景気ということから，「神武景気」と命名された。海外経済の好調による輸出の拡大，物価の安定，金融緩和という好条件による数量景気が出現した。日本経済は，神武景気以降，高度経済軌道に乗ったということができ，経済活動が戦前の水準を超えたことから，1956年版の『経済白書』では「もはや戦後

ではない」という記述がなされた。

Bの期間（1958年7月～1961年12月）の好景気は，神武景気をしのぐ大型景気ということから，天の岩戸神話にちなみ「岩戸景気」と命名された。活発な技術革新により「投資が投資を呼ぶ」という設備投資主導の景気拡大が生まれ，同時に1959年の皇太子明仁親王のご成婚を機に白黒テレビが爆発的に売れて，「三種の神器」（テレビ，電気冷蔵庫，電気洗濯機）が急速に普及していった。また1960年12月に国民所得倍増計画が発表され，本格的な高度経済成長の時代に突入した。

Cの期間（1965年11月～1970年7月）の好景気は，岩戸景気の42か月を上回り57か月も続いたことから，岩戸神話よりさかのぼって，国造り神話から「いざなぎ景気」と命名された。民間設備投資に牽引された日本経済はこの5年間に名目国民総生産GNPが2倍以上となり，1968年には西ドイツを抜き，世界第2位となった。消費ブームはさらに続き，いわゆる「3C」（自動車，カラーテレビ，クーラー）が急速に普及した。

Dの期間（2002年2月～2008年2月）は73か月間続き，「いざなみ景気」とよばれた。しかし，景気拡大の実感が伴わないまま期間だけは長く続き，はかなく終わったとの印象から，「だらだら陽炎景気」ともよばれた。期間中の賃金は伸び悩み，消費は拡大せず，経済成長率は低調だった。その後，サブプライムローン問題を発端とする2008年の世界的金融危機の影響で後退期に入った。正解は④。

【37】 系列会社（企業）とは，核となる有力企業のもとに形成された長期的取引関係のある企業のこと。三井，住友などの銀行を中心とした旧財閥系や，トヨタなどの有力大企業を中心とした企業グループがある。系列内企業では，企業間取引や互いに株式を持ちあう資本関係の構築，人的資源の共有など，互いに依存し合い，強固な関係を構築している。

合同会社とは，2006年施行の新会社法で導入された会社形態。株式会社と任意組合の特徴を

もつ。株式会社と同様に出資者の責任は出資額までの有限でありながら，任意組合のように出資者以外でも定款で定めれば，利益や権限を配分できることから，日本版 LLC（Limited Liability Company，有限責任会社）と呼ばれる。設立は1人でも可能。意欲のあるベンチャー起業家らをあと押しするものと期待されてつくられた。また，法人でも出資者になれるので，企業同士の共同事業などにも適している。なお，合同会社の創設により，従来の有限会社制度は廃止され，会社の形態は「株式」「合同」「合資」「合名」の4つになった。

　ベンチャー・ビジネスの「VENTURE」とは，冒険，投機（利益を狙う），財産を賭けるなどの意味をもつことから，「リスク（財産を失うこと）を覚悟しつつも，冒険心を持って挑戦する事業」のこと。具体的には，独創的な技術やサービス，経営システムを開発・導入し，未知の要因が多い新しい事業に果敢に取り組み，急成長している企業であり，リスクを恐れず，新領域に挑戦する若い企業が主であり，経営を拡大していこうとする成長意欲が高い。

　ヘッジ・ファンドとは，富裕層や機関投資家から資金を集め，ハイリスク・ハイリターンの運用をする投資組織のこと。通常の相場観に反して「逆張り」をすることで，高い収益を狙う傾向があることから，相場が思わぬ方向に動いたときのリスクヘッジ（危険回避）になるといわれている。一方，さまざまな金融技術を使って，元手の数倍規模で運用するため，相場の少しの変動で大きな損失が生じる可能性もあり，国際的な金融不安につながる要因にもなると指摘されている。正解は①。

【38】　①．グズネッツの波とは，建築投資活動を主因とする15～25年周期の景気循環。

　②．キチンの波とは，在庫品変動を主因とする平均40か月を周期とする短期の景気循環。

　③．コンドラチェフの波とは，技術革新を主因とする50～60年周期の景気循環。

　④．ジュグラーの波とは，設備投資の変動を主因とする9～10年周期の景気変動。正解は②。

【39】　直接金融とは，「お金を借りたい人」と「お金を貸したい人」の間に，第三者が存在しない取引のこと。代表的なものとして，企業が発行する株式を投資家が購入する証券取引などがある。間接金融とは，「お金を借りたい人」と「お金を貸したい人」の間に第三者が存在する取引。個人や投資家が金融機関へ預金し，金融機関がこの資金を企業に貸し付けたりする。正解は③。

【40】　①．GDP（Gross Domestic Product；国内総生産）とは，**国内**において一定期間（通常1年間）に生産された財貨・サービスの付加価値（生産過程で新たに付け加えられる価値。総生産額から原材料費と機械設備などの減価償却分を差し引いたもの）額の総計。**国民**ベースだとGNP（Gross National Product；国民総生産）になる。

　②．GNI（Gross National Income；国民総所得）とは，一国の国民（個人，企業など）の全体が，生産活動に参加したことによって一定期間に受け取った所得の総額を示すもので，国連基準による国民経済計算への移行以前の国民所得統計で用いられていたGNPを分配面からとらえたものである。2017年のGDPは，アメリカ，中国についで世界第3位であった（2018年も同様）。

　③．毎年の消費（個人および政府）を基本とし，加えてGDPなどの従来の国民所得統計に含まれていなかった余暇時間，家事労働，環境汚染などの要因の帰属評価を行い，新しい福祉指標を作成しようとするものをNNW（Net National Welfare；純国民福祉）という。

　④．国内で生産された製品・サービスを時価で示した名目国内総生産から物価変動分を除いた実質国内総生産の変化率を実質経済成長率という。正解は③。

【41】　①．1601年のイギリスで制定されたエリザベス救貧法は，生活困窮者の生活を扶助し，自活に導くための法律。全国的に制度化された公的扶助としては初めてのものといわれる。

資本主義の発展とともに賃金労働者が急増したが，彼らは失業，労働災害，老齢退職などの社会的リスクにさらされ，きわめて不安定な生活状態におかれた。西ヨーロッパ諸国では労働者の共済組織として任意制の保険がつくられていたが，これをより広範な労働者階層に拡大するために強制加入の社会保険を創設したのは，ドイツのビスマルクであった。これは後進資本主義国ドイツの工業化が進み，19世紀末には階級対立が激化して急進的な社会主義運動が激しくなったことから，この運動を抑え込むために賃金労働者の深刻な生活不安を緩和するという名目で生まれたもの。飴（アメ）と鞭（ムチ）の政策の一端を担うものとされていた。

②．社会保障という言葉が初めて用いられたのは，1929年の大恐慌によるアメリカ経済の危機打開のためにローズベルト大統領が行ったニューディール政策の１つである社会保障法（1935年）においてである。第二次世界大戦中の1942年に出されたイギリスのベバリッジ報告は，国民の最低限の生活水準（ナショナル・ミニマム）を提供することを提案し，社会保障の普及に影響を与えた。

③．日本国憲法では生存権の規定（第25条１項）に次いで，「国は，すべての生活部面について，社会福祉，社会保障及び公衆衛生の向上及び増進に努めなければならない」と定められている（第25条２項）。国民皆保険とは，すべての国民をなんらかの医療保険に加入させる制度。医療保険の加入者が保険料を出し合い，病気やけがの場合に安心して医療が受けられるようにする相互扶助の精神に基づく。日本では1961年に国民皆保険体制が確立された。国民皆年金とは，自営業者や無業者も含め，原則として20歳以上60歳未満のすべての国民は公的年金に加入する制度。日本では，1961年の国民年金制度の実施により実現した。

④．社会保障と税の一体改革とは，急速な少子高齢化の中で，社会保障の充実・安定化と，そのための安定財源確保と財政健全化の達成を目指すという改革。消費税率を段階的に10％ま

で引き上げ，増収分を社会保障の財源にあてることをうたった「社会保障と税の一体改革法」が民主党政権下の2012年，民主，自民，公明の３党の賛成で成立した（その後2014年，2016年などたびたび改正）。正解は②。

【42】　①．「働く女性」の支援制度は各種法律により整備されているが，法律が制定されれば問題が克服されるとは限らない。男女雇用機会均等法や育児・介護休業法には罰則規定もない。このため男性の育児休暇の取得率を例に挙げれば，2018年度の男性の育児休暇取得率は6.16％で過去最高となったものの，2002年に厚生労働省が示していた「2012年までに男性の育児休暇取得率10％を達成する」という目標には及んでいない。また，保育園不足などによる待機児童問題などもあり，働く女性に対する環境整備の課題は多い。

②．最低賃金法は，一般水準より賃金が低い労働者の労働条件向上と生活の安定をはかるため，雇用形態，業種，職業に関係なく，その賃金の最低額を保障する法律。都道府県単位の地域別最低賃金となっている。最低賃金が決まれば，使用者はその最低賃金額以上を支払う義務を負い，違反すれば処罰される。個々の労働者との契約で最低賃金額に達しない賃金は無効となる。

③．ワーク・ライフ・バランスとは，「仕事と生活の調和」の意味で，働きながら私生活も充実させられるように職場や社会環境を整えることをさす。日本では人口減少社会の到来，少子化の進展などをふまえ，次世代の労働力を確保するため，仕事と育児の両立や多様な働き方の提供といった意味で使われることが多い。WLBと略して使われたり，「ダイバーシティ」（性別や年齢を問わず，多様な人材を受容すること，diversity and inclusion）とよばれたりする。日本では少子化やフリーターの増加に伴い，2003年に次世代育成支援対策推進法を制定。大企業に対し，育児・介護休業法の規定を上回るように，短時間勤務・フレックス勤務・育児休業制度などを拡充するよう促している。しか

し，女性の約7割が第1子出産後の半年間で離職するなど，そのための環境づくりは遅れている。

④．改正出入国管理法は，中小企業を中心とした深刻な人手不足に対し，外国人労働者受け入れの拡大に向けて2018年に成立した。今後5年間で約34万人の受け入れを見込む。新たな在留資格を設け，介護や外食など14分野で就労を認める。正解は②。

【43】 1934年度は，日本がワシントン海軍軍縮条約を破棄した年。戦前であることからも防衛関係費（軍事費）に財政の重点がおかれたことが想像できれば，ウと判断できる。1955年度は，戦後10年が経過した年。戦後復興から高度経済成長に入ろうという時期。インフラの整備などの国土保全開発費が増えたことが想像できれば，イと判断できる。2016年度は，近年の少子高齢化などの進行に伴い，社会保障関係費が増大し続けていることが理解できていれば，アと判断できる。正解は⑥。

Ⅶ 国際政治 （選択問題）

【44】 ①．19世紀までの国際社会では，対立する国家（同盟）間の力の均衡によって秩序が安定するという考えから軍事力と同盟の強化によって自国の安全を保障するという「個別的安全保障」の考え方が支配的であった。三国同盟と三国協商による勢力均衡が代表的である。

②．国際連盟の本部はスイスのジュネーブ。

④．国際連合発足時の原加盟国は戦勝国など51か国であった。2019年現在は193か国で，世界のほとんどの国・地域を網羅している。最も新しい加盟国は，南スーダン（2011年加盟）である。正解は③。

【45】 空欄A．国際平和と安全のための決議において，国際連盟では，一定の事項について，相手方に一定の措置をとることを促す「勧告」にとどまった。国際連合の安全保障理事会は，国連憲章の下に加盟国がその実施を強制する権限を持つ。

空欄B．安全保障理事会の非常任理事国は，常任理事国以外の加盟国から国連総会で選挙する。任期は2年，毎年半数が改選され，連続して再選は認められない。議席の配分は，アジア2，アフリカ3，ラテンアメリカ2，西欧その他2，東欧1である。

空欄C．安全保障理事会の意思決定は，手続き事項については15理事国のうち9理事国の賛成があればよいが，実質事項については5常任理事国すべての賛成を必要である。5常任理事国のうち1か国でも反対すれば決議の成立を妨げることができる。これを5大国の拒否権という。正解は④。

【46】 冷戦とは，第二次世界大戦後，自由主義と社会主義という対立するイデオロギーのアメリカとソ連の二大国が核戦力を背景に，武力は用いないが激しく対立した国際的な緊張状態のこと。

①．イタリアではなく，ソ連が正解。

③．朝鮮戦争（1950年）ではなく，キューバ危機が正解。キューバ危機とは，1962年，ソ連がキューバに中距離ミサイル基地を建設したため，アメリカが撤去を要求し，キューバを海上封鎖した事件。米ソの直接核戦争まで懸念された。キューバ危機で核戦争の瀬戸際を経験した米ソは，地下実験を除く部分的核実験禁止条約（PTBT）に合意した。デタントとは，緊張緩和のこと。

④．マーシャルプランではなく，ペレストロイカが正解。「建て直し」を意味するロシア語。1985年，ゴルバチョフがソ連共産党書記長に就任して以来，ソ連で行われた改革のこと。無駄な軍事力を削減し，西側との関係改善をはかりながら経済を建て直すという政策がとられた。とくに，外交面では「新思考」政策のもと，東西の緊張緩和策が進められた。アメリカとの軍縮交渉が進められ，1987年，中距離核戦力全廃条約（INF全廃条約）を締結，1990年には欧州通常戦力交渉条約が調印された。

マルタ会談とは，1989年，地中海のマルタ島で行われた米ソ首脳会談。第二次世界大戦後40

余年にわたった冷戦の終わりを事実上告げた会談。アメリカのブッシュ大統領（父）とソ連のゴルバチョフ書記長は，米ソ首脳として史上初めて共同記者会見にのぞみ，新しい平和の時代の到来を表明した。正解は②。

【47】 UNESCO（国連教育科学文化機関）…ユネスコは異なる文明，文化，国民の間の対話をもたらす条件を創り出すために活動する。…持続可能な開発，平和の文化，人権の順守，**貧困の削減**を目指す。ユネスコの活動領域は教育，自然科学，社会・人文科学，文化，コミュニケーションおよび情報に及ぶ。…また，文化的アイデンティティの表明を支援し，世界の**自然遺産や文化遺産**を保護し，情報の自由な流れと報道の自由を促進し，かつ開発途上国のコミュニケーション能力を強化することに努める。（太文字は正解部分）

UNHCR（国連難民高等弁務官事務所）は，世界の難民の保護と支援を行う国連の機関。UNHCR の支援対象者は，難民や国境を越えずに避難生活を続けている国内避難民などである。正解は①。

【48】 ①．子どもの権利条約は，1989年国連総会で採択され1990年に発効。日本は1994年に批准した。

②．死刑廃止条約は，1989年国連総会で採択され，1991年に発効。日本はアメリカ，中国などとともに批准していない。日本で死刑制度が存続していることからも，この条約を批准していないことがわかる。

③．女子差別撤廃条約は，1979年国連総会で採択され，1981年に発効。日本は1985年批准。

④．人種差別撤廃条約は，1965年国連総会で採択，1969年に発効。日本は1995年に批准。正解は②。

【49】 ①．冷戦後，米ソ対立を中心とした東西陣営内部の紛争が噴出し，地域紛争が多発した。西側ではイラクのクウェート侵攻に対する湾岸戦争，東側ではユーゴスラビアの民族紛争などがある。

②．2001年9月11日，アメリカで同時多発テロが起きると，ブッシュ大統領（子）はビン・ラディンらイスラーム過激派であるアルカーイダの犯行と断定し，その引き渡しをアフガニスタンのタリバン政権に要求した。10月7日，米英軍はアフガニスタンに攻撃を開始し，タリバン政権は崩壊した。

③．「アラブの春」が正しい。また，「軍」ではなく「大衆」による反政府運動である。アラブの春は，2010年末，チュニジアではじまり，2011年にはチュニジア，エジプト，リビアの長期独裁政権が崩壊した。さらにシリアのアサド政権にもおよび，シリアは反政府運動と政権側の過酷な弾圧による内戦状態におちいった。「プラハの春」は，1968年に東欧のチェコスロバキアで起きた民主化の動き。

④．ウクライナでは2013年以降，EU との統合を進める協定を断念した親ロシア政権への反発から2014年2月に政権が崩壊。ロシアは同年3月にロシア系住民の多いウクライナ南部のクリミア半島を併合した。アメリカ，EU，日本などは軍事的脅威を背景にした領土略奪と批判を強め，G8（主要8か国）からロシアを排除した。正解は③。

【50】 ①．国連憲章第51条において，「この憲章のいかなる規定も，国際連合加盟国に対して武力攻撃が発生した場合には，安全保障理事会が国際の平和及び安全の維持に必要な措置をとるまでの間，個別的又は集団的自衛の固有の権利を害するものではない。」としている。

②．国連軍とは，安全保障理事会と国連加盟国が結ぶ特別協定に基づき，国連加盟国が提供する兵力で編成され，国連安全保障理事会のもとに五大国の参謀総長からなる軍事参謀委員会を設け，その指揮・命令に服して活動する。しかし，特別協定は五大国一致のために今日もなお締結されておらず，常設の国連軍は実現していない。

③．平和維持活動とは，平和を脅かす局地的な紛争に際して，国連が小規模の軍隊ないし軍事監視団を派遣して事態の平穏化をはかり，平和の維持，回復のために行う暫定的な行動。国

連憲章上の用語ではなく，実践過程のなかで具体的につくられた。冷戦の影響で安全保障理事会の五大国の一致がほとんど得られなかったため，国際平和と安全を維持するための便宜的措置として生み出された。

④．国連の平和構築の構造は，「平和構築委員会」，「平和構築基金」，「平和構築支援事務局」から構成される。平和構築委員会（Peacebuilding Commission）は，31か国で構成される政府間機関で，戦争から恒久平和へと移行する国々を支援する。平和構築基金（Peacebuilding Fund）は，紛争終結後の平和構築のための複数年におよぶ常設の基金で，任意の拠出金でまかなわれる。平和構築支援事務局（Peacebuilding Support Office）は，平和構築委員会を支援し，平和構築基金を管理し，かつ事務総長を助けて国連諸機関の平和構築活動の調整をはかる。正解は①。

Ⅷ 国際経済（選択問題）

【51】　リカードの比較生産費説の計算。甲国は100人で毛織物1単位，120人でブドウ酒1単位の，合わせて2単位を生産していたところ，ブドウ酒を生産していた労働者120人をすべて毛織物生産に特化（専門化）することで，「220÷100＝2.2（単位）」の生産量を得ることができる。乙国も80人でブドウ酒を1単位，90人で毛織物1単位の，合わせて2単位を生産していたところ，毛織物を生産していた労働者90人をすべてブドウ酒生産に特化することで，「170÷80＝2.125（単位）」の生産量を得ることができる。甲国は2.2単位の毛織物のうち，1単位を無関税で輸出したとすると，国内には1.2単位の毛織物が残る。すなわち，特化以前より0.2単位分多く消費することができる。正解は④。

【52】　為替相場のしくみは，「ドルの需要（円をドルにかえたい）」が多ければ円安ドル高，「ドルの供給（ドルを円にかえたい）」が多ければ円高ドル安になる。

円高ドル安になる要因として，日本の貿易収支が黒字となる（＝輸出が増える）ケースが挙げられる。外国で日本の商品が売れるのだから，外国から商品の代金として日本にドルが入る。ドルのままでは従業員の給料が払えないので，ドルを円に交換しようとする。つまり，ドル売り・円買いが増え，円高になる。また，金利においては，日本の銀行の金利がアメリカより高いと，ドルを円にかえて日本の銀行に預ける人が増えるので，ドル売り・円買いが増え，円高になる。正解は②。

【53】　Aは「国際通貨基金」が誤り。WTO（World Trade Organization；世界貿易機関）は，ウルグアイ・ラウンドの結果，1994年に設立が合意され，1995年にGATT（関税と貿易に関する一般協定）を発展的に解消して設立された貿易に関する国際機関。GATTとは，関税や輸出入規制など貿易上の障害を排除し，自由かつ無差別な国際貿易の促進を目的とする国際経済協定。GATTには自由・無差別・多角の三原則がある。「自由」とは，世界各国が，自由に貿易ができるように，海外との取引をする際にかかる関税の引き下げと，それ以外の壁（非関税障壁）を壊すというものである。非関税障壁とは，輸入の数量を制限することや，検疫の手続きを難しくすることなどが挙げられる。「無差別」とは，GATTに加盟した国を差別せず，平等に扱うというものである。加盟しているある国に有利な貿易条件を与えた場合は，ほかのすべての加盟国にも平等に貿易条件を適用しなければならない（最恵国待遇）というもの。「多角」とは，ある二国間で貿易上の問題が起きても，二国だけではなく多国間で話し合い（多角的貿易交渉・ラウンド交渉），問題を解決しようという原則。

Bは「南北間の対立が完全に解消された」が誤り。ドーハ・ラウンドとは，WTOよる多角的貿易交渉。交渉分野は，農業・非農産品の関税引き下げ，サービス貿易の自由化など多岐にわたる。そのため，発展途上国（南半球に多い）と先進国（北半球に多い），輸出国と輸入国など，交渉分野によって各国が複雑に対立し，交渉は

難航・長期化し，南北問題の解決には至っていない。正解は④。

【54】 保護主義政策は，国内の生産者を海外との競合から守ることで，自国の産業を育成し，雇用の減少を防ぐ。代表的な政策としては，（1）関税をかける，関税を高くする，（2）輸入数量の制限，（3）輸出国の補助金を受けた輸入品などに割増関税や付加税をかける，（4）輸出の際に補助金を交付，（5）国内産業に影響を与える産品の輸出国に対し，自主規制を求める，（6）為替を管理するなどがある。よって，ア，イ，ウは適切。エは輸入製品に関する規格基準を緩めれば，より多くの輸入製品が国内に流入することが考えられるため，保護主義的貿易政策とはならない。正解は③。

【55】 国際収支統計は，ある期間において，一つの国・地域の居住者が非居住者との間で行ったあらゆる対外経済取引を，体系的に記録した統計である。国際収支は以下の3つの収支と誤差脱漏で構成される。

●**経常収支**―（1）実体取引である財貨（物）の輸出入およびサービス取引を示す，**貿易・サービス収支**，（2）投資の配当金・利子の受払を示す**第一次所得収支**，（3）寄付・贈与・無償援助のような対価を伴わない資産提供があった場合の受払を示す**第二次所得収支**の合計。

●**資本移転等収支**―対価の受領をともなわない固定資産の提供，債務免除，非生産・非金融資産の取得・処分（例：特許権などの知的財産権，販売権，譲渡可能な契約の取得・処分，大使館あるいは国際機関による土地の取得・処分）の収支。

●**金融収支**―居住者と非居住者との間で行われた債権・債務の移動をともなう金融・資本取引の収支，および外貨準備の増減の合計。

　各取引は貸方と借方にそれぞれ計上される。たとえば，ある製品が輸入された場合，製品の輸入は経常収支に，製品の輸入代金は金融収支にそれぞれ計上される。このため，**経常収支＋資本移転等収支－金融収支＋誤差脱漏＝0**となる。正解は②。

【56】 空欄D．F．1993年，マーストリヒト条約の発効により，ヨーロッパ連合（EU）が成立した。リスボン条約とは，2009年に発効したEUの基本条約のこと。EUを民主的・効率的に運営するために，欧州議会・各加盟国議会の権限強化，欧州理事会常任議長（EU大統領）・外務・安全保障上級代表（EU外相）および対外活動庁の設置などが盛り込まれている。

　空欄E．ECB（European Central Bank）とは，EUの通貨統合のスタートにともなって，1998年に設立された欧州中央銀行のこと。FRBとは，アメリカの中央銀行である連邦準備制度理事会のこと。正解は①。

【57】 ①．DAC（Development Assistance Committee）とは，開発援助委員会の略称。OECD（経済協力開発機構）の下部機関として先進国の発展途上国に対する援助政策の調整機能を果たしている。

　②．UNCTAD（United Nations Conference on Trade and Development）とは，国連貿易開発会議の略称。国連総会の補助機関として1964年に設置された。発展途上国を支援し，経済開発を促進することで南北問題を解決することを目的としている。

　③．NIEO（New International Economic Order）とは，新国際経済秩序の略称。1974年の国連資源特別総会で，天然資源の恒久主権の確立，一次産品価格と工業製品価格の連動など，発展途上国の自立的な経済建設をめざす「新国際経済秩序（NIEO）樹立に関する宣言」が採択された。

　④．EEC（European Economic Community）とは，ヨーロッパ経済共同体の略称。フランス，西ドイツ，イタリア，ベルギー，オランダ，ルクセンブルクの6か国によって1958年に発足した地域経済統合体。1967年にヨーロッパ石炭鉄鋼共同体（ECSC），ヨーロッパ原子力共同体（EURATOM）が統合してヨーロッパ共同体（EC）となり，1993年ヨーロッパ連合（EU）に発展した。正解は①。

倫理政経　正解と配点

（60分，100点満点）

問題番号		正　解	配　点
I	1	③	2
	2	④	2
	3	②	2
	4	③	2
II	5	③	2
	6	③	2
	7	①	2
	8	②	2
	9	②	2
	10	①	2
	11	③	2
III	12	④	2
	13	②	2
	14	①	2
	15	④	2
	16	③	2
	17	②	2
	18	④	2
IV	19	①	2
	20	①	2
	21	②	2
	22	③	2
	23	①	2
	24	②	2
	25	④	2

問題番号		正　解	配　点
V	26	②	2
	27	①	2
	28	④	2
	29	③	2
	30	①	2
	31	④	2
	32	③	2
	33	①	2
	34	②	2
VI	35	④	2
	36	④	2
	37	①	2
	38	②	2
	39	③	2
	40	③	2
	41	②	2
	42	②	2
	43	⑥	2
VII	44	③	2
	45	④	2
	46	②	2
	47	①	2
	48	②	2
	49	③	2
	50	①	2
VIII	51	④	2
	52	②	2
	53	④	2
	54	③	2
	55	②	2
	56	①	2
	57	①	2

令和２年度

基礎学力到達度テスト
問題と詳解

令和2年度　日 本 史

（Ⅰ～Ⅳは必須問題。Ⅴ・Ⅵについては，どちらか1題を選択し，計5題を解答すること）

Ⅰ　次のA～Cの文章を読んで，あとの各問い（1～10）に答えよ。

A　弥生時代，とりわけ中期以降の水稲農耕において大きな意味をもっていたのは，稲穂をつみ取る際に用いられた　a　や，工具などに用いられた鉄器であった。弥生文化には大陸の影響を受けたものが多く，縄文時代晩期から弥生時代中期に九州北部で盛んにつくられた　b　には，朝鮮半島南部の影響がみられる。また，青銅製祭器の分布をみると，文化の広がりに地域による特色があることがわかる。
c

　水稲農耕の発達とともに，地域集団の間では，土地や水，収穫物などをめぐる戦いが繰り返されるようになった。弥生時代のこうした社会の動きを象徴するのが　d　の出現である。中国の歴史書　e　にみられる「桓霊の間，倭国大いに乱れ，更 相攻伐して歴年主なし」という記載が，弥生時代の社会の様子を物語っている。

1　空欄　a　・　b　に該当する語句の組合せとして最も適切なものを，次のうちから選べ。
　①　a－石鏃　　　　b－群集墳　　　　②　a－石鏃　　　　b－支石墓
　③　a－石包丁　　　b－群集墳　　　　④　a－石包丁　　　b－支石墓

2　下線部cに関して，島根県の加茂岩倉遺跡から大量に発掘された次の写真の遺物の名称を，あとのうちから選べ。

　①　三角縁神獣鏡　　　②　銅鐸　　　　　③　銅剣　　　　　④　銅矛

3　空欄　d　・　e　に該当する語句の組合せとして最も適切なものを，次のうちから選べ。
　①　d－高地性集落　　e－『後漢書』東夷伝　　②　d－高地性集落　　e－『漢書』地理志
　③　d－朝鮮式山城　　e－『後漢書』東夷伝　　④　d－朝鮮式山城　　e－『漢書』地理志

B　710年，<u>元明天皇</u>が藤原京から平城京に都を移すと，藤原不比等の子の四兄弟は長屋王を自殺に
　　f
追い込み，<u>不比等の娘の光明子（のちの光明皇后，光明皇太后）</u>を皇后に立てて天皇家と深いつなが
　　　　g
りを築いた。その後，四兄弟は天然痘（てんねんとう）によって相次いで病死し，橘諸兄が政権を握ったが，不比等
の孫である<u>藤原広嗣</u>が反乱をおこすなど，政界は混乱を極めた。こうした混乱のなかで聖武天皇は
　　　　　　　h
遷都を繰り返したため，疫病の流行と相まって，社会不安をいっそう深刻なものにした。
　　　律令制下で農民に課された<u>雑徭や兵役</u>・公出挙などの負担は，農民にとって非常に重いもので
　　　　　　　　　　　　　　　i
あった。そのため，偽籍のほか浮浪・逃亡などにより負担を逃れようとする者もいた。

4　下線部 f の治世の出来事について記した史料に**該当しないもの**を，次のうちから一つ選べ。
　　① 武蔵国秩父郡，和銅を献ず。……五月壬寅（じんいん はじめ），始て銀銭を行ふ。……八月己巳（きし），始て銅銭を行ふ。
　　② 今より以後，任（まま）に私財と為（な）し，三世一身を論ずること無く，咸（みなことごと）悉（なか）くに永年取る莫（なか）れ。
　　③ 夫れ銭の用なるは，財を通して有無を貿易する所以なり。……僅（わず）かに売買すと雖（いえど）も，猶（な）ほ銭
　　　を蓄ふる者無し。其の多少に随（したが）ひて節級して位を授けよ。
　　④ 国を建てて彊（さかい）を辟（ひら）くことは武功の貴ぶるところなり。……是に始めて出羽国（いでは）を置く。

5　下線部 g の人物に関する記述として最も適切なものを，次のうちから選べ。
　　① 光明子は，のちに聖武天皇の皇后となった。
　　② 仏教をあつく信仰する光明皇后は，孤児・病人救済のために北山十八間戸を設立した。
　　③ 光明皇太后は，甥にあたる北家の藤原仲麻呂（恵美押勝）の後ろ盾となった。
　　④ 光明皇太后は，東大寺に設けられた戒壇において行基から戒律を授けられた。

6　下線部 h に関する次のA・Bの記述の正誤の組合せとして最も適切なものを，あとのうちから選べ。
　　A．藤原広嗣は藤原氏式家の祖である宇合の子である。
　　B．藤原広嗣は吉備真備や道鏡の排除を求めて九州で反乱をおこした。
　　　① A－正　　B－正　　　　　　　② A－正　　B－誤
　　　③ A－誤　　B－正　　　　　　　④ A－誤　　B－誤

7　下線部 i に関する次の記述a～dについて，正しいものの組合せを，あとのうちから選べ。
　　a．雑徭は，正丁の場合，年間10日を限度として都で労役に服することをいう。
　　b．雑徭は，正丁の場合，年間60日を限度として国司のもとで労役に服することをいう。
　　c．兵士のなかには宮城の警備にあたる防人や，九州の沿岸を守る衛士がいた。
　　d．兵役は正丁の3～4人に1人が兵士として徴発され，諸国の軍団などに勤務したが，武器や
　　　食料は自弁であった。
　　　① a・c　　　　② a・d　　　　③ b・c　　　　④ b・d

C　781年に即位した桓武天皇は，律令政治の再建につとめた。
　　桓武天皇から清和・陽成天皇にいたる8世紀末から9世紀後半にかけての時代は，律令国家がこ
れまでの経験をふまえて，現実に即した国家体制を完成させた時期といえる。中央では官制の改革
が行われ，嵯峨天皇の時代に令外官として設置された蔵人頭と検非違使は，重要な役割を担った。
また，法制の整備も進められた。

8　下線部jに関する次のA・Bの記述の正誤の組合せとして最も適切なものを，あとのうちから選べ。
　　A．桓武天皇は勘解由使を設置して，国司交替の際の引継ぎを厳しく監督させた。
　　B．桓武天皇は藤原緒嗣の意見を採用して，軍事（蝦夷との戦争）と造作（平安京造営）を中止した。
　　　①　A－正　　　B－正　　　　　　　　②　A－正　　　B－誤
　　　③　A－誤　　　B－正　　　　　　　　④　A－誤　　　B－誤

9　下線部kが設置される契機となった事件と，最初の蔵人頭に任命された人物との組合せとして最
も適切なものを，次のうちから選べ。
　　①　承和の変・藤原冬嗣　　　　　　　　②　承和の変・藤原良房
　　③　平城太上天皇の変（薬子の変）・藤原冬嗣　　④　平城太上天皇の変（薬子の変）・藤原良房

10　下線部lに関する記述として最も適切なものを，次のうちから選べ。
　　①　嵯峨天皇は，法制を整備するために，延喜格式を編纂させた。
　　②　律は今日の行政法・民法にあたり，令は刑法にあたる。
　　③　律令の規定を補足・修正する法令を格，施行細則を式といった。
　　④　9世紀後半，惟宗直本によって『令義解』が編纂された。

Ⅲ 次のＡ～Ｃの文章を読んで，あとの各問い(11～20)に答えよ。

Ａ 源頼朝は伊豆で挙兵した後，源氏ゆかりの鎌倉に入り，武家政権の確立につとめた。頼朝は，主
従関係を結んでいた武士たち(御家人)を統制するために侍所を設けるなど，鎌倉幕府の機構を整備
していった。さらに，頼朝と対立し，行方をくらませた源義経の逮捕と治安維持を口実に，国ごと
に守護を，荘園・公領ごとに地頭を設置することを朝廷に認めさせた。

11 下線部ａに関して，侍所が設置された年におこった出来事として**誤っているもの**を，次のうちか
ら一つ選べ。
  ① 平重衡が南都を焼打ちした。
  ② 平清盛が安徳天皇を奉じて福原に遷都した。
  ③ 源頼朝が朝廷から東国の支配権を認められた。
  ④ 以仁王・源頼政らが挙兵した。

12 下線部ｂに関する記述として最も適切なものを，次のうちから選べ。
  ① 軍事・警察などを担当した侍所の初代長官には三善康信が任じられた。
  ② 財政などを担当した政所(初め公文所)の初代長官には大江広元が任じられた。
  ③ 訴訟・裁判事務などを担当した問注所の初代長官には和田義盛が任じられた。
  ④ 北条氏が世襲した執権は，のちに侍所・政所・問注所の長官を兼務するようになった。

13 下線部ｃに関する次のＡ・Ｂの記述の正誤の組合せとして最も適切なものを，あとのうちから選べ。
  Ａ．源頼朝によって新たに任命された地頭を新補地頭という。
  Ｂ．守護の職務である大番催促とは，鎌倉番役を催促することである。
  ① Ａ－正　　Ｂ－正　　　　　　　② Ａ－正　　Ｂ－誤
  ③ Ａ－誤　　Ｂ－正　　　　　　　④ Ａ－誤　　Ｂ－誤

B　14世紀後半から15世紀にかけて，倭寇が中国沿岸や朝鮮半島で活動した。

　1368年に　d　によって建国された明は，1369年に南朝（　e　の流れをくむ）の征西大将軍である懐良親王に倭寇の禁圧を求めてきた。その後，日明貿易が開始されたが，朝貢形式で行われた貿易は日本側の利益が大きく，大量に輸入された銅銭は日本の経済に大きな影響を与えた。幕府の衰退とともに貿易の実権は大内氏と細川氏に移り，両者は貿易の主導権をめぐって激しく争い，1523年には　g　で衝突した。細川氏との争いに勝利した大内氏が貿易を独占したが，16世紀半ばに大内氏が滅亡すると，明との貿易は断絶した。

　また，日朝間では，倭寇の取り締まりと通交という求めに日本側が応じ，国交が開かれた。しかし，日朝貿易は，朝鮮軍が倭寇の根拠地と考えた　i　を襲撃した応永の外寇で一時中断し，朝鮮の統制強化を不満とする日本人が，1510年におこした暴動により衰退していった。

14　空欄　d　・　e　に該当する人物名・語句の組合せとして最も適切なものを，次のうちから選べ。

① d－朱元璋　　　e－大覚寺統　　　② d－朱元璋　　　e－持明院統
③ d－李成桂　　　e－大覚寺統　　　④ d－李成桂　　　e－持明院統

15　下線部fに関して，次のa～dのうち，この時期に明から輸入された銅銭の組合せとして最も適切なものを，あとのうちから選べ。

a．永楽通宝　　　　b．天正大判　　　　c．貞観永宝　　　　d．洪武通宝
① a・c　　　　② a・d　　　　③ b・c　　　　④ b・d

16　空欄　g　・　i　に該当する地の右の略地図中での位置の組合せとして最も適切なものを，次のうちから選べ。

① g－ア　　　i－ウ　　　② g－ア　　　i－エ
③ g－イ　　　i－ウ　　　④ g－イ　　　i－エ

17　下線部hに関して，日朝貿易における日本のおもな輸入品として最も適切なものを，次のうちから選べ。

① 屏風　　　　　② 香木
③ 蘇木　　　　　④ 木綿

C　<u>鎌倉時代後期における農業生産力の増大</u>は,社会を大きく動かした。生産性の向上とともに手工業が分化し,さらに商業の発達もうながされ,<u>各地に市が開かれた</u>。これらのなかでも特に注目されるのが,<u>座</u>に属する商工業者の活躍である。また,商取引が盛んになるにつれて,年貢や商品の保管および輸送・販売などを請け負う　m　があらわれ,さらには　n　とよばれる金融業者が多く出現した。

18　下線部 j・k に関連して,鎌倉時代の農業・商業に関する記述として最も適切なものを,次のうちから選べ。
　① 全国的に米と麦の二毛作が広まり,畿内の一部では三毛作が行われるようになった。
　② 肥料として,草木を焼いて灰にした刈敷が利用された。
　③ 商業活動が盛んとなり,月に6回市を開く六斎市が一般化した。
　④ 常設の小売店を見世棚といい,京都・奈良・鎌倉などの都市に出現した。

19　下線部 l に関して,中世の座についての次のA・Bの記述の正誤の組合せとして最も適切なものを,あとのうちから選べ。
　A.座を構成する者で,大寺社に属したものを神人とよんだ。
　B.座は,座を保護する本所に対して座役をおさめた。
　　①　A-正　　　B-正　　　　　　　②　A-正　　　B-誤
　　③　A-誤　　　B-正　　　　　　　④　A-誤　　　B-誤

20　空欄　m ・ n　に該当する語句の組合せとして最も適切なものを,次のうちから選べ。
　　①　m-問(問丸)　　n-借上　　　　②　m-問(問丸)　　n-会合衆
　　③　m-奉公衆　　　n-借上　　　　④　m-奉公衆　　　n-会合衆

Ⅲ 次のＡ・Ｂの略年表をみて，あとの各問い(21～30)に答えよ。

Ａ
織田信長の統一事業

年代	おもな出来事
1560 年	<u>桶狭間の戦い</u>〔a〕
1570 年	姉川の戦い
1573 年	［ b ］を京都から追放＝室町幕府の滅亡
1575 年	長篠合戦
1580 年	<u>石山戦争が終結</u>〔c〕

豊臣秀吉の全国統一

年代	おもな出来事
1582 年	山崎の合戦。太閤検地を開始
1583 年	賤ヶ岳の戦い。石山に［ d ］の築城を開始
1585 年	関白となる
1588 年	海賊取締令を発令
1590 年	<u>小田原攻め</u>〔e〕。奥州平定＝全国統一の完成

21 下線部ａで織田信長が破った戦国大名を，次のうちから選べ。
① 朝倉義景　　② 今川義元　　③ 浅井長政　　④ 長宗我部元親

22 空欄［ b ］に該当する人物名を，次のうちから選べ。
① 足利義昭　　② 足利義持　　③ 足利義輝　　④ 足利義教

23 下線部ｃにおいて，織田信長に屈伏し，石山を去ったのは誰か。次のうちから選べ。
① 顕如(光佐)　　② 日親　　③ 蓮如(兼寿)　　④ 貞慶(解脱)

24 空欄［ d ］に該当する城の名を，次のうちから選べ。
① 姫路城　　② 二条城　　③ 伏見城　　④ 大坂城

25 下線部ｅで滅ぼされたのは誰か。次のうちから選べ。
① 柴田勝家　　② 明智光秀　　③ 北条氏政　　④ 伊達政宗

B

年代	おもな出来事
1603 年	徳川家康，征夷大将軍となる
1615 年	f
1635 年	朱印船貿易の終了 g
	↕ h
1643 年	i が出される
1651 年	徳川家光，没する j

26 空欄 f に該当しない出来事を，次のうちから一つ選べ。

① 大坂冬の陣がおこる   ② 一国一城令が出される

③ 武家諸法度(元和令)が制定される   ④ 禁中並公家諸法度が制定される

27 下線部 g に関する記述として適切でないものを，次のうちから一つ選べ。

① 幕府は，渡航許可証である朱印状を発給し，貿易を統制しようとした。

② 朱印船貿易の活発化に伴い，各地に日本町がつくられた。

③ 西国大名のほか，京都の豪商末次平蔵や角倉了以らが朱印船を派遣した。

④ 朱印船貿易では，日本はおもに銀などを輸出した。

28 略年表中のhの時期に出された禁令として最も適切なものを，次のうちから選べ。

① 喧嘩の事，是非に及ばず成敗を加ふべし。但し，取り懸ると雖も，堪忍せしむるの輩に於ては，罪科に処すべからず。

② 定 安土山下町中
一 当所 中 楽市として仰せ付けらるるの上は，諸座・諸役・諸公事等，ことごとく免許の事。

③ 日本ハ神国たる処，きりしたん国より邪法を授け 候 儀，太 以て然るべからず候事。

④ 自今以後，かれうた渡海の儀，之を停止せられ詫。此上若し差渡るニおゐてハ，其船を破却し，弁 乗来る者速に斬罪に処せらるべきの旨，仰せ出さるる者也。

29 空欄 i に該当する，本百姓の没落を防ぐ目的で出された法令を，次のうちから選べ。

① 人掃令   ② 刀狩令   ③ 田畑永代売買の禁止令   ④ 撰銭令

30 下線部 j の人物の治世におこった出来事として最も適切なものを，次のうちから選べ。

① 紫衣事件がおこった。   ② 糸割符制度が設けられた。

③ 己酉約条が結ばれた。   ④ リーフデ号が豊後に漂着した。

IV 次のA～Cの文章を読んで，あとの各問い(31～40)に答えよ。

A　7世紀後半に律令国家建設を推し進めた<u>天武天皇</u>は，国史編纂事業にも着手した。天皇がその完
　　成をみることはなかったが，天武天皇の事業は奈良時代に『<u>古事記</u>』や『<u>日本書紀</u>』として結実した。
　　　奈良時代のはじめには，律令にもとづく政治のしくみがほぼ整った。政治の担い手となる貴族や
　　官人には漢詩文の教養が求められ，この時代には現存最古の漢詩集である『　c　』が編纂された。

31　下線部aの人物の事績を，次のうちから選べ。
　　① 庚寅年籍を作成した。　　　　　　　② 都を近江大津宮に移した。
　　③ 乾元大宝を発行した。　　　　　　　④ 八色の姓を定めた。

32　下線部bに関する次のA・Bの記述の正誤の組合せとして最も適切なものを，あとのうちから選べ。
　　A．『古事記』は，稗田阿礼が誦習した内容を太安万侶(安麻呂)が筆録したものである。
　　B．『日本書紀』は，刑部親王が中心となって編纂した編年体の歴史書である。
　　① A－正　　B－正　　　　　　　　② A－正　　B－誤
　　③ A－誤　　B－正　　　　　　　　④ A－誤　　B－誤

33　空欄　c　に該当する語句を，次のうちから選べ。
　　① 懐風藻　　　　② 凌雲集　　　　③ 菅家文草　　　　④ 性霊集

B　院政期には，文芸において武士の台頭を反映して軍記物語が登場した。また，　e　というイ
　　ンド・中国・日本の説話を収録した説話集が編まれ，武士や民衆の生活が活写された。一方，社会
　　の転換期にあたって，藤原氏の栄華を回顧しようとする認識が生まれ，　f　などの和文体のす
　　ぐれた歴史物語も著された。このほか　g　は民間の流行歌謡である今様をみずから撰集して『梁
　　塵秘抄』を編んだ。また，中央の文化が地方にも波及し，各地で特色ある文化が開花した。平泉の
　　中尊寺金色堂や陸奥の白水阿弥陀堂，豊後の　h　などの寺院建築からは，当時の地方の文化水
　　準を知ることができる。

34　下線部dに関する次のA・Bの記述の正誤の組合せとして最も適切なものを，あとのうちから選べ。
　　A．『将門記』は，平将門の乱を描いた軍記物語である。
　　B．『陸奥話記』は後三年合戦の経過を描いた軍記物語である。
　　① A－正　　B－正　　　　　　　　② A－正　　B－誤
　　③ A－誤　　B－正　　　　　　　　④ A－誤　　B－誤

35　空欄　e　・　f　に該当する語句の組合せとして最も適切なものを，次のうちから選べ。
　　① e－『今昔物語集』　　f－『大鏡』　　② e－『今昔物語集』　　f－『増鏡』
　　③ e－『古今著聞集』　　f－『大鏡』　　④ e－『古今著聞集』　　f－『増鏡』

36　空欄　g　に該当する人物名を，次のうちから選べ。
　　① 白河上皇　　　② 後白河上皇　　　③ 鳥羽上皇　　　④ 後鳥羽上皇

37 空欄 | h | に該当する建造物の写真を，次のうちから選べ。

① ②

③ ④

C 中世・近世における茶の歴史をふり返ってみよう。鎌倉時代に臨済宗を開いた栄西は2度中国(宋)
  に渡った経験をもち，中国から茶をもたらして『喫茶養生記』を著した。栄西のもたらした茶種は，
  旧仏教側の明恵(高弁)によって京都の栂尾で育てられた。

  南北朝時代になると茶寄合が流行し，そこでは産地の異なる茶の味を飲み分けて競う闘茶がさか
  んに行われた。このときに「本茶」とされたのは，栂尾で作られた茶であった。

  東山文化期には， | k | が侘茶を創始した。簡素な座敷や道具立ての中に身を置いて精神的な
  深さを味わう侘茶は，その後，桃山文化期に完成の域へと達した。

38 下線部 i の人物の著書を，次のうちから選べ。
  ① 『立正安国論』　　② 『教行信証』　　③ 『興禅護国論』　　④ 『正法眼蔵』

39 下線部 j の時代に流行したものとして，連歌があげられる。室町時代の連歌に関する記述として
  適切でないものを，次のうちから一つ選べ。
  ① 一条兼良は『菟玖波集』を編集した。
  ② 宗祇は『新撰菟玖波集』を編集した。
  ③ 宗鑑は『犬筑波集』を編集した。
  ④ 連歌は，連歌師によって地方にも広められた。

40 空欄 | k | に該当する人物名を，次のうちから選べ。
  ① 千利休　　　　② 雪舟　　　　③ 武野紹鷗　　　④ 村田珠光

[選択問題]
（Ⅴ・Ⅵのうちから1題を選んで解答すること）

Ⅴ

次の文章を読んで，あとの各問い(41〜50)に答えよ。

氷河時代ともよばれる　a　の頃，南西諸島にも旧石器文化が存在していた。これは，沖縄県八重瀬町から　b　の化石人骨が出土していることなどから証明される。その後，土器を伴う縄文文化は南西諸島にも広がったが，続く弥生文化は南西諸島には及ばず，これらの地域では食料採取の文化が続いた。

南西諸島が中央の政府に知られるようになったのは，7世紀終わり頃である。713年には南九州の　c　とよばれる人々が居住する地域に大隅国をおき，多褹(種子島)・掖玖(屋久島)をはじめとする薩南諸島の島々との通交も始まった。とくに，8世紀になって　d　との関係が悪化して遣唐使が南路をとるようになると，この地方が重視されるようになった。

琉球は，12世紀頃から農耕社会を土台としたグスク時代をむかえた。この時代，各地の首長が勢力の拡大をはかり，やがて14世紀に三山といわれる3つの勢力圏が形成された。1429年，中山王の　g　が三山を統一し，琉球王国を建国した。琉球はさかんに貿易を行い，海外の文化を取り入れ独自の文化を開花させた。しかし，16世紀以降，　i　，貿易は衰退していった。

衰えつつあった琉球王国は，1609年に島津氏(薩摩藩)に征服され，与論島以北は島津氏の直轄地，琉球本島以南は王府の支配地とされたが，王府も島津氏の監視を受けた。島津氏は琉球の特産物を上納させたり，中国との貿易によって得た物品を上納させたりして大きな利益を得た。江戸幕府は，将軍の代替りごとに，また，琉球国王の代替りごとに使節を江戸に送らせた。

明治時代になると，1872年に琉球王国が廃されて琉球藩となり，1879年には，琉球藩の廃止と沖縄県の設置が強行された。

41 空欄　a　・　b　に該当する語句の組合せとして最も適切なものを，次のうちから選べ。
① a−完新世　b−浜北人　② a−完新世　b−港川人
③ a−更新世　b−浜北人　④ a−更新世　b−港川人

42 空欄　c　・　d　に該当する語句の組合せとして最も適切なものを，次のうちから選べ。
① c−隼人　d−新羅　② c−隼人　d−高麗
③ c−南蛮人　d−新羅　④ c−南蛮人　d−高麗

43 下線部eに関して，琉球におけるこの首長を何というか。最も適切なものを，次のうちから選べ。
① 保司　② 下司　③ 市司　④ 按司

44 下線部 f の前年に，京都やその周辺でおこった出来事や様子を記した史料として最も適切なもの
を，次のうちから選べ。

① 此たひはしめて出来れる足かるは，超過したる悪党也。

② 此比都ニハヤル物。夜討，強盗，謀綸旨。召人，早馬，虚騒動。
   (このごろ) (にせりんじ)(めしうど)(はやうま)(そらそうどう)

③ 一天下の土民蜂起す。徳政と号し，酒屋，土倉，寺院等を破却せしめ，雑物等 恣 にこれを
   (ぞうもつ)(ほしいまま)
   取り，借銭等 悉 これを破る。
   (ことごとく)

④ 自今以後，両朝の御流相代はりて御譲位治定せしめ候ひ畢んぬ。
   (じじょう)(おわ)

45 空欄 | g | に該当する人物名を，次のうちから選べ。
   ① 阿弖流為   ② 尚巴志   ③ 宗貞茂   ④ 武田信広

46 下線部 h に関する次のA・Bの記述の正誤の組合せとして最も適切なものを，あとのうちから選べ。
   A．都は首里に置かれ，那覇がその外港となった。
   B．琉球王国の貿易船は，東アジア諸国間の中継貿易で活躍した。
   ① A－正   B－正   ② A－正   B－誤
   ③ A－誤   B－正   ④ A－誤   B－誤

47 空欄 | i | に該当する次のa～dの記述の組合せとして最も適切なものを，あとのうちから選
   べ。
   a．倭寇の活動が活発化したので
   b．王国内で島原の乱がおこったので
   c．ポルトガルが進出してきたので
   d．刀伊の入寇(来襲)がおこったので
   ① a・c   ② a・d   ③ b・c   ④ b・d

48 下線部 j に関する次のA・Bの記述の正誤の組合せとして最も適切なものを，あとのうちから選べ。
   A．島津氏は，島津義久のときに豊臣秀吉の征討をうけた。
   B．島津氏は，朝鮮人陶工の技術を用いて有田焼の生産を始めた。
   ① A－正   B－正   ② A－正   B－誤
   ③ A－誤   B－正   ④ A－誤   B－誤

49 下線部 k に該当するものを，次のうちから選べ。
   ① 昆布   ② 生糸   ③ 毛織物   ④ 黒砂糖

50 下線部 l に関する記述として最も適切なものを，次のうちから選べ。
   ① 使節は薩摩藩の監督のもとで江戸に送られた。
   ② 使節の行列には日本風の服装をさせた。
   ③ 将軍の代替りごとに謝恩使が幕府に派遣された。
   ④ 琉球国王の代替りごとに慶賀使が幕府に派遣された。

VI 次のA・Bの文章を読んで，あとの各問い(51～60)に答えよ。

A 　自由民権運動の高揚のなかで，明治政府内部では近代的な立憲国家の建設を目指す動きが本格化
　　a
した。ヨーロッパでの伊藤博文による憲法調査などを経て，1889年2月11日に大日本帝国憲法(明
　　　　　　　　　b　　　　　　　　　　　　　　　　　　　　　　　　　　　　　　　　　　c
治憲法)が発布された。
　　一方，明治政府にとって重要課題であった不平等条約の改正は，ロシアの東アジア進出の動きを
　　　　　　　　　　　　　　　　　　　　　　d
警戒したイギリスが日本との対等条約の締結に前向きになったことなどもあり，1894年には領事裁
　　　　　　　　　　　　　　　　　　　　　　　　　　　　　　　　　　　　　　　e
判権の撤廃が，1911年には関税自主権の回復がそれぞれ実現した。

51　下線部aと関係の深い次のA～Cの出来事を年代の古い順に正しく並べたものはどれか。あとの
　　うちから選べ。
　　　A．国会期成同盟が結成された。
　　　B．民撰議院設立の建白書が左院に提出された。
　　　C．愛国社が大阪に設立された。
　　　　①　A→B→C　　　　②　A→C→B　　　　③　B→A→C
　　　　④　B→C→A　　　　⑤　C→A→B　　　　⑥　C→B→A

52　下線部bに関する記述として**適切でないもの**を，次のうちから一つ選べ。
　　　①　イギリス流の議院内閣制を主張する立憲改進党の党首となった。
　　　②　内閣制度を創設し，初代内閣総理大臣に就任した。
　　　③　韓国に統監府が設置された際に，初代統監に就任した。
　　　④　政界の第一線から退いたのち，元老として天皇を補佐した。

53　下線部cに関する記述として最も適切なものを，次のうちから選べ。
　　　①　この憲法は，政府のドイツ人顧問ボアソナードの助言を得て起草された。
　　　②　この憲法の草案は，天皇臨席のもとに大審院で審議された。
　　　③　この憲法では，陸海軍の統帥権は内閣がもつとされた。
　　　④　この憲法において，衆議院は予算先議権をもつ以外は貴族院と対等とされた。

54　下線部dに関する次のA・Bの記述の正誤の組合せとして最も適切なものを，あとのうちから選べ。
　　　A．井上馨の改正交渉は，外国人を被告とする裁判に過半数の外国人判事の採用を認めること
　　　　や極端な欧化主義が批判され，中止となった。
　　　B．大隈重信の改正交渉は，訪日中のロシア皇太子が巡査津田三蔵に切りつけられて負傷する
　　　　という事件がおこったことにより中断された。
　　　　①　A－正　　　B－正　　　　　　　　②　A－正　　　B－誤
　　　　③　A－誤　　　B－正　　　　　　　　④　A－誤　　　B－誤

55　下線部eに関して，1894年には，ある細菌学者がペスト菌を発見した。この細菌学者を，次のう
　　ちから選べ。
　　　①　長岡半太郎　　　　②　志賀潔　　　　③　北里柴三郎　　　　④　高峰譲吉

B 日清戦争により清の弱体化を知った欧米諸国は，清国内に自国の勢力範囲を設定し，中国への進
出を本格化させた。1900年に入ると，清国では「扶清滅洋」を掲げる排外主義団体による反乱が拡大
し，これに同調した清国政府は列国に宣戦布告を行った。この事態をうけて，日本を含む列国は連
合軍を派遣して清国を降伏させ，翌1901年に　　 h 　　を清国と結んだ。

　この事件を機に，ロシアは中国東北部（満州）を実質的に占領し，その独占的利益を清国に認めさ
せた。こうした情勢のもとで，朝鮮半島・満州をめぐる日本とロシアの対立は次第に深まっていった。
そして1904年に日露戦争が始まったが，翌年には講和条約であるポーツマス条約が締結されて戦争
は終結した。その後，日本は韓国の植民地化を進めていった。

56　下線部 f に関する記述として最も適切なものを，次のうちから選べ。
　　① この戦争は，清国内で発生した甲午農民戦争（東学の乱）を契機としておこった。
　　② この戦争の開始後，日本の議会では政党による政府批判が強まった。
　　③ 日本はこの戦争の講和条約で，朝鮮の独立を清国に認めさせた。
　　④ 日本はこの戦争の講和条約で得た遼東半島と台湾を，三国干渉をうけて清国に返還した。

57　下線部 g の出来事を何というか。次のうちから選べ。
　　① 壬午軍乱（壬午事変）　　　　　　　② 義和団事件（義和団の乱）
　　③ 甲申事変（甲申政変）　　　　　　　④ 江華島事件

58　空欄　　 h 　　に該当する語句を，次のうちから選べ。
　　① 樺太・千島交換条約　　② 日清修好条規　　③ 天津条約　　④ 北京議定書

59　下線部 i に関する記述として最も適切なものを，次のうちから選べ。
　　① この戦争に関して，幸徳秋水・堺利彦が開戦論を，対露同志会が非戦論・反戦論を唱えた。
　　② この戦争が始まると，反戦・反政府運動を取り締まる法律として保安条例が制定された。
　　③ ポーツマス条約の締結は，アメリカ大統領セオドア゠ローズヴェルトの仲介により実現した。
　　④ ポーツマス条約で得た賠償金などをもとにして，官営の八幡製鉄所が設立された。

60　下線部 j と関係の深い次のA～Cの出来事を年代の古い順に正しく並べたものはどれか。あとの
　　うちから選べ。
　　A．朝鮮総督府が設置された。
　　B．ハーグ密使事件がおこった。
　　C．第2次日韓協約（韓国保護条約）が締結された。
　　　① A→B→C　　② A→C→B　　③ B→A→C
　　　④ B→C→A　　⑤ C→A→B　　⑥ C→B→A

令和2年度　世　界　史

（Ⅰ～Ⅵは必須問題。Ⅶ・Ⅷについては，どちらか1題を選択し，計7題を解答すること）

Ⅰ 次の古代・中世の西洋の歴史に関する文章を読んで，あとの各問い（1～8）に答えよ。

　オリエント文明の影響を受け，前2000年頃からエーゲ海周辺で文明がおこった。前16世紀頃になるとギリシア人がギリシア本土で文明を築き始めた。前8世紀頃，ギリシアでは<u>ポリス</u>と呼ばれる都市国家が誕生し，そこを舞台に後世に大きな影響を与える社会や<u>文化</u>が形成された。一方，イタリア半島に成立した都市国家の一つであるローマは，前3世紀前半にイタリア半島を統一し，その後<u>地中海世界一帯を支配する大帝国</u>をつくり上げた。繁栄を享受したローマ帝国も，4世紀後半に始まるゲルマン人の大移動による混乱の中で東西に分裂した。<u>東ローマ帝国（ビザンツ帝国）</u>はその後1000年以上に渡って命脈を保ったが，<u>西ローマ帝国は5世紀後半に滅亡した</u>。西ローマ帝国の旧領にはゲルマン人の諸国家が形成されたが，それらの中から<u>フランク王国</u>が台頭し，やがて西ヨーロッパ中世世界を担う中心的な勢力となった。<u>中世西ヨーロッパにおける封建社会</u>では各国の王権が弱体であったが，<u>ローマ＝カトリック教会</u>は西ヨーロッパ世界全体に普遍的な権威をふるった。

1　下線部aに関して，代表的ポリスであるアテネの歴史についての次のア～ウの出来事を年代の古い順に正しく並べたものを，あとのうちから選べ。
　　ア．デロス同盟の盟主としてペロポネソス同盟軍と戦った。
　　イ．マラトンの戦いでペルシア軍を打ち破った。
　　ウ．僭主の出現を防止するために，陶片追放（オストラキスモス）の制度が創始された。
　　① ア→イ→ウ　　　　② ア→ウ→イ　　　　③ イ→ア→ウ
　　④ イ→ウ→ア　　　　⑤ ウ→ア→イ　　　　⑥ ウ→イ→ア

2　下線部bに関して，古代ギリシア文化についての記述として最も適切なものを，次のうちから選べ。
　　① イオニア自然哲学では，万物の根源は水と主張したプロタゴラスが活躍した。
　　② ホメロスやトゥキディデスが史料の批判的な研究によって歴史書を著した。
　　③ 喜劇作家アリストファネスが政治や社会の問題を題材に取り上げて風刺した作品を残した。
　　④ 平面幾何学を大成したアリストテレスや，浮力の原理を発見したアルキメデスが出た。

3　下線部cに関して，次の略年表中のア～エのうち，オクタウィアヌスがアクティウムの海戦でアントニウスとクレオパトラを破った時期に該当するものはどれか。あとのうちから選べ。

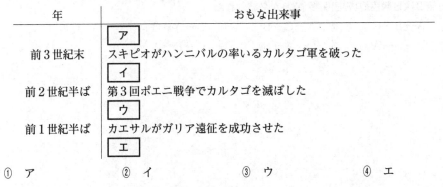

年	おもな出来事
	ア
前3世紀末	スキピオがハンニバルの率いるカルタゴ軍を破った
	イ
前2世紀半ば	第3回ポエニ戦争でカルタゴを滅ぼした
	ウ
前1世紀半ば	カエサルがガリア遠征を成功させた
	エ

　　① ア　　　　　　② イ　　　　　　③ ウ　　　　　　④ エ

4　下線部ｄに関する次のＡ・Ｂの記述の正誤の組合せとして最も適切なものを，あとのうちから選べ。

A．地中海帝国の復興をはかったユスティニアヌス１世(大帝)は，ハギア(セント)＝ソフィア聖堂の建立などに力を注いだ。

B．公用語には帝国の滅亡時までラテン語が用いられ続けて古典が盛んに研究される一方，ドームとモザイク壁画を特色とするビザンツ様式の建築がつくられた。

① A－正　B－正　　　　　　　　② A－正　B－誤

③ A－誤　B－正　　　　　　　　④ A－誤　B－誤

5　下線部ｅに関して，西ローマ帝国を滅ぼした人物を，次のうちから選べ。

① オドアケル　　　② ポンペイウス　　　③ スパルタクス　　　④ テオドシウス

6　下線部ｆに関する記述として最も適切なものを，次のうちから選べ。

① メロヴィング家のクローヴィスはキリスト教のアリウス派に改宗し，ローマ人貴族を支配層に取り込んだ。

② フランク王国は，カタラウヌムの戦いでテオドリック大王の率いるフン人を破った。

③ 宮宰カール＝マルテルは，トゥール・ポワティエ間の戦いでイベリア半島から北上したイスラーム軍を撃退した。

④ ピピンの子カールは，フランク王位の継承を承認されたことの返礼に，ローマ教皇にラヴェンナ地方を寄進した。

7　下線部ｇの形成を促した要因の一つとして，外部勢力の侵入がもたらした混乱を収拾し，新たな社会のしくみを模索したことが挙げられる。外部勢力としてのノルマン人の移動・侵入に関する記述として最も適切なものを，次のうちから選べ。

① リューリクが率いる一派がドニエプル川流域に進出してノルウェー王国を建てた。

② デーン人の王クヌート(カヌート)がイングランドを征服した。

③ アルフレッド大王が北フランスに上陸してノルマンディー公国を建てた。

④ ノルマンディー公ウィリアムが南イタリアとシチリア島を征服した。

8　下線部ｈに関して，フランス王フィリップ４世によってイタリアのアナーニで捕らえられ，釈放されたが屈辱のうちに亡くなったローマ教皇を，次のうちから選べ。

① ボニファティウス８世　　② ウルバヌス２世

③ グレゴリウス７世　　　　④ レオ３世

$\boxed{\text{III}}$　次の古代のインド・東南アジアと中国・東アジアの歴史に関する文章を読んで，あとの各問い
（9～16）に答えよ。

　古代のインドでは，前1500年頃に中央アジアから進入した $\boxed{\text{　a　}}$ 人が先住民と交わり，定住農耕
社会を形成した。彼らが残した賛歌集の一つである $\boxed{\text{　b　}}$ は，彼らの宗教観や世界観を知る上で貴
重な史料である。前6世紀頃になるとガンジス川流域で都市国家が建てられた。前4世紀の終わり頃
にはインド最初の統一王朝が出現し，その後は後7世紀にかけて断続的に広大な領域を持つ王朝が登
　　　　　　c　　　　　　　　　　　　　　　　　　　　　　　　　　　　　　　　d
場した。東南アジアでは1世紀末に最古の国家が建国された。その後，インドとの交流が進む中で「イ
ンド化」が進み，ヒンドゥー教や仏教の影響を強く受けた王朝が各地に成立した。
　e
　古代の中国では，前3世紀後半に秦の始皇帝が中国の統一に成功した。その後，魏晋南北朝時代や
　　　　　　　　　　　　　　　　　　　　　　　　　　　　　　　　　　　　　　f
五代十国時代の分裂の時代を挟んで，皇帝が中央集権的な支配を進めようとする王朝の興亡の歴史が
　g　　　　　　　　　　　　　　　　　　　　　　　　　　　　　　　　　　　　　h
展開した。また，中国の王朝の影響を受けつつ東アジアの各地で国家形成が進んだ。
　　　　　　　　　　　　　　　　　　i

9　空欄 $\boxed{\text{　a　}}$・$\boxed{\text{　b　}}$ に該当する語句の組合せとして最も適切なものを，次のうちから選べ。
　①　a－アーリヤ　　b－『ラーマーヤナ』　　②　a－アーリヤ　　b－『リグ＝ヴェーダ』
　③　a－クメール　　b－『ラーマーヤナ』　　④　a－クメール　　b－『リグ＝ヴェーダ』

10　下線部cの王朝名と，その王朝における最盛期の王の組合せとして最も適切なものを，次のうち
　から選べ。
　①　マウリヤ朝－アショーカ王　　　②　マウリヤ朝－チャンドラグプタ2世
　③　ヴァルダナ朝－アショーカ王　　④　ヴァルダナ朝－チャンドラグプタ2世

11　下線部dに関して，4世紀に成立したグプタ朝についての記述として最も適切なものを，次のう
　ちから選べ。
　①　パータリプトラを都としてハルシャ王がグプタ朝を開いた。
　②　グプタ朝はヴァルダマーナの治世に最盛期を迎えた。
　③　グプタ朝ではバラモンの言葉であるサンスクリット語が公用語化された。
　④　グプタ朝の時代に唐から玄奘が訪れ，ナーランダー僧院で仏教を学んだ。

12　下線部eに関して，東南アジア最古とされる国家が形成され
　た地域（右の略地図中のAまたはBのいずれか）と，その国家の名
　（次のアまたはイのいずれか）の組合せとして最も適切なものを，
　あとのうちから選べ。
　　ア．扶南
　　イ．シュリーヴィジャヤ王国
　　①　A－ア　　　　②　A－イ
　　③　B－ア　　　　④　B－イ

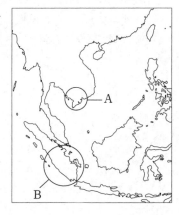

13 下線部 f の政策に関する記述として最も適切なものを，次のうちから選べ。

① 李斯を西域の大月氏に派遣して，北方の匈奴を挟み撃ちにしようとした。

② 郡県制を全国に施行し，中央から派遣した官吏におさめさせた。

③ 農事・戦争などの主な国事は神意を占って決定し，占いの記録を亀甲・獣骨に刻ませた。

④ 一族・功臣や各地の首長に封土を与えて諸侯とし，代々その地を領有させた。

14 下線部 g に関する次のA・Bの記述の正誤の組合せとして最も適切なものを，あとのうちから選べ。

A．三国の魏では九品中正に代えて，地方長官の推薦による郷挙里選を採用した。

B．鮮卑の建てた東晋が華北を統一し，孝文帝が均田制や三長制を施行した。

① A－正　B－正　　　　　　② A－正　B－誤

③ A－誤　B－正　　　　　　④ A－誤　B－誤

15 下線部 h に関して，7世紀前半に隋から唐への王朝交代が行われた。隋あるいは唐の時代の歴史
に関する記述として最も適切なものを，次のうちから選べ。

① 隋を建てた楊堅は南朝の宋を倒し，南北に分裂していた中国を統一した。

② 隋の煬帝は大運河を完成させ，3回にわたる遠征により高句麗を滅ぼした。

③ 唐の都長安には，ネストリウス派キリスト教・祆教・マニ教などの寺院がつくられた。

④ 唐の玄宗の晩年には黄巣の乱がおこり，節度使が地方の行政・財政の権力を握った。

16 下線部 i の各地で形成された国家と，その国における歴史的事象の組合せとして最も適切なもの
を，次のうちから選べ。

① 新羅－独自の文字である訓民正音(ハングル)を制定

② 突厥－ソンツェン゠ガンポにより統一国家を建設

③ 吐蕃－氏族的身分制度である骨品制を採用

④ 渤海－大祚栄により建国され，日本と盛んに通交

Ⅲ
次の西アジアの歴史に関する文章を読んで，あとの各問い(17〜24)に答えよ。

　西アジアではまず<u>メソポタミア</u>において文明が形成された。その後，小アジアや<u>地中海東岸</u>，イラ
ン高原などの地域にかけて多様な民族が活躍する歴史が展開した。これらの地域に<u>エジプト</u>を加えて
広大な領域の支配を実現したのが，イラン人(ペルシア人)の<u>アケメネス朝</u>である。<u>前4世紀後半から
のヘレニズム時代</u>が終わると，イラン人の勢力が再び強くなった。7世紀に入るとアラビア半島で<u>イ
スラーム教</u>が誕生し，これを信仰したアラブ人が<u>大規模な征服活動</u>を進め，西アジア一帯から北アフ
リカ方面，そしてイベリア半島をも支配下に置く<u>大帝国</u>を形成した。その後の西アジアの地域ではイ
ラン人がイスラーム教を受容し，中央アジアから進出してきた<u>トルコ人</u>もイスラーム化してそれぞれ
王朝・国家を建てた。

17　下線部aに関して，古代メソポタミアの文明についての次のA・Bの記述の正誤の組合せとして
　　最も適切なものを，あとのうちから選べ。
　　　A．霊魂の不滅と死後の世界が信じられ，「死者の書」がつくられた。
　　　B．シュメール人によって楔形文字がつくられ，六十進法が用いられた。
　　　①　A−正　B−正　　　　　　　　　②　A−正　B−誤
　　　③　A−誤　B−正　　　　　　　　　④　A−誤　B−誤

18　下線部bの歴史に関して述べた次の文章中の空欄　Ａ ・ Ｂ　に該当する語句の組合せとし
　　て最も適切なものを，あとのうちから選べ。

> 　　前1200年頃から，地中海東岸地方では内陸中継貿易でアラム人が，地中海貿易で　Ａ
> 人がそれぞれ活躍した。また，前1500年頃パレスチナに定住したヘブライ人は，「出エジプト」
> や　Ｂ　捕囚などの民族的苦難を経て一神教を生み出した。

　　　①　A−フェニキア　　　B−バビロン
　　　②　A−フェニキア　　　B−イェルサレム
　　　③　A−ヒッタイト　　　B−バビロン
　　　④　A−ヒッタイト　　　B−イェルサレム

19　下線部cに関連して，古代エジプトについての記述として最も適切なものを，次のうちから選べ。
　　　①　神として国を統治した古代エジプトの王は，ノモスと呼ばれた。
　　　②　古王国時代の政治の中心地は，上エジプトのテーベであった。
　　　③　アメンホテプ4世の信仰改革の影響で，写実的なアマルナ美術がうまれた。
　　　④　新王国時代の末期，シリア方面からヒクソスが流入し，一時王朝を建てた。

20 下線部 d に関して，右のモザイ
ク画はアケメネス朝が敗北したイッ
ソスの戦いを描いたものとされる。
画中のA・Bに該当する人物の組合
せとして最も適切なものを，次のう
ちから選べ。

① A－テミストクレス　　　　B－ダレイオス1世
② A－テミストクレス　　　　B－ダレイオス3世
③ A－アレクサンドロス大王　　B－ダレイオス1世
④ A－アレクサンドロス大王　　B－ダレイオス3世

21 下線部 e に関する記述として波線部が最も適切なものを，次のうちから選べ。
① イスラーム教徒の共同体を<u>スルタン</u>という。
② メッカの大商人による迫害を避けるため，ムハンマドは信者とともに<u>メディナ</u>に移住した。
③ メッカの征服に成功したムハンマドは<u>パルテノン神殿</u>をイスラーム教の聖殿に定めた。
④ ムハンマドの死後，イスラーム教徒は<u>アリー</u>をその共同体の初代の指導者に選出した。

22 下線部 f に関して，7～8世紀に進められたアラブ人の征服活動についての記述として最も適切
なものを，次のうちから選べ。
① ヴァンダル王国を滅ぼし，イタリア半島南部を支配下に置いた。
② ニハーヴァンドの戦いでササン朝を破った。
③ 北アフリカを征服し，「黄金の国」マリ王国を倒した。
④ ビザンツ帝国からアドリアノープル(エディルネ)を奪った。

23 下線部 g に関して，イスラーム帝国とも呼ばれるアッバース朝についての記述として最も適切な
ものを，次のうちから選べ。
① ファーティマ朝の支配を批判する勢力がアッバース家の革命運動に協力した結果，アッバー
ス朝が開かれた。
② アッバース朝の第2代カリフであるマンスールが，イラク平原の中心に円形の首都ダマスク
スを造営した。
③ アッバース朝の都にはムセイオンがつくられ，ギリシア語文献が組織的にアラビア語に翻訳
された。
④ アッバース朝では，イスラーム教徒であればアラブ人以外でも人頭税(ジズヤ)が免除される
ことになった。

24 下線部 h が建てたイスラーム王朝として最も適切なものを，次のうちから選べ。
① セルジューク朝　　② ブワイフ朝　　③ サーマーン朝　　④ ムラービト朝

IV 次の10〜17世紀の東アジアの歴史に関する文章を読んで，あとの各問い(25〜31)に答えよ。

　10世紀後半，宋(北宋)が中国を統一し，科挙を整備して文治主義をとった。北宋は北方民族の圧迫
を受けたため，防衛費の増大による財政難が恒常的な問題となっていた。12世紀前半，宋は金により
淮河以南に追いやられたが，これ以来江南の開発が進展し，中国の経済の中心は江南に移動した。13
世紀に入ると北方のモンゴルが強大化して，13世紀後半には国号を元とし，南宋を滅ぼして中国全土
を支配下に置いた。14世紀半ば，中国各地では元の支配に対する反乱がおこり，この反乱の中から建
国された明が元を北方に駆逐し，皇帝独裁体制を確立した。明は，東アジアからインド洋に至る地域
の諸勢力と朝貢貿易を活発に行った。しかし，16世紀以降，明は北虜南倭に苦しめられることとなり，
内政も党争が深刻化して，李自成の乱で滅亡した。明滅亡の混乱に乗じて清が南下し，17世紀後半に
は中国全土を制圧した。

25　下線部 a に関して，宋代の文化についての記述として最も適切なものを，次のうちから選べ。
　　① 司馬光が紀伝体の通史である『資治通鑑』を著した。
　　② 儒学では孔穎達が『五経正義』を編纂し，朱子が宋学を大成した。
　　③ 王安石が儒教・仏教・道教を調和した全真教を開いた。
　　④ 水墨技法などを用い，自由な筆さばきを重んじる文人画が盛んになった。

26　下線部 b に関して，宋代に江南の開発が進んだことにより穀倉地帯となった地域(次の略地図中
　　の A または B のいずれか)と，その地域が穀倉地帯であることを表した言葉(下のアまたはイのいず
　　れか)の組合せとして最も適切なものを，あとのうちから選べ。

　　ア．「蘇湖(江浙)熟すれば天下足る」
　　イ．「湖広熟すれば天下足る」
　　　① A−ア　　　　　② A−イ　　　　　③ B−ア　　　　　④ B−イ

27 下線部 c に関して，モンゴル帝国の成立により盛んとなったユーラシア大陸の東西交流について
の記述として最も適切なものを，次のうちから選べ。
① イスラームの天文学をもとに欧陽脩が授時暦をつくった。
② フランス王ルイ9世がルブルックを使節としてモンゴル高原に派遣した。
③ ローマ教皇によりプラノ゠カルピニが元に派遣され，大都の大司教となった。
④ イタリア商人マルコ゠ポーロは元に仕え，『旅行記』(『三大陸周遊記』)を著した。

28 下線部 d の時代に関する記述として最も適切なものを，次のうちから選べ。
① 農村では千戸制が実施され，賦役黄冊や魚鱗図冊が作成された。
② 靖難の役で勝利をおさめて即位した永楽帝は，北京に遷都した。
③ 各種の税と徭役を銀に一本化して納入する地丁銀制が行われた。
④ 万暦帝の治世に王守仁(王陽明)が財政立て直しのための改革を行った。

29 下線部 e に関して，明を中心とした朝貢貿易についての次のA・Bの記述の正誤の組合せとして
最も適切なものを，あとのうちから選べ。
A. 日本の足利義満は明から「日本国王」に封ぜられ，明との勘合貿易を開始した。
B. マレー半島南西部のマラッカ王国は，鄭和の遠征をきっかけに発展し，明への朝貢貿易の拠
点となった。
① A−正　B−正　　　　　　　　② A−正　B−誤
③ A−誤　B−正　　　　　　　　④ A−誤　B−誤

30 下線部 f に関して，明の末期から清の前期にかけての中国を訪れたイエズス会の宣教師と，その
宣教師の主要な事績の組合せとして最も適切なものを，次のうちから選べ。
① マテオ゠リッチ−「坤輿万国全図」の作製
② ブーヴェ−円明園の設計
③ カスティリオーネ−『崇禎暦書』の作成
④ アダム゠シャール−「皇輿全覧図」の作製

31 下線部 g の時代に関する次のア～ウの出来事を年代の古い順に正しく並べたものを，あとのうち
から選べ。
ア. 一部の宮廷奉仕者以外のすべてのキリスト教宣教師を国外追放し，キリスト教布教を全面的
に禁止した。
イ. ジュンガルを滅ぼして東トルキスタン全域を占領し，「新疆」と称した。
ウ. 雲南・広東・福建の藩王らの三藩の乱を鎮圧し，台湾を支配下に置いた。
① ア→イ→ウ　　　　② ア→ウ→イ　　　　③ イ→ア→ウ
④ イ→ウ→ア　　　　⑤ ウ→ア→イ　　　　⑥ ウ→イ→ア

Ⅴ　次の近世ヨーロッパの歴史に関する略年表を見て，あとの各問い(32〜38)に答えよ。

15世紀半ば	ドイツのグーテンベルクが活版印刷術を改良する。 a
1485年	イギリスでヘンリ7世がテューダー朝を開く。
1492年	コロンブスがサンサルバドル島に到達する。 b
1498年	ヴァスコ゠ダ゠ガマが喜望峰経由でインドのカリカットに到達する。
1517年	ルターが九十五カ条の論題を発表する。 c
1519年	スペイン王カルロス1世が神聖ローマ皇帝を兼ねる。
1547年	ロシアのイヴァン4世が正式にツァーリの称号を用いる。 d
1556年	スペイン王にフェリペ2世が即位する。 e
1598年	フランス王の　f　がナントの王令(勅令)を発布する。
1600年	イギリス東インド会社が設立される。
1610年	フランス王に　g　が即位する。
1618年	ドイツで三十年戦争が勃発する。 h

32　下線部aに関して，グーテンベルクによる活版印刷術の改良はルネサンス期における技術面での重要な成果である。ルネサンス期の文芸に関する記述として最も適切なものを，次のうちから選べ。

①　イタリアのペトラルカは，トスカナ地方の口語で『神曲』を書いた。

②　イタリアのボッカチオは，ペストの流行を背景として『カンタベリ物語』を著した。

③　ネーデルラントのエラスムスは，『愚神礼賛』で聖職者の腐敗などを批判・風刺した。

④　イギリスのシェークスピアは，『ドン゠キホーテ』などの四大悲劇を残した。

33　下線部bに関して，コロンブスの大航海以降，スペインはラテンアメリカの支配に乗り出した。スペインのラテンアメリカ支配に関する次のA・Bの記述の正誤の組合せとして最も適切なものを，あとのうちから選べ。

　　A．コルテスがアステカ王国を破ってメキシコを征服し，ピサロがインカ帝国を滅ぼした。

　　B．カブラルは植民者による先住民酷使を批判し，エンコミエンダ制の廃止を主張した。

①　A－正　B－正　　　　　　　　②　A－正　B－誤

③　A－誤　B－正　　　　　　　　④　A－誤　B－誤

34　下線部cに始まる宗教改革の展開に関する記述として最も適切なものを，次のうちから選べ。

①　ルターの教説に影響を受けたドイツの農民たちが蜂起し，フスの指導のもとに農奴制の廃止を要求した。

②　ヴィッテンベルクの和議によって，ルター派かカトリック派かを選択する自由がドイツ諸侯に認められた。

③　カルヴァンは教皇至上権を認めるとともに予定説を説き，その説が西ヨーロッパの商工業者の間に広く普及した。

④　イギリスでは国王ヘンリ8世が離婚問題を機に国王至上法(首長法)を発し，カトリック世界から離脱した。

35 下線部 d の治世にロシアのシベリア進出に貢献した人物を，次のうちから選べ。

① イェルマーク ② ラクスマン ③ プガチョフ ④ ステンカ゠ラージン

36 下線部 e が即位した当時，ヨーロッパにおいてスペイン゠ハプスブルク家が支配下に置いていた
地域（▓▓部）を示した地図として最も適切なものを，次のうちから選べ。

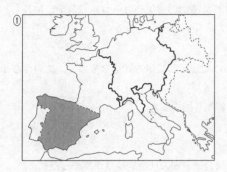
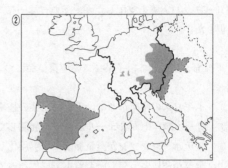

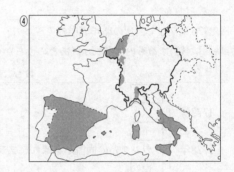

37 空欄 **f** ・ **g** に該当する人物名の組合せとして最も適切なものを，次のうちから選べ。

① f－フランソワ1世 g－ルイ13世
② f－フランソワ1世 g－ルイ14世
③ f－アンリ4世 g－ルイ13世
④ f－アンリ4世 g－ルイ14世

38 下線部 h に関する記述として波線部が**適切でない**ものを，次のうちから一つ選べ。

① バイエルンの新教徒が，ハプスブルク家によるカトリック信仰の強制に反抗したことを契機
として，この戦争が始まった。

② スウェーデンの国王のグスタフ゠アドルフは，新教徒側に立ってこの戦争に参加した。

③ 旧教国のフランスは，ハプスブルク家に対抗するため，新教徒側に立ってこの戦争に参加した。

④ この戦争の講和条約であるウェストファリア条約で，ドイツ諸侯にほぼ完全な主権が認めら
れた。

VI 次の近代の欧米世界の成立に関する文章を読んで，あとの各問い(39〜43)に答えよ。

　近代社会の成立は18世紀後半の「二重革命」によるとされる。「二重革命」とは<u>産業革命</u>と，<u>アメリカ</u>
a
<u>独立革命</u>・<u>フランス革命</u>に代表される市民革命を指している。これらの革命を通して欧米諸国は近代
c
市民社会の形成を進め，他の地域に対して強い影響を及ぼすようになった。19世紀に入ると<u>ナポレオ</u>
<u>ン</u>がヨーロッパ大陸を支配したが，それによってフランス革命の成果がヨーロッパ各地に波及し，改
d
革を促した。

39　下線部 a に関して，イギリスの産業革命についての記述として最も適切なものを，次のうちから
　　選べ。
　　① イギリスの産業革命は，毛織物工業の技術革新から始まった。
　　② アークライトがミュール紡績機を発明した。
　　③ スティーヴンソンが蒸気機関車を実用化した。
　　④ 産業革命によって，産業資本家に代わって，商業資本家の社会的地位が高まった。

40　下線部 b に関して，次の略年表中のア〜エのうち，大陸会議においてアメリカ独立宣言が採択さ
　　れた時期に該当するものはどれか。あとのうちから選べ。

年	おもな出来事
	ア
1773年	ボストン茶会事件がおこった
	イ
1778年	フランスとの同盟が結ばれ，フランスが独立戦争に参戦した
	ウ
1781年	ヨークタウンの戦いで独立軍がイギリス軍を破った
	エ

　　① ア　　　　　　　② イ　　　　　　　③ ウ　　　　　　　④ エ

41　下線部 b に関連して，イギリスがアメリカ合衆国の独立を承認した条約名を，次のうちから選べ。
　　① ユトレヒト条約　　② ネルチンスク条約　　③ パリ条約　　④ ティルジット条約

42　下線部 c に関する次のア〜ウの出来事を年代の古い順に正しく並べたものを，あとのうちから選
　　べ。
　　ア．国民議会において立憲君主政などを内容とする憲法が制定された。
　　イ．テルミドール 9 日のクーデタがおこった。
　　ウ．テュイルリー宮殿が襲撃された 8 月10日事件がおこった。
　　① ア→イ→ウ　　　② ア→ウ→イ　　　③ イ→ア→ウ
　　④ イ→ウ→ア　　　⑤ ウ→ア→イ　　　⑥ ウ→イ→ア

43 下線部 d に関する記述として**適切でないもの**を，次のうちから一つ選べ。

① ブリュメール18日のクーデタによって，事実上の独裁権を握った。

② 西南ドイツ諸国を合わせてライン同盟を結成した。

③ イギリスとの間でアミアンの和約を結んで講和した。

④ アウステルリッツの戦い（三帝会戦）に敗れたため，退位した。

Ⅶ 次の2世紀の世界に関する文章を読んで，あとの各問い(44〜50)に答えよ。

　2世紀の世界を概観すると，ユーラシアの東部では，中国の後漢が朝鮮半島北部から西方のタリム
盆地周辺にまで支配を及ぼしていた。しかし後漢では幼少の皇帝が多く，政治の混乱が続いていた。
南アジアでは中央アジア方面から進入したクシャーナ朝が北インドに至る地域を支配して ｜ c ｜ の
治世に最盛期を迎え，デカン高原の ｜ d ｜ は西方との海上貿易で栄えていた。また，この両王朝の
時代のインドでは仏教が盛んであった。西アジアでは，前3世紀半ばに建国されたパルティアが覇権
を握っていたが，西方のローマとの抗争が続き2世紀には衰退の兆しを見せていた。ユーラシアの西
部では，地中海沿岸一帯を支配下におさめたローマ帝国が「ローマの平和」（パクス＝ロマーナ）を謳歌
していた。一方，アメリカ大陸では他の大陸との接触がほとんどない中で，メキシコや中央アメリカ
にマヤ文明などの独自の文明が形成されていた。

44 下線部aの時代の東西交流に関して述べた次の文章中の空欄 ｜ A ｜・｜ B ｜ に該当する人物名・
語句の組合せとして最も適切なものを，あとのうちから選べ。

> 　1世紀末に後漢によって西域都護に任じられた ｜ A ｜ は，部下を派遣して西方のローマ
> との折衝をはかったとされる。こうして後漢の時代の中国では西方の事情がより詳しく知ら
> れるようになった。また2世紀中頃には西方から「｜ B ｜ 王安敦」の使者が海路で日南郡に
> 到達したとされる。このように，後漢の時代には陸路・海路を通じたユーラシアの東西交流
> が進展していたのである。

① A－班固　　B－安息　　② A－班固　　B－大秦

③ A－班超　　B－安息　　④ A－班超　　B－大秦

45 下線部bに関して，後漢における2世紀後半の混乱についての記述として最も適切なものを，次
のうちから選べ。
① 中央集権化に抵抗する諸侯勢力が呉楚七国の乱をおこした。
② 「王侯将相いずくんぞ種あらんや」をスローガンに反乱がおこった。
③ 宦官が官僚や学者を弾圧する党錮の禁がおこった。
④ 太平道の指導者であった張角が五行思想に基づいて紅巾の乱をおこした。

46 空欄 ｜ c ｜・｜ d ｜ に該当する人物名・語句の組合せとして最も適切なものを，次のうちから
選べ。
① c－ホスロー1世　　　　d－サータヴァーハナ朝
② c－ホスロー1世　　　　d－シャイレンドラ朝
③ c－カニシカ王　　　　　d－サータヴァーハナ朝
④ c－カニシカ王　　　　　d－シャイレンドラ朝

47 下線部eに関して，クシャーナ朝の時代に仏教美術が栄えた地域（次の略地図中のAまたはBの
いずれか）と，その地域で生み出された仏像（次のアまたはイのいずれか）の組合せとして最も適切
なものを，あとのうちから選べ。

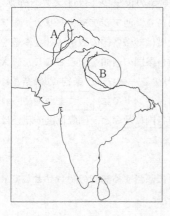　ア.　イ.

① A－ア　　　② A－イ　　　③ B－ア　　　④ B－イ

48 下線部fの歴史に関する次のA・Bの記述の正誤の組合せとして最も適切なものを，あとのうち
から選べ。

A．守るべき社会倫理であるダルマによる統治をめざし，各地に勅令を刻ませた。

B．ゾロアスター教の教典『アヴェスター』が編集され，マニ教が創始された。

① A－正　B－正　　　　　　　② A－正　B－誤

③ A－誤　B－正　　　　　　　④ A－誤　B－誤

49 下線部gの時代に関する記述として最も適切なものを，次のうちから選べ。

① トラヤヌス帝の治世に帝国の領土が最大となった。

② コンスタンティヌス帝によってキリスト教が公認された。

③ ディオクレティアヌス帝が四帝分治制（テトラルキア）を施行した。

④ ハドリアヌス帝が帝国内の全自由人にローマ市民権を与えた。

50 下線部hの遺産に関する事項として適切でないものを，次のうちから一つ選べ。

① 二十進法による数の表記法　　　② キープ（結縄）による記録

③ ピラミッド状の建築物　　　　　④ 精密な暦法

VIII 次の2度の世界大戦に関する文章を読んで，あとの各問い(51〜57)に答えよ。

　20世紀に人類は2度の世界大戦を経験したため，この世紀は「戦争の世紀」といわれることがある。第一次世界大戦はヨーロッパ列強の対立・抗争が契機となっておこり，西アジアやアフリカ，東アジアにまで影響が及ぶという文字通り世界規模の戦争となった。大戦は参戦各国の政治・社会構造を変化させ，ロシア革命を経て社会主義国ソ連を誕生させ，アメリカ合衆国の台頭を引きおこした。大戦後の世界では国際協調の気運が高まって　e　や不戦条約(ブリアン・ケロッグ条約)が締結されて平和が追求される一方，アジア各地では自立化の動きが活発化し，インドでは　f　が進められた。しかし，1920年代末にアメリカ合衆国で発生した経済恐慌が世界各国に及ぶと，国際協調の気運は衰え，再び第二次世界大戦という世界戦争への道をたどることとなった。

51　下線部aに関して述べた次の文章中の空欄　A　・　B　に該当する語句の組合せとして最も適切なものを，あとのうちから選べ。

> 　オーストリアがセルビアに宣戦して始まった第一次世界大戦は長期戦となり，参戦各国では総力戦体制がとられた。毒ガス・戦車などが新兵器として投入され，多くの死傷者を出した。戦況が一進一退を繰り返す中，ドイツが1917年に無制限　A　作戦を宣言すると，それまで「戦争不参加」を掲げていた　B　がドイツに宣戦し，戦局は大きく動くこととなった。

①　A－戦闘機　　　B－アメリカ合衆国
②　A－戦闘機　　　B－イタリア
③　A－潜水艦　　　B－アメリカ合衆国
④　A－潜水艦　　　B－イタリア

52　下線部bに関する次のA・Bの記述の正誤の組合せとして最も適切なものを，あとのうちから選べ。
　A．パレスチナ地方をめぐり，第一次世界大戦中にイギリスがバルフォア宣言でアラブ人の独立を認めた。
　B．第一次世界大戦後のトルコでは，ムスタファ＝ケマルが近代化を強力に推進した。
　①　A－正　B－正　　　　　　　②　A－正　B－誤
　③　A－誤　B－正　　　　　　　④　A－誤　B－誤

53　下線部cに関連して，第一次世界大戦下の中国では文学革命と呼ばれる啓蒙運動が始まった。『青年雑誌』(のちの『新青年』)を刊行し，新文化運動を指導した人物を，次のうちから選べ。
　①　梁啓超　　　　②　陳独秀　　　　③　張学良　　　　④　孫文

54 下線部dに関する記述として最も適切なものを，次のうちから選べ。

① ロシア二月革命(三月革命)で皇帝ニコライ2世が退位し，臨時政府が組織された。

② 社会革命党のケレンスキーが「すべての権力をソヴィエトへ」と訴えた。

③ ロシア十月革命(十一月革命)でメンシェヴィキのトロツキーが蜂起を指導した。

④ レーニンの率いるソヴィエト政権は，ドイツとヌイイ条約を結んで単独講和した。

55 空欄 | e | ・ | f | に該当する語句の組合せとして最も適切なものを，次のうちから選べ。

① e－ロカルノ条約　　　　　　　f－五・四運動

② e－ロカルノ条約　　　　　　　f－非暴力・不服従運動

③ e－サン＝ステファノ条約　　　f－五・四運動

④ e－サン＝ステファノ条約　　　f－非暴力・不服従運動

56 下線部gに関して，世界恐慌についての記述として**適切でない**ものを，次のうちから一つ選べ。

① 世界的な農業不況や，高関税政策などによる国際貿易の縮小などを背景に発生した。

② アメリカのフーヴァー大統領は，モラトリアムを実施したが，効果は少なかった。

③ フランスは，植民地や友好国と，通貨のフランを軸とするブロック経済を築いた。

④ イギリスのマクドナルド挙国一致内閣は，金本位制への復帰などを行った。

57 下線部hに関して，連合国側が大戦後のドイツ処理の大綱や秘密条項としてソ連の対日参戦などを決めた首脳会談を開いた場所(右の略地図中のAまたはBのいずれか)と，その首脳会談の様子を示す右下の写真の中央の人物名の組合せとして最も適切なものを，次のうちから選べ。

① A－トルーマン

② A－フランクリン＝ローズヴェルト

③ B－トルーマン

④ B－フランクリン＝ローズヴェルト

令和 2 年度　地　理

Ⅰ　次の地形に関する A ～ C の文章・地形図について，あとの各問い（ 1 ～10）に答えよ。

A　地球表面の約 7 割は海洋に覆われており，残りの約 3 割が陸地である。おもな陸地は，ユーラシア・アフリカ・北アメリカ・南アメリカ・オーストラリア・南極の六つの<u>大陸</u>である。

地球上の地形のうち，内的営力によってつくられた地形を大地形という。大地形は，最初に造陸・造山運動を受けた地質年代が古い順に<u>安定陸塊・古期造山帯・新期造山帯</u>の 3 つに分けられ，その形成過程はプレートテクトニクスによって説明される。それによると，地球の表面を構成している十数枚のプレートは，それぞれ異なる方向に水平移動しているため，<u>隣り合うプレートとの境界は不安定となり，内的営力が働きやすくなるとされる。</u><u>日本列島も 4 枚のプレートが集まる地域に位置している。</u>

1　下線部 a に関して，次の表は，大陸の高度別面積割合を示したものであり，表中のア～エは，アジア，アフリカ，ヨーロッパ，南アメリカのいずれかである。アジアとアフリカに該当するものの組合せとして最も適切なものを，あとのうちから選べ。

(単位：%)

高　度	ア	イ	ウ	エ	北アメリカ
200 m 未満	24.6	52.7	9.7	38.2	29.9
200～ 500 m	20.2	21.2	38.9	29.8	30.7
500～1000 m	25.9	15.2	28.2	19.2	12.0
1000～2000 m	18.0	5.0	19.5	5.6	16.6
2000～3000 m	5.2	2.0	2.7	2.2	9.1
3000 m 以上	7.2	0.0	1.0	5.0	1.7

アジアはカフカスを含む。ヨーロッパはカフカスを除く。一部の構成比計は100％にならない。

（『データブック オブ・ザ・ワールド』2020年版より）

	①	②	③	④
アジア	ア	ア	イ	イ
アフリカ	ウ	エ	ウ	エ

2 下線部 b に関して，次の地図は，世界における大地形の分布を示したものであり，E～G は，安定陸塊・古期造山帯・新期造山帯のいずれかである。E～G に関する a・b の記述の正誤の組合せとして最も適切なものを，あとのうちから選べ。

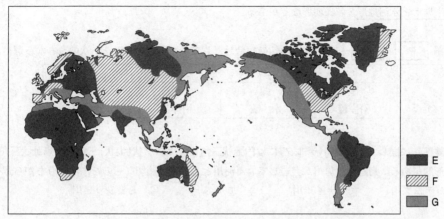

(『Earth：An Introduction to Physical Geology (Sixth Edition)』より)

　　a．E には楯状地や卓状地からなる高原や台地が分布している。
　　b．F には高峻な山地が多く，G には丘陵性の山地が多い。

① a－正　　b－正　　　　　② a－正　　b－誤
③ a－誤　　b－正　　　　　④ a－誤　　b－誤

3 下線部 c に関する記述として最も適切なものを，次のうちから選べ。
① 隣り合うプレートが互いに遠ざかる境界では，海溝がつくられる。
② 隣り合うプレートが互いにすれ違う境界では，弧状列島(島弧)がつくられる。
③ 大陸プレートどうしが衝突する境界では，大規模な褶曲山脈がつくられる。
④ プレートの沈み込み帯では，海嶺がつくられる。

4 下線部 d に関して，西南日本がのっているプレートとして最も適切なものを，次のうちから選べ。
① フィリピン海プレート　　　② 北アメリカプレート
③ ユーラシアプレート　　　　④ 太平洋プレート

B　外的営力がつくる小規模な地形を小地形という。河川は，山間部を流れて谷の出口にくると，上流から運んできた粗い砂や　P　を堆積して扇状地をつくる。その後，河川は河口部に三角州(デルタ)をつくって海に注ぐ。また，海岸では　Q　・波・潮の干満などの影響を受けてつくられた砂嘴・砂州・トンボロ(陸繋砂州)・ラグーン(潟湖)などが発達している。そのほか，小地形にはカルスト地形・氷河地形・乾燥地形などがある。
_e
_f

5　空欄　P　・　Q　に該当する語句の組合せとして最も適切なものを，次のうちから選べ。

	①	②	③	④
P	礫	礫	泥	泥
Q	沿岸流	水　質	沿岸流	水　質

6　下線部 e に関して，三角州(デルタ)には円弧状三角州，カスプ状(尖状)三角州，鳥趾状三角州などの形態がある。鳥趾状三角州が発達している河川として最も適切なものを，次のうちから選べ。
　　① テムズ川　　　② ナイル川　　　③ エルベ川　　　④ ミシシッピ川

7　下線部 f に関連して，次の写真カ・キに関する記述として最も適切なものを，あとのうちから選べ。

カ　　　　　　　　　　　　　　　　　キ

　　① カはカルスト地形の一つで，塔状の地形はポリエとよばれる。
　　② カは石灰岩が雨水によって溶食されてできた。
　　③ キは氷河地形の一つで，すり鉢状の窪地はモレーンとよばれる。
　　④ キは大陸氷河が山地を流れ下る際に侵食されてできた。

C 次の地形図は，国土地理院発行の2万5千分の1地形図「新津」の一部を原寸で示したものである。この地形図に関するあとの問いに答えよ。

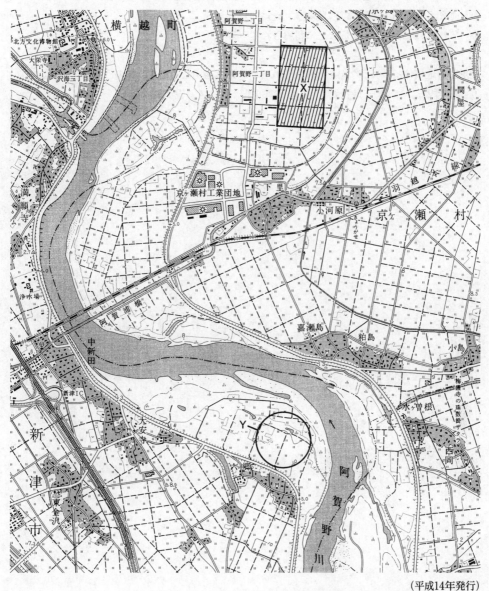

（平成14年発行）
（本書の地形図は原寸を84%縮小しています）

8 地形図中の斜線部Xは，地図上で1.5 cm×2.5 cm の大きさである。この斜線部の実際の面積に最も近いものを，次のうちから選べ。

   ① 0.23 km²   ② 0.93 km²   ③ 2.34 km²   ④ 9.37 km²

9　地形図から読み取れることがらとして最も適切なものを，次のうちから選べ。
　① 京ヶ瀬村工業団地には発電所が設置されている。
　② 京ヶ瀬村には整然とした土地区画があり，屯田兵村のなごりがみられる。
　③ 地形図中のJRの羽越本線は単線になっている。
　④ Yの地域は畑・田・桑畑などに利用されている。

10　地形図の地域はどのような場所と考えられるか。最も適切なものを，次のうちから選べ。
　① 河岸段丘　　　② 砂丘　　　③ 谷底平野　　　④ 氾濫原

Ⅲ　次の気候に関するＡ・Ｂの文章・地図について，あとの各問い(11〜18)に答えよ。

A　長期間にわたって毎年繰り返される大気の総合的な状態を気候という。大気の総合的な状態は，気温・風・降水などの気候要素で知ることができるが，気候要素はさまざまな気候因子の影響を受_aけているため，世界の気候分布は複雑になっている。国土の狭い日本でも，地域や季節による差が_cみられる。また，気候は植生や土壌の分布などにも影響を与えている。_e

11　下線部ａに関する次のａ・ｂの記述の正誤の組合せとして最も適切なものを，あとのうちから選べ。
　　ａ．季節風(モンスーン)は，陸と海との比熱の違いによって生じる風で，夏は陸から海に向かって吹き，冬は海から陸に向かって吹く。
　　ｂ．最暖月平均気温と最寒月平均気温の差を気温の年較差といい，一般に，低緯度地方に比べて高緯度地方で大きい。
　　①　ａ－正　　ｂ－正　　　　　　　②　ａ－正　　ｂ－誤
　　③　ａ－誤　　ｂ－正　　　　　　　④　ａ－誤　　ｂ－誤

12　下線部ｂに関して，熱帯雨林気候区でみられる，強風を伴った短時間の激しい降雨を何というか。最も適切なものを，次のうちから選べ。
　　①　スコール　　　②　サイクロン　　　③　ブリザード　　　④　ハリケーン

13　下線部ｃに関して，次の雨温図は，あとの地図中のいずれかの都市のものである。札幌に該当するものを，次のうちから選べ。

①　　　　　　　　　②　　　　　　　　　③　　　　　　　　　④

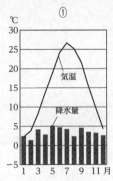 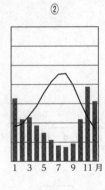 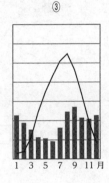 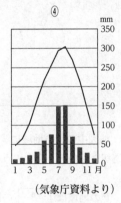

(気象庁資料より)

14 下線部dに関する記述として**適切でないもの**を，次のうちから一つ選べ。

① 南北に長い日本列島は南北の気温差が大きく，夏よりも冬の方が南北の気温差が大きい。

② 春先に日本海を低気圧が発達しながら通過すると，日本海側に冷涼湿潤な強風が吹く。

③ 冬の日本列島は等圧線が狭い間隔で南北に走り，西高東低の気圧配置となりやすい。

④ 瀬戸内地方は一年を通して晴れの日が多く，夏に干ばつが発生することがある。

15 下線部eに関して，気候帯とそこにおもに分布する成帯土壌の組合せとして最も適切なものを，次のうちから選べ。

① 熱帯・ラトソル ② 乾燥帯・赤黄色土

③ 温帯・テラロッサ ④ 寒帯・ポドゾル

B 次の地図に関するあとの問いに答えよ。

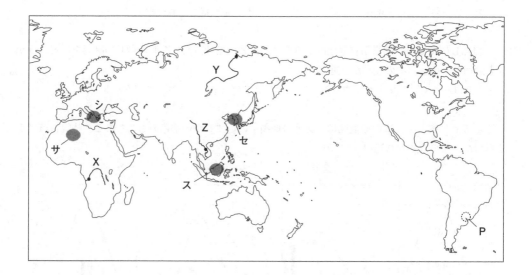

16 地図中のPの地域に関する次の文中の空欄 ア ・ イ に該当する語句の組合せとして最も適切なものを，あとのうちから選べ。

Pの地域は ア の河口付近にあたり，温帯草原の イ が広がっている。

	①	②	③	④
ア	オリノコ川	オリノコ川	ラプラタ川	ラプラタ川
イ	カンポ	パンパ	カンポ	パンパ

17 次のカ～クの図は，地図中のX～Zのいずれかの河川の●で示した地点における月別の流量変化を示したものである。X～Zとカ～クの組合せとして最も適切なものを，あとのうちから選べ。

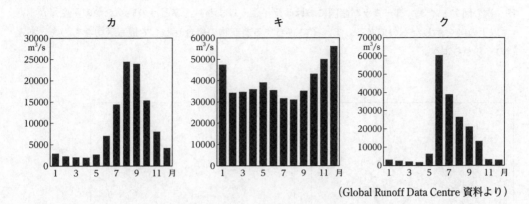

（Global Runoff Data Centre 資料より）

	①	②	③	④	⑤	⑥
X	カ	カ	キ	キ	ク	ク
Y	キ	ク	カ	ク	カ	キ
Z	ク	キ	ク	カ	キ	カ

18 地図中のサ～セの地域に多くみられる伝統的家屋に関する記述として最も適切なものを，次のうちから選べ。

① サには，室内を明るくするため窓を大きくした家屋がみられる。

② シには，夏の強い日差しを防ぐため厚い壁板をもつ木造家屋がみられる。

③ スには，風通しをよくするため高床式になった家屋がみられる。

④ セには，ペチカとよばれる暖房設備を備えた家屋がみられる。

農林水産業に関して，次の各問い(19～26)に答えよ。

19 次の図ア・イは，ヨーロッパ諸国におけるライ麦，ひまわり，ぶどうのいずれかの生産量が1万
t以上の国を示したものである。ア・イに該当する農産物の組合せとして最も適切なものを，あと
のうちから選べ。

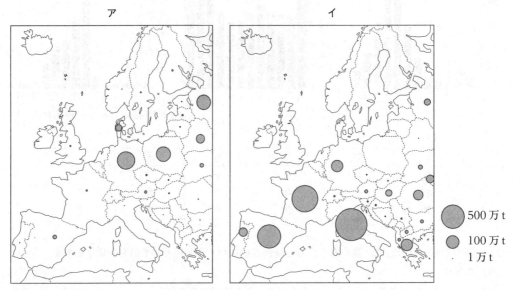

統計年次は2017年。

(『データブック オブ・ザ・ワールド』2020年版より)

	①	②	③	④	⑤	⑥
ア	ライ麦	ライ麦	ひまわり	ひまわり	ぶどう	ぶどう
イ	ひまわり	ぶどう	ライ麦	ぶどう	ライ麦	ひまわり

20 世界の農業形態に関する記述として適切でないものを，次のうちから一つ選べ。
① 乳牛を飼育して乳製品をつくる酪農は，冷涼で大消費地に近い地域で発達することが多い。
② 混合農業は，輪作によって野菜・果樹・花卉などを集約的に栽培する農業である。
③ 企業的穀物・畑作農業は，粗放的で大規模な経営であるため，一般に土地生産性は低い。
④ 冷凍船の発明で長距離輸送が可能になったことは，企業的牧畜を発達させる要因となった。

21 世界の農業の現状と課題に関する記述のうち，波線部が最も適切なものを，次のうちから選べ。

① アメリカ合衆国では，フードシステムとよばれる多国籍企業の穀物商社が小麦などの流通を支配している。

② 中央アジアのアラル海周辺では，灌漑によって大豆の栽培が盛んになったが，過剰な灌漑によって土壌の塩類集積が進んでいる。

③ フィリピンでは，バナナの生産が盛んであるが，多国籍企業の進出によって油やしへの転換が進んでいる。

④ インドネシアでは，樹木を育てながら，樹間で農作物の栽培や家畜の飼育を行うアグロフォレストリーの取り組みが行われている。

22 次の写真は，ケニアで撮影された，あるプランテーション作物の収穫風景である。この作物に関するa・bの記述の正誤の組合せとして最も適切なものを，あとのうちから選べ。

a．この作物は，一般に熱帯アメリカの低地が原産地とされる嗜好作物である。

b．この作物の生産上位国は，かつてのイギリス植民地が多い。

① a－正　　b－正　　　　　② a－正　　b－誤

③ a－誤　　b－正　　　　　④ a－誤　　b－誤

23 次の表の①〜④は，アルゼンチン，オーストラリア，オランダ，日本のいずれかにおける土地利用の割合を示したものである。日本に該当するものを，表のうちから選べ。

(単位：%)

	耕　地	牧場・牧草地	森　林
①	6.0	42.2	16.3
②	12.3	1.7	68.5
③	14.7	39.6	9.8
④	31.6	21.7	11.2

土地利用は土地面積(国土面積から内水面面積を除いた面積)に対する割合。統計年次は2016年。

(『データブック オブ・ザ・ワールド』2020年版より)

24 次の図は，日本における農業産出額の構成比の推移を示したものであり，図中のカ～クは，米，果実，野菜のいずれかである。カ～クに該当するものの組合せとして最も適切なものを，あとのうちから選べ。

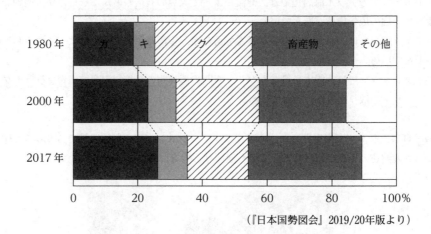

（『日本国勢図会』2019/20年版より）

	①	②	③	④	⑤	⑥
カ	米	米	果 実	果 実	野 菜	野 菜
キ	果 実	野 菜	米	野 菜	米	果 実
ク	野 菜	果 実	野 菜	米	果 実	米

25 次のP～Rのグラフは，日本が2018年に輸入した米，小麦，大豆のいずれかについて，輸入量が第1位～第3位の相手国とそれが総輸入量に占める割合を示したものである。P～Rと農産物との組合せとして最も適切なものを，あとのうちから選べ。

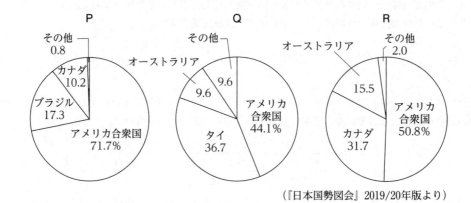

（『日本国勢図会』2019/20年版より）

	①	②	③	④	⑤	⑥
P	米	米	小 麦	小 麦	大 豆	大 豆
Q	小 麦	大 豆	米	大 豆	米	小 麦
R	大 豆	小 麦	大 豆	米	小 麦	米

26 世界と日本の森林・林業に関する記述として最も適切なものを，次のうちから選べ。

① 木材のおもな用途は用材と薪炭材に分けられるが，アフリカなどの発展途上地域では，一般に用材よりも薪炭材としての利用が多い。

② 木材伐採高が多いアメリカ合衆国，インド，中国，ブラジル，ロシアの5か国は，木材伐採高に占める針葉樹の割合が5割を超える(2017年)。

③ 日本の森林面積の8割以上は，私有林で占められている(2017年)。

④ 日本の林業は生産コストが低く，若年労働者も増えているため，近年の木材自給率は5割を超える(2017年)。

IV 資源・エネルギー・工業に関して，次の各問い(27〜34)に答えよ。

27 次の地図中のA〜Cは，すず鉱，石炭，ダイヤモンドのいずれかについて，世界の主な産出地を示したものである。資源名とA〜Cとの組合せとして最も適切なものを，あとのうちから選べ。

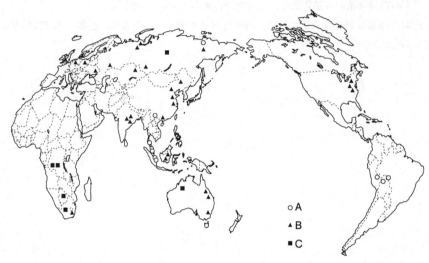

(UN Comtrade ほかより)

	①	②	③	④	⑤	⑥
すず鉱	A	A	B	B	C	C
石　炭	B	C	A	C	A	B
ダイヤモンド	C	B	C	A	B	A

28 次の表の①〜④は，原子力発電，太陽光発電，地熱発電，風力発電のいずれかについて，発電量上位4か国とそれぞれの発電量を示したものである。地熱発電に該当するものを，表のうちから選べ。

①		②		③		④	
国　名	発電量 (億kWh)	国　名	発電量 (億kWh)	国　名	発電量 (億kWh)	国　名	発電量 (億kWh)
中　国	2,371	中　国	753	アメリカ合衆国	186	アメリカ合衆国	8,399
アメリカ合衆国	2,295	アメリカ合衆国	503	フィリピン	111	フランス	4,032
ドイツ	786	ドイツ	381	インドネシア	107	中　国	2,133
スペイン	489	イタリア	221	ニュージーランド	74	ロシア	1,966

統計年次は2016年。

(『世界国勢図会』2019/20年版より)

29 日本の資源・エネルギー事情に関する次のa・bの記述の正誤の組合せとして最も適切なものを，あとのうちから選べ。

a．石油危機（オイルショック）を契機に国内の炭田が再開発され，石炭の自給率が高まった。

b．2011年の東日本大震災を受けて，国内のすべての原子力発電所が稼働停止し，以後，再稼働された原子力発電所はない。

① a－正　　b－正　　　　　　　② a－正　　b－誤

③ a－誤　　b－正　　　　　　　④ a－誤　　b－誤

30 次の表は，各国の一般廃棄物処分状況を示したものであり，表中のJ～Lは，スウェーデン，日本，メキシコのいずれかである。国名とJ～Lの組合せとして最も適切なものを，あとのうちから選べ。

	処分量合計 （千 t ）	処分量に占める リサイクル量の割合 （％）
J	54,367	16.8
K	36,088	3.3
L	4,347	33.9

統計年次は，日本が2003年，スウェーデンが2005年，メキシコが2006年。

（「平成28年版環境統計集」より）

	①	②	③	④	⑤	⑥
スウェーデン	J	J	K	K	L	L
日　本	K	L	J	L	J	K
メキシコ	L	K	L	J	K	J

31 工業立地に関する記述として最も適切なものを，次のうちから選べ。

① アルミニウム精錬は市場の情報や流行が重視されるため，大都市に立地する。

② ビール製造は多量の水を必要とするため，地下水や河川水を得やすい山間地域に立地する。

③ 出版・印刷業は多くの紙を使用するため，製紙・パルプ工業の工場に隣接して立地する。

④ IC産業は製品の価格が高く生産費に占める輸送費の割合が小さいため，空港や高速道路のインターチェンジの近くに立地する。

32 次の図アは，ある工業製品について，主要国の生産高の推移を示したものである。また図イは，この工業製品を製造する日本国内の工場の所在地を示している。この工業製品に該当するものを，あとのうちから選べ。

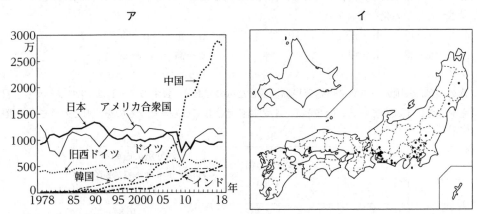

設問の都合上アの数量の単位は伏せている。イは2018年4月1日現在。

(『日本国勢図会』2019/20年版より)

① 鉄鋼　　② 光学機器　　③ 自動車　　④ セメント

33 次の地図中のP～Sは，ヨーロッパの工業地域を示している。P～Sに関する記述として最も適切なものを，あとのうちから選べ。

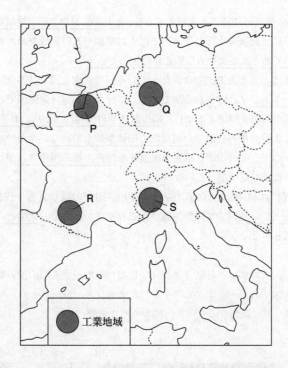

① Pの地域にはEUの玄関口としてユーロポートが築かれ，石油化学工業が発達している。
② Qの地域では付近で豊富に産出される石炭を背景に，早くから鉄鋼業や機械工業が発展した。
③ Rの地域は「青いバナナ」とよばれる地域に含まれ，航空機の最終組立工場がある。
④ Sの地域は「第3のイタリア」とよばれる地域で，皮革などの伝統的な工業が集中している。

34 アジアにおいて，1970年代に外国から資本・技術を導入し，豊富で安価な労働力を利用して高い経済成長をとげた国・地域をアジアNIEs（新興工業経済地域）という。アジアNIEsに該当する国・地域として適切でないものを，次のうちから一つ選べ。
① 台湾　　② シンガポール　　③ インドネシア　　④ 韓国

Ⅴ　次の地球的な課題に関するＡ～Ｄの文章を読んで，あとの各問い(35～42)に答えよ。

A　2019年現在，世界の総人口は77億人を超えており，その約60％がアジア地域に集中している。また，
経済的な格差を背景に，発展途上国と先進国では人口増加や人口構成をめぐるさまざまな違いがみ
られる。日本においてもさまざまな人口問題が発生している。

B　都市問題も，発展途上国と先進国では異なっている。発展途上国では20世紀後半から都市人口が
急増し，プライメートシティと称される都市が増えてきた。一方，先進国では極度の機能集中や都
心の空洞化に伴う都市問題を解決するため，都市計画や再開発などが行われた。

C　人間の経済活動により，世界各地で自然環境の破壊が進んでいる。なかでも，地球温暖化は最も
深刻な環境問題の一つで，その対策と課題を検討する国連主催の国際会議がたびたび開かれてきた
が，根本的な解決策はまだ見つかっていない。

D　2019年現在，世界には約200の独立国が存在するが，国家の成り立ちや民族構成はさまざまで，
国内に少数民族を抱えている国では民族問題が起こりやすい。また，他国との間に国境紛争や領土
紛争を抱えている国も少なくない。

35　下線部aに関して，次の図は，1960年と2019年における地域別人口の世界総人口に占める割合を
示したものであり，図中の①～④は，アフリカ，北アメリカ，ヨーロッパ，ラテンアメリカのいず
れかである。ヨーロッパに該当するものを，図のうちから選べ。

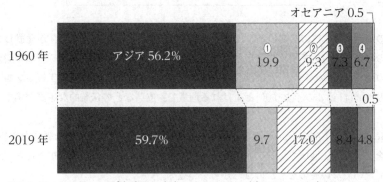

ラテンアメリカはカリブ海諸国，中央アメリカおよび南アメリカを含む。
合計が100％になるように調整していない。

(『世界国勢図会』2019/20年版より)

36　下線部bに関する次のa・bの記述の正誤の組合せとして最も適切なものを，あとのうちから選べ。
　　a．日本では，近年死亡数が出生数を上回るようになり，人口が減少に転じた。
　　b．日本では，都市部で過疎化，地方の山間地域で過密化が進んでいる。
　　①　a－正　　b－正　　　　　　　②　a－正　　b－誤
　　③　a－誤　　b－正　　　　　　　④　a－誤　　b－誤

37　下線部cに該当する都市として適切でないものを，次のうちから一つ選べ。
　　①　バンコク　　　②　メキシコシティ　　　③　ブラジリア　　　④　ジャカルタ

38 下線部dに関する説明として最も適切なものを，次のうちから選べ。

① ロンドンでは，ウォーターフロント開発によりドックランズがオフィス街などに変貌した。

② パリ中心部では，建物の高さを制限する規制が撤廃され，建物の高層化が進んだ。

③ 日本では，住宅不足を解消するため大都市近郊に職住近接型のニュータウンがつくられた。

④ シンガポールでは，交通渋滞を緩和するため，公共交通機関を全面的に廃止した。

39 下線部eに関して，下のア～エの文は，次の地図中のJ～Mの地域でおこった人為的要因による環境問題について述べたものである。JとMに該当する環境問題の組合せとして最も適切なものを，あとのうちから選べ。

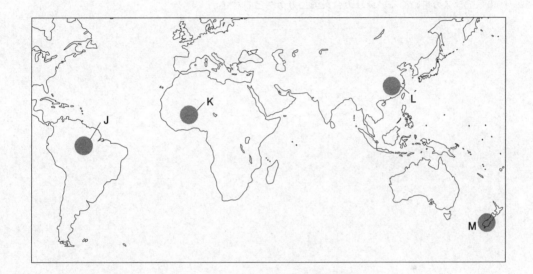

ア．焼畑農業や家畜の過放牧などによって砂漠化が進行している。

イ．農場開拓などのため違法に森林が伐採され，貴重な生態系が破壊されている。

ウ．産業活動によって排出された大気汚染物質が酸性雨をもたらし，広範囲で森林の立ち枯れがみられる。

エ．化学物質の大量使用によるオゾン層の破壊の影響を受け，地表に到達する有害紫外線が増加して健康被害が懸念されている。

	①	②	③	④
J	ア	ア	イ	イ
M	ウ	エ	ウ	エ

40 下線部fに関して，1992年に国連環境開発会議(地球サミット)が開催された国を，次のうちから選べ。

① スウェーデン　　② ケニア　　③ ブラジル　　④ 南アフリカ共和国

41 下線部 g に関して，民族問題を抱えている国と，その国内で多数派の民族と対立している少数派
の民族との組合せとして最も適切なものを，次のうちから選べ。

① イギリス・バスク人　　　② トルコ・クルド人

③ イスラエル・ユダヤ人　　　④ スペイン・チェチェン人

42 下線部 h の事例として最も適切なものを，次のうちから選べ。

① 南沙群島(スプラトリ諸島)の領有をめぐる中国とベトナムなどとの対立。

② クリム(クリミア)半島の帰属をめぐるロシア連邦とトルコとの対立。

③ キプロス島の領有をめぐるイタリアとギリシャとの対立。

④ アラスカをめぐるアメリカ合衆国とカナダとの対立。

Ⅵ 次の南アジアと周辺地域に関する地図と文章について、あとの各問い(43～50)に答えよ。

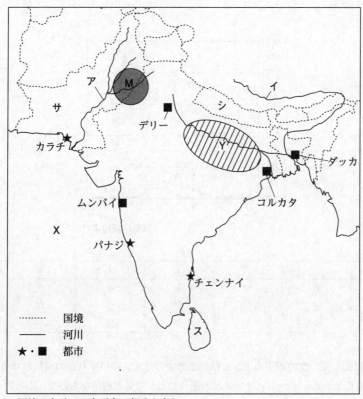

＊国境の表示には未画定の部分も含む。

Ⅰ　南アジアには、高峻な山脈や低平な平野、広大な砂漠など多様な地形が広がっており、大河川の
恵みにより流域では古くから文明が栄えた。また、気候的には内陸部を除くと季節風(モンスーン)
の影響を受ける地域が多い。
　　　　　　　　　　　　　　　　　　　　　　b

Ⅱ　南アジアは民族・言語・宗教が複雑で、国内や隣国との間に紛争を抱えている国もある。そうし
　　　　　　　c
た紛争の一つに、　d　地方の帰属をめぐるインドとパキスタンの対立があり、両国はかつて戦
争にまで発展したことがある。また、地図中のスの国では、2009年まで内戦が続いていた。

Ⅲ　南アジアでは独立後も農業や軽工業に依存する国が多かったが、近年、経済事情が大きく好転し
　　　　　　　　　　　　e
た国もみられる。例えば、インドでは1990年代になると積極的に外資の導入を進めた結果、さまざ
まな産業が発展してきた。特に、情報通信技術(ICT)産業はインドの重要な産業になっている。
　　　　　　　　　　　　f

43　下線部aに関して、地図中のア・イの河川についての次のa・bの記述の正誤の組合せとして最
も適切なものを、あとのうちから選べ。
　　a．アの河川は外来河川で、中下流域にはインダス文明の遺跡が残されている。
　　b．イの河川の中流域には、ヒンドゥー教の聖地ヴァラナシ(ベナレス)がある。
　　①　a－正　　b－正　　　　　　　　②　a－正　　b－誤
　　③　a－誤　　b－正　　　　　　　　④　a－誤　　b－誤

44 下線部 b に関して，次の図中のカ〜クは，地図中に★で示したカラチ，パナジ，チェンナイのいずれかの月別降水量を示したものである。都市名とカ〜クとの組合せとして最も適切なものを，あとのうちから選べ。

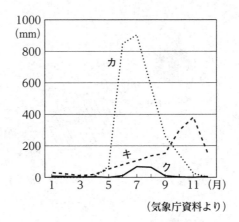

（気象庁資料より）

	①	②	③	④	⑤	⑥
カラチ	カ	カ	キ	キ	ク	ク
パナジ	キ	ク	カ	ク	カ	キ
チェンナイ	ク	キ	ク	カ	キ	カ

45 下線部 c に関して，次の表中の J 〜 L は，地図中のサ〜スのいずれかの国における宗教人口の割合を示したものである。J 〜 L とサ〜スとの組合せとして最も適切なものを，あとのうちから選べ。

（単位：%）

	イスラーム	ヒンドゥー教	仏　教	その他
J	4.2	80.6	10.7	4.5
K	7.0	15.0	70.0	8.0
L	96.1	1.2	0.0	2.7

統計年次は，サが2000年，シが2001年，スが2005年。

（TIME Almanac 2010 ほかより）

	①	②	③	④	⑤	⑥
J	サ	サ	シ	シ	ス	ス
K	シ	ス	サ	ス	サ	シ
L	ス	シ	ス	サ	シ	サ

46 空欄 ┃ d ┃ に該当する語句として最も適切なものを，次のうちから選べ。

① ダルフール　　② カシミール　　③ アチェ　　④ アッサム

47 下線部eに関して，地図中のMの地域で栽培されているおもな農作物の組合せとして最も適切なものを，次のうちから選べ。

① 小麦・綿花　　② 小麦・茶　　③ てんさい・綿花　　④ てんさい・茶

48 下線部fに関して，インドで情報通信技術(ICT)産業が成長してきた背景として**適切でない**ものを，次のうちから一つ選べ。

① 英語が連邦公用語であり，英語を話せる人が多いため。

② 伝統的に理数系の教育が重視され，数学的能力のある人材が多いため。

③ 人件費が安く，欧米企業の業務を低価格で請け負っているため。

④ アメリカ合衆国との時差を利用して，両国間で24時間体制で開発が進められるため。

49 地図中のX・Yの海洋名・地名の組合せとして最も適切なものを，次のうちから選べ。

	①	②	③	④
X	アラビア海	アラビア海	ベンガル湾	ベンガル湾
Y	デカン高原	ヒンドスタン平原	デカン高原	ヒンドスタン平原

50 地図中に■で示した4つの都市に関する記述として**適切でない**ものを，次のうちから一つ選べ。

① デリーには，外資の自動車メーカーの工場が多数進出している。

② ムンバイは，綿工業を中心に発展してきた工業都市である。

③ コルカタは，夏の避暑地として知られる保養都市である。

④ ダッカでは，低賃金労働力をいかした縫製工業が急速に発達している。

令和 2 年度　倫理政経

Ⅰ　次の文章を読んで，あとの各問い（1 ～ 4）に答えよ。

　青年期は子どもから大人へと移行していく時期である。第二次性徴の発現により身体的な発達を経験し，意識が自己自身に向かうと同時に，他者を意識した行動をとるようになる。レヴィンは青年のことを境界人と呼び，ルソーは青年期を「第二の誕生」の時期と呼んだ。青年期の課題は，エリクソンが指摘するようにアイデンティティの確立にある。そのためにはアイデンティティ拡散の状態に陥ることなく，他者とのかかわりの中で，自己理解を深めていくことが必要である。

　ところで，自分自身の特性を決めていく要素には，自分自身の持つ能力，性格，欲求への対処の仕方などがある。性格についての見解には様々な学説がある。例えば　c　はリビドーと呼ばれる心的エネルギーが外界と内面のどちらに向かいやすいかで外向型，内向型という二つの類型があると論じた。欲求については，自我意識が高まってくると様々な欲求が生まれ，欲求や欲求相互間の葛藤を処理することが求められるようになる。フロイトは欲求不満や葛藤に直面したとき，無意識のうちに心理的安定を図る仕組みのことを防衛機制として提唱した。青年期においては，様々な人との出会い，集団における役割経験，目標達成に向けた努力などの経験を積み重ねることを通じて，自分らしさが形成される。

1　下線部 a に関して述べたルソーの言葉として最も適切なものを，次のうちから選べ。
　　①　「一度は子どもとして，二度目は独立した大人として。」
　　②　「一度は人類の一員として，二度目は性を持った人間として。」
　　③　「一度は家族の一員として，二度目は社会人として。」
　　④　「一度は自然人として，二度目は職業人として。」

2　下線部 b に関して，エリクソンが指摘するアイデンティティ拡散の例として最も適切なものを，次のうちから選べ。
　　①　自立への気持ちが次第に高まり，親や教師，大人の意見に従わず反抗したり拒否したりする。
　　②　恋愛に対する関心が高まり，特定の人物を好きになったり，交際したくなったりする。
　　③　自分はなぜ今ここにいるのか，自分とは何なのかといった意識を体験し，自分の存在に気づく。
　　④　自分が何をしたいのか，何ができるのかがはっきりせず，進路の選択や決定ができない。

3　空欄　c　に該当する人物名として最も適切なものを，次のうちから選べ。
　　①　クレッチマー　　　②　オルポート　　　③　ユング　　　　④　マズロー

4 下線部 d に関して，合理化の例として最も適切なものを，次のうちから選べ。

① テストの得点が悪かったときに，試験範囲がわからず勉強できなかったからと言う。

② 自分自身が受け入れられない出来事が起きたとき，そのことを忘れようとする。

③ 本当は好きだと思っている人に対して，あんな人は嫌いと言ってしまう。

④ 本当は自分がその人を嫌っているのに，その人が自分を嫌っていると思い込む。

III 次の文章を読んで，あとの各問い（5〜11）に答えよ。

　ものごとの本質や真理を問い続ける哲学的なものの考え方や倫理的なものの考え方の源流は，ヨーロッパでは古代ギリシャ思想に求めることができる。ソクラテスは，富や健康，名誉などのよいと言われているものも，魂をすぐれたものにすることによってはじめて幸福につながると考えた。ソクラテスの弟子プラトンは，ソクラテスの考え方をさらに深めて，イデア論や哲人政治を説いた。一方，古代中国においては，人間としての生き方が「道」のあり方として追求された。孔子は道を仁と礼の両側面から取り上げた。仁については，孔子は『論語』の中で明確に定義しておらず，親子・兄弟の間に自然に発する親愛の情，私利私欲をおさえること，人の心を思いやること，自分を欺かないこと，他人を欺かないことなど，相手の質問によって様々に説いている。孔子や孟子の説く道に対して，老子や荘子のように道を独自にとらえる思想もあらわれた。

　また，キリスト教，イスラーム（イスラム教），仏教なども人々に強い影響を及ぼしている。キリスト教はユダヤ教を母胎として生まれたが，世界宗教に発展した。イエスは神の本質を愛ととらえ，これに応える生き方を説いた。イエスは律法の根本精神を「心をつくし，精神をつくし，思いをつくして，主なるあなたの神を愛せよ」と「　　f　　」の二つの言葉で言い表した。仏教の開祖ゴータマ・ブッダ（ゴータマ・シッダッタ）は，一切皆苦の現実から解放されるためには，諸行無常や諸法無我という縁起の法を洞察することが必要と説いた。この縁起の考え方は一切衆生への慈悲の教えにつながっていった。

5　下線部 a に関して，ソクラテスはどのようにしたら魂をすぐれたものにすることができると考えたか。最も適切なものを，次のうちから選べ。
　　①　徳が高くよりすぐれた人の考え方や行い方に謙虚に習い従う。
　　②　正しい思慮を持ち，過多と過少に偏らない中庸の生き方を心がける。
　　③　何が善であり，何が悪であるかについての正しい知識を求める。
　　④　自分の過去の行いは振り返らず，自己中心的な考えで行動する。

6　下線部 b に関して，プラトンが説いたイデアについての記述として適切でないものを，次のうちから一つ選べ。
　　①　人間の魂はもともとイデア界に住んでいたが，今は肉体という牢獄につながれ，イデアを忘れてしまっている。
　　②　理性によってとらえられるイデアのみが変わることのない真の実在であり，生成変化する現実の世界は影にすぎない。
　　③　現実の世界に住んでいる人間の魂が，かつて住んでいたイデア界にあこがれることがエロス（エロース）である。
　　④　イデア界にある多くのイデアを統一する最高のイデアは美のイデアであり，これを認識できる人こそ幸福である。

7　下線部 c に該当する言葉として最も適切なものを，次のうちから選べ。
　　①　忠　　　　②　信　　　　③　義　　　　④　恕　　　　⑤　克己

8 下線部dの言葉として最も適切なものを，次のうちから選べ。

① 「上善は水のごとし。水はよく万物を利してしかも争わず。」

② 「人の性は悪にして，その善なる者は偽なり。」

③ 「惻隠の心は，人皆これあり。羞悪の心は，人皆これあり。」

④ 「故きを温めて新しきを知る，以て師と為すべし。」

9 下線部eに関する記述として最も適切なものを，次のうちから選べ。

① 人間の原罪は，神の恩寵によってしか救済されず，教会こそが神の代理者の役割を果たすとされている。

② 神をいかなる偶像によっても表すことは許されず，偶像崇拝は厳しく禁止されている。

③ ムスリムの宗教的務めである五行には，信仰告白，巡礼，礼拝，断食，天命がある。

④ 『クルアーン（コーラン）』とは，神アッラーの子であるムハンマドが神の啓示を記録したものであるとされている。

10 空欄 ｜ f ｜ に該当する言葉として最も適切なものを，次のうちから選べ。

① 敵を愛し，迫害する者のために祈れ

② 義に飢え渇く人を愛するように，心の清い人を愛せよ

③ 神を愛するように，すべての人々を愛せよ

④ 自分を愛するように，あなたの隣人を愛せよ

11 下線部gに関する説明として最も適切なものを，次のうちから選べ。

① 宇宙の諸現象の根底にある原理と自分自身の根底にある真実の自己とは一体である。

② すべての現象は原因や条件によって生じ，それ自体として存在する実体は存在しない。

③ 万物の理法は，煩悩の原因である自我を捨て去り自己を無にすることによって得られる。

④ 生きとし生けるものすべては，仏になりうる素質を備えている。

Ⅲ 次の文章を読んで，あとの各問い(12〜18)に答えよ。

　日本の思想の歴史をさかのぼってみると，日本の先人たちは外来思想を受け入れ，それらを日本化しながら独自の思想を形成してきたことがわかる。平安時代には最澄や空海が中国の仏教に学んで教説の体系化を進めた。その後，現代に続く日本の仏教の基礎を形作ったのが，法然や親鸞，道元，日蓮などの鎌倉仏教である。親鸞は悪人正機説を説き，絶対他力の信仰に到達し浄土真宗の始祖となった。また道元は禅の教えを，日蓮は『法華経』の信仰を説いた。

　江戸時代になると，朱子学が幕藩体制を支える考え方として奨励され，林羅山は上下定分の理を説くとともに，為政者は自分をつつしむことを意味する　d　を重んじなければならないと考えた。また，中江藤樹は「身をはなれて　e　なく，　e　をはなれて身なし」として道徳の基本を　e　に求めた。その後，伊藤仁斎は，朱子学のような後世の儒教解釈ではなく『論語』や『孟子』に立ち戻る必要を説いた。また荻生徂徠は，『論語』以前の六経の古文辞を直接学ぶことによって，古代の先王の道とは　f　と考え，道に対する新しい考え方を示した。

　明治期になると西洋思想やキリスト教などの文化が移入され，日本人としてのものの考え方や日本の進むべき道が議論されるようになった。福沢諭吉は「東洋の儒教主義と西洋の文明主義と比較してみるに，東洋になきものは，有形において　g　と，無形において　h　と，この二点である」として，今後の日本のあり方を提言した。その後も西洋の思想や文化の受容のあり方が模索されるとともに，日本独自の思想がみられるようになった。

12　下線部aの思想に関する記述として最も適切なものを，次のうちから選べ。
　①　人の世はすべて仮の姿でむなしく，仏の世界のみが真実である。
　②　仏は，神が人間を救済するために仮に形を変えてあらわれたものである。
　③　仏からみれば人は皆凡夫であり，仏・法・僧を篤く敬うべきである。
　④　三密の修行により，この身のままに仏のはたらきと一体化できる。

13　下線部bに関する説明として最も適切なものを，次のうちから選べ。
　①　善人，悪人という俗世間の区別ではなく，人間の生の有限性をとらえた境地。
　②　念仏自体が仏の慈悲のはからいであり，阿弥陀仏にすべてをゆだねきる境地。
　③　自力救済と阿弥陀仏のはからいによる救済のいずれをも超えた絶対的な境地。
　④　自らの救済を願う前に，利他行を通じて他の苦しんでいる衆生の救済に尽くす境地。

14　下線部cに関して，次のア〜エのうち，道元の教えと特に関係の深い語句の組合せとして最も適切なものを，あとのうちから選べ。

　　　ア．只管打坐　　　　イ．専修念仏　　　　ウ．修証一等　　　　エ．唱題

　　①　アとイ　　　②　アとウ　　　③　アとエ　　　④　イとウ　　　⑤　イとエ　　　⑥　ウとエ

15 空欄 d · e に該当する語句の組合せとして最も適切なものを，次のうちから選べ。
① d−義　e−誠　　　　　　　　　② d−礼　e−信
③ d−直　e−道　　　　　　　　　④ d−敬　e−孝

16 空欄 f に該当する記述として最も適切なものを，次のうちから選べ。
① 帝王が世の中を治め民を救い，安天下のために作為・制作した制度
② 天地自然の摂理であり，為政者がまつりごとを行う場合のよりどころ
③ 古代からつながる習俗や習慣を守るべき規範としてまとめた法典
④ 為政者が踏み行うべきよりどころとしての学問に基づく知恵

17 空欄 g · h に該当する語句の組合せとして最も適切なものを，次のうちから選べ。
① g−民権　h−競争心(競争の精神)　　② g−産業　h−向学心(向学の精神)
③ g−文明　h−道徳心(道徳の精神)　　④ g−数理学　h−独立心(独立の精神)

18 下線部 i に関して，明治以降の思想家についての記述として最も適切なものを，次のうちから選べ。
① 内村鑑三は，明治以前の武士道の精神をキリスト教の立場から否定し，教会においてこそイエスに尽くす信仰が確立すると考えた。
② 西田幾多郎は，主観と客観とを明確に分け，主観と客観が別々に存在する状態を純粋経験と呼んだ。
③ 夏目漱石は，明治の近代化は外発的開化であり，自己の内面から発する内発的な開化ではないと批判し，「自己本位」の立場を説いた。
④ 和辻哲郎は，近代社会における人間の間柄としての性格の喪失を称賛し，個々人が独立した主体として社会を形作っていく必要があると考えた。

IV 次の文章を読んで，あとの各問い(19〜25)に答えよ。

　自然や世界の様々な現象を神秘的なものとするのではなく，それらを人間の理性によってとらえ法則や規則性を明らかにしようとする考え方は合理主義と呼ばれる。近代合理主義の端緒は，イギリスのフランシス=ベーコンの帰納法や経験論に求めることができる。ベーコンは「　a　」という有名な言葉で知られているように，自然を支配し，人間生活の改善につながるような学問のあり方を追究した。そして自然をありのままに把握するためにはイドラ(偶像・幻影)を排除することが必要と考えた。一方，フランスのデカルトは「われ思う，ゆえにわれあり」という確実な真理を原点に，その後の学問体系を構想した。

　このような理性への信頼を基盤に，近代民主主義の考え方を基礎づけたのが社会契約説である。例えばホッブズ，ロック，ルソーとも国家や政府を基礎づける考え方は異なっているが，共通しているのは，人間には生まれながらにして自然権があると考えた点である。

　一方，理性の能力を吟味し人間性の基礎を確立したのがカントである。カントは自分の理性が立てた道徳法則に自ら従うことを　e　と呼び，そこに人間の尊厳と自由の根拠を求めた。そして，このような能力を持ち理性をそなえた存在が人格であり，人格を　f　としてとらえた。

　19世紀後半になると工業文明の発展などの中で，近代理性のあり方が吟味され，人間本来の主体的なあり方や生き方が問われるようになり，実存主義の考え方が登場した。また，マルクスらの社会主義の思想も人間疎外からの解放を経済学的な視点から追究する考え方であった。20世紀半ば〜後半には，近代理性の批判や，構造主義，社会における公正のあり方について新たな知見を提起する思想が登場した。

19　空欄　a　に該当する文として最も適切なものを，次のうちから選べ。
　①　人間はひとくきの葦にすぎない。自然の中で最も弱いものである。だが，それは考える葦である。
　②　幾何学的精神と繊細の精神との違い。前者においては，原理は手でさわれるように明らかであるが，しかし，通常の使用から離れている。
　③　何ら疑いをさしはさむ余地のないほど明瞭で判明にわたしの精神に現れるもの以外は，決して自分の判断に含めない。
　④　人間の知識と力とは合一する，原因を知らなくては結果を生ぜしめないからである。

20　下線部bに関して，ベーコンがあげる四つのイドラのうち「市場のイドラ」の説明として最も適切なものを，次のうちから選べ。
　①　学説を権威や伝統があるからという理由だけで信じてしまう偏見。
　②　言葉を不正確に使用するなど，人間相互の接触や社会生活から生じる偏見。
　③　ものごとをとらえる際，個人の好みや性質，習慣によってとらえてしまう偏見。
　④　例えば自然を擬人的にとらえるように，人間の本性そのもののうちにある偏見。

21　下線部cに関して，デカルトがとった確実な真理に至る方法として最も適切なものを，次のうちから選べ。
　①　問答法　　②　弁証法　　③　方法的懐疑　　④　定言命法

22 下線部dに関して，次のア～ウのうち，ロックとルソーの思想内容の組合せとして最も適切なものを，あとのうちから選べ。

ア．自然状態は平和で，お互いに自由・平等であったが，財産の私有が始まると支配と服従が生まれる。人々は一般意志に服従するという契約を結び，国家の主権は人民に属することになる。
イ．人々が思いのままに自然権を行使する自然状態は「万人の万人に対する戦い」の状態となる。人々は，自然権を一人の人間または合議体に譲渡することにより，国家が成立する。
ウ．人々は自らの自然権の保障をより確実なものとするため，自然権を政府に信託する。ただ，政府が人民の権利を保障せず権力を濫用した場合，人民は政府に対して抵抗する権利を持つ。

① ロック－ア　　ルソー－イ　　　② ロック－ア　　ルソー－ウ
③ ロック－イ　　ルソー－ア　　　④ ロック－イ　　ルソー－ウ
⑤ ロック－ウ　　ルソー－ア　　　⑥ ロック－ウ　　ルソー－イ

23 空欄 e ・ f に該当する語句の組合せとして最も適切なものを，次のうちから選べ。
① e－自律　f－相対的な存在　　　② e－自律　f－目的そのもの
③ e－格率　f－相対的な存在　　　④ e－格率　f－目的そのもの

24 下線部gに関して，次の文章はある実存主義の思想家の著書からのものである。この思想家の名を，あとのうちから選べ。

> 　実存主義の考える人間が定義不可能であるのは，人間は最初は何者でもないからである。人間はあとになってはじめて人間になるのであり，人間はみずからつくったところのものになるのである。このように人間の本質は存在しない。その本性を考える神が存在しないからである。

① キルケゴール　　② ニーチェ　　③ ハイデッガー（ハイデガー）　　④ サルトル

25 下線部hに関して，次のア・イの記述に該当する思想家の組合せとして最も適切なものを，あとのうちから選べ。

ア．構造主義の考え方を用いて未開社会の親族体系や神話の構造分析を行い，未開社会の人々の野生の思考は近代の科学的思考と比較して劣っているわけではないと唱えた。
イ．野蛮から文明への進歩につながると見なされた近代化が，ナチスの蛮行に見られるように野蛮への道を生み出したことを，近代の理性の道具的性格の観点から明らかにした。

① ア－レヴィ＝ストロース　　　　イ－アドルノ
② ア－レヴィ＝ストロース　　　　イ－フーコー
③ ア－ヤスパース　　　　　　　　イ－アドルノ
④ ア－ヤスパース　　　　　　　　イ－フーコー

Ⅴ　次の文章を読んで，あとの各問い(26～38)に答えよ。

　人々が持つ基本的人権を守るための原理として，法の支配，立憲主義，国民主権などがある。また，
権力の濫用を避けるため，権力分立は重要であり，日本でも立法・行政・司法の三権は別々の機関が
担当している。このうち，司法については，近年，制度改革が行われ，2009年からは裁判員制度が始
まった。裁判員制度は，裁判が国民にとって理解しにくいものであったこと，主権者である国民が選
挙などを通して国会や内閣に影響力を行使できるのに対し，裁判所には事実上，あまり影響力を行使
できないことへの批判などから始まった。

　大日本帝国憲法を改正する形で制定された現行の日本国憲法には，国民の政治的権限が広く規定さ
れている。選挙はもちろんであるが，地方自治では多くの直接請求が制度化されている。しかし主権
者である国民の意思表示は，選挙などによってなされるだけではない。陳情，デモ行進，ビラの配布，
集会などが権利として認められている。

　このように主権者は多くの権限を有しているが，その権限を積極的に行使しているとは言いがたい。
近年，選挙の投票率は低下し，日本の政治に対して関心の低い人々が増加している。私たちは主権者
として，積極的に情報を集め，分析して，発言・行動していくことが求められている。

26　下線部aに関連して，日本国憲法に定められている基本的人権は，平等権・自由権・社会権・参
　政権・請求権に大別できる。社会権に分類されるものを，次のうちから選べ。
　　①　黙秘権　　　　　　　　　　　　　　　②　教育を受ける権利
　　③　裁判を受ける権利　　　　　　　　　　④　最高裁判所裁判官の国民審査権

27　下線部bに関する記述として適切でないものを，次のうちから一つ選べ。
　　①　「法の支配」は，権力者の恣意的な「人の支配」による人権侵害がもたらす弊害を防ぐ重要な原
　　　理である。
　　②　エドワード・コーク(クック)は，「国王といえども神と法の下にある」というブラクトンの言
　　　葉を引用して，「法の支配」の考え方を示した。
　　③　法に基づくとする法治主義は，「法の支配」と同じく，人権の保障を大きな目的としており，
　　　アメリカで発達した考え方である。
　　④　日本国憲法に規定されている人身(身体)の自由を守るための法定手続きの保障は，「法の支
　　　配」の考え方をよく示している。

28　下線部cに関連して，裁判制度についての記述として最も適切なものを，次のうちから選べ。
　　①　国民の司法参加の形態として，アメリカでは参審制が採用されている。
　　②　国民の司法参加の形態として，ドイツでは陪審制が採用されている。
　　③　日本の裁判員制度では，いかなる理由があっても裁判員を辞退することができない。
　　④　日本の裁判員制度では，評議に参加した裁判官・裁判員の過半数で無罪の判決を下すことが
　　　できる。

29 下線部 d に関連して，アメリカ大統領選挙についての記述として**適切でないもの**を，次のうちから一つ選べ。

① ４年に１度行われる。

② 二大政党では，候補者選びのために，予備選挙などが行われている。

③ 国民が直接大統領候補者に投票する直接選挙であり，最多得票の候補者が当選する。

④ 大統領と同時に副大統領も選出されている。

30 下線部 e に関連して，次の文章中の空欄 ____ に該当する語句として最も適切なものを，あとのうちから選べ。

> 野党５党は2015年10月21日午前，憲法第53条の規定に基づいて衆議院議員の４分の１以上の名簿を添えて， ____ の召集を大島理森衆議院議長に求めた。午後には山崎正昭参議院議長に対して同様の署名を提出した。憲法第53条は，衆参どちらかの総議員の４分の１以上の求めがあれば，内閣は ____ の召集を決めなければならないと定めている。

① 通常国会(常会)　　② 臨時国会(臨時会)　　③ 特別国会(特別会)　　④ 緊急集会

31 下線部 f に関する記述として**適切でないもの**を，次のうちから一つ選べ。

① 衆議院・参議院はともに内閣不信任決議権を有している。

② 内閣は条約の締結権を有する。

③ 閣議は原則として非公開で行われている。

④ 天皇の国事行為には内閣の助言と承認を要する。

32 下線部 g に関する記述として**適切でないもの**を，次のうちから一つ選べ。

① 社会権や平等権は明記されていたが，自由権に関する規定はなかった。

② プロシア(プロイセン)憲法などを参考にしたものであった。

③ 天皇は元首として統治権を総攬するとともに，神聖不可侵な存在とされた。

④ 衆議院議員は選挙によって選ばれたが，貴族院議員は非公選であった。

33 下線部 h の基本原理の一つである平和主義に関連して，自衛隊の海外派遣に関する法律ア〜エとそれに基づいて派遣された地域 i 〜iv との組合せとして最も適切なものを，あとのうちから選べ。

ア．PKO 協力法　　　　　　　　　　　イ．テロ対策特別措置法

ウ．イラク復興支援特別措置法　　　　エ．海賊対処法

ⅰ．イラク　　　　　ⅱ．カンボジア　　　　ⅲ．ソマリア沖　　　　ⅳ．インド洋

① アとⅲ　ウとⅳ

② アとⅱ　エと i

③ イとⅳ　ウとⅱ

④ ウと i 　エとⅲ

34 下線部 i に関連して，地方公共団体の首長と議会との関係についての記述として最も適切なものを，次のうちから選べ。

① 議会議員は住民の直接選挙によって選ばれているが，首長は議会によって選ばれている。

② 議会が議決した条例などについて，首長は拒否権を行使して議会の再考を求めることができる。

③ 首長は予算や条例案を議会に提出することができない。

④ 議会が首長に対する不信任決議を可決しても，首長はこれに対抗して議会を解散することはできない。

35 下線部 j に関する記述として最も適切なものを，次のうちから選べ。

① 首長や議員の解職請求や議会の解散請求は，選挙管理委員会に対して行う。

② 条例の制定・改廃の請求は，原則として有権者の 3 分の 1 以上による連署の添付を要する。

③ 首長の解職請求がなされると，首長に対する不信任案が議会に提出される。

④ 事務監査請求は，議会に対して行うことになっている。

36 下線部 k に関連して，次の文章は，ある訴訟における最高裁判所の判決文の一部である。この判決で認められている「人格権の一内容」としての人権は何と呼ばれるか。最も適切なものを，あとのうちから選べ。

> 患者が，輸血を受けることは自己の宗教上の信念に反するとして，輸血をともなう医療行為を拒否するとの明確な意思を有している場合，このような意思決定をする権利は，人格権の一内容として尊重されなければならない。

① プライバシー権　② アクセス権　③ 自己決定権　④ 知る権利

37 下線部 l に関して，次のグラフ中の①～④は，20歳代，30歳代，40歳代，50歳代のいずれかの投票率の推移を示している。20歳代の投票率のグラフに該当するものを，グラフのうちから選べ。

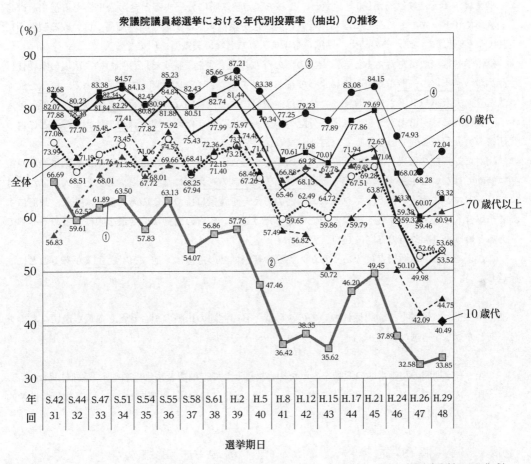

衆議院議員総選挙における年代別投票率（抽出）の推移

（総務省資料により作成）

38 下線部mに関連して，1993年は「非自民」連立政権が成立し，日本の政治にとって大きな転換点となった。この時に成立した内閣を，次のうちから選べ。

①　菅内閣　　　　②　鳩山内閣　　　　③　村山内閣　　　　④　細川内閣

Ⅵ 次の文章を読んで，あとの各問い（39〜50）に答えよ。

　例えば，手元に鉄鉱石が100トンある。これを10の製鉄所に分配するとき，公平性を重視すれば各製鉄所に10トンずつ配ることになる。反対に効率性を重視すれば，最も高い価格で買い取る製鉄所に100トン渡せばよいが，その結果，鉄鉱石を手に入れられない製鉄所も出てくる。
　経済学や経済政策を考えるとき，上記の例のうちの公平性を重視する「公平派」は，市場の重要性は認めつつも市場の失敗を政府の力によって補おうとする。ケインズの考え方に基づいて，景気を良くしたり，失業率を低下させたりするためには，政府による裁量的な財政政策や金融政策が必要と考える。具体的には，市場システムは所得分配の不公平を生み出すため，累進課税や社会保障などによる所得の再分配が必要であるとして，福祉国家の立場をとる。
　反対に効率性を重視する「効率派」は，市場の力を最大限に引き出すには，政府による裁量的な政策は有効ではないと主張する。もともとはアダム・スミスの考え方に基づくが，20世紀に入ってからはフリードマンに代表されるマネタリズムなどの考え方を背景に持つ。この考え方によると，政府による市場介入は経済の効率性を損ねるのでできるだけ避け，政府の活動は必要最小限にとどめるべきであるという小さな政府の立場に立つ。
　ここまでの説明は政府だけであったが，実際の経済活動の主体は，他に家計と企業があることに注意したい。

39　下線部 a に関連して，物価についての次のA・Bの記述の正誤の組合せとして最も適切なものを，あとのうちから選べ。

　　A．一定期間の物価水準の変動をみるための指標として，消費者物価指数や企業物価指数がある。
　　B．スタグフレーションとは，スタグネーション（景気の停滞）とデフレーション（物価の持続的下落）が同時に進行することである。

　　① A－正　B－正　　　　　　　　② A－正　B－誤
　　③ A－誤　B－正　　　　　　　　④ A－誤　B－誤

40　下線部 b に関連して，不完全競争市場についての記述として適切でないものを，次のうちから一つ選べ。
　　① 少数の供給者のみによる不完全競争市場では価格の下方硬直性が生まれやすいが，成長産業ではシェアを高めようとする価格競争などにより価格の下方硬直性が生まれないこともある。
　　② 寡占市場では，一つの企業がプライス・リーダーとなって価格を決定し，他の企業が追随することがあり，このように形成された価格を公定価格と呼ぶ。
　　③ 品質や機能などでほぼ同質の製品を提供している寡占市場では，デザイン，ブランド力，広告宣伝などによる非価格競争が行われることが多い。
　　④ 不完全競争市場では，資源の効率的な配分が妨げられたり，消費者の利益が損なわれたりすることがあるので，公正な自由競争を担保するために独占禁止政策が実施されている。

41 下線部 c に関連して，公害・環境問題について述べた次の文章中の空欄 　A　 ～ 　C　 に該当する語句の組合せとして最も適切なものを，あとのうちから選べ。

> 　市場の失敗の一つに公害・環境問題がある。公害は，甚大な被害が発生してから対策費を投入するよりも，発生させないように対策をとった方が社会全体の費用は少なくてすむ。そのため，公害や環境悪化を事前におこさせないようにするシステムが整備された。
> 　企業側に公害発生の原因がある場合には，過失の有無にかかわらず企業に責任を課す 　A　 や，環境を汚染する企業などは自らの費用でその汚染の除去などをすべきであるという 　B　 が導入されている。1997年には，大規模な開発を行う際，環境に与える影響を事前に調査し，対策を含めて総合的に評価する 　C　 が制定された。

① A－無過失責任制　B－汚染者負担の原則　C－環境アセスメント法
② A－無過失責任制　B－環境復元の原則　C－循環型社会形成推進基本法
③ A－製造物責任制　B－汚染者負担の原則　C－循環型社会形成推進基本法
④ A－製造物責任制　B－環境復元の原則　C－環境アセスメント法

42 下線部 d に関連して，技術革新などによっておこる，50～60年を周期とする景気変動として最も適切なものを，次のうちから選べ。

① クズネッツの波　　　　　　　② コンドラチェフの波
③ キチンの波　　　　　　　　　④ ジュグラーの波

43 下線部 e に関連して，第二次世界大戦後の日本の雇用情勢についての記述として最も適切なものを，次の図を参考にして，あとのうちから選べ。

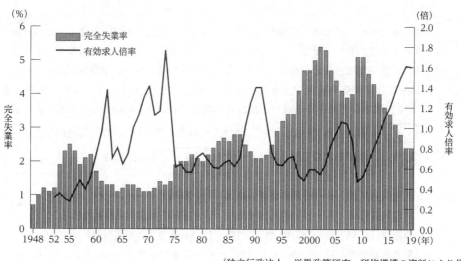

(独立行政法人　労働政策研究・研修機構の資料により作成)

① 高度経済成長期には，完全失業率は一貫して 1 ％を超えることはなかったが，有効求人倍率はオリンピック景気のあとの1965年頃に0.7倍前後まで落ち込んだ時期がある。

② 第一次オイルショック後の約10年間は，完全失業率は 2 ％台に上昇したが，有効求人倍率は 1 倍台を維持し続けた。

③ バブル景気（平成景気）の時期には，完全失業率は低下したものの 3 ％台と高止まりしていたが，有効求人倍率は1.4倍前後になった。

④ 就職氷河期の中にあった2000～2004年頃は，完全失業率が 5 ％台にまで上昇した時期があり，有効求人倍率も 1 倍に満たなかった。

44 下線部 f に関連して，財政には景気を自動的に安定させる機能があるが，この機能を意味する言葉として最も適切なものを，次のうちから選べ。

① オフショアリング　　　　　　　　② ポリシー・ミックス
③ ビルト・イン・スタビライザー　　④ プライマリー・バランス

45 下線部 g に関連して，日本銀行（日銀）についての記述として最も適切なものを，次のうちから選べ。

① 日銀のほか，「政府の銀行」の役割を果たす金融機関には，日本政策投資銀行や日本政策金融公庫などがある。

② 日銀は，日本が極度の経済危機におちいった場合に，企業や生活が困窮した個人に対して低利子で融資を行うことがある。

③ 日銀は，物価の安定を図るために金融政策を行っており，現在の代表的な金融政策手段は預金（支払）準備率操作である。

④ 日銀が金融政策のために市中銀行と国債などを売買することを，公開市場操作という。

46 下線部hに関して，累進課税制度によって実現されることとして最も適切なものを，次のうちから選べ。

① クロヨン　　② 課税の垂直的公平　　③ 逆進課税　　④ 価格先導制

47 下線部iに関連して，次の図中と文章中の空欄 D ～ F に該当する語句の組合せとして最も適切なものを，あとのうちから選べ。

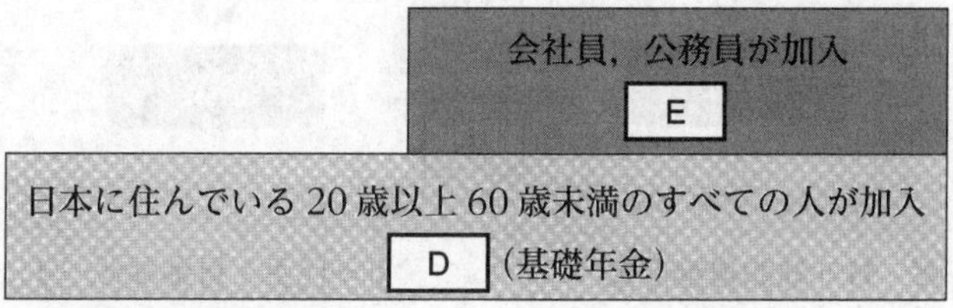

```
┌─────────────────────────────┐
│      会社員，公務員が加入       │
│              E              │
├─────────────────────────────────────────────┤
│ 日本に住んでいる 20 歳以上 60 歳未満のすべての人が加入 │
│          D （基礎年金）          │
└─────────────────────────────────────────────┘
```

> 日本の公的年金制度は，日本に在住する外国人を含めて20歳以上60歳未満の人はすべて D に加入し，保険料を納めることとなっており，会社などに勤務している人はその上に E に加入することとなっている。また，1994年の改正により， E の支給開始年齢が段階的に F 。

① D－国民年金　E－厚生年金　F－65歳から60歳に引き下げられた
② D－国民年金　E－厚生年金　F－60歳から65歳に引き上げられた
③ D－厚生年金　E－国民年金　F－65歳から60歳に引き下げられた
④ D－厚生年金　E－国民年金　F－60歳から65歳に引き上げられた

48 下線部jに基づいた自由放任主義的な国家を，「夜警国家」と呼んで批判した社会主義者を，次のうちから選べ。

① ラッサール　　② シュンペーター　　③ ケネー　　④ リカード

49 下線部 k に関連して，次の図中の空欄 | G | ～ | J | に該当する語句の組合せとして最も適切なものを，あとのうちから選べ。

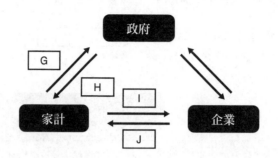

① G−税金など　H−社会保障など　　　　　　　I−代金・料金など　J−財・サービスなど
② G−税金など　H−労働力・資本・土地など　　I−貸し付けなど　　J−補助金など
③ G−貯金など　H−社会保障など　　　　　　　I−貸し付けなど　　J−財・サービスなど
④ G−貯金など　H−労働力・資本・土地など　　I−代金・料金など　J−補助金など

50 下線部 l に関連して，企業の一形態である株式会社についての記述として最も適切なものを，次のうちから選べ。

① 株式会社の出資者である株主は，無限責任社員である。
② 株式会社では，株式の持ち分を譲渡するときは社員全員の承認が必要である。
③ 株式会社の最高議決機関である株主総会では，取締役の選任などが行われる。
④ 現代の株式会社には，ドッジ・ラインなどの社会的責任を果たすことが求められている。

Ⅰ　原始・古代史諸問題

A　弥生時代

【1】　正解は④。石包丁は稲穂を摘み取るための半円形の石器で，穂首刈りに用いられた。石鏃は狩猟用具として矢の先端につけた石製の鏃で，縄文時代から用いられ，弥生時代でも引き続き用いられた。支石墓は，遺体を埋めた上に大きな石をおいて目印としたものである。日本では長崎県や佐賀県など九州北部を中心につくられた。朝鮮半島でも同じような墓がみられることから朝鮮半島の影響をうけたものだと考えられる。群集墳は，規模の小さい古墳が多数群集して構築された古墳群で，6世紀から7世紀にかけてつくられた代表的な群集墳としては，奈良県橿原市の新沢千塚古墳群や和歌山県和歌山市の岩橋千塚古墳群などがある。

【2】　正解は②。写真から銅鐸であるとわかる。島根県加茂岩倉遺跡からは，1996年，39個の銅鐸が発掘された。①の三角縁神獣鏡は，縁の断面形が三角形で，神と霊獣の文様が刻まれた鏡。青銅製祭器の分布を確認しておくと，銅鐸は近畿地方，③の平形銅剣は瀬戸内中部，④の銅戈・銅矛は九州北部を中心に分布しており，このことから共通の祭器を用いる地域圏がいくつか出現していたと考えられている。

【3】　正解は①。弥生時代，集落間の争いが存在したことを物語っているのが高地性集落と環濠集落である。高地性集落は弥生時代中期から後期にかけ，瀬戸内海沿岸の山頂・丘陵上に営まれた集落で，代表的なものとして香川県の紫雲出山遺跡があげられる。朝鮮式山城は，663年の白村江の戦いの後に唐・新羅連合軍の日本攻撃に備えて対馬から大和にかけて築かれた山城である。『後漢書』東夷伝には紀元後1世紀から2世紀の日本の様子が記述されており，弥生時代の日本で長期間にわたり戦いが行われてい

たことが記されている。『漢書』地理志は紀元前後の日本の様子が記述されており，倭人の社会が百余国にわかれていたことなどが記されている。

B　奈良時代

【4】　正解は②。①は708年，武蔵国から銅が献上されたことをきっかけに和同開珎の鋳造が開始されたことを示す史料で元明天皇の時代の出来事である。②は743年に発布された墾田永年私財法で，聖武天皇の時代の出来事である。③は711年の蓄銭叙位令，④は712年の出羽国設置に関する史料で，ともに元明天皇の時代の出来事である。

【5】　正解は①。光明子は藤原不比等の娘で，729年の長屋王の変の直後，人臣で初めて皇后となった。②は，「北山十八間戸」の部分が誤り。光明皇后が孤児・病人救済のために設置したのは悲田院である。北山十八間戸は鎌倉時代中期，律宗の僧である忍性（良観）がハンセン病患者の救済のために奈良に設置した施設。③は，「北家」の部分が誤り。藤原仲麻呂（恵美押勝）は「南家」である。④は，「行基」の部分が誤り。光明皇太后に戒律を授けたのは，鑑真である。行基は奈良時代の僧で，政府の要請で東大寺の大仏造立に協力し，のちに大僧正となった人物である。

【6】　正解は②。Aは正しい。Bは，「道鏡」の部分が誤り。740年，藤原広嗣は，橘諸兄政権下で権勢を強めていた吉備真備と玄昉の排除を求めて九州で反乱をおこした。

【7】　正解は④。雑徭は，正丁（21〜60歳の男子）の場合，国司が年60日を限度に農民を使役できる労役のことであり，農民にとっては重い負担となっていた。したがってaは誤りでbが正しい。防人とは，3年間九州沿岸の警備にあたる兵士のことで，衛士とは1年間宮城の警備にあたる兵士のことである。したがってcは誤り。

律令制度の下では正丁3〜4人に1人が兵士として徴収され，諸国の軍団に属した。その際，武器・食料は自弁であった。したがってdは正しい。

C　平安時代

【8】　正解は①。A・Bとも正しい。勘解由使は，国司交替の際の不正や紛争をなくすために引き継ぎ文書（解由状）を審査し監督するため，桓武天皇が設置した令外官である。805年，藤原緒嗣と菅野真道による徳政論争（相論）を経て，桓武天皇は藤原緒嗣の意見を採用し，軍事と造作の二大政策は打ち切りとなった。

【9】　正解は③。蔵人頭とは天皇の側近として機密文書や訴訟を扱う令外官である。810年の平城太上天皇の変（薬子の変）の際，藤原冬嗣と巨勢野足を蔵人頭に任じたのが始まりである。藤原氏北家は藤原冬嗣が蔵人頭となったことをきっかけに台頭していった。承和の変は，842年，藤原氏北家により伴健岑・橘逸勢らが排斥された事件である。藤原良房は，藤原氏北家の人物で，866年の応天門の変をきっかけに臣下で初めて摂政となった人物である。

【10】　正解は③。①は，「延喜格式」の部分が誤り。嵯峨天皇が編纂させたのは弘仁格式である。清和天皇の時代に編纂された貞観格式，醍醐天皇の時代に編纂された延喜格式の3つをあわせて三代格式という。②は律と令に関する説明が誤り。律は今日の刑法にあたり，令は今日の行政法・民法にあたる。④は，「令義解」の部分が誤り。惟宗直本によって編纂されたのは『令集解』である。『令義解』は，清原夏野によって833年に編纂された養老令の官撰注釈書である。

Ⅱ　中世史諸問

A　鎌倉時代

【11】　正解は③。侍所が鎌倉に設置されたのは1180年である。①は1180年の出来事。この焼打ちにより興福寺・東大寺の堂塔伽藍が焼失した。②も1180年の出来事。平清盛は孫の安徳天皇を奉じて摂津国福原京への遷都を断行した。しか

し，公家や寺社からの強い反対により同年11月，再び京都へ遷都した。③は1183年の出来事。源頼朝は，朝廷から出された寿永二年十月宣旨により，東山道・東海道の支配権を承認された。④は1180年の出来事。清和源氏の流れをくむ源頼政は，後白河上皇の皇子である以仁王を奉じて1180年に挙兵したが，宇治で敗死した。

【12】　正解は②。①は「三善康信」の部分が誤り。1180年に設置された侍所の初代長官（別当）には和田義盛が任じられた。③は「和田義盛」の部分が誤り。1184年に設置された問注所の初代長官（執事）には，三善康信が任じられた。④は「問注所」の部分が誤り。執権は，北条義時の時代に侍所と政所の長官を兼務するようになり，以降これが踏襲されることとなった。

【13】　正解は④。Aは「新補地頭」の部分が誤り。1185年に守護・地頭が設置されるが，この時に設置された地頭を本補地頭とよぶ。一方，1221年の承久の乱のあと，新たに設置された地頭を新補地頭とよぶ。Bは「鎌倉番役」の部分が誤り。大番催促とは，御家人に対して京都大番役（天皇・院の御所の警護）を催促することである。なお，守護の職務は，大番催促，謀叛人・殺害人の逮捕であり，これらを総称して大犯三ヵ条とよぶ。

B　室町時代の外交

【14】　正解は①。明は，1368年に農民出身の朱元璋（太祖洪武帝）によって建国された。建国当時，明の首都は南京（金陵）。李成桂（太祖）は，1392年に高麗を倒して朝鮮王朝（李氏朝鮮）を始めた人物である。朝鮮王朝の首都は漢陽（のち漢城と改称）。1336年，足利尊氏が持明院統の光明天皇を擁立すると，大覚寺統の後醍醐天皇は吉野へ移り両統の朝廷が並立した。持明院統の流れをくむ朝廷を北朝，大覚寺統の流れをくむ朝廷を南朝とよび，再び朝廷が統一された1392年までの57年間を南北朝時代とよぶ。

【15】　正解は②。室町時代には永楽通宝や洪武通宝などの明銭が輸入され日本で使用された。日明貿易では明銭以外に，生糸，絹織物，陶磁器，書籍などが輸入され，日本からは刀剣，扇，屏

風，銅，硫黄などが輸出された。bの天正大判
は，豊臣秀吉が鋳造させた大判金。cの貞観永
宝は本朝（皇朝）十二銭の一つで，清和天皇の
時代に鋳造された貨幣である。

【16】　正解は④。15世紀後半，室町幕府が衰退す
ると，日明貿易（勘合貿易）の実権は博多商人
と結んだ大内氏と堺商人と結んだ細川氏に移っ
た。1523年，両者は貿易の主導権をめぐり中国
の寧波で衝突した。これを寧波の乱という。こ
の争いに勝利した大内氏が貿易を独占したが，
16世紀半ばに大内氏が滅亡すると，日明貿易（勘
合貿易）も断絶した。日朝貿易は，倭寇の禁止
に積極的であった対馬の宗貞茂が死去すると，
倭寇の活動が活発となったため，1419年，朝鮮
軍は倭寇の本拠地と考えていた対馬を襲撃し
た。これを応永の外寇という。イが寧波，エが
対馬を示している。アは中国の登州で遣隋使・
遣唐使の北路の上陸点である。ウは朝鮮の済州
島を示している。

【17】　正解は④。日朝貿易では木綿が大量に輸入
され，衣料など人びとの生活様式に大きな影響
を与えた。また朝鮮からは大蔵経なども輸入さ
れた。①の屏風は日明貿易での日本の主な輸出
品の一つ。②の香木と③の蘇木は東南アジア諸
国から琉球を経て日本へ輸入された品である。

C　鎌倉時代の社会と経済

【18】　正解は④。「見世棚」の語は鎌倉時代末期
からみられるようになり，室町時代になると
「店」の字があてられるようになった。鎌倉時
代は，畿内や西日本一帯で二毛作が広まった。
畿内で三毛作が行われるようになるのは室町時
代からであり，したがって①は誤り。②は「刈
敷」の部分が誤り。草木を焼いて灰にした肥料
は草木灰である。刈敷は，草を刈って田に敷き
込む肥料のことである。鎌倉時代では月に3回
開かれた定期市である三斎市が多くみられるよ
うになったことから③は誤り。六斎市は室町時
代のことである。

【19】　正解は①。A・Bとも正しい。座の構成員
で大寺社に属した者を神人とよび，天皇家に属
した者を供御人とよんだ。座は，本所に対して
座役をおさめるかわりに本所から販売や製造な
どについての特権が与えられた。

【20】　正解は①。問（問丸）は港湾や都市を拠点
に年貢などの保管・輸送にあたった運送業者の
ことである。鎌倉時代末期になると，輸送だけ
でなく年貢徴収や委託販売も行うようになった。
奉公衆は室町幕府の直轄軍のことである。
借上は鎌倉時代の高利貸である。会合衆は堺の
自治的町政を指導した36人の豪商のことであ
る。

Ⅲ　近世史諸問題

A　織田信長・豊臣秀吉の統一事業

【21】　正解は②。織田信長は1560年，尾張の桶狭
間の戦いで戦国大名の今川義元を破った。今川
義元は駿河・遠江・三河の三国を支配した戦国
大名である。①の朝倉義景は越前を支配した戦
国大名である。③の浅井長政は近江を支配した戦国大
名である。両者は1570年の姉川の戦いで織田信
長に敗れた。④の長宗我部元親は四国全土を支
配した戦国大名であったが，豊臣秀吉による四
国平定で秀吉に降伏し，土佐一国を支配した。

【22】　正解は①。足利義昭は室町幕府15代将軍。
1568年，織田信長の力を借りて上洛した義昭は
正親町天皇から将軍に任じられたが，信長との
関係が悪化すると1573年に京都から追放され
た。②の足利義持は室町幕府4代将軍。勘合貿
易を中断させた将軍として有名である。③の足
利義輝は室町幕府13代将軍で足利義昭の兄。松
永久秀に襲われて討死にした。④の足利義教は
室町幕府6代将軍。くじ引きで将軍に決まった
人物として有名。将軍権力の強化を目指し，専
制的な政治を行うが，守護の赤松満祐によって
殺害された。

【23】　正解は①。顕如（光佐）は浄土真宗本願寺
派の僧。1570〜80年，石山本願寺を拠点に織田
信長と戦った。石山を去ったあと，1591年に豊
臣秀吉から京都堀川七条に寺地を与えられた。
②の日親は室町時代中期の日蓮宗（法華宗）の
僧。室町幕府6代将軍足利義教の頃に活動した。

③の蓮如（兼寿）は室町時代中期の浄土真宗本願寺派の僧。御文を通じて布教活動を行い，それまで宗勢が振るわなかった本願寺を興隆した。④の貞慶（解脱）は平安時代末〜鎌倉時代にかけて活動した法相宗の僧。戒律の復興に努め，法然の専修念仏を批判した。

【24】　正解は④。大坂城は石山本願寺の跡地に築かれた。①の姫路城は池田輝政の居城として慶長年間に築城された。連立式天守閣をもつ城としても有名である。②の二条城は徳川家康が上洛時の居館として築城された。③の伏見城は豊臣秀吉の晩年の邸宅を兼ねた城郭。

【25】　正解は③。豊臣秀吉は1590年に小田原の北条氏政を攻め，これを滅ぼした。①の柴田勝家は織田信長の家臣であったが，信長の死後，秀吉と対立し，1583年の賤ヶ岳の戦いで秀吉に滅ぼされた。②の明智光秀は織田信長の家臣で，1582年に本能寺の変で信長を討った人物。本能寺の変後，山崎の合戦で秀吉によって滅ぼされた。④の伊達政宗は奥州の戦国大名。秀吉の小田原攻めに参陣し，秀吉に服属した。

B　江戸時代

【26】　正解は①。大坂冬の陣がおきたのは1614年。方広寺鐘銘問題がきっかけとなって冬の陣がおきた。そして翌年，大坂夏の陣により豊臣氏は滅んだ。②の一国一城令は1615年に発布された。江戸幕府が諸大名統制のために出した。③の武家諸法度（元和令）は1615年に発布された。文武弓馬の道に励むことを奨励する内容や幕府の許可なく城郭を修築することを禁止する内容などが盛り込まれている。④の禁中並公家諸法度は1615年に発布された。幕府が朝廷・公家を統制するための法令。金地院崇伝が起草した。天皇の学問専念などが盛り込まれている。

【27】　正解は③。末次平蔵に関する記述の部分が誤り。末次平蔵は長崎の豪商である。朱印船貿易とは江戸幕府から朱印状を与えられた船（朱印船）で行われた貿易である。朱印船を派遣した大名は，島津家久，松浦鎮信，有馬晴信ら西国大名のほか，商人では摂津の末吉孫左衛門や京都の角倉了以，茶屋四郎次郎などがいる。朱

印船貿易が盛んになるとベトナムやカンボジアなど各地に日本町ができた。タイのアユタヤにできた日本町では山田長政が長となり，タイの王室に重用された。朱印船貿易での主な輸入品は生糸，絹織物，砂糖などで，輸出品は銀，銅，鉄などである。

【28】　正解は④。④は1639年に江戸幕府3代将軍徳川家光の時代に発布された鎖国令（寛永十六年令）である。史料中の「かれうた」とはポルトガル船のことであり，ポルトガル船の来航禁止について書かれている。①は武田信玄が制定した分国法「甲州法度之次第」の喧嘩両成敗に関する記述である。②は織田信長が安土に出した楽市令である。安土城下の山下町では座役などは一切免除するといった内容が記述されている。③は豊臣秀吉が出したバテレン追放令である。

【29】　正解は③。江戸幕府は1643年に田畑永代売買の禁止令を発布し，富農への土地集中と本百姓の没落を防ごうとした。①の人掃令は1591年に豊臣秀吉が出したものと1592年に豊臣秀次が出したものがある。秀吉が出したものは，武家奉公人が百姓・町人となることや百姓の転業を禁止している。秀次が出したものは村ごとに家数，人数，老若男女などの人別を書き上げさせることで他国他郷の者の在住を禁じた。②の刀狩令は1588年に豊臣秀吉が出した法令。刀，弓，槍，鉄砲などの武器を百姓が持つことを禁じた。④の撰銭令は室町幕府や戦国大名が発布した経済的混乱を防ぐために撰銭を制限した法令。

【30】　正解は①。徳川家光の治世は1623〜51年。紫衣事件とは後水尾天皇が幕府に届けることなく，紫衣を僧侶数十人に与えたことを1627年に幕府が問題にした事件である。これに抗議した沢庵は1629年に出羽上山へ流罪となり，後水尾天皇も幕府の対応に憤慨し，明正天皇に譲位した。②の糸割符制度は徳川家康治世下の1604年，ポルトガル商人の暴利をおさえるためにつくられた。③の己酉約条は徳川秀忠治世下の1609年，対馬の宗氏が朝鮮と結んだ条約。④のオランダ船のリーフデ号が豊後に漂着したのは1600年の

出来事である。

　文化史（白鳳文化～東山文化）

A　白鳳文化～天平文化

【31】　正解は④。八色の姓は684年に天武天皇が制定した。これにより豪族たちは天皇中心の新しい身分秩序に再編成された。このとき制定された姓は，真人・朝臣・宿禰・忌寸・道師・臣・連・稲置の8種類。①の庚寅年籍は690年，持統天皇の治世のときにつくられた。②の近江大津宮への遷都は667年の出来事である。当時皇太子であった中大兄皇子は近江大津宮で正式に即位し，天智天皇となった。③の乾元大宝は958年，村上天皇の治世のときに発行された。708年に鋳造された和同開珎から始まる本朝（皇朝）十二銭最後の貨幣である。

【32】　正解は②。Aは正しい。『古事記』は712年に成立した。Bは「刑部親王」の部分が誤り。『日本書紀』の編纂を中心的に行ったのは舎人親王である。刑部親王は701年に成立した大宝律令の編纂を藤原不比等らとともに行った人物である。

【33】　正解は①。『懐風藻』は現存する最古の漢詩集で751年に成立した。②の『凌雲集』は嵯峨天皇の命で編纂された最初の勅撰和歌集で，814年に成立した。③の『菅家文草』は菅原道真の漢詩文集。④の『性霊集』は空海の詩などを弟子が編集したもので835年頃に成立した。『懐風藻』のみ奈良時代に成立したもので，あとはすべて平安時代である。

B　院政期の文化

【34】　正解は②。Aは正しい。Bは「後三年合戦」の部分が誤り。『陸奥話記』は前九年合戦の経過を描いた軍記物である。

【35】　正解は①。『今昔物語集』は，インド（天竺）・中国（震旦）・日本（本朝）の1000余りの説話を集め，和漢混淆文で書かれた説話集である。『古今著聞集』は，橘成季の撰により鎌倉時代に成立した説話集。『大鏡』は藤原氏全盛期を批判的に描いた歴史物語である。『大鏡』のあ

とを受け，1025年から1170年までの歴史を記したものが『今鏡』。これら二つの歴史書に加えて鎌倉時代初期に成立した『水鏡』と南北朝時代に成立した『増鏡』の四つの歴史物語をあわせて「四鏡」とよばれている。

【36】　正解は②。『梁塵秘抄』は後白河上皇の撰による平安時代末期の歌謡集である。当時，貴族間に流行した今様などの歌が入っており，当時の芸能や民衆の姿を知ることができる。

【37】　正解は③。③は豊後（大分）の富貴寺大堂の写真である。①は奈良の室生寺金堂の写真。②は奈良の法隆寺の写真。④は京都の平等院鳳凰堂の写真である。

C　鎌倉文化～東山文化

【38】　正解は③。栄西は平安時代末～鎌倉時代前期の臨済宗の開祖。栄西は著書『興禅護国論』のなかで旧仏教による禅宗非難に対して禅宗の本質を説いた。①の『立正安国論』は日蓮の著書。1260年に日蓮が北条時頼に提出したもの。②の『教行信証』は親鸞の著書。④の『正法眼蔵』は道元の著書。

【39】　正解は①。連歌とは和歌の上の句と下の句を別の人が交互に詠み継いでいく文芸で「筑波の道」ともいわれた。①は「一条兼良」の部分が誤り。『菟玖波集』を編集したのは二条良基である。一条兼良は東山文化の頃に活躍した人物で，有職故実の関する著書『公事根源』や，室町幕府9代将軍足利義尚のために政治上の意見書『樵談治要』などを著した。②の『新撰菟玖波集』は東山文化の頃に成立した宗祇の著書。③の『犬筑波集』は東山文化の頃に成立した宗鑑の著書。庶民的な滑稽さが示されている。④の連歌師とは連歌を職業とする者たちのことで，彼らが各地を遍歴し，連歌の普及に努めたため，地方でも大名や武士，民衆の間に連歌が広く流行した。

【40】　正解は④。茶の湯の歴史を確認しておく。④の村田珠光が茶と禅の精神の統一を主張して侘茶を創始したのち，③の武野紹鴎を経て，安土・桃山時代に①の千利休が茶道として大成した。②の雪舟は東山文化の頃に活躍した禅僧。

「秋冬山水図」や「天橋立図」などの水墨画を描いたことで有名。

V 琉球に関するテーマ史（選択問題）

【41】 正解は④。地質学では，今からおよそ1万年余り前を境に更新世と完新世とに区分され，更新世は氷河時代ともよばれた。湊川人は沖縄県具志頭村港川（現在の八重瀬町）で発見された新人段階の化石人骨である。浜北人は静岡県浜北市（現在の浜松市）で発見された新人段階の化石人骨である。

【42】 正解は①。薩摩・大隅地方などの南九州に住み，長い間中央政府に服属しなかった人びとを隼人とよんだ。南蛮人とは安土・桃山時代，ポルトガル・スペインなどの南欧系の来日者の日本での別称である。新羅は4〜10世紀の朝鮮半島の王朝。7世紀，唐と結んで百済・高句麗を滅ぼして朝鮮半島を統一した。遣唐使は当初，北路を利用して唐へ渡ったが，新羅との関係が悪化した8世紀以降は，南路をとって唐へ渡るようになった。高麗は，935年に新羅を倒して朝鮮半島を統一した王朝である。

【43】 正解は④。按司とは12世紀頃に琉球で登場した豪族のこと。琉球では，按司がグスク（城）を拠点として勢力を広げていき，やがて北山・中山・南山の三勢力に統合されていった。①の保司とは，律令制下の行政単位である保の徴税請負人のこと。②の下司とは，荘園内の下級荘官のこと。③の市司とは，平城京・平安京内に設けられた市の監督官庁のこと。

【44】 正解は③。③は『大乗院日記目録』に記されている1428年の正長の徳政一揆に関する史料で，土一揆についての代表的な史料である。①は『樵談治要』（【39】参照）に記されている足軽に関する史料である。足軽とは応仁の乱で登場した雑兵のことで，馬に乗らず徒歩で軍役に服した。軽装で機動力に富み，略奪や放火など敵を攪乱する敏捷な行動から足軽とよばれた。②は『建武年間記』に記されている「二条河原の落書」である。後醍醐天皇による建武の新政

の失政を鋭く批判した史料である。④は「吉田文書」に記されている南北朝の合体に関する史料で，1392年，足利義満が南朝方へ出した文書の一部である。

【45】 正解は②。中山王であった尚巴志は，1429年に三山（北山・中山・南山）を統一し，琉球王国を建国した。琉球王国の首都は首里。①の阿弖流為は8世紀後半〜9世紀初頭の胆沢地方の蝦夷の豪族。802年，征夷大将軍の坂上田村麻呂に降伏した。③の宗貞茂は14世紀末〜15世紀にかけての対馬島主。日朝貿易を積極的に行った（【16】参照）。④の武田信広は，1457年に起きたコシャマインの蜂起を鎮圧した人物である。

【46】 正解は①。A・Bともに正しい。琉球王国の貿易船は，ジャワ島やスマトラ島，インドシナ半島などにまで行動範囲を広げ，東アジア諸国間の中継貿易で活躍した。「万国津梁之鐘」の銘文には当時の琉球王国の繁栄の様子が刻まれている。琉球王国を経由して日本には蘇木や香木，生糸，絹織物などが輸入され，日本からは刀剣，扇，銅，硫黄などが輸出された。

【47】 正解は①。16世紀以降，ポルトガルによる南蛮貿易で琉球王国の中継貿易は衰退することとなった。また，倭寇（後期倭寇）の活動の活発化も琉球王国の中継貿易衰退に影響を与えた。bの島原の乱は，1637〜38年に長崎の島原で起きたキリシタン農民らによる一揆。dの刀伊の入寇（来襲）は，1019年に女真族（刀伊）の一部が博多へ襲来し，藤原隆家らによって撃退された事件のことである。

【48】 正解は②。Aは正しい。島津義久は1587年の豊臣秀吉による九州征討で降伏し，薩摩を安堵された。Bは「有田焼」の部分が誤り。正しくは「薩摩焼」である。薩摩焼は，朝鮮出兵（文禄・慶長の役）で連れ帰った朝鮮人陶工の沈寿官らが薩摩で始めた。一方，有田焼は，同じく朝鮮出兵で連れ帰った朝鮮人陶工の李参平が肥前有田で生産を始めた陶磁器である。

【49】 正解は④。薩摩藩は1609年，島津家久の時代に琉球王国を征服し支配下に組み込んだ。薩

摩藩は琉球産の黒砂糖を上納させたほか，琉球王国と明（のちに清）との朝貢貿易によって得た中国産の産物も送らせた。①の昆布は松前藩がアイヌとの交易を通じて得たアイヌからの移入品。②の生糸は長崎の出島や薩摩藩を通じて入ってきた中国産の輸入品。③の毛織物は長崎の出島を通じて入ってきたヨーロッパ産の輸入品である。

【50】　正解は①。琉球王国からの使節は薩摩藩の監督のもとで江戸に送られた。琉球王国では琉球使節の江戸参府を「江戸上り」といった。②は「日本風の服装」の部分が誤り。使節の行列には，異国風の服装・髪型をはじめ，旗・楽器などを用いさせ，あたかも異国人として将軍に入貢させることで将軍の権威を高めた。③は「謝恩使」の部分が誤り。将軍の代替わりごとに江戸へ派遣された使節は「慶賀使」である。④は「慶賀使」の部分が誤り。琉球王国の代替わりごとに江戸へ派遣された使節は「謝恩使」である。

Ⅵ　明治史（選択問題）

A　明治時代の政治・外交・社会

【51】　正解は④。自由民権運動の流れを確認しておく。明治政府に対して士族を中心に不満が高まるなか，板垣退助・後藤象二郎らにより民撰議院設立の建白書が左院に提出されたのが1874年の出来事である。建白書の提出により政府官僚の専断に対する批判が高まり，自由民権運動が始まる。板垣退助は1874年，土佐へ帰り，片岡健吉らとともに立志社をおこし，さらにこれを中心に民権派の全国組織を目指して翌75年に大阪に愛国社を設立した。1880年，愛国社の第3回大会の呼びかけにもとづいて国会期成同盟が設立された。したがって，年代の古い順に並べるとB→C→Aとなる。それぞれの出来事の年号把握も重要であるが，自由民権運動を歴史の流れとして理解しておくことが大切である。

【52】　正解は①。①は「立憲改進党」の部分が誤

り。伊藤博文が結成に関わり，初代総裁に就任したのは立憲政友会（1900年結成）である。また，イギリス流の議院内閣制を主張して立憲改進党（1882年結成）の党首となったのは大隈重信である。

【53】　正解は④。大日本帝国憲法では衆議院は予算先議権をもつ以外は貴族院と対等と定められている。①は「ボアソナード」の部分が誤り。正しくは「ロエスレル」である。伊藤博文の信任を得たドイツ人法学者のロエスレルは，政府に対してドイツ流の憲法を建議・助言した。ボアソナードはフランス人法学者で，刑法や民法制定のために明治政府へ助言した人物である。②は「大審院」の部分が誤り。正しくは「枢密院」である。枢密院の初代議長には憲法草案作成に関わった伊藤博文自身が就任し，審議を行った。大審院は明治期に設置された司法権の最高機関。③は「内閣」の部分が誤り。正しくは「天皇」である。陸海軍の統帥権は，天皇大権の一つである。

【54】　正解は②。Aは正しい。井上馨は，外国人を被告とする裁判に，過半数の外国人判事を採用することや，外国人に対して完全に日本国内を開放すること（内地雑居）などを条件に条約改正交渉をすすめた。さらに東京の日比谷に鹿鳴館を建設し政府主催の舞踏会を開催するなど極端な欧化政策を行った。Bは「大隈重信」の部分が誤り。正しくは「青木周蔵」である。青木周蔵が外務大臣を務めていた1891年，訪日中のロシア皇太子ニコライ（のちのロシア皇帝ニコライ2世）が巡査津田三蔵に切りつけられるという事件が起こった。これを大津事件という。青木は事件の責任をとって外務大臣を辞任し，条約改正交渉も中断された。

【55】　正解は③。北里柴三郎はドイツに留学し，コッホに師事した細菌学者。1894年，香港でペスト菌を発見した。①の長岡半太郎は，土星型原子模型の理論を発表して原子構造の研究に寄与した人物。②の志賀潔は，赤痢菌を発見した人物。④の高峰譲吉はアドレナリンの抽出や消化薬タカジアスターゼを創製した人物。

B　日清戦争・日露戦争

【56】　正解は③。日清戦争の講和条約は，1895年の下関条約である。下関条約の主な内容は次の4点。（1）清国は朝鮮の独立を認める。（2）遼東半島および台湾・澎湖諸島を日本に譲る。（3）賠償金2億両を日本に支払う。（4）新たに沙市・重慶・蘇州・杭州の4港を開くこと。①は「清国」の部分が誤り。甲午農民戦争（東学の乱）は朝鮮で起こった農民反乱である。②は「政党による政府批判が強まった」の部分が誤り。日清戦争が始まると，政党は政府批判を中止し，議会は戦争関係の予算・法律案をすべて承認した。④は「台湾」の部分が誤り。ロシア・フランス・ドイツによる三国干渉で清国に返還したのは遼東半島である。台湾は第二次世界大戦の日本の敗戦まで日本が領有した。三国干渉後の日本は，「臥薪嘗胆」という標語に代表されるようにロシアに対する敵意の増大を背景に，軍備拡張を行った。

【57】　正解は②。日清戦争（1894〜95年）によって清国の弱体ぶりを知った欧米列強は，あいついで清国に勢力範囲を設定していった（中国分割）。そのような状況のなか，1900年に入ると，「扶清滅洋」（清を助け，西洋を滅ぼすという意味）をスローガンとする義和団が勢力を増し，清国各地で外国人を襲い，北京の列国公使館を包囲した（義和団事件）。①の壬午軍乱（壬午事変）は，1882年に朝鮮国内で日本への接近を進める国王高宗の外戚閔氏一族に反対する大院君を支持する軍隊が反乱を起こし，これに呼応した民衆が日本公使館を包囲した事件。③の甲申事変（甲申政変）は，1884年，日本と結んで朝鮮の近代化をはかろうとした金玉均ら独立党が，朝鮮国内で日本公使館の支援のもと起こしたクーデタのこと。④の江華島事件は，1875年，日本の軍艦が朝鮮の江華島で朝鮮側を挑発したことがきっかけで朝鮮と戦闘に発展した事件のこと。

【58】　正解は④。北京議定書は，義和団事件（【57】参照）後におきた北清事変のあと，列国が清国との間で結んだ条約。清国政府に対して巨額の賠償金と北京の列国公使館に守備隊を駐留させることなどを承認させた。①の樺太・千島交換条約は，1875年，日本とロシアとの間で結んだ条約。樺太についてはロシア領とするかわりに千島全島は日本の領有とするという内容。②の日清修好条規は，1871年，日本と清国とが相互に開港して領事裁判権を認めあうといった内容の条約。日本が外国と結んだ最初の対等条約である。③の天津条約は，甲申事変（【57】参照）で関係が悪化した日本と清国の間で結ばれた条約。日清両国は朝鮮から撤兵し，今後朝鮮に出兵する場合は，相互に事前通告するという内容。

【59】　正解は③。ポーツマス条約はアメリカ大統領セオドア＝ローズヴェルトの仲介で，ワシントン近くの軍港ポーツマスで結ばれた。日本の全権は小村寿太郎，ロシアの全権はウィッテ。ポーツマス条約の主な内容は次の4点。（1）ロシアは韓国に対する日本の指導・監督権を全面的に認める。（2）ロシアは清国からの旅順・大連の租借権，長春以南の鉄道とその付属の利権を日本に譲渡する。（3）ロシアは北緯50度以南のサハリン（樺太）と付属の諸島を日本に譲渡する。（4）ロシアは沿海州とカムチャツカの漁業権を日本に認める。①は，日露戦争が近づいてくると対露同志会は主戦論を，幸徳秋水・堺利彦らは社会主義の立場から非戦論・反戦論を唱えた。また，日露戦争が始まると，歌人の与謝野晶子は「君死にたまふこと勿れ」とうたう反戦詩を雑誌『明星』に発表した。②の保安条例は，1887年，三大事件建白運動・大同団結運動などの民権運動に対抗して出された弾圧法。④はポーツマス条約で日本はロシアから賠償金を得ることはできなかった。八幡製鉄所は日清戦争後の清国からの賠償金などをもとにして設立された。

【60】　正解は⑥。日露戦争後の日本による韓国植民地化の流れを確認しておく。1905年，日本は韓国との間で第2次日韓協約（韓国保護条約）を結び，韓国から外交権を奪い，首都漢城に統監府をおいた（初代統監には伊藤博文が就任）。日本の行動に対して1907年，韓国皇帝高宗は，

オランダのハーグで開催されていた第2回万国博覧会に密使を送り，日本の不当支配を訴えようとしたが，すでに列国は日本の韓国保護国化を承認していたため，韓国の主張は無視された。これをハーグ密使事件とよぶ。1910年，日本は韓国との間に韓国併合条約を強要し韓国を植民地とすると，漢城を京城と改称して統治機関として朝鮮総督府を設置した（初代総督には寺内正毅が就任）。したがって年代の古い順に並べると，C→B→Aとなる。

日本史　　正解と配点

問題番号		正　解	配　点
Ⅰ	1	④	2
	2	②	2
	3	①	2
	4	②	2
	5	①	2
	6	②	2
	7	④	2
	8	①	2
	9	③	2
	10	③	2
Ⅱ	11	③	2
	12	②	2
	13	④	2
	14	①	2
	15	②	2
	16	④	2
	17	④	2
	18	④	2
	19	①	2
	20	①	2
Ⅲ	21	②	2
	22	①	2
	23	①	2
	24	④	2
	25	③	2
	26	①	2
	27	③	2
	28	④	2
	29	③	2
	30	①	2

問題番号		正　解	配　点
Ⅳ	31	④	2
	32	②	2
	33	①	2
	34	②	2
	35	①	2
	36	②	2
	37	③	2
	38	③	2
	39	①	2
	40	④	2
Ⅴ	41	④	2
	42	①	2
	43	④	2
	44	③	2
	45	②	2
	46	①	2
	47	①	2
	48	②	2
	49	④	2
	50	①	2
Ⅵ	51	④	2
	52	①	2
	53	④	2
	54	②	2
	55	③	2
	56	③	2
	57	②	2
	58	④	2
	59	③	2
	60	⑥	2

令和2年度　世　界　史　解答と解説

新型コロナウイルス感染拡大に伴う休校処置等を受け，出題範囲が削減された基礎学力到達度テストであった。出題形式も，大学入学共通テストのような大きな変更はなく，例年通りの出題形式であった。また，時代や地域に偏りはなく，基礎学力を問う問題であった。教科書を基本に，学校の授業をしっかりと理解することが重要である。

Ⅰ　古代・中世の西洋の歴史

【1】 アの「デロス同盟とペロポネソス同盟の戦争」とはペロポネソス戦争（前431年～前404年）であり，イの「マラトンの戦い」はペルシア戦争（前490年）における戦い，ウの「陶片追放」の制度が創始されたのはクレイステネスの改革（前508年）によってである。よって，年代の古い順に並び変えると，ウ→イ→アとなり⑥が正解となる。年代を覚えていなくても，古代ギリシア史の流れを覚えていれば，答えることができる。なお，ペロポネソス戦争後，アテネは衆愚政治へと移行し，アテネは崩壊へと向かったことも覚えておくように。

【2】 ①は「プロタゴラス」の部分が誤り。「万物の根源は水である」と主張したのは「タレス」であり，プロタゴラスは「万物の尺度は人間」と述べたソフィストである。②は「ホメロス」の部分が誤り。ホメロスは，ギリシア最古の叙事詩である『イリアス』や『オデュッセイア』を著した詩人である。なお，古代ギリシアの歴史家としては，ペルシア戦争を主題とした『歴史』を著したヘロドトスも有名であるが，物語的な歴史記述であり，「史料の批判的な研究」ではない。③は，正しい文である。アテネ最大の喜劇作家であるアリストファネスは，ペロポネソス戦争期に活躍し，政治や社会の問題を風刺した。代表作には，『女の平和』や『女の会議』がある。よって，正解は③となる。④は，「ア

リストテレス」の部分が誤り。「平面幾何学を大成」したのは，エウクレイデスである。アリストテレスは，ギリシアの哲学者である。諸学を体系的・網羅的に集大成したことから「万学の祖」と称され，イスラーム哲学や中世ヨーロッパの哲学に大きな影響を与えた。

【3】 「オクタウィアヌスがアクティウムの海戦でアントニウスとクレオパトラを破った」のは，前31年のことである。ただし，略年表には「前1世紀半ば」とあり，時期に幅があるため，ウとエのどちらも該当する。次に，略年表中の「カエサル」が第1回三頭政治で活躍した政治家であることと，問題文にある「オクタウィアヌス」が第2回三頭政治の政治家であることから，ウの時期に該当すると判断する。よって，正解は④となる。

【4】 Aは，正しい文である。6世紀に皇帝についたユスティニアヌスは，ヴァンダル王国と東ゴート王国を滅ぼし，地中海世界を再統一した。また，法学者トリボニアヌスに命じて，ローマ法大全を編纂したことでも有名である。Bは，「帝国の滅亡時までラテン語が用いられ続けて」の部分が誤り。7世紀から帝国のギリシア化が進むと，公用語がラテン語からギリシア語へと変わった。よって，正解は②となる。なお，ビザンツ様式の建築として有名なのは，ユスティニアヌス1世が建設したハギア＝ソフィア聖堂である。また，ビザンツ様式のほか，ロマネスク様式の特徴（ラテン十字・重厚な壁・フレスコ画）とゴシック様式の特徴（尖頭アーチ・薄い壁・ステンドグラス）も，それぞれ確認しておくように。

【5】 476年に西ローマ帝国を滅ぼしたのは，西ローマ帝国の傭兵隊長であった「オドアケル」である。よって，正解は①となる。なお，オドアケルは，東ゴートのテオドリックによって討たれた。②の「ポンペイウス」は，スパルタク

スの反乱などで活躍した閥族派の軍人で，カエサル，クラッススと三頭政治を行った。③の「スパルタクス」は，前73年にスパルタクスの反乱を指導した剣奴である。スパルタクスの乱は，クラックス，ポンペイウスらによって鎮圧された。④の「テオドシウス」は，392年にキリスト教を国教としたローマ帝国の皇帝である。テオドシウス帝の死後，395年にローマ帝国は東西に分裂することとなった。

【6】①は「アリウス派」の部分が誤り。メロヴィング家のクローヴィスが改宗したのは，「アタナシウス派」である。クローヴィスが改宗したアタナシウス派は，「三位一体説」を教義とし，325年のニケーア公会議で正統教義とされた。一方，ニケーア公会議で異端となったアリウス派は，ゲルマン人に伝道され広まった。②は「フランク王国」と「テオドリック大王」の部分が誤り。まず，「カタラウヌムの戦い」とは，フン族の侵入を西ローマ帝国や西ゴート人などのゲルマン連合軍が破った451年の戦いで，フランク王国建国（481年）以前の戦いである。また，この時，フン族を率いたのは，アッティラである。③は，正しい文である。よって，正解は③となる。この戦いでウマイヤ朝の侵入を撃退したフランク王国カロリング家は，西ヨーロッパのキリスト教世界を防衛したことで台頭のきっかけとなった。④は，「ピピンの子カール」の部分が誤り。フランク王位継承の返礼に，ラヴェンナ地方を寄進したのは，カール＝マルテルの子ピピンである。ピピンが寄進したラヴェンナ地方は，のちのローマ教皇領の起源となった。なお，ピピンの子カールは，アヴァール人などを撃退し，800年にローマ教皇レオ3世により戴冠された。

【7】①は，「ノルウェー王国」の部分が誤り。リューリクがドニエプル川流域に建国したのは，「ノヴゴロド王国」である。ドニエプル川は，東ヨーロッパにおける重要な水上交通路として利用されたため，必ず地図で確認しておくこと。なお，ノルウェー王国は，9世紀末頃に，ノルマン人がスカンディナヴィア半島に建国した国

家である。②は，正しい文である。クヌートはイングランドを征服し，デーン朝を開いた。よって，正解は②となる。③は，「アルフレッド大王」の部分が誤り。ノルマンディー公国を建てたのは，ロロである。なお，「アルフレッド大王」は，イングランドの王で，デーン人の侵入を撃退し，法律や行政制度の改革を行った。④は，「南イタリアとシチリア島を征服した」の部分が誤り。ノルマンディー公ウィレムは，イングランドに侵入，ヘースティングズの戦いでイングランド軍を破った。その後，ノルマン朝を建国し，ウィリアム1世として即位した。なお，ノルマンディー公ウィレムのイングランド征服を「ノルマン＝コンクェスト」と呼ぶことと，ウィリアム1世が「征服王」と呼ばれたことも覚えておくように。

【8】問題文にある「フランス王フィリップ4世によって…屈辱のうちに亡くなったローマ教皇」とは，「ボニファティウス8世」である。よって，正解は①となる。なお，1303年に起こったこの出来事は「アナーニ事件」と呼ばれ，ローマ教皇権衰退の始まりを示す事件とされている。②の「ウルバヌス2世」は，1095年に開かれたクレルモン宗教会議において，十字軍の遠征を提唱した教皇である。クリュニー修道院出身であることも覚えておくように。③の「グレゴリウス7世」は，11世紀後半に，聖職売買の禁止や聖職者の妻帯の禁止などの改革を行ったローマ教皇である。1077年には，聖職叙任権をめぐり神聖ローマ皇帝ハインリヒ4世と対立，「カノッサの屈辱」でハインリヒ4世を屈服させた。④の「レオ3世」は，800年，フランク王国のカールにローマ帝国皇帝の冠を授けたローマ教皇である。

Ⅱ 古代のインド・東南アジア・中国・東アジアの歴史

【9】 a は，「前1500年頃に中央アジアから進入」の部分が手がかりとなり，「アーリヤ」が入る。アーリヤ人は，カイバル峠からインド

西北部のパンジャーブ地方に侵入したインド＝ヨーロッパ語系の民族で，先住民のドラヴィダ人を征服した。その後，先住民と交わりながら定住農耕社会を形成した。 b は，「彼ら（アーリヤ人）が残した賛歌集」の部分が手がかりとなり，「リグ＝ヴェーダ」が入る。よって，正解は②となる。なお，選択肢にある「クメール（人）」は，カンボジア王国（真臘）などを建国した民族である。また，『ラーマーヤナ』は，グプタ朝時代に生まれたサンスクリット文学の叙事詩で，『マハーバーラタ』とともに，インド二大叙事詩の一つとされている。

【10】 「インド最初の統一王朝」とは，「マウリヤ朝」のことであり，その最盛期の王は「アショーカ王」である。よって，正解は①となる。マウリヤ朝は，前4世紀，チャンドラグプタがナンダ朝を倒して建国，都はパータリプトラに置かれた。全盛期のアショーカ王は，仏教を保護し，ダルマ（仏法）にもとづく統治を行った。また，セイロン（スリランカ）への布教を行ったことでも有名である。なお，選択肢にある「ヴァルダナ朝」は，7世紀にハルシャ＝ヴァルダナが北インドを統一して建てた王朝である。また，チャンドラグプタ2世は，4〜5世紀のグプタ朝全盛期の王で，中国名を「超日王」と呼ぶ。

【11】 ①は，「ハルシャ王」の部分が誤り。グプタ朝を開いたのは，「チャンドラグプタ1世」である。「ハルシャ王（ハルシャ＝ヴァルダナ）」は，ヴァルダナ朝の建国者である。②は，「ヴァルダマーナ」の部分が誤り。グプタ朝が最盛期を迎えたのは，チャンドラグプタ2世の時である。「ヴァルダマーナ」は，ジャイナ教の開祖である。③は，正しい文である。サンスクリット語が公用語とされたグプタ朝では，カーリダーサの戯曲『シャクンタラー』など，サンスクリット文学が盛んになった。よって，正解は③となる。④は，「グプタ朝」の部分が誤り。玄奘がインドを訪れたのは，ヴァルダナ朝の時代である。なお，グプタ朝時代のインドを訪れたのは，東晋の法顕である。

【12】 問題文にある「東南アジア最古とされる国

家」とは，「扶南」のことであり，インドシナ半島のメコン川流域に成立した。インドシナ半島のメコン川流域は，地図中のAであり，正解は①となる。なお，イの「シュリーヴィジャヤ」は，7世紀にスマトラ島南部に成立した国家で，地図中のBである。

【13】 秦の始皇帝の業績を選ぶ問題である。①の「西域の大月氏に…しようとした」のは，「前漢の武帝」であり，また，その時に派遣されたのは「張騫」である。よって，①は誤り。なお，李斯とは，秦の始皇帝に仕えた法家の学者である。丞相として，郡県制の採用や文字の統一，焚書坑儒などで重要な役割を果たした。また，少し細かい知識になるが，始皇帝は，蒙恬を派遣し，匈奴を北に追い払うとともに，匈奴の南下に備えて万里の長城を建設した。②は，正しい文である。始皇帝は，中央集権的に全土を直接支配するため，郡県制を実施した。よって，正解は②となる。③は，内容は正しいが，殷の時代に関する記述である。殷の時代に用いられた文字は，亀甲・獣骨に刻まれたため，「甲骨文字」と呼ばれている。④も，内容は正しいが，周の時代の封建制度の説明である。

【14】 Aは，「九品中正に代えて…郷挙里選を採用」の部分が誤り。三国時代の魏は，郷挙里選に代えて，九品中正を採用した。なお，九品中正とは，魏の曹丕（文帝）によって制定された官吏登用制度で，中央から派遣された中正官が人材を9等級に評定して中央に報告，中央がそれに応じた官職を与える制度である。Bは，「東晋」の部分が誤り。鮮卑によって建てられ，華北を統一した王朝は，「北魏」である。よって，正解は④となる。なお，北魏が拓跋氏によって建てられたことも覚えておくように。

【15】 ①は，「宋」の部分が誤り。隋の楊堅は，南朝の陳を倒して中国を統一した。なお，南北朝時代の南朝は「宋・斉・梁・陳」の4王朝であり，すべて建康に都がおかれた。②は，「高句麗を滅ぼした」の部分が誤り。隋の煬帝は3回の高句麗遠征を行ったが，3回とも失敗に終わった。高句麗遠征や，そのための運河建設が

農民の重い負担となり，隋の支配に対する農民の反乱を引き起こした。③は正しい文であり，正解は③となる。なお，「祆教」とはゾロアスター教のことであり，ネストリウス派キリスト教（中国では『景教』と呼ばれた）・マニ教と合わせて，唐代三夷教と呼ぶ。また，唐代にネストリウス派キリスト教が隆盛したことを示す「大秦景教流行中国碑」についても確認しておくように。④は，「黄巣の乱」の部分が誤り。玄宗の晩年に起こったのは，安史の乱である。安史の乱は，安禄山や史思明が中心となった反乱であり，唐はウイグルの支援を受けて鎮圧した。その後，節度使の自立が始まり，9世紀後半，黄巣の乱が起こった。

【16】　①の「訓民正音（ハングル）」が制定されたのは，新羅ではなく「朝鮮王朝」である。15世紀の世宗の治世で制定された。②のソンツェン＝ガンポが統一した国家は，突厥ではなく「吐蕃」である。吐蕃については，7世紀半ば，両国の親睦を図るため，唐の太宗が文成公主をソンツェン＝ガンポに嫁がせたことを覚えておくように。③の「骨品制」が採用されたのは，吐蕃ではなく「新羅」の時代である。なお，骨品制は，家柄によって5つの等級（骨品）に分け，等級（骨品）によって位階や官職が決まる制度である。④は，正しい文である。渤海国は，高句麗の遺臣である大祚栄が中国東北部に建国した国家で，日本との貿易のほか，日本から渤海使が派遣されるなど，盛んに通交が行われた。また，渤海の都である「上京竜泉府」も，日本の平城京と同じく，唐の長安を模したものである。よって，正解は④となる。

III　西アジアの歴史

【17】　Aの「死者の書」がつくられたのは古代エジプト文明であり，古代メソポタミア文明ではない。なお，「死者の書」はパピルスに書かれ，死者の埋葬の際，ミイラとともに棺に入れられた。Bは正しい文である。古代メソポタミア文明で用いられた文字は楔形文字であり，六十進

法が用いられた。六十進法は「60」を基準として数を表す方法であり，その後，時間や角度を表す際に用いられることとなった。よって，正解は③となる。

【18】　　A　は，「地中海貿易で」の部分が手がかりとなる。前1200年頃の地中海東岸地方において，地中海貿易で活躍したのは「フェニキア人」である。　B　は，「ヘブライ人」と「民族的苦難」が手がかり。ヘブライ人が経験した民族的苦難とは，「バビロン捕囚」である。「バビロン捕囚」とは，前586年にユダ王国が新バビロニアに征服され，ユダヤ人がバビロンに連行された出来事である。その後，ユダヤ人は，前538年にアケメネス朝のキュロス2世によって解放された。よって，正解は①となる。なお，選択肢にある「ヒッタイト」とは，小アジアを中心に王国を建設したインド＝ヨーロッパ語系の民族で，鉄製武器を使用し，強大な国家を建設した。また，「イェルサレム」は，ユダ王国の首都がおかれた都市である。

【19】　①は，「ノモス」の部分が誤り。古代エジプトの王は，「ファラオ」と呼ばれた。ファラオは，太陽神ラーの化身とされ，強大な権力を持った。なお，ノモスとは，古代エジプトにおける村落を基盤とした小国家のことである。②は，「テーベ」の部分が誤り。古王国時代の政治の中心地は，メンフィスである。テーベは，ナイル川中流域に位置する中王国時代と新王国時代の中心地であり，現在のルクソールである。③は，正しい文である。新王国の王であるアメンホテプ4世は，テーベの神官団をおさえるため，唯一神アトンへの信仰を強制し，自らをイクナートンと改名，都をテル＝エル＝アマルナに遷すなどのアマルナ改革を行った。よって，正解は③となる。④は，「新王国」の部分が誤り。ヒクソスが流入したのは，中王国時代末期である。なお，ヒクソスがエジプトに騎馬と戦車をもたらしたことと，西アジアとの関係を緊密化させたことも覚えておくように。

【20】　「イッソスの戦い」は，東方遠征を行っていたアレクサンドロス大王が，アケメネス朝ペ

ルシアのダレイオス3世を破った戦いである。よって、正解は④となる。問題にあるモザイク画は、1831年にポンペイの遺跡から発掘されたものであり、イッソスの戦いにおけるアレクサンドロス大王とダレイオス3世の戦いが描かれている。この絵画は、教科書や資料集にも載っているので覚えていくように。なお、選択肢にある「テミストクレス」は、ペルシア戦争のサラミスの海戦において、アテネ軍を勝利に導いたアテネの軍人である。また、ダレイオス1世は、アケメネス朝ペルシアの王であり、前6〜5世紀にオリエントを支配、全盛期を築くとともに、ペルシア戦争を開始した。

【21】 ①のイスラーム教徒の共同体は、「ウンマ」である。622年にムハンマドが行ったヒジュラ（聖遷）によって成立した。なお、「スルタン」とは、カリフから世俗的権力を委託された者に与えられた称号であり、「国王」や「皇帝」と訳され、11世紀中頃のセルジューク朝のトゥグリル＝ベクから始まる。②は、正しい文である。622年、ムハンマドは、メッカからメディナ（現在の「ヤスリブ」）に移住し、布教の拠点とした（この出来事を「聖遷」と呼ぶ）。また、ムハンマドの墓があることから、メディナはイスラーム教の聖地の一つとなった。よって、正解は②となる。③のイスラームの聖殿に定められたのは、「カーバ聖殿（神殿）」である。もともとは、アラブ人の多神教の神殿であったが、ムハンマドがイスラーム教の聖殿とした。なお、「パルテノン神殿」は、ギリシアのアテネにある神殿である。④の「共同体の指導者」とは、カリフのことであり、初代のカリフに選出されたのは、「アブー＝バクル」である。初代のアブー＝バクルから第4代のアリーまでを「正統カリフ」と呼ぶ。

【22】 ①の「ヴァンダル王国を滅ぼし…を支配下に置いた」のは、ビザンツ帝国のユスティニアヌス1世である。②は、正しい文である。ニハーヴァンドの戦いは、642年に正統カリフ時代のイスラーム勢力が、ササン朝ペルシアを破った戦いである。その後、651年にササン朝は滅亡

した。よって、正解は②となる。③の「マリ王国」は、ソンガイ王国の台頭によって衰退したのであり、アラブ人の征服活動によって倒されたわけではない。また、マリ王国は、金の産地で有名であることと、アフリカ縦断交易（北アフリカの岩塩と金を交換）で栄え、中心都市トンブクトゥが「黄金の都」と呼ばれたことも覚えておくこと。④の「アドリアノープルを奪った」のは、オスマン帝国のムラト1世である。ブルサから遷都し、エディルネと改称、1453年にイスタンブルに遷都されるまで都が置かれた。

【23】 ①は、「ファーティマ朝」の部分が誤り。アッバース家が批判したのは、ウマイヤ朝である。ウマイヤ朝の「アラブ至上主義（アラブ人第一主義）」に、不満を持ったアッバース家は、クーデタを起こしてアッバース朝を建国した。②は、「ダマスクス」の部分が誤り。マンスールが造営したのは、「バグダード」である。バグダードは、「平安の都」と呼ばれ、イスラーム世界の中心として栄えた。また、現在のイラクの首都となっている。③は、「ムセイオン」の部分が誤り。ギリシア語文献が組織的にアラビア語に翻訳されたのは、「知恵の館」である。「知恵の館」は、バグダードにつくられた研究所で、イスラームの「外来の学問」の研究の中心となった。なお、「ムセイオン」は、ヘレニズム時代のアレクサンドリアに建設された研究所である。エウクレイデスやエラトステネスらが活動したことで有名である。④は、正しい文である。ウマイヤ朝において、マワーリー（非アラブ人でイスラーム教に改宗した人々）にもジズヤが課せられたことに反発したアッバース朝では、アラブ人でなくても、イスラーム教に改宗すればジズヤが免除された。よって、正解は④となる。

【24】 選択肢の中で、トルコ系の王朝は、①のセルジューク朝であり、正解は①となる。なお、②のブワイフ朝と③のサーマーン朝はイラン系の王朝であり、④のムラービト朝はベルベル人が建国した王朝である。

【25】 ①は「紀伝体」の部分が誤り。『資治通鑑』は，編年体で書かれた。「紀伝体」とは，帝王の業績を記した「本紀」と，重要人物の伝記である「列伝」からなる歴史書の構成スタイルである。一方，「編年体」とは，出来事を年代順に記述する歴史書の構成スタイルで，『春秋』や『資治通鑑』が有名である。②は，「儒学では…を編纂し」の部分が，内容は正しいが宋の時代ではない。孔穎達が『五経正義』を編纂したのは，唐の太宗の命によってである。後半部分の「朱子が宋学を大成した」のは，宋の時代である。③は，まず「王安石」の部分が誤り。全真教を開いたのは，王重陽である。さらに，王重陽が全真教を開いたのは，宋ではなく，金の時代である。なお，「王安石」は，財政再建と富国強兵を目指し，「新法」と呼ばれる改革を行った。④は，正しい文である。「文人画」とは，山・川・渓谷などの自然の風景を，やわらかく趣深く描く画法であり，唐の王維・呉道玄らが有名である。よって，正解は④となる。

【26】 まず，「宋代に江南の開発が進んだことにより穀倉地帯となった地域」とは，長江下流域であるため，地図中のBとなる。次に，この地域が穀倉地帯となったことを示す言葉は，アの「蘇湖（江浙）熟すれば天下足る」である。よって，正解は③となる。なお，「蘇湖（江浙）」とは，長江下流の蘇州（江蘇省）と江浙（浙江省）を示す言葉で，この地域が実れば中国全土の食料は足りるという意味である。明代になると，綿織物や絹織物の生産が増えたため，長江下流域は綿花や桑の栽培が行われるようになった。それにともない，穀物生産の中心は長江中流域の「湖広（湖南省・湖北省）」へと移行し，「湖広熟すれば天下足る」と呼ばれるようになった。

【27】 ①は，「欧陽脩」の部分が誤り。授時暦をつくったのは，「郭守敬」である。授時暦は，日本にも影響を与え，江戸時代には渋川春海が授時暦を基に「貞享暦」をつくった。②は，正しい文である。イスラーム諸国に向けて十字軍

の派遣を考えたルイ9世は，モンゴル帝国との協力を求め，フランシスコ会修道士のルブルックを派遣した。よって，正解は②となる。なお，ルブルックは，カラコルムでモンケ＝ハンと面会していることも覚えておくように。③は，「プラノ＝カルピニ」の部分が誤り。元に派遣され，大都の大司教となったのは，モンテ＝コルヴィノである。プラノ＝カルピニは，バトゥ率いるモンゴル軍の侵入（ワールシュタットの戦い）に危機感を覚えたローマ教皇（インノケンティウス4世）が，モンゴル帝国の情報を得るために派遣したフランチェスコ会修道士である。④は，「『旅行記』（『三大陸周遊記』）」の部分が誤り。マルコ＝ポーロが著したのは，『世界の記述』（『東方見聞録』）である。なお，『三大陸周遊記』を著したのは，14世紀のイブン＝バットゥータである。

【28】 ①は，「千戸制」の部分が誤り。明の時代に実施された農村の制度は，里甲制である。里甲制は，110戸を1里とし，1里の中から10戸を里長戸とする制度で，租税徴収と治安維持を目的に実施された。②は，正しい文である。永楽帝は，南京から北京へと遷都した。よって，正解は②となる。なお，「靖難の役」とは，洪武帝死後に起きた帝位継承の争いである。第2代に即位した建文帝に対し，北平の燕王朱棣（建文帝の叔父）が挙兵，建文帝に勝利し，永楽帝として即位した。③は，「地丁銀制」の部分が誤り。明の時代に実施された，銀に一本化して納入する税制とは，「一条鞭法」である。なお，「地丁銀制」とは，清代に実施された税制で，丁税（丁銀・人頭税）を地税（地銀・土地税）に繰り込んで納入する制度である。④は，「王守仁（王陽明）」の部分が誤り。万暦帝の治世に財政立て直しを行ったのは，張居正である。張居正は，財政改革の一環として，一条鞭法を実施した。なお，王守仁（王陽明）は，明代に陽明学を提唱した儒学者である。

【29】 Aは，正しい文である。足利義満は，明から「日本国王」として冊封され，勘合貿易（日明貿易）を開始した。この時，明から大量の銅

銭が日本に輸入された。なお，平清盛が行った日宋貿易や，江戸時代に行われた朱印船貿易と区別して覚えておくように。Ｂも正しい文である。マラッカ王国は，14世紀末にマレー半島南西部に成立したイスラーム教国家で，港市国家として繁栄した。永楽帝の命による鄭和の南海遠征により，マラッカ国王も明に対して朝貢を開始，永楽帝からマラッカ国王に封じられた。よって，ＡもＢも正しく，正解は①となる。

【30】 ①の「『坤輿万国全図』の作製」を行った人物は，マテオ＝リッチである。よって，正解は①となる。なお，「坤輿万国全図」は，中国初の世界地図である。②の「円明園の設計」を行ったのは，カスティリオーネである。「円明園」は，北京に建造されたバロック様式の庭園であり，アロー戦争で破壊された。③の「『崇禎暦書』の作成」は，徐光啓がアダム＝シャールより西洋暦法を学び，作成した暦書である。④の「『皇輿全覧図』の作製」を行ったのは，ブーヴェである。『皇輿全覧図』は中国最初の全土実測図であることも，覚えておくように。

【31】 年代を覚えておくのではなく，それぞれの出来事が起きた時の皇帝から考える問題である。アの「キリスト教布教を全面的に禁止した」のは，雍正帝である。イの「ジュンガルを滅ぼした」のは，乾隆帝である。ウの「三藩の乱を鎮圧」したのは，康熙帝である。よって，3人の皇帝を古い順に並べると，「康熙帝（ウ）⇒雍正帝（ア）⇒乾隆帝（イ）」の順番になり，正解は⑤となる。

Ⅴ 近世ヨーロッパの歴史

【32】 ①は，「ペトラルカ」の部分が誤り。『神曲』を書いたのは，ダンテである。なお，ペトラルカが著したのは，『叙情詩集』である。②は，『カンタベリ物語』の部分が誤り。ボッカチオが著したのは，『デカメロン』である。なお，『カンタベリ物語』を著したのは，イギリスのチョーサーである。③は，正しい文である。エラスムスは，『愚神礼賛』の中で，当時の教会や聖職

者の腐敗を批判・風刺した。よって，正解は③となる。④は，『ドン＝キホーテ』の部分が誤り。シェークスピアの四大悲劇とは，『ハムレット』『オセロー』『リア王』『マクベス』である。シェークスピアは，イギリスのテューダー朝，エリザベス1世の時代に活躍した。また，『ドン＝キホーテ』を著したのは，スペインのセルバンテスである。セルバンテスは，『ドン＝キホーテ』の中で，騎士階級など，当時の時代を風刺した。また，レパントの海戦に参加し，手を負傷したことも覚えておくように。

【33】 Ａは，正しい文である。コルテスとピサロは，スペイン人の「コンキスタドール（征服者）」であり，コルテスはアステカ王国を，ピサロはインカ帝国をそれぞれ滅ぼした。Ｂは，「カブラル」の部分が誤り。「植民者による先住民酷使を…主張した」のは，ラス＝カサスである。カブラルは，ポルトガル人の航海士で，1500年にブラジルに到達した。よって，正解は②となる。なお，ラス＝カサスがスペインのドミニコ会宣教師であることと，彼の著作である『インディアスの破壊についての簡潔な報告』も，覚えておくように。

【34】 ①は，「フス」の部分が誤り。ドイツ農民戦争を指導したのは，再洗礼派のミュンツァーである。フスは，カトリック教会の世俗化を鋭く批判したベーメンの聖職者である。1414年，コンスタンツ公会議で異端とされ，翌年に火刑となった。その後，フスの支持者達が，フス戦争と呼ばれる農民戦争を起こした。②は，「ヴィッテンベルクの和議」の部分が誤り。「ルター派かカトリック派かを…認められた」のは，アウクスブルクの和議である。アウクスブルクの和議では，「領主の宗教がその地に行われる」という領邦教会制がとられ，農民は領主の信仰に従わなければならず，農民には信仰の自由がなかった。③は，「教皇至上権」の部分が誤り。カルヴァンは，ルターが主張した「万人司祭主義」を引き継いだ。なお，万人司祭主義は，すべてのキリスト者は司祭であるという考え方で，教皇至上主義の下で聖職者と一般信者を明

確に区別するカトリック教会と対立する考え方である。また，カルヴァンの唱えた予定説は，カルヴァン派の拡大とともに西ヨーロッパの商工業者に広がり，資本主義社会形成の背景となったことも覚えておくように。④は，正しい文である。ローマ教会から「信仰の擁護者」という称号を与えられたこともあるヘンリ8世は，王妃との離婚問題でローマ教皇と対立，1534年に国王至上法（首長法）を発布し，イギリス国教会を成立させた。よって，正解は④となる。

【35】 イヴァン4世の治世に，ロシアのシベリア進出に貢献した人物とは，イェルマークである。よって，正解は①となる。なお，18世紀前半に，ピョートル1世の命でシベリア探検を行い，ベーリング海峡に達したベーリングと区別しておくこと。②の「ラクスマン」は，1792年に，エカチェリーナ2世の命で根室に来航し，日本に開国を要求した。③の「プガチョフ」は，18世紀後半に，エカチェリーナ2世の時に起こった農民反乱の指導者である。④の「ステンカ＝ラージン」は，17世紀後半に起こった農民反乱を指導したドン＝コサックの首領である。

【36】 フェリペ2世は，父親であるカルロス1世から，スペインとネーデルラントなどを継承した。選択肢の中で，スペインとネーデルラントが含まれているのは，④の地図である。よって，正解は④となる。フェリペ2世の父親であるカルロス1世は，王位継承の際，母方からスペインを，父方から神聖ローマ帝国を継承し，スペイン王と神聖ローマ皇帝を兼任することとなった（スペインでは「カルロス1世」，神聖ローマ帝国では「カール5世」と呼ばれた）。なお，地図②で黒く示された「ベーメン・オーストリア」の地域は，オーストリア＝ハプスブルク家の領地である。

【37】 　f　は，「ナントの王令（勅令）を発布」が手がかりとなり，「アンリ4世」が入る。ナントの王令とは，プロテスタント信仰を認めた法令であり，これによってユグノー戦争は終結することとなった。　g　は，「ナントの王令（勅令）を発布」の後にあることと，「三十年戦争が勃発」が手がかりとなる。ナントの王令を発布したアンリ4世の次に即位したのは「ルイ13世」であり，ドイツ三十年戦争が勃発した時のフランス国王も「ルイ13世」である。よって，　g　にはルイ13世が入り，正解は③となる。なお，選択肢にある「フランソワ1世」とは，16世紀のヴァロワ朝の国王で，神聖ローマ帝国とイタリア戦争を行ったことで有名である。また，「ルイ14世」は，ルイ13世の後に即位し，17世紀後半から18世紀初頭にかけて，フランスを統治した絶対王政全盛期の国王である。

【38】 ①は「バイエルンの新教徒」ではなく，「ベーメンの新教徒」である。三十年戦争のきっかけとなったのは，ベーメンの新教徒が，カトリックの信仰を強制するハプスブルク家に反抗したことであった。よって，正解は①となる。なお，②と③の文にあるように，キリスト教の宗教内乱から始まった三十年戦争であったが，デンマークやスウェーデン，フランスなどヨーロッパの各国が介入し，国際的な戦争となった。1648年に結ばれたウェストファリア条約で，ドイツ諸侯に完全主権が与えられたため，300余りの諸侯は独立した領邦となった。これにより，神聖ローマ帝国は有名無実化するとともに，主権国家体制の確立をもたらすこととなった。

Ⅵ 近代の欧米世界の成立

【39】 ①は，「毛織物工業」の部分が誤り。イギリスの産業革命は，「綿織物工業」の技術革新から始まった。なお，イギリスの綿織物工業の中心地として栄えたのが，マンチェスターであったことも覚えておくこと。②は，「アークライト」の部分が誤り。ミュール紡績機を発明したのは，「クロンプトン」である。ジェニー紡績機と水力紡績機の技術を合わせたミュール紡績機によって，より細くて強い糸を紡ぐことが可能となった。なお，アークライトは，水力紡績機を発明した。③は正しい文であり，正解は③となる。スティーヴンソンによって実用化

された蒸気機関車は，マンチェスター（綿製品産地）とリヴァプール（輸出港）の間で最初に営業運用された。④は，「産業資本家に代わって，商業資本家の」部分が誤り。産業革命によって，社会的地位が高まったのは，産業資本家であり，正しくは「商業資本家に代わって，産業資本家の」となる。

【40】 アメリカ独立宣言が採択されたのは，「1776年7月4日」である。よって，略年表中の イ の時期になり，正解は②となる。なお，アメリカ独立宣言を起草したトマス＝ジェファソンも覚えておくこと。また，史料問題として問われることもあるため，教科書や資料集で確認しておくように。

【41】 「イギリスがアメリカ合衆国の独立を承認した条約」とは，1783年に結ばれたパリ条約である。パリ条約では，アメリカ合衆国の独立承認のほかに，ミシシッピ川以東のルイジアナがイギリスからアメリカに割譲された。よって，正解は③となる。ちなみに，「パリ条約」は，1763年に結ばれたフレンチ＝インディアン戦争の講和条約などいくつかあるので，教科書や用語集で確認し，一覧表にしてまとめておくように。①の「ユトレヒト条約」は，1713年に結ばれたスペイン継承戦争およびアン女王戦争の講和条約である。フランスのフェリペ5世（ブルボン家）のスペイン王位継承が認められた一方で，イギリスがスペインからジブラルタルとミノルカ島を，フランスからニューファンドランド，アカディア，ハドソン湾沿岸を獲得し，植民地を拡大した。②の「ネルチンスク条約」は，1689年にロシアのピョートル1世と清の康熙帝の間で締結された条約で，スタノヴォイ山脈（外興安嶺）とアルグン川（黒竜江上流）が国境線とされた。なお，清にとって有利な内容であったことも覚えておくように。④の「ティルジット条約」は，1807年にフランスのナポレオンが，プロイセン，ロシアと締結した条約である。プロイセンの領土は大幅に削られ，ウェストファリア王国やワルシャワ大公国が成立した。プロイセンはこの条約を「ティルジットの屈辱」と

呼び，プロイセン改革と呼ばれる内政改革を開始することとなった。

【42】 アは，文中にあるように「国民議会」の出来事である。イの「テルミドール9日のクーデタ」がおこったのは，「国民公会」においてである。ウの「8月10日事件」がおこったのは，「立法議会」においてである。フランス革命中に成立した議会（政府）を古い順に並べると，「三部会⇒憲法制定議会（国民議会）⇒立法議会⇒国民公会⇒総裁政府⇒統領政府」となる。よって，ア～ウを年代の古い順に並べると，「ア⇒ウ⇒イ」となり，正解は②となる。なお，アの「立憲君主政…憲法」とは，「1791年憲法」である。フランス革命中には，「1791年憲法」のほか，「1793年憲法」と「1795年憲法」も制定された。内容を必ず確認しておくように。イの「テルミドール9日のクーデタ」とは，ジャコバン派のロベスピエールの独裁が打倒されたクーデタである。ナポレオンが総裁政府から実権を奪った「ブリュメール18日のクーデタ」と区別しておくこと。ウの「8月10日事件」の結果，王権は停止され，立法議会は解散させられることとなった。

【43】 ①の「ブリュメール18日のクーデタ」は，ナポレオンが総裁政府から実権を奪ったクーデタであるため，①の文は正しい。アウステルリッツの戦いに勝利したナポレオンは，1806年に自らを盟主として，ドイツ南西部の16諸邦にライン同盟を結成させた。これにより，神聖ローマ帝国は消滅した。よって，②も正しい文となる。③の「アミアンの和約」とは，1802年にナポレオンとイギリスとの間で締結された講和条約であり，両国の関係が一時的に回復することとなった。よって，③も正しい文である。なお，ナポレオンが皇帝に即位すると，関係は再び悪化することとなった。④のナポレオンが退位することとなった戦いは，「ライプツィヒの戦い」である。よって，④の文が誤っており，正解は④となる。なお，「アウステルリッツの戦い（三帝会戦）」とは，1805年にナポレオンがオーストリア・ロシア連合軍を破った戦いである。こ

の戦いの勝利によって，フランスはヨーロッパにおける支配権を獲得することとなった。

VII　2世紀の世界　（選択問題）

【44】　　A　　は，「1世紀末に後漢によって西域都護に任じられた」の部分が手がかり。後漢の時代に西域都護に任命されたのは，「班超」である。西方からもたらされる情報により，ローマ帝国の存在を知った班超は，部下の甘英を西方に派遣した。　　B　　は，「使者が海路で日南郡に到達」の部分が手がかり。後漢の時代に，海路で日南郡に使者を送ったのは，ローマ皇帝のマルクス＝アウレリウス＝アントニヌスである。また，「　B　王安敦」の「安敦」とは，マルクス＝アウレリウス＝アントニヌスの中国名であることから，　B　には，ローマ帝国の中国名が入る。ローマ帝国は，中国では「大秦国」と呼ぶため，　B　には「大秦」が入る。以上により，正解は④となる。選択肢にある「班固」とは，『漢書』を編纂した後漢の歴史家であり，班超の兄である。また，「安息」とは，「パルティア」のことである。

【45】　①の「呉楚七国の乱」は，前漢の時代（前154年）におきた出来事である。呉王や楚王などの七王がおこした反乱であり，景帝によって鎮圧された。②の「王侯将相いずくんぞ種あらんや」をスローガンにおこした反乱とは，「陳勝・呉広の乱」であり，秦の始皇帝の死後におこった（前209年）。③の「党錮の禁」がおこったのは，後漢末（2世紀後半）であり，正解は③となる。④の文章は，「紅巾の乱」の部分が誤り。張角が2世紀末におこした反乱とは，「黄巾の乱」である。反乱は鎮圧されるも，混乱は広がり，三国時代へと移ることとなった。

【46】　　c　　は，「クシャーナ朝」と「最盛期」の部分が手がかり。クシャーナ朝の最盛期を築いた王は，「カニシカ王」である。カニシカ王は，大乗仏教の保護や第四回仏典結集，ガンダーラ布教で有名である。　　d　　は，「デカン高原」と「西方との海上貿易」の部分が手がかり。ク

シャーナ朝の時代にデカン高原で西方との海上貿易を行っていた王朝は，「サータヴァーハナ朝」である。サータヴァーハナ朝は，ドラヴィダ人の王朝であり，ローマ帝国と交易を行った。よって，正解は③となる。なお，選択肢にある「ホスロー1世」は，ササン朝ペルシア全盛期の王である。突厥と結んでエフタルを滅ぼすとともに，東ローマ帝国と争ったことでも有名である。また，「シャイレンドラ朝」は，8～9世紀にかけて，ジャワ島に栄えた王朝である。仏教を保護し，ボロブドゥール寺院を建造したことで有名である。

【47】　「クシャーナ朝の時代に仏教美術が栄えた地域」とは，ガンダーラ地方であり，地図中のAの地域である。次に，ガンダーラ地方で生み出されたガンダーラ様式の仏像は，ヘレニズム（ギリシア彫刻）の影響を強く受けているのが特徴である。具体的には，波打つようなギリシア的な髪型と，ギリシア彫刻のような深いひだの入った衣服が特徴である。この特徴を持った仏像は，イの仏像である。よって，正解は②となる。なお，アの仏像は，グプタ朝の時代に生み出されたグプタ様式の仏像で，ギリシア的要素が一掃された「純インド的」な仏像である。具体的には，繊細な薄い衣を肌に密着させて，手足の輪郭を強調するのが特徴である。

【48】　Aの「ダルマによる統治をめざし，各地に勅令を刻ませた」のは，インドのマウリヤ朝（アショーカ王）である。よって，Aは誤りとなる。Bの「『アヴェスター』が編集され，マニ教が創始された」のは，ササン朝である。よって，Bも誤りとなり，正解は④となる。なお，アショーカ王の石柱碑は，写真問題でも問われることがあるので，教科書や資料集で確認しておくように。

【49】　「パクス＝ロマーナ（ローマの平和）」は，アウグストゥスの即位（前27年）から五賢帝時代の終わり（後180年）までの約200年間の期間である。また，この時期は，プリンキパトゥス（元首政）にあたる。①のトラヤヌス帝は，五賢帝の2番目の皇帝である。ダキア（現在のルー

マニア）を征服し，ローマ帝国の最大領域を築いた。よって，正解は①となる。②のコンスタンティヌス帝は，帝政後期のドミナトゥス（専制君主政）の時代の皇帝である。313年にミラノ勅令を発布し，キリスト教を公認した。③のディオクレティアヌス帝も，ドミナトゥス（専制君主政）の時代の皇帝である。④のハドリアヌス帝は，五賢帝時代の皇帝であるが，全自由人にローマ市民権を与えてはいない。全自由人にローマ市民権が与えられたのは，カラカラ帝によるアントニヌス勅令によってである。また，カラカラ帝は，五賢帝より後の時代の皇帝である。

【50】　選択肢の中で，②の「キープ（結縄）」は，インカ帝国で行われていた記録法である。紐の結び目で，数値を表していた。よって，正解は②となる。なお，マヤ文明は，ユカタン半島に成立したことも覚えておくように。

Ⅷ　2度の世界大戦（選択問題）

【51】　ドイツが1917年に行った作戦とは，「無制限潜水艦作戦」である。イギリスの海上封鎖に対抗するため，ドイツは潜水艦（Uボート）による無制限潜水艦作戦を行った。よって，　Ａ　には「潜水艦」が入る。この作戦により，イギリスのルシタニア号が撃沈され，多数のアメリカ人が犠牲になると，「戦争不参加」を掲げていたアメリカ合衆国が，第一次世界大戦に参戦することとなった。よって，　Ｂ　には「アメリカ合衆国」が入り，正解は③となる。

【52】　Ａは，「バルフォア宣言」の部分が誤り。第一次世界大戦中に，アラブ人の独立を認めたのは，フセイン・マクマホン協定である。1915年にイギリスがアラブ側と結んだフセイン・マクマホン協定では，オスマン帝国への反乱を条件に，アラブの独立を約束した。なお，バルフォア宣言は，1917年にイギリスがユダヤ人のパレスチナ国家建設を認めた宣言である。これに加え，1916年には，イギリス・フランス・ロシアの間で，第一次世界大戦後のオスマン帝国領の

分割をとりきめたサイクス＝ピコ協定が結ばれた。これらの条約は，すべて密約とされた。Ｂは，正しい文である。「ムスタファ＝ケマル」は，第一次世界大戦後にトルコ革命を指導し，トルコ共和国の大統領となった。トルコ共和国憲法の発布やカリフ制の廃止による政教分離などのトルコ革命を進め，近代国家として自立することになった。これらの業績が認められ，「アタトゥルク（トルコ人の父）」という名が贈られた。よって，正解は③となる。

【53】　『青年雑誌』を刊行し，新文化運動を指導した人物は，「陳独秀」である。よって，正解は②となる。陳独秀は，中国の文学革命の指導者として活躍したほか，中国共産党を創設し，その初代委員長となった。①の「梁啓超」は，康有為とともに戊戌の変法の指導者として活躍した。③の「張学良」は，奉天軍閥であった張作霖の子である。1928年におきた張作霖爆殺事件の後，蔣介石の国民政府に帰服した。④の「孫文」は，1905年に東京にて中国同盟会を結成した。三民主義を理念とする四大綱領を掲げ，辛亥革命を指導した。

【54】　①は，正しい文であり，正解は①となる。なお，ロシア二月革命後の臨時政府の首相となったのは，社会革命党右派の指導者ケレンスキーであった。②は，「社会革命党のケレンスキー」の部分が誤り。「すべての権力をソヴィエトへ」と述べたのは，ボリシェヴィキのレーニンである。1917年にスイスから帰国したレーニンは，「四月テーゼ」を発表，「すべての権力をソヴィエトへ」というスローガンを掲げた。③は，「メンシェヴィキ」の部分が誤り。トロツキーは，ボリシェヴィキである。なお，メンシェヴィキがロシア社会民主労働党の少数派で穏健な革命を主張したのに対し，ボリシェヴィキはロシア社会民主労働党の多数派で暴力による革命を主張した。④は，「ヌイイ条約」の部分が誤り。第一次世界大戦中にソヴィエト政権がドイツと行った単独講和とは，「ブレスト＝リトフスク条約」である。この条約により，東部戦線は終結し，ロシアはポーランドなどを

失った。なお、「ヌイイ条約」とは、第一次世界大戦後にブルガリアが連合国と結んだ講和条約である。

【55】　e　は、「大戦後…国際協調の気運」の部分が手がかり。第一次世界大戦後の国際協調の気運の高まりの中で結ばれた条約は、ロカルノ条約である。ロカルノ条約は、1925年に結ばれたヨーロッパの安全保障条約であり、ラインラントの非武装化などが定められた。この条約により、ドイツの国際連盟加盟が認められた。
　f　は、「自立化の動きが活発化」の部分が手がかり。インドの自立化の動きとして行われたのは、「非暴力・不服従運動」である。非暴力・不服従運動は、ガンディーが提唱したイギリスへの抵抗手段であった。よって、正解は②となる。なお、選択肢にある「サン＝ステファノ条約」とは、1878年に露土戦争の講和条約としてロシアとオスマン帝国の間で締結された条約である。また、「五・四運動」とは、1919年におきた中国の運動で、パリ講和会議に反発するとともに、日本が行った「二十一カ条の要求」の撤廃を要求した。

【56】　①は、正しい文である。第一次世界大戦後、ヨーロッパ諸国が農産物の自給化をはかり、農産物に高関税をかけるようになると農作物の生産量が急増し、1924年頃から供給過多による農産物価格の下落が始まった。この農業不況は、アメリカ国内の購買力を低下させ、世界恐慌の背景となった。②も、正しい文である。アメリ

カのフーヴァー大統領は、1931年に戦債・賠償金の1年間停止を定めたフーヴァー＝モラトリアムを出したが、すでに世界恐慌は拡大しており、効果はなかった。③も、正しい文である。フランスを中心とする「フラン＝ブロック」のほか、イギリスを中心とする「スターリング＝ブロック」、アメリカを中心とする「ドル＝ブロック」が形成された。④は、「金本位制への復帰」の部分が誤り。世界恐慌後、イギリスからの金の流出を恐れたマクドナルド挙国一致内閣は、1931年に金本位制を停止した。よって、正解は④となる。

【57】　連合国が大戦後のドイツ処理やソ連の対日参戦を決めた首脳会談は、ヤルタ会談である。ヤルタは、黒海のクリミア半島に位置するため、地図中のBとなる。また、写真の中央の人物は、ヤルタ会談に出席したアメリカのフランクリン＝ローズヴェルトである。よって、正解は④となる。ヤルタ会談に出席した首脳は、イギリスのチャーチル（写真左）、フランクリン＝ローズヴェルト（写真中央）、ソ連のスターリン（写真右）である。その後、日本の戦後処理を決めるポツダム会談が開かれ、イギリスのアトリー、アメリカのトルーマン、ソ連のスターリンが出席した。ヤルタ会談と同様に、出席者と写真が問われることがあるので、確認しておくように。なお、地図中のAは、フランスの「パリ」である。

世界史　正解と配点

問題番号		正　解	配　点
Ⅰ	1	⑥	2
	2	③	2
	3	④	2
	4	②	2
	5	①	2
	6	③	2
	7	②	2
	8	①	2
Ⅱ	9	②	2
	10	①	2
	11	③	2
	12	①	2
	13	②	2
	14	④	2
	15	③	2
	16	④	2
Ⅲ	17	③	2
	18	①	2
	19	③	2
	20	④	2
	21	②	2
	22	②	2
	23	④	2
	24	①	2
Ⅳ	25	④	2
	26	③	2
	27	②	2
	28	②	2
	29	①	2
	30	①	2
	31	⑤	2

問題番号		正　解	配　点
Ⅴ	32	③	2
	33	②	2
	34	④	2
	35	①	2
	36	④	2
	37	③	2
	38	①	2
Ⅵ	39	③	2
	40	②	2
	41	③	2
	42	②	2
	43	④	2
Ⅶ	44	④	2
	45	③	2
	46	③	2
	47	②	2
	48	④	2
	49	①	2
	50	②	2
Ⅷ	51	③	2
	52	③	2
	53	②	2
	54	①	2
	55	②	2
	56	④	2
	57	④	2

令和2年度　地　理　解答と解説

I　地形に関する問題

【1】　3000m以上の割合が最も大きい大陸がアジア。ヒマラヤ山脈やチベット高原など「世界の屋根」を抱えているため，想像しやすいのではないか。よって，アがアジア。イを見ると，200m未満の低地が約50％を占めている。これはヨーロッパ。ウの数値の特徴は，200m未満の割合が非常に少ないこと。これは台地や高原の多いアフリカである。エの数値は，低地が多いが，3000m以上の土地も比較的多い。海岸から低い土地が続くが，標高の高い山脈も存在するのは南アメリカである。アマゾン中流にある都市でも標高100m程度であることを地図帳で確認しておこう。標高が高い土地はアンデス山脈（最高峰はアコンカグア山の6,959m）である。正解は①。

【2】　aの記述は正しい。Eの分布を見ると，アフリカの大半，バルト海の東側，インド，オーストラリアの大半，カナダのケベックを中心とする地域，ブラジル周辺がそれにあたる。すべて安定陸塊がひろがる土地であり，aの文中にある楯状地や卓状地は安定陸塊に見られる。

　bは誤り。Fの分布を見るとオーストラリア東部やイギリスなど，古期造山帯が分布する土地である。bの文を読むと，高峻な山地とあるが，これは新期造山帯の表現である。FとGの説明を逆にすれば正しくなる。正解は②。

【3】　①は誤り。プレートが「遠ざかる境界」とは「広がる境界」のことを指し，多くは海溝ではなく海嶺になる。

　②も誤り。「すれ違う境界」では横ずれ断層が見られる。代表的な断層はカリフォルニアのサンアンドレアス断層。②の文には「弧状列島（島弧）」とあるが，これは「狭まる境界」に見られ，代表的な弧状列島は日本列島である。

　③は正しい。大陸プレートどうしがぶつかり褶曲山脈となった場所としてヒマラヤ山脈があげられる。大陸プレートと海洋プレートがぶつかった場合は海溝と弧状列島が形成される。前述のとおり，日本付近がこれであり，海溝周辺では地震と火山が発生しやすい。

　④は誤り。「海嶺がつくられる」のは「広がる境界」であり，プレートの沈み込み帯とは大陸プレートと海洋プレートがぶつかった場所，すなわち海溝のことであり，「狭まる境界」である。正解は③。

【4】　日本付近のプレートは次のとおり。西南日本はすべてユーラシアプレートと考えてよいだろう。正解は③。

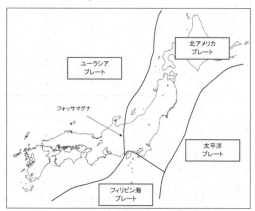

【5】　Pの選択肢は礫か泥のどちらかである。違いは粒の大きさで，礫のほうが泥よりも粒が大きい。Pの前後を読むと，「粗い砂」とPが並列で扱われ，「Pを堆積して扇状地をつくる」とある。扇状地は，山地が終わり平地が始まる場所に見られるため，比較的粒の大きな礫が堆積すると考えよう。つぎにQの前後を読むと，Qが砂嘴や砂州などの発達に影響を与えているとある。砂嘴や砂州は沿岸流の影響で発達する地形のことなので，Qには沿岸流が入る。正解は①。

【6】　①のテムズ川と，③のエルベ川の河口に発達する地形はエスチュアリー（三角江）である。

②のナイル川の河口には三角州が発達しているが，その形状は円弧状である（円弧状三角州）。④のミシシッピ川河口の三角州が鳥趾状三角州で，河川の堆積作用がさかんで沿岸流の弱い場合に形成される。問題文にあるカスプ状三角州に分類されるものは，イタリアのテヴェレ川河口の三角州がある。正解は④。

【7】①は適切でない。カの写真にある塔状の地形はタワーカルストとよばれ，中国南部の桂林などで見られる。ポリエ（溶食盆地）とはカルスト地形の凹地の一つで，窪みが発達した地形で規模が大きい。②は適切。タワーカルストは溶食によってできた地形である。③は適切でない。キには氷河地形が確認できるが，すり鉢状の窪地はカール（圏谷）とよばれる。モレーンとは，氷河が土地を削りながら移動している際にできた岩屑や砂礫などが堆積したものなので，窪地ではなく盛り上がった地形になる。④は適切でない。カールが発達するのは山岳地域であり，山岳氷河が形成したもの。大陸氷河がつくったものではない。正解は②。

【8】長方形の面積を求めるには，縦と横という「長さ」の情報が必要である。地図上の長さはわかっているが，実際の長さはわからない。そこで縮尺の情報が必要となる。縮尺は主に問題文か地形図の下に記される。今回は問題文に2万5千分の1の地形図と明記されているため，これを利用しよう。

縮尺が明記されていない場合は，等高線で判断する。計曲線（太い等高線）が50mごとに引かれていれば2万5千分の1，100mであれば，5万分の1である。

縮尺がわかったので，次は計算である。ここで注意しなければならないことは，縮尺とは「長さ」の比であって，「面積」の比ではないということである。つまり問題文にある「1.5cm」と「2.5cm」を掛けてしまってはいけないということである。まず，「実際の長さ」を求めて，その数字を掛け算しなければならない。では，実際の長さを求めてみよう。

縮尺2万5千分の1とは「本当の長さは25000だけれども，地図上では1の長さで描きました」ということを意味している。これを式にすると以下のようになる。

$$1 : 25000 = 1.5 : X$$
内項の積と外項の積は等しいので，
$$1 \times X = 25000 \times 1.5$$
$$X = 37500 \text{（cm）}$$

注意が必要なのは，最初の式の1.5の単位はcmであるため，求めたXの単位もcmとなる。そして，問われている面積はcm²ではなく，km²であるため，37500cmをkmに単位変換する。

$$37500\text{cm} = 375\text{m} = 0.375\text{km}$$
同様に2.5cmの実際の長さを計算する。
$$1 \times 25000 = 2.5 \times X$$
$$X = 62500$$

kmに変換すると，0.625kmとなる。ここではじめて「縦×横」の公式を使うことができる。

$$0.375\text{km} \times 0.625\text{km} = 0.234375$$
これに最も近い数字は0.23km²の①である。正解は①。

【9】①は適切でない。京ヶ瀬村工業団地にある歯車の地図記号 ☼ は「工場」の地図記号であり，発電所の地図記号ではない。発電所の地図記号は ⚡ である。

②は適切でない。地形図にある阿賀野川は，福島県・群馬県から新潟県を流れ，日本海に注ぐ川で，この地域に北海道で見られた屯田兵村はない。

③は適切。JRの地図記号は以下の通り。

単線
複線以上
ちなみにJR線以外は以下の通り。
単線
複線以上
④は適切でない。Yの地域には畑 ∨ や田 ‖ はあるが，桑畑 Υ はない。あるのは荒地 ⼭ である。正解は③。

【10】地形図の地域は，広範囲にわたって田に利用されており，河川は蛇行している。これは氾濫原の特徴である。①の河岸段丘であれば，川に沿って段丘面があり，地形図では等高線が密

になる部分が川と並行するはずだが，それが見られない。②の砂丘の場合は，田として利用されにくい。③の谷底平野は，山間部の谷底に見られるが，京ヶ瀬村工業団地の東の「下里」の文字の下の水準点は8.7mとあり，山間部とは考えにくい。正解は④。

Ⅱ 気候に関する問題

【11】この問題を考えるときの前提が二つある。一つ目は比熱である。比熱とはあたたまりやすさ，冷めやすさととらえるとわかりやすい。水は比熱が非常に大きく，あたたまりにくく，冷めにくい。夏は陸地より冷えており，冬は陸地よりあたたかいということである。二つ目は風の吹く方向である。地表面付近の風の原動力は気圧傾度力，簡単に言えば気圧の差である。物体は高いところから低いところに落ちていくように，風も高気圧から低気圧に向かって吹く。そして，低気圧とは雲が発生するところで，上昇気流が発達している。

以上を踏まえてaを読む。すると「夏は陸から海に向かって（風が）吹き」とある。夏は海のほうが陸よりも冷えており，陸地ではぐんぐん気温が上昇する。陸地によってあたためられた空気は上昇していくため，ここでは上昇気流が発達する。すなわち，低気圧となる。海では空気が冷やされるため，空気は上昇せず，相対的に高気圧になる。ということは海から陸に向かって風は吹く。よってaは誤り。bは正しい。低緯度地方の気温の年較差は小さく，1日の気温差（気温の日較差）のほうが大きくなる。正解は③。

【12】問題文の説明はスコールのことである。スコールとは，よく夕方に強い雨が降るため，夕立と同じように考えるが，夕立とは異なる。スコールは，豪雨ではなく突発的な風の強まりをさす。

②のサイクロンとは，おもにインド洋における熱帯低気圧をさす用語。東アジアでは台風，アメリカではハリケーン，オーストラリアでは

ウィリーなどとよばれる。③のブリザードとは，極地で見られる暴風雪で風速が非常に強く視界の悪い天候をさす用語。④のハリケーンは前述のとおり，アメリカにおける熱帯低気圧をさす用語。正解は①。

【13】札幌の気候は，シカゴやモスクワなどと同じ冷帯に分類される。冷帯の定義は，「最寒月の平均気温が−3℃以下で，最暖月の平均気温が10℃以上」である。また，冬は北西季節風の影響で多量の雪が降る。よって夏にくらべて冬の降水量が多く，冬の気温が低い。この条件に当てはまるのは③である。

④は夏季の降水量が増大することからモンスーン帯であると考え，チンタオと判別する。②は降水量に特徴がある。夏季に降水量が減少し，冬季は増大することから地中海性気候と判別できる。これはヴァンクーヴァーだが，この都市の気候が地中海性気候であると暗記する必要はない。地中海性気候の分布が頭に入っていればよい。地中海性気候が分布するのは，地中海沿岸（アフリカ北岸に注意），カスピ海から中央アジアにかけて，南アフリカ，オーストラリア南部，北米と南米の太平洋岸である。ヴァンクーヴァー周辺の気候は，西岸海洋性気候と地中海性気候の境目だが，チンタオ，札幌，ワシントンD.C.周辺に地中海性気候はないので消去法で判断できる。残った①はワシントンD.C.で，温暖湿潤気候に分類される。正解は③。

【14】①は適切。札幌と那覇の年平均気温をくらべてみると，札幌は12.8度，那覇は23.1度と気温差はあるものの，8月の気温をくらべると，札幌25.1度，那覇28.7度と夏の気温差は少なくなる。ちなみにこれまでの最高気温を比較すると，札幌36.2度（1994年8月7日），那覇35.6度（2001年8月9日）と札幌の方が高い。

②は適切でない。日本海に低気圧が存在するということは，高気圧から低気圧に向かって風が吹き込むため，風は日本海に向かって吹き込むはずである。それは南の太平洋側から吹いてくるはずで，冷涼にはならない。

③は適切。等圧線が狭い間隔で走っている場合，気圧差が大きいということを意味し，風は強く吹く。そして西高東低の気圧配置は北西の風をもたらす。これは典型的な冬型の気圧配置である。

④は適切。瀬戸内は南北を四国山地，中国山地に挟まれ，夏・冬どちらの季節風も遮られる。そのため，山の向こう側で降水（降雪）があり，乾いた風が進入しやすく，晴れの日が多くなる。正解は②。

【15】成帯土壌とは，気候帯と自然植生帯が一致した帯状に分布する土壌のこと。間帯土壌は土壌の母材など局地的条件によって生成される土壌のこと。①ラトソルは，熱帯の強い降水で土壌の養分が溶けたり，流されたりした養分の少ない赤っぽくなった成帯土壌。②の赤黄色土は，亜熱帯を中心に分布する成帯土壌で乾燥帯ではない。乾燥帯の成帯土壌は，砂漠土，灰色土など。半乾燥草原地帯ではチェルノゼム，栗色土などがある。③のテラロッサは石灰岩が風化した間帯土壌で，地中海沿岸に分布する。温帯のおもな成帯土壌には，褐色森林土がある。④のポドゾルは冷帯に分布する成帯土壌。寒帯の成帯土壌はツンドラ土である。正解は①。

【16】Pはラプラタ川の河口であり，オリノコ川は南米の北部にあるベネズエラを流れる。ラプラタ川河口に見られる温帯草原はパンパで，乾燥パンパと湿潤パンパに分かれる。乾燥パンパでは放牧が，湿潤パンパでは穀物の栽培が行われる。カンポ（カンポセラード）はブラジルに見られる長草草原のこと。正解は④。

【17】河川の月別流量の問題は気候の問題であるが，月ごとの値が割合なのか流量そのものなのかを確認しよう。割合とは，年間の流量のうち，その月の流量はどの程度かを見たもの。割合だと，河川の季節変化を見ることには適しているが，別々の河川の流量を比較することは難しくなる。

このグラフは，流量なので，カ，キ，クのグラフを単純に比較ができる。キのグラフが大きな値を示し続けており，これは熱帯を流れる河

川と推測できる。よって，キはXのコンゴ川。流量の問題ではクのようなグラフに細心の注意を払おう。クの5月までは流量が大きくないが，6月になると急激に増加し，この月が最も大きな値を示している。これは季節風や夏の特徴を示すものではなく，「雪解け水」が河川に流入したことを意味する。5月までは雪や氷が解けないくらい寒い場所，すなわちYのレナ川である。残ったカのグラフを見ると，夏季（複数の月にわたって）に流量が増加しているため，季節風の影響と判断できる。カはZのメコン川。正解は④。

【18】①は適切でない。サの地域は大変暑く，砂が風に舞うサハラ砂漠であり，窓や入口を小さくして砂や熱が家屋の中に入ってこないようにしている地域である。②も適切でない。シの地域は，夏が暑い地中海沿岸で，木材は得にくいため，白い石灰岩を利用した家屋で夏の暑さをしのいでいる。③は適切。スの地域は，湿気と気温の高い熱帯であり，風通しをよくする高床の家屋で湿気を防いでいる。④は適切でない。セの地域は，冬の寒さが厳しい朝鮮半島であり，家事で用いた火の熱を床下に通す床暖房のある家屋が伝統的な様式となっている。この床暖房設備はオンドルといい，ペチカではない。ペチカとはロシアの暖炉とオーブンを兼ねたものである。正解は③。

Ⅲ 農林水産業に関する問題

【19】アとイの図を見比べると，アはバルト海沿岸のような寒い国々で生産されている。一方，イは地中海沿岸のようなあたたかい国々で生産量が多い。ライ麦は小麦の栽培にも適さないような寒冷な気候のヨーロッパ北部などで栽培される。アはライ麦，イはぶどうと判断しよう。ぶどうといえばワインの原料であり，フランス，イタリア，スペインなどはワインの生産国である。ひまわりの生産は，ウクライナとロシアで世界の約50%を占め，旧ソ連の国々の生産量が多い。花を観賞するのではなく，ひまわりの種

から油をとる。正解は②。

【20】　①は適切。乳製品は野菜などと同じく鮮度が要求されるので，大都市に近い近郊農業にも適している。日本の乳牛の飼育頭数を見ると，北海道が全国の60.1％を占めるが，以下，栃木，熊本，岩手，群馬と続き，東京近郊の県もさかんである（2018年）。②は適切でない。混合農業とは，穀物生産と家畜の飼育を混ぜ合わせた農業のことである。野菜・果樹・花卉などを集約的に栽培するのは園芸農業である。③は適切。企業的穀物・畑作農業は非常に広い場所で行うことが多く，多少は土地の非効率的な利用が行われ，土地生産性はやや低くなる。④は適切。冷凍船の発明で，とくに南米からの牛肉の輸送が可能になったことは，ブラジルやアルゼンチンなどに企業的牧畜を発達させる要因となった。南米から大消費地である北米やヨーロッパに牛肉を輸送する際，輸送船は赤道を越えるため，生鮮食品は傷みやすかった。これを解消したのが冷凍船である。正解は②。

【21】　①は適切でない。フードシステムとは，農林水産業から加工業，流通業を経て消費者に届く一連の関わりのことで，フードチェーンともいう。多国籍企業の穀物商社とは穀物メジャーである。②は適切でない。東経60度に位置するアラル海はかつて円形の湖であったが，現在は湖水が減少し，面積が激減した。湖水が減少した原因は大豆栽培の灌漑ではなく，綿花栽培による。③は適切でない。フィリピンではミンダナオ島を中心にバナナ栽培が多国籍企業の資本のもと（つまりプランテーション）で行われている。油やしへの転換は，インドネシアやマレーシアである。④は適切。アグロフォレストリーとは混農林業や農林複合経営ともよばれ，持続的な土地利用ができる農業方法である。アグロフォレストリーを知らなくても，①～③の間違いがわかれば消去法で解ける問題である。正解は④。

【22】　写真は茶摘みのようすである。ケニアは茶の生産量が中国，インドに続き世界3位（2018年），輸出量は世界1位（2017年）である。茶

の原産地は中国西南部とされ，aは誤り。ケニア，インド，スリランカなど，かつてのイギリス植民地は現在も茶の生産上位国である。よって，bは正しい。正解は③。

【23】　日本の国土の3分の2は森林である。よって，森林の多い②を日本と判断する。①はオーストラリア。牧畜がさかんなので，牧場・牧草地が多いことと，国土の約6割は乾燥気候なので耕地が少ないことで判断する。③はアルゼンチン。オランダと迷うところではあるが，企業的牧畜の発達したアルゼンチンと園芸農業のさかんなオランダから，牧場・牧草地の多い③がアルゼンチン。耕地の面積の多い④がオランダと判断する。正解は②。

【24】　1980年からしだいに割合を低下させているクが米である。日本では1970年代に入り，米が余ったため減反政策を実施し，米の生産調整を行ってきた。また，食生活の変化などで米の消費量も減っている。減反政策は2018年度から廃止されたもののその後も米の生産量は増えていない。一方，生産量の増加しているのが野菜である。果実はバナナや柑橘類などの輸入品は多いものの，国内果実の需要は減っている。カが野菜，キが果実。正解は⑥。

【25】　P，Q，Rのグラフの輸入相手国の第1位はアメリカなので，ここを根拠とせず，ほかの国を比較して考える。Pの2位がブラジルで，ブラジルは，大豆，とうもろこし，牛肉の輸出が多い。Qの2位はタイで，米の輸出が多い。このことから，Pが大豆，Qが米と判断しよう。残ったRが小麦である。日本の小麦輸入相手国の上位3か国には，アメリカ，カナダ，オーストラリアが入る。正解は⑤。

【26】　①は適切。薪炭材と用材の割合の問題は大学入学共通テストの前身であるセンター試験でも頻出である。一般的に発展途上国では食事をつくるときなどに薪炭材を利用するので，その割合が大きくなる。②は適切でない。針葉樹は主に冷涼な気候で生育する。アメリカとロシアは針葉樹が5割をこえるが，インド，ブラジル，中国では3割未満である。③は適切でない。日

本の森林は国有林と民有林に分かれ，民有林は公有林と私有林に分かれる。日本の私有林の面積の割合は約57％である（2017年）。④は適切でない。林業に限らず，日本の林業は生産コストが高いため，安い輸入木材に頼ってきた。また，林業に従事する人は減っており，高齢化も進み，若年労働者は減少している。木材の自給率は2000年代の後半から国産材の生産が増えてきたため，少しずつ増加してきたが約37％である（2018年）。国産材が増えてきた要因は，海外で日本産木材の人気が高まっていること，木質バイオマス発電で使う燃料用チップの国内生産の増加などである。正解は①。

Ⅳ 資源・エネルギー・工業に関する問題

【27】 世界の石炭の産出地を探すポイントはいくつかある。まず，オーストラリアの東，グレートディヴァイディング山脈に沿った▲に着目しよう。モウラ炭田などが有名である。ほかにはポーランド，アメリカの東側のアパラチア山脈などである。すず鉱の産出地は，ボリビアとマレー半島に着目する。そこには○しかなく，これがすず鉱と判断できる。残った■を見ると，アフリカ南部やロシアなどで見られ，ダイヤモンドの産地である。正解は①。

【28】 地熱発電が普及しているのは，新期造山帯に属し，火山活動の盛んな国である。この条件にあてはまるのは③である。①は風力発電，②は太陽光発電。④はフランスが入っていることから原子力発電。フランスは発電量に占める原子力の割合が約70.9％（2017年）と，原子力発電に大きく依存している国であることをおさえておこう。正解は③。

【29】 aは誤り。日本の炭田は炭鉱掘りであり，露天掘りと違ってコストがかかる。そのため，輸入石炭に頼っている（2019年の自給率は0.4％）。bも誤り。国内の原子力発電所は2013年9月からすべてが稼働を停止したものの，2015年8月に鹿児島の川内原子力発電所が再稼働して以降，2020年3月現在，9基が運転中で

ある。正解は④。

【30】 一般廃棄物の処分量合計が少ないということは人口が少ないと考えられる。また，処分量に占めるリサイクル量の割合が高い国は，環境問題への意識が高く，リサイクルのしくみが整っている国であり，先進国と考えられる。一方，発展途上国は廃棄物の処理能力が追いつかない国が多い。リサイクルの割合が高く，日本とメキシコにくらべ人口の少ないLがスウェーデン，リサイクルの割合の低いKがメキシコ，残ったJを日本と判断する。正解は⑤。

【31】 ①は適切でない。アルミニウム精錬は大量の電力を必要とするため，電力が豊富で安価な国・地域に立地する。②は適切でない。ビールを製造する場合，水は重要な原料であるが，どこでも手に入れることができる。そのため原料よりも輸送コストが重要になる。ビールは重量が重く輸送費がかかるため，市場の近くに立地する。③は適切でない。出版・印刷業の製品も重量がある（バッグに教科書をたくさん入れている諸君であればよくわかると思う）ことに加え，情報が集まる都市部に立地するメリットが大きい。そのためビール製造と同様に市場指向型となる。④は適切で正解は④。

【32】 図アを見ると，1980〜2000年代なかばまでは，日本とアメリカがトップを競っていたが，その後，中国が大きく生産高を伸ばしている。図イは中京地帯と関東内陸地域に多く工場が分布する。これは自動車である。愛知県の分布はトヨタ自動車の工場と推察できよう。関東内陸地域に自動車工場が立地するのは，地価が安いことと，高速道路が整備されているので，海外へ輸出するのに横浜や川崎の港まで輸送するのが便利だからである。①の鉄鋼は，原料の鉄鉱石などを輸入するので，関東や瀬戸内，北九州の臨海部に立地する。③の光学機器は安価な労働力を得られる地域，④のセメントは原料の石灰石が産出する地域に立地する。正解は③。

【33】 ①は適切でない。ユーロポートとはオランダのロッテルダム西方にある港である。Pはフランス北部である。②は適切。ルール工業地域

の説明である。③は適切でない。Rにある都市のトゥールーズにはエアバス社の航空機の最終組立工場はあるが、「青いバナナ」とよばれる地域ではない。青いバナナとは、ロンドンからフランスやドイツ、北イタリアまでの工業地域のこと。④は適切でない。「第3のイタリア」とは、ヴェネチア、ボローニャ、フィレンツェといったイタリアの北東部に広がる伝統技術集積地域のこと。バッグや靴など、デザイン性の高い製品を生み出している。Sはイタリア北西部であり、ここはジェノヴァ、ミラノ、トリノの重工業三角地帯。ここが「第1のイタリア」、南部のタラント湾が「第2のイタリア」とよばれる。正解は②。

【34】 アジアNIEsは、香港、台湾、シンガポール、韓国の4か国・地域である。インドネシアは含まれない。正解は③。

Ⅴ 地球的な課題に関する問題

【35】 1960年ころの世界人口は約30億人。現在は約78億人となった(2020年)。この60年間で急激に人口は増えた。人口が大きく増加したのはアジアとアフリカである。一方、ヨーロッパでは少子高齢化が進み、世界人口に占める割合は低下した。①がヨーロッパである。増加している②はアフリカ、微増している③はラテンアメリカ、微減している④は北アメリカである。正解は①。

【36】 aは正しい。日本の人口は2008年の1億2808万人をピークに減少に転じた。現在、さまざまな分野で人手不足が問題となり、2019年、改正入管法が施行され、一定の能力が認められる外国人労働者の受け入れを拡大した。bは誤り。現在、東京圏への人口集中が進み、全人口の約30％が東京圏に住む。47都道府県のうち2019年の人口が前年より増えたのは7都県だけで、地方では過疎化、高齢化が進む。正解は②。

【37】 プライメートシティ(首位都市)とは、その国で最も規模(一般的には人口)が大きく、

2位の都市を大きく引き離す都市のこと。選択肢の中で、③のブラジリアは、首都ではあるが、人口は300万人で国内1位ではない。ブラジルで人口が多い都市はサンパウロ(1204万人)で、ついでリデジャネイロ(650万人)である(2016年)。ブラジリアは内陸部に計画的につくられた政治都市。正解は③。

【38】 ①は適切。再開発の事例としてロンドンのドックランズ地区とパリ郊外のラ・デファンス地区は押さえておこう。ドックランズはテムズ河畔にあった船舶の建造・修理などを行う地区(ドック)をオフィス街に再開発した。②は適切でない。パリ郊外では、ラ・デファンス地区のように建物の高層化による再開発が進んだ。しかし、パリ中心部は歴史的な建築物が多く、その景観を維持するために開発が制限されている。③は適切でない。日本のニュータウンは職住分離型である。郊外に住宅団地が建設され、そこから人々は職場のある都心に向かうため通勤ラッシュが発生した。郊外の町へは寝に帰るだけなので「ベッドタウン」とよばれた。④は不適切。シンガポールには鉄道やバスなどの公共交通機関が通っている。交通渋滞や大気汚染を緩和するために市街地への自動車の乗り入れを制限し、公共交通機関の活用を促す事例も見られる。正解は①。

【39】 アの「砂漠化」からKと判断する。Kの地域はサハラ砂漠の南縁部であるサヘル地帯。世界でも砂漠化が進んでいる地域の一つである。イの「森林が伐採され」からJと判断する。Jにはアマゾン川とセルバ(ジャングルの南米名)が広がる。ブラジルでは森林が伐採され、大豆などの農地が拡大している。ウの「酸性雨」からLと判断する。酸性雨は工業地域の東側で観測されやすい(汚染物質が偏西風で運ばれる)。L以外の地域の西側に工業地域はない。エの「オゾン層の破壊」からMと判断する。オゾン層の破壊は両極地域で見られ、最も緯度が高い場所を選ぼう。正解は④。

【40】 1992年の地球サミットはブラジルのリオデジャネイロで開催された。そこで採択された気

候変動枠組条約によって，温暖化防止について国際的に取り組まれるようになった。なかでも1997年に京都で開かれたCOP3では先進国の温室効果ガス排出量の削減目標を盛りこんだ京都議定書が採択されて大きな注目を浴びた。2015年，パリで開かれたCOP21では先進国だけでなく条約に加盟するすべての国・地域が削減に参加するパリ協定が採択された。正解は③。

【41】　①は適切でない。バスク人はスペイン北部に住む人々。独自の文化をもつ。イギリスの少数民族はケルト人。②は適切。クルド人は国をもたない民族で，トルコのほか，イラクやイランにも居住する。③は適切でない。ユダヤ人はイスラエルに住む人々だが，少数派ではなく多数派である。④は適切でない。チェチェン人とは黒海とカスピ海の北，カフカス山脈よりロシア側に居住する民族であり，ロシアと激しく対立している。正解は②。

【42】　①は適切。南沙（スプラトリ）諸島は南シナ海にある珊瑚礁の島々で，その領有を主張しているのは，中国，台湾，ベトナム，フィリピン，マレーシア，ブルネイである。②は適切でない。黒海の北にあるクリミア半島の帰属をめぐりロシアと対立しているのはウクライナである。③は適切でない。アナトリア半島（トルコがある半島）の南にあるキプロス島では，ギリシャとトルコが対立している。④は適切でない。アラスカはアメリカの領土で，カナダとの対立はない。正解は①。

Ⅵ 南アジアに関する問題

【43】　aは正しい。外来河川とは，降水量の多い地域に水源をもち，乾燥地域に流れ込む川。アの河川はインダス川で，外来河川である。中下流にはモヘンジョダロやハラッパーといったインダス文明の遺跡が存在する。bは誤り。ヒンドゥー教の聖地ヴァラナシを通るのはガンジス川である。イの河川はヒマラヤ山脈の北の中国から流れるブラマプトラ川で，ガンジス川では

ない。ガンジス川は地図中のデリーの近くを流れ，Yのヒンドスタン平原を通る河川。正解は②。

【44】　下図に示したとおり，南アジアの季節風の向きは，夏は湿潤な南西風，冬は乾燥した北東風となり，日本近海の季節風の向きとは異なる。夏に降水量の多いカは，南西季節風の影響を受けるインド半島西岸にあるパナジ。インド半島西岸は極端な季節風の影響が見られる地域で，6月の突然の降水量の増加を，「モンスーンの爆発」と呼ぶこともある。インド半島東岸のチェンナイは冬の北東風の影響を受ける。キのグラフは11月に降水量のピークを迎えている。これがチェンナイ。パキスタンの沿岸にあるカラチは，年間250mm程度の降水はあるものの砂漠気候である。南アジアの気候では頻出する都市なので覚えておこう。正解は⑤。

【45】　図中のサはパキスタン，シはネパール，スはスリランカである。パキスタンは，イギリス領インドのイスラーム住民の多い地域をもって1947年に建国された（1971年に東パキスタンがバングラデシュとして分離独立したので，両国はイスラームが多い）。よって，Lがパキスタン。ネパールはインドの影響を受け，ヒンドゥー教徒が多い。ネパールでは牛肉を食べない文化がある程度ひろまっていて，食文化もインドに近い。スリランカの仏教受容は紀元前にまでさか

のぼる。インドの著名な王であるアショーカ王が仏教に帰依した。その王子がセイロン島に仏教を伝えたという伝承があり，そのゆかりの場所は世界遺産となっている。スリランカで仏教を信仰している人の多くは多数派であるシンハラ人（シンハリ人）で，インドにも多く住むタミル人との対立が激しい。Kがスリランカ。正解は④。

【46】 1947年にイギリスから独立したインドとパキスタンは，ヒンドゥー教徒の藩王が治めながら藩民はイスラームが多数を占めていたカシミール地方の帰属をめぐり，領有権を主張して戦争に突入した。1949年に停戦ラインを挟み，同地方は分断された。さらに1960年ごろからは中国も領有を主張するようになり，現在，カシミール地方の東部は中国が実効支配している。①のダルフールとは，スーダン西部にある地域の名称で，アラブ系と非アラブ系の対立が起こっている地域である。③のアチェは，インドネシアのスマトラ島北部にある州の名称で，資源開発などを背景として独立運動が起こっている地域である。④のアッサムは，インド北東部にある州の名称で，アッサム茶で有名な場所。民族が複雑な地域で，対立がしばしば起こり，近年でも国籍に関する問題が発生した。正解は②。

【47】 Mは乾燥した地域であり，気温も比較的高い。乾燥していることから茶は除外でき，気温が比較的高いことからてんさい（日本では北海道で100％生産）も除外できる。残った小麦・綿花が正しい。この地域は灌漑が行われ，穀倉地帯となっている。正解は①。

【48】 ①は適切でない。インドの連邦公用語はヒンディー語であり，英語は準公用語の位置づけで，英語を話せる人が多い。②は適切。インドではもともと数学がさかんであり，ゼロという数字の概念が確立されたのもインドであるといわれている。③は適切。④も適切。時差を利用してアメリカ時間の夜間にインドで勤務を行い，24時間体制で開発が進められる利点がある。正解は①。

【49】 それぞれの場所は下図のとおり。正解は②。

【50】 ①は適切。首都であるデリーにはビジネスチャンスが多く，政府もあるため外国企業は進出しやすい。②は適切。ムンバイの後背地であるデカン高原では綿花の栽培が盛んで，それを利用した綿工業が発展してきた。19世紀にここを本拠地に定めたのがジャムシェドジー＝タタという人物で，現在のタタ財閥の創始者である。彼はこの地に綿紡績工場を建設し，財閥の礎を築いた。③は適切でない。コルカタの夏の最高気温は30度を越え，暑い地域である。避暑地にはならない。インドにおける夏の避暑地は，北部のヒマラヤ山脈の麓にあるシムラーが有名。標高はおよそ2000m。④は適切。バングラデシュの首都であるダッカ周辺ではジュートの栽培が盛んであり，これらと低賃金労働者を利用した縫製工業が盛んである。低賃金であることを利用した繊維関係はパキスタンも同様である。正解は③。

地理　　　正解と配点　　　　　　　　　　　　　　　　　（60分，100点満点）

問題番号		正　解	配　点		問題番号		正　解	配　点
Ⅰ	1	①	2		Ⅳ	27	①	2
	2	②	2			28	③	2
	3	③	2			29	④	2
	4	③	2			30	⑤	2
	5	①	2			31	④	2
	6	④	2			32	③	2
	7	②	2			33	②	2
	8	①	2			34	③	2
	9	③	2		Ⅴ	35	①	2
	10	④	2			36	②	2
Ⅱ	11	③	2			37	③	2
	12	①	2			38	①	2
	13	③	2			39	④	2
	14	②	2			40	③	2
	15	①	2			41	②	2
	16	④	2			42	①	2
	17	④	2		Ⅵ	43	②	2
	18	③	2			44	⑤	2
Ⅲ	19	②	2			45	④	2
	20	②	2			46	②	2
	21	④	2			47	①	2
	22	③	2			48	①	2
	23	②	2			49	②	2
	24	⑥	2			50	③	2
	25	⑤	2					
	26	①	2					

令和2年度　倫理政経　解答と解説

倫理分野は，例年同様に大問4，小問25であり，すべてリード文からの出題だった。大問は教科書の単元に沿って，「青年期」「源流思想」「日本思想」「西洋近現代思想」の順で出題されているのも例年通りである。前年まで見られたグラフの読み取り問題は出題されず，思想家の原典資料からの出題も少なくなり，思考力・判断力よりも，基本的な知識の習得に重きをおいた出題だった。教科書中心の幅広い学習を心がけ，人物と語句の暗記学習にとどまらず，用語や思想の深い理解ができるように学習していきたい。

Ⅰ　青年期の課題と自己形成

【1】 ルソーの「第二の誕生」に関する事項は本テストでは頻出。孤児のエミールが理想的な教師のもとで成長していく様子を描いた教育論の『エミール』で，ルソーは「われわれはいわば二度生まれる。一度目は生存するために。二度目は生きるために。一度目は人類の一員として。二度目は性をもった人間として」と述べる。エミール少年が青年期を迎える場面で記された言葉であり，出産されるという生物的な誕生を一度目の誕生として，青年期になって自我にめざめ，性別を意識する精神的な誕生を二度目の誕生として表現している。正解は②。

【2】 青年期の発達課題をアイデンティティ（自我同一性）の確立であると説いたエリクソンも，本テストでは頻出。アイデンティティの確立とは，自分が何者であるかを知り，人生を主体的に選択して社会に参加することができるようになることであり，これがうまくいかない状態が「アイデンティティ拡散（アイデンティティの危機，アイデンティティ・クライシス）」である。アイデンティティ拡散は，自分が何者かわからなくなり，生きている実感がえられない心理的な混乱状態であり，具体的には，他人の目を気

にしすぎる「意識の過剰」や，進学や就職などで決断ができない「選択の回避と麻痺」，相手に甘えすぎたり逆に引きこもったりする「対人的距離の失調」，自分の仕事や勉強に集中できず本来行うべきこととは異なる活動に没頭してしまう「勤勉さの拡散」，自己を肯定できずに反社会的な行動をとることで自己を主張しようとする「否定的アイデンティティの選択」などとして現れる。①は第二反抗期の状態，②は第二次性徴という性的な成熟にともなう思春期の心理，③は青年期の出現，「第二の誕生」にかかわる「自我のめざめ」の記述である。正解は④。

【3】 本文の記述のように，リビドーという心的エネルギーの向かう方向性により，人間の性格を外向型・内向型の二類型に分類して考察したのは，スイスの精神分析学者ユング。ユングは精神分析学を創始したオーストリアの精神科医フロイトの弟子であり，後に決別した。集合的（集団的，普遍的）無意識や，原型（アーキタイプス）など独自の理論を提唱したことでも知られる。①のクレッチマーはドイツの精神医学者。人間の性格に体形が関係していると分析し，細長型には分裂気質，肥満型には躁鬱気質（循環気質），闘士型（筋骨型）には粘着気質がみられると説いた。②のオルポートはアメリカの心理学者。神経症などを研究するフロイト理論の偏りを批判し，人間一般のパーソナリティの成長について研究。「成熟した人格」として，自己意識の拡大や暖かい人間関係の確立など6つの特徴にまとめた。④のマズローはアメリカの心理学者で，人間の欲求の階層性を説いた。彼によれば，人間の欲求は低次の生理的欲求，身体の安全の欲求，所属と愛情の欲求，承認と尊重の欲求，最高次である自己実現の欲求という5つに分けられ，低次の欲求がある程度満たされないと，それより高次の欲求はあらわれな

いが，高次の欲求があらわれると，低次の欲求はある程度弱まるとされる。正解は③。

【4】 防衛機制の種類は頻出。「合理化」とは，自分を納得させる理屈づけであり，負け惜しみの自己満足や，自己正当化，やせ我慢などのこと。イソップ童話の狐の話から「すっぱいブドウの論理」とも言われる。①は，言い訳や自己正当化にあたるので，合理化の例である。②は，不安や苦しみを伴う欲求を無意識のうちに抑えつけることで，「抑圧」にあたる。③は，抑圧された欲求と反対の行動を示す「反動形成」。④は，自分が気づいていない欲求や感情を他人の中に見てしまう「投射」。防衛機制には，これらのほかに，辛いことがあったときに以前の発達水準に逆戻りする「退行」や，ほかのもので我慢する「代償」，より社会的に価値ある行動に向かう「昇華」などがある。正解は①。

Ⅱ 源流思想

【5】 「魂をすぐれたものにする」というソクラテスの「魂への配慮」についての考え方は，プラトンの著作『ソクラテスの弁明』などに記されている。ソクラテスは，自分が善美の事柄についてはまだ正しい知をもっていないということをしっかりと自覚すること（無知の知，不知の自覚）から出発し，知への愛（フィロソフィア）に生涯をささげた。彼の基本的な考え方は，魂をすぐれたものにするためには，善悪についての正しい知が必要であり，逆に善悪についての知をしっかりと実現すれば魂はすぐれたものとなり，人間の徳（アレテー）は実現される，というものである。このような考え方は「知徳合一（徳は知である）」とよばれ，彼の思想が主知主義（知識や理性を重んじる立場）にもとづいていることがわかる。①のようにただ「謙虚に習い従う」だけの生き方や，④の「自己中心的な考えで行動する」というあり方は，ソクラテスの求めた「知への愛」とは相容れない。②はアリストテレスの思想。正解は③。

【6】 プラトンの説いたイデアとは，理性によっ

て認識される永遠不変の真実在であり，日常世界（現象界，感覚界）にある感覚的な事物の原型，模範となるものである。プラトンは，変化生滅する不完全な日常世界を超えた，完全で永遠不滅の世界としてイデア界を説き，世界を2つに分けて考える二元論の思想を展開した。①のように，人間の肉体は現象界に属する変化生滅するものであり，魂を惑わすものでもある。しかし肉体に囚われた人間が理性によって何かを認識するということは，魂がかつて見ていたイデアを思い出す（想起，アナムネーシス）ことであり，人間の魂は現象界においてかつての居場所であるイデア界にあこがれ，真実在であるイデアを恋い慕うのだと考えられた。③のように，この完全なものを求める上昇的な愛をプラトンはエロス（エロース）とよんだ。また，②のように，イデアの影にすぎない現実の事物を真実在と思い込んで，感覚に囚われて生きている人間を，プラトンは「洞窟の比喩」という例え話で説明している。④の「最高のイデア」とは「善のイデア」である。正解は④。

【7】 儒家の祖である孔子は，他者への愛である「仁」をさまざまな言い方で説いている。下線部だけでなく，本文のさまざまな定義についても学習しておきたい。本文の「親子・兄弟の間に自然に発する親愛の情」は「孝悌」である。『論語』の中では「孝悌が仁の基本である」と説かれる。「私利私欲をおさえること」は⑤の「克己」であり，「己に克ちて礼にかえるを仁となす（克己復礼）」と説かれる。下線部の「人の心を思いやること」は④の「恕」。「己の欲せざるところ，人に施すことなかれ」と説かれるように，我が心の如く他人を思いやることを意味する。「自分を欺かないこと」は①の「忠」，「他人を欺かないこと」は②の「信」である。③の「義」は孔子を始め儒家で重んじられる徳であるが，特に性善説の孟子が「四徳（仁義礼智）」の1つとして，仁とともに重視した。正解は④。

【8】 孔子や孟子など儒家の説く道は，人間が守るべき道徳的規範であり，人倫の道であったのに対し，老子や荘子など道家の説く道は，万物

を成り立たせる宇宙の根源であり，本来名付けようのないものだが，仮に「道（タオ）」とよんでいるにすぎず，「無」「一」等ともよばれる。老子は「大道廃れて仁義あり」と説き，本来の大きな道が廃れ忘れられたから儒家のように仁義を説く者が現れるようになったと考え，本来の道にのっとり，作為をろうせずに自然に従って生きること（無為自然）を重んじた。それは具体的には，水が常に下に向かって流れるように，人の下手に出て人と争わずへりくだって生きること（柔弱謙下）でもある。②は儒家の思想家で性悪説を説いた荀子。③は孟子の言葉で，性善説の根拠となる「四端（惻隠・羞悪・辞譲・是非）」の心を説いている。④は孔子の「温故知新」をあらわす言葉。正解は①。

【9】　①は「恩寵の博士」「古代キリスト教会の最大の教父」といわれるアウグスティヌス。彼ら教父とよばれる人びとは，教会の権威の確立につとめ，プラトンなどのギリシャ哲学を用いてキリスト教教義を説明する教父哲学を生み出した。②のように，イスラーム（イスラム教）では，唯一絶対の神であるアッラーは一切を超越した存在であるとされ，偶像で表したり，偶像を崇拝したりすることは厳しく禁止されている。③の「五行」は，信仰告白・礼拝・喜捨・断食・巡礼の５つであり，「天命」はムスリム（イスラーム信者）の信仰の柱となる「六信」の１つ。「六信」は，アッラー・天使・啓典（聖典，教典）・預言者・来世・天命を信じることである。④は「神アッラーの子であるムハンマド」が誤り。イスラームの開祖ムハンマドは，最後にして最大の預言者とされ，キリスト教におけるイエスのように「神の子」や「救世主」ではない。正解は②。

【10】　イエスは当時のユダヤ教でパリサイ派などが重んじた形式化・固定化した律法主義の教えを批判し，律法の根本精神を「神への愛」と「隣人愛」の２つとして説いた。『新約聖書』の福音書に記されたイエスの言葉において，「隣人愛」は「自分を愛するように，あなたの隣人を愛せよ」と説かれている。イエスの教えでは，

無差別・平等・無償に降りそそがれる神の愛（アガペー）によって人間は生かされているのであり，この愛にこたえるために，人間は自分の敵を含めてすべての人を平等に愛することが求められるのである。①も福音書に記されたイエスの言葉で，隣人愛を具体的に説いたものだが，問題のように「律法の根本精神」に直接該当する言葉ではない。②の「義に飢え渇く人」という表現は，福音書における「山上の垂訓」でイエスに「幸いです」と言われる人びと。正解は④。

【11】　ブッダは自己の悟った真理を「四法印」という４つの命題としてまとめている。それは，この世は自分の思い通りにはならないものであるという「一切皆苦」，すべてのものは変化していて同じままにとどまるものはないという「諸行無常」，永遠不変の実体は存在せず，すべてのものは固定的にとらえてはいけないという「諸法無我」，無常・無我の法を悟り，煩悩を滅したところに永遠の安らぎがあるという「涅槃寂静」の４つである。①はバラモン教のウパニシャッド哲学における梵我一如の思想。「原理」はブラフマン（梵），「真実の自己」はアートマン（我）である。③の「煩悩の原因」について，ブッダは「真理（法）を知らないこと（無明）」であると説く。したがって，「自己を無にすること」ではなく，「縁起の法」を悟り，「四諦・八正道」を体得することで，煩悩を滅した涅槃（ニルヴァーナ）に至ることができるという。④は「一切衆生悉有仏性」の思想であり，ブッダの没後に発展した大乗仏教で説かれた。正解は②。

Ⅲ　日本思想

【12】　空海は日本真言宗の開祖で，最澄とともに平安仏教の代表者。弘法大師ともいわれる。遣唐使船で最澄らとともに唐に渡り，恵果から密教を学び帰国。高野山に金剛峯寺を建て，真言宗の布教や民衆の教化につとめた。空海が伝えた真言密教の教えの中心は，三密による即身成仏である。三密とは，手に印契を結び（身密），

口で仏の真言をとなえ（口密），心（意志）で仏を思い起こす（意密），という身口意の3つの行であり，この行によって肉体そのものが宇宙の究極の原理である大日如来という仏と一体化し，この身のまま仏になれる（即身成仏）と説かれた。①は「世間虚仮，唯仏是真」という聖徳太子の思想。②は鎌倉時代に広まった反本地垂迹説（神本仏迹説）。③は聖徳太子の思想であり，憲法十七条の二に「篤く三宝を敬へ。三宝とは仏と法と僧なり」とあり，十に「われかならずしも聖にあらず。かれかならずしも愚にあらず。共に是凡夫のみ」とある。正解は④。

【13】　親鸞の思想は主著の『教行信証』や，弟子の唯円の著作である『歎異抄』に記されている。「絶対他力」とは，親鸞が師とする法然の他力の思想を徹底させ，念仏すら自力で行うものではなく，阿弥陀の力によりそうさせられているものであるとした，すべてを弥陀の本願によるものとする親鸞の立場。親鸞は，この絶対他力の立場から，晩年にはすべては阿弥陀仏のはからいによる働きであり，そのはからいのままに生きるべきとする，自然法爾の教えを説いた。また，絶対他力の思想は，『歎異抄』における親鸞の言葉「善人なおもて往生をとぐ，いはんや悪人をや」（自力作善の善人でさえ阿弥陀仏は救うのだから，自分の無力さを自覚している悪人はなおさら往生できる）で表現される悪人正機の考え方にもあらわれている。①の「善人，悪人という俗世間の区別」について，親鸞は悪人正機という独自の考え方を説いている。③は「阿弥陀仏のはからいによる救済のいずれをも超えた」が誤り。親鸞によれば，すべては阿弥陀仏のはからいである。④は「利他行を通じて…衆生の救済に尽くす」が誤り。親鸞は，そのような自力は不可能と説く。正解は②。

【14】　道元は当初比叡山で修行するが悟りを得られずに下山し禅を学ぶ。その後宋に渡り，天童山の如浄に師事し，曹洞禅を学び帰国。釈迦が悟りを開いた坐禅こそ正しい修行であるとみなし，ただひたすら坐禅に打ち込み（只管打坐）

自力での悟りをめざす曹洞宗を広めた。道元の説く悟りの境地は，身も心も一切の束縛から離れ無我の状態になる「身心脱落」であり，坐禅の修行がそのまま悟りでもある（修証一等，修証一如）とされる。イの「専修念仏」は，浄土宗を開いた法然の中心思想で，他の一切の修行法を捨てて念仏を唱えることに集中すること。南無阿弥陀仏と口に唱える称名念仏が極楽往生の唯一の手段であるとされた。エの「唱題」は，日蓮が説いた救いの方法。大乗経典の1つで，永遠の生命をもつ仏について説かれる『法華経』を重んじた日蓮は，その表題に帰依を意味する南無をつけた「南無妙法蓮華経」を題目とよび，この題目には釈迦が仏になった原因としての修行とその結果としての悟りのすべてが含まれていると考え，末法の世では題目を唱えること（唱題）によって成仏が可能になると説いた。正解は②。

【15】　江戸時代初期の代表的な朱子学者・林羅山は，師である藤原惺窩の推薦により徳川家康以降四代の将軍に仕え，幕府の文教に関わった。つねに心に「敬」（「つつしむ」の意）を持って身分秩序にしたがって行動するという「存心持敬」を説き，人間本来の心に返って，天地万物の道理（天理）と一体化すること（天人合一）を主張した。彼の説いた「上下定分の理」とは，君臣上下の身分関係は，天地間の自然の道理（天理）と同様に理法として定められているという意味で，封建社会の身分秩序を朱子学の理の考え方から正当化したものだった。私利私欲を戒める「敬」の重視は，自らを厳しく律する姿勢として為政者である武士に広く受け入れられた。空欄dには「敬」が入る。中江藤樹は，江戸時代初期の儒学者で，日本陽明学の祖とされる。彼は朱子学が重んじる敬の外面性や厳しい考え方を批判し，人倫の根本原理として，すべての人を愛敬する心である「孝」を重視し，陽明学の良知や知行合一の思想を広めた。彼によれば，「孝」の心は抽象的な理論ではなく，「時・処・位」（時期・場所・身分）という3つの条件に配慮して実践されるべきであり，状況

への柔軟な対応が求められるものであった。空欄eには「孝」が入る。正解は④。

【16】　荻生徂徠は江戸中期の儒学者で、古文辞学の創始者。徂徠は古代中国語の研究につとめ、『論語』『孟子』以前の「六経」（五経に実際には存在しない「楽経」を加えた6つの教典）を直接学ぶことから、「経世済民（世を治め民を救うこと）」の道を求めようとした。彼によれば、道は朱子学が説くような天地自然に備わっているものではなく、尭や舜などの中国古代の伝説的な聖人（先王）が天下を安んじるために人為的に制作した「安天下の道」であり、具体的には「礼楽刑政（儀礼・音楽・刑罰・政治）」などの制度や習俗のことである。これは「先王の道」とよばれるが、彼の学問方法や思想は、のちの国学や洋学の先駆をなすものともなった。②の「天地自然の摂理」は朱子学で特に重んじられる。③は「規範としてまとめた法典」が誤り。④は「学問に基づく知恵」が誤り。正解は①。

【17】　福沢諭吉は明治時代の代表的な啓蒙思想家。啓蒙思想団体である明六社に参加し、『学問のすすめ』、『西洋事情』、『文明論之概略』などの著作を残した。「門閥制度は親の敵でござる」と説くほどの反封建的な感情をもっていた諭吉は、国民の啓蒙や日本の近代化のために、「一身独立して一国独立す」と述べて、真の独立のためには「有形において数理学と、無形において独立心」の2点が東洋の儒教主義には不足していると考えた。数理学とは、西洋の合理的な近代科学のことであり、諭吉は東洋の学問を道徳中心の虚学（むなしい学問）とよび、西洋の学問を「人間普通日用に近き実学」とよんで、個人の独立のためには実生活に役立つ西洋の学問（実学）を学ぶ必要があると説いた。また、「天は人の上に人を造らず、人の下に人を造らずと云へり」という「天賦人権」の思想にもとづいて、個人の自由・独立を尊重する「独立自尊」の精神の重要性を説いた。この「無形の独立心」が文明を支える基本になるという。正解は④。

【18】　①の内村鑑三は、近代日本の代表的なキリスト者。日本とイエスという「二つのJ」に生涯を捧げようと決意し、「武士道に接木されたるキリスト教」と説いて、伝統的な武士道の精神がキリスト教の土台になると主張した。また、教会や儀式にとらわれずに、人が独立した人格として直接聖書の言葉を読んでイエスへの純粋な信仰に生きることを重んじ、無教会主義を提唱した。「武士道の精神を…否定し」や「教会においてこそ…信仰が確立」が誤り。②の西田幾多郎は、近代日本を代表する哲学者で、独創的な西田哲学を形成した。坐禅体験などを通じて、西洋哲学を批判的にのり超える独自の哲学を説き、西洋哲学に特徴的な、主観と客観とを対立的にとらえる思考に反対し、主観と客観とが区別されない具体的で直接的な経験で、自己と対象との分離以前の根本的な経験を「純粋経験」とよんで、真の実在であるとした。さらに、純粋経験の思想を論理化し、万物を存在させる絶対的な根拠として、相対的な有・無の対立を超えた「絶対無」という概念を説いた。「明確に分け」や「別々に存在する状態」が誤り。純粋経験は、画家が絵を描くことに集中しきって我を忘れている状態のように、主観（画家自身）と客観（絵やキャンバス）とが分離して意識されないような経験である。③の夏目漱石は、文学を通して近代的自我や近代日本のあり方について思索した作家・思想家。講演『私の個人主義』で、自己本位という倫理性に根ざした個人主義の重要性を説き、『現代日本の開化』という講演では、西洋の開化が内発的であるのに対し、日本の場合は外国の圧力により、やむを得ず開始された急激な外発的開化であり、日本人は不安や虚無の中で生きていると論じた。④の和辻哲郎は、近代日本を代表する倫理学者。主著の『倫理学』で「人間とは『世の中』であると共にその世の中における『人』である。だからそれは単なる『人』ではないとともにまた単なる『社会』でもでもない。ここに人間の二重性格の弁証法的統一が見られる」と説き、人間は人と人との間柄（関係）においてのみ人間たりうるとして、人間を「間柄的存在」ととらえ、

倫理学を「人間の学」と呼んだ。また,『風土』
においては,風土をモンスーン型・砂漠型・牧
場型の3類型に分け,日本は自然に対して受容
的・忍従的な性格になるというモンスーン型で
あると説いた。「間柄としての性格の喪失を称
賛」や「独立した主体として社会を形作ってい
く必要」が誤り。正解は③。

Ⅳ 西洋近代思想

【19】 ベーコンはイギリス経験論の祖とされる哲
学者・政治家。当時のスコラ哲学にあきたらず,
イドラを除去して帰納法にもとづく正しい知識
から自然を支配し,人類の生活を改善する新し
い学のあり方を説いた。「知は力なり」という
言葉は,その思想を端的にあらわしているが,
この言葉はもともと主著の『ノヴム=オルガ
ヌム（新機関）』の中の「人間の知識と力とは
合一する,原因を知らなくては結果を生ぜしめ
ないからである」という文章に由来する。①と
②は17世紀フランスのモラリストであるパスカ
ル。彼は圧力に関する「パスカルの原理」でも
有名なように,数学者,物理学者でもあるが,
近代の合理的精神だけに満足せずに,「繊細の
精神」の意義も強調した。彼の哲学思想は,遺
稿集としてまとめられた『パンセ』に記されて
いる。③は合理論の祖とされるフランスのデカ
ルト。彼は明晰判明な原理を得るためにあらゆ
るものをあえて疑い（方法的懐疑）,そのよう
に疑っている自分の存在（精神的自我）は疑い
えないと考え,それを哲学の第一原理とした。
彼の思想は『方法序説』や『省察』,『情念論』
等に記されている。正解は④。

【20】 ベーコンが説くイドラは,正しい知識獲得
の妨げとなる偏見や先入見のことであり,人間
という種族に共通する感覚や精神に基づく「種
族のイドラ」,個人の性格や環境に由来する「洞
窟のイドラ」,不適切な言葉の使用から生じる
「市場のイドラ」,伝統や権威への盲信からくる
「劇場のイドラ」の4つに分類されている。①
は「権威や伝統があるから」の部分から「劇場

のイドラ」。②は「言葉を不正確に使用」の部
分から「市場のイドラ」。③は「個人の好みや
性質,習慣」の部分から「洞窟のイドラ」。④
は「擬人的」「人間の本性そのもの」という部
分から「種族のイドラ」。正解は②。

【21】 デカルトが明晰判明な原理を見出すために
行った方法は,感覚的経験や数学の原理,伝統
的な学説,世の中の常識など,ありとあらゆる
ものをあえて疑ってみるという「方法的懐疑」
である。この方法的懐疑のすえに,彼は「われ
思う,ゆえにわれあり」（コギト・エルゴ・スム）
という真理にたどりつき,この精神的な自我の
存在を出発点にして,さまざまな知識を合理的
な推論・論証によって導き出す演繹法をとなえ,
それにもとづいた新しい学問体系を構想した。
これはあくまでも「方法」としての懐疑であり,
古代ギリシャのピュロンや,イギリス経験論の
ヒュームのような,人間は確実な真理を知るこ
とはできないと考える懐疑論とは異なる。①の
「問答法」は,古代ギリシャのソクラテスが行っ
た真理の探究方法で,産婆術・助産術・皮肉法
などともよばれる。②の「弁証法」は,ドイツ
観念論の完成者とされるヘーゲルが世界のすべ
てをつらぬいていると考えた運動・発展の論理。
あらゆるものは矛盾・対立を契機として正―反
―合の運動をくり返して発展していくという論
理である。④の「定言命法」は,ドイツ観念論
の祖とされるカントが重んじた道徳法則の形式
であり,いつどこでも人間に「～すべし」と無条
件に義務を課す普遍妥当的な命令。正解は③。

【22】 ホッブズ・ロック・ルソーの社会契約説の
違いは頻出。それぞれが自然状態と考えるあり
方や,社会契約の結果として成立する国家のあ
り方の違いについて理解しておきたい。ホッブ
ズは人間を自己保存の欲望を満たそうとする利
己的な存在ととらえ,自然状態は各自が自己保
存のために争う「万人の万人に対する戦い」と
いう弱肉強食の状態であると考える。それゆえ
個々人が有する自然権を,一人の人間や合議体
に全面的に譲渡し,成立した国家には絶対服従
すべきとする社会契約説を説く。したがって彼

の思想は絶対主義を擁護するものとなった。ロックは人間を理性的な存在ととらえ、自然状態を各自の所有権が保たれた比較的平和な状態と考えた。そして、生命・自由・財産の所有という自然権の保障を一層確実にするために、自然権の一部を政府に信託するという社会契約説を説いた。市民の信託を受けて成立した政府は権力分立や法の支配のもとで市民の権利を守るが、権力を濫用した場合、市民は政府に抵抗したり政府をとりかえる権利を有している（抵抗権）と考えた。ルソーは人間を自然な自己愛と憐憫の情（思いやり）をもった存在とみなし、自然状態は完全に自由・平等で平和な理想状態であると考えた。しかし、文明社会によって私有財産の考え方と不平等が広まり人間社会は堕落したと考え、真の社会契約によって市民的自由を得る必要があると説く。これは、人民が公共の福祉をめざす普遍的な意志である「一般意志」のもとに自己の権利をゆだねる契約を結び、共同体の力で自己の権利を保障するというものである。徹底した人民主権を重んじたルソーは、主権は不可譲・不可分と考え、全人民が直接に意志を表明する直接民主主義のみを認め、イギリスの代議制を批判した。アはルソー、イはホッブズ、ウはロックである。正解は⑤。

【23】 カントはドイツ観念論の祖とされ、批判哲学や人格主義の道徳を説いた。彼は人間を有限な理性的存在と考え、その人間がもつ意志能力である「実践理性」によって立てられた普遍的な「道徳法則」に自らが自発的に従うことを「自律」とよび、自律的に行為する自由な道徳的主体である「人格」に、人間の尊厳の根拠があると説いた。カントの考えた「自由」とは、思いのままにふるまうことではなく、道徳法則に自ら従うという「自律としての自由」であった。道徳法則は「定言命法」の形で人間に義務を命じるが、この定言命法は普遍的な命令の形をとって「汝の意志の格率がつねに同時に普遍的な法則として妥当しうるように行為せよ」とあらわされる。「格率」とは、生きる上での自らの方針、自分だけに当てはまる主観的な行動原理を意味する。つまりこの言葉は、自分がある行為をしようとする時、いつでもそれが全ての人の為すべき法則として当てはまるように行為しなさい、という意味である。また、カントは定言命法を、人格に重きをおいて「汝の人格や他のあらゆる人の人格の内にある人間性を、つねに同時に目的として扱い、決して単に手段としてのみ扱わないように行為せよ」とも説いている。これは、自由の主体としての人格はいつでも目的そのものとして尊重されるべきであり、決して物件のように手段や道具としてだけ利用されるものであってはいけない、という意味である。このようなカントの道徳思想は、『道徳形而上学原論（道徳形而上学の基礎づけ）』や、『実践理性批判』で説かれている。空欄eには「自律」、fには「目的そのもの」が入る。正解は②。

【24】 実存主義は近代の理性中心のあり方や人間の画一化を批判して、人間の非合理的な側面を強調し、不安や絶望、孤独、苦悩、死などの問題を扱い、個別的、主体的な現実存在、真実存在としての人間を探究する思想である。この思想は、真実の自己にめざめるために、神や超越者という絶対的存在とのかかわりを重んじる有神論的実存主義と、神の存在を否定し人間の自由で主体的なあり方を重んじる無神論的実存主義という2つの潮流に分けられる。有神論的実存主義はキルケゴールやヤスパース、無神論的実存主義はニーチェ、前期のハイデッガー、サルトルなどが代表者である。問題の文章は、フランスのサルトル。彼の講演などをまとめた本『実存主義とは何か（実存主義はヒューマニズムである）』の中の文章である。サルトルは徹底した無神論の立場から、人間の自由と責任を説き、「実存は本質に先立つ」、「人間は自由の刑に処せられている」などの言葉を残している。また、自由に自己のあり方を選ぶ人間は、他者のあり方や全人類のあり方まで選ぶことになると考え、アンガージュマン（社会参加）の重要性を説いた。彼の主著には『存在と無』や、小説『嘔吐』などもある。①のキルケゴールはデンマークの思想家で、実存主義の先駆者。「私

がそのために生き，そして死にたいと思うようなイデー（理念）」である「主体的真理」の重要性を説き，人間の生き方は絶望を契機として，美的実存から倫理的実存，さらに宗教的実存へと深まると考えた。この宗教的実存とは神の前に一人立つ「単独者」として生きるあり方だった。②のニーチェはドイツの哲学者で無神論的実存主義の先駆者。彼は同時代をニヒリズム（虚無主義）の時代とみなし，その原因を弱者のための「奴隷道徳」を説くキリスト教に見出す。そして「神は死んだ」と説き，キリスト教道徳にかわって「力への意志」にもとづいて強く生きる「超人」をとなえた。③のハイデッガーはドイツの哲学者で，第二次世界大戦後はナチスへの協力が問われ大学職を追放された。彼は，前期の著作『存在と時間』において，世間の日常生活に埋没して生きる匿名の非本来的な人間のあり方を「ダス－マン」（ひと，世人）とよび，自己の存在の意味を問う「現存在（ダーザイン）」である人間は，自分が「死への存在」であることを自覚することによって，ダス－マンとしての日常性を脱し，本来の自己を確立すると説いた。正解は④。

【25】　レヴィ＝ストロースはフランスの文化人類学者で構造主義の思想家。構造主義とは，人間の思考や行動を規定している普遍的な構造を明らかにすることによって，近代の理性主義や人間の主体性を批判した思想である。彼はソシュール等の構造言語学に影響を受け，その手法を未開民族の風習や神話などの解明に応用した。主著である『野生の思考』や『悲しき熱帯』において，未開社会の神話的思考は文明社会の科学的思考より劣ったものではなく，近代の西洋文明が反省すべき点を教えてくれさえすると説いて，文化的相対主義の立場から，西洋の自文化中心主義を批判した。アドルノはフランクフルト学派に属するドイツの哲学者・社会学者。フランクフルト学派はナチスに追われて亡命した学者が中心となり，ファシズムの野蛮や管理社会の危険性などを考察した。彼はフランクフルトの社会研究所の所長だったホルクハイマー

とともに『啓蒙の弁証法』を著し，人類の歴史を，理性による啓蒙の歩みと野蛮への逆もどりがからみ合う弁証法的な過程であると説いた。彼らが近代の理性の特徴とみなしたのが，効率的に目的を達成する方法を計算する道具としての性格であることから，この理性は道具的理性と呼ばれる。フーコーはフランスの哲学者・社会学者・歴史学者で，構造主義とかかわりながら独自の思想を展開した。彼は西洋社会での言説の歴史研究（「知の考古学」）を通じて，人間の思考や行動を規定する無意識的な構造を明らかにしようとした。具体的には狂気や刑罰，性など社会の深層を分析し，人間は気づかぬままにさまざまな権力によって規格化され続ける奴隷にすぎず，理性的で自由な主体という西洋近代の人間観は消滅すると説いた。ヤスパースはドイツの有神論的実存主義の哲学者。彼は，人間が誰しも直面する死，苦，争，罪などの乗り越えられない壁のような状況を限界状況とよび，これに直面して人間は自己の有限性を自覚し，さらにこの世を包み込む包括者（超越者）の存在に向かって自己の生き方を決断すると説いた。このとき，他者との「愛しながらの戦い」としての実存的交わりが必要であり，それを通じて自己の実存が深められるという。アは「構造主義」「未開社会」「野生の思考」等からレヴィ＝ストロース，イは「ナチスの蛮行」「野蛮への道」「近代の理性の道具的性格」等からアドルノ。正解は①。

<hr>

Ⅴ　現代の政治

【26】　①被疑者・被告人の人権の一つとして保障される，自己に不利益な供述を拒否する黙秘権は，憲法第38条1項において，「何人も自己に不利益な供述を強要されない」と規定されており，自由権（人身の自由）に分類される。
　②子どもは，保護者や学校などから教育を受けなければ，社会を生きていく上で人間が人間らしく，また，文化的に生きるために必要な知識を身につけることは困難である。そのため，

「子どもが教育を受ける権利」が，日本国憲法第26条で保障されており，社会権に分類される。

③裁判を受ける権利は，政治権力から独立する公平な司法機関に対して，すべての個人が平等に権利・自由の救済を求め，かつ，そのような公平な裁判所以外の機関から裁判されることのない権利である。この権利は，国務請求権ないし受益権の一つにあげられ，日本国憲法第32条により，人権保障をより確実なものとするために認められており，請求権に分類される。

④日本国憲第79条に規定される最高裁判所裁判官国民審査は，すでに任命されている最高裁判所の裁判官が，その職責にふさわしい者かどうかを国民が審査する解職の制度であり，国民主権の観点から重要な意義を持つものである。公の意思決定に参加することから参政権に分類される。正解は②。

【27】　①は適切。法の支配とは，「人の支配」（＝絶対君主による専断的な国家権力の行使）を排除し，権力者を法で拘束することにより，国民の権利・自由を守ろうという（法律に基づいて政治を行う）原理のことである。のちの議会政治と代表民主制の発達の端緒となった考え方で，人権保障を目的とし，権力者も法によって拘束されるとする。

②は適切。エドワード・コーク（クック）（1552〜1634）とは，イギリスの法律家，政治家。王権神授説を信奉していたイギリスの国王ジェームズⅠ世が強権的な態度をとるようになると，13世紀の裁判官ブラクトンの「国王といえども神と法の下にある」という言葉を引用して，国王の権力に対するコモン・ロー（裁判所がいくつもの判例を通じて蓄積してきた慣習法）の優位を主張し，国王をいさめた。

③は不適。法治主義とは，政治は法に基づいて行わねばならないという考え方である。ドイツで発達した。法に則って政治を行うということは，政治権力を持つ人が，その時々の思いつきや自分勝手な判断によって政治を行うことを許さないということである。しかしながら，法の内容よりも法を制定する手続きの正当性を重視しているので，法的根拠があれば「悪法でも法」とされ，人権侵害を正当化する危険性がある。また，「法治主義」では，法によって統治する対象は＜国民＞である一方で，「法の支配」によって支配されるのは＜権力（者）＞という点で，「法治主義」と「法の支配」は異なる。

④は適切。かつて人々はしばしば支配者から拘束されていたが，近代市民革命によって，「人身の自由」は他のいっさいの自由の根源ともいうべきものとされ，基本的人権と位置づけられた。日本国憲法第31条は，「法律の定める手続」によらなければ，つまり法に基づく適正な手続きによらなければ，生命・自由を奪われ，またはその他の刑罰を科せられないことを保障している。また，犯罪と刑罰はあらかじめ法律で定めなければならないという罪刑法定主義の考え方も第31条に基づく。正解は③。

【28】　①は不適。参審制とは，裁判官と任期制で選ばれる参審員が一つの合議体を形成して，犯罪事実の認定や量刑のほか法律問題についても判断を行う裁判制度。ドイツ，フランス，イタリアなどで採用されている。

②も不適。陪審制とは，犯罪事実の認定（有罪かどうか）は，事件ごとに選任される陪審員のみが行い，裁判官は法律問題（法解釈）と量刑を行う裁判制度。アメリカやイギリスなどで採用されている。

③は不適。裁判員制度は，特定の職業や立場の人に偏らず，広く国民に裁判に参加してもらう制度なので，単に「体力や気力に自信がない」，「仕事が忙しい」というだけの理由では，辞退はできない。ただし，国民の負担が過重なものとならないようにとの配慮から，70歳以上の人や妊娠中の人などは辞退することができる。

④は適切。日本の裁判員制度では，有罪の場合は過半数の中に裁判官1名以上が含まれることが必要であるが，無罪の場合は単純過半数である。正解は④。

【29】　①は適切。有権者が大統領候補者に票を投じる「一般投票」は，4年ごとの11月の第1月曜日の翌日に行われる。その後12月の第2水曜

日の次の月曜日に，各州で選挙人団が集会し「選挙人投票」が行われる。

②は適切。民主・共和の各政党内において，その党の公認するアメリカ大統領候補を選出するための一連の手続きを予備選挙という。アメリカ大統領選挙の年の2月から6月にかけて，州ごとに順次予備選挙または党員集会を開催し，両党はそれぞれの大統領候補の指名準備に取りかかる。

③は不適。有権者は各党の大統領・副大統領候補のペアを選んで投票するが，単純に全米で総得票数が多い方が勝つわけではない。州ごとに，票数に基づいて各党が獲得する「選挙人」の数が勝負を決める。④は適切。正解は③。

【30】　①通常国会（常会）は，日本国憲法第52条において，毎年1回召集するものと定められ，国会法第2条で「常会は，毎年1月中に召集するのを常例とする。」と規定されている。会期は150日間であるが，会期延長は1回のみ可能。

②臨時国会（臨時会）は，日本国憲法第53条において，「内閣は，国会の臨時会の召集を決定することができる。いづれかの議院の総議員の4分の1以上の要求があれば，内閣は，その召集を決定しなければならない。」と規定されている。

③特別国会（特別会）は，日本国憲法第54条1項によって定められている。衆議院の解散による衆議院議員総選挙後30日以内に召集しなければならない。ただし，衆議院議員任期満了による衆議院議員総選挙後には，特別会ではなく臨時会が開かれる（国会法第2条の3第1項）。

④緊急集会とは，衆議院解散のため衆議院が存在せず，国会が開催できない場合において，国に緊急の必要が生じたために，日本国憲法第54条2項但し書き・3項によって参議院で開かれる国会の機能を代替する集会のこと。正解は②。

【31】　①は不適。内閣不信任決議とは，内閣を信任しないという議会の決議による意思表示。衆議院にのみ認められた議決で，可決した場合，日本国憲法第69条により，内閣は10日以内に衆議院を解散するか，あるいは総辞職するかを選択する。

②は適切。日本国憲法第73条3。条約の批准には，締結の事前または事後に国会の承認を経ることと定められている。

③は適切。閣議とは，内閣が合議体として意思決定するための会議。内閣総理大臣が議長となり各大臣から提出された案件を討議する。通常非公開で，決定は全員一致の形式をとる。毎週2回火曜日と金曜日に定例閣議があり，そのほか臨時閣議や，各大臣を一堂に集めることなく書類を各大臣に回して合意を取付ける持回り閣議がある。

④は適切。天皇の国事行為とは，日本国憲法第7条が定める，天皇が内閣の助言と承認によって行う国事に関する形式的・儀礼的な行為をさす。この国事行為は，天皇の自由意思に基づく自発的なものでなく，内閣の助言と承認を必要とすることから，その責任は内閣が負う（日本国憲法第3条）。正解は①。

【32】　①は不適。大日本帝国憲法は，表現の自由などの権利を認めていたが，それは近代憲法における基本的人権のような自然権的権利ではなく，天皇が恩恵的に臣民に与えた権利にすぎなかった。実際に，信教の自由を除いて，いずれも法律によって制限できるか，法律の範囲内において認められる権利であった。これを法律の留保という。法律の留保のない信教の自由についても「安寧秩序ヲ妨ケス及臣民タルノ義務ニ背カサル限ニ於テ」（28条）認められる権利であった。なお，非常時には，天皇はこれらの権利を全面的に停止することができた（非常大権）。また，皇族・華族などの特権身分を設けたので，平等原則に関する一般的な規定はない。社会権については，まだ大日本帝国憲法の制定年の1889年当時の世界には浸透していなかった。そもそも社会権が誕生したのが，1919年のドイツのワイマール憲法が世界で最初であることから，それより前の時代の1889年の大日本帝国憲法が社会権を保障するはずがない，と考えればよい。

②は適切。大日本帝国憲法は，伊藤博文を中心に井上毅・伊東巳代治・金子堅太郎らがプロシア（プロイセン）憲法を模範として草案を作成。枢密院の審議を経て1889（明治22）年2月11日，欽定憲法として発布。翌1890年11月29日施行した。

③は適切。大日本帝国憲法第1条－大日本帝国ハ万世一系ノ天皇之ヲ統治ス，第3条－天皇ハ神聖ニシテ侵スヘカラス，第4条－天皇ハ国ノ元首ニシテ統治権ヲ総攬シ此ノ憲法ノ条規ニ依リ之ヲ行フ

④は適切。大日本帝国議会は貴族院と衆議院で構成された。貴族院は皇族・華族議員と勅選議員，多額納税議員からなり，衆議院は当初25歳以上の男子制限選挙，1925年以後は25歳以上の男子普通選挙により代表を選出した。正解は①。

【33】　アのPKO協力法に基づき自衛隊が，カンボジア（1992～1993），モザンビーク（1993～1995），シリア・ゴラン高原（1996～2013），東ティモール（2002～2004，2010～2012），スーダン（2008～2011），ハイチ（2010～2013），南スーダン（2011～2017）などに派遣された。

イのテロ対策特別措置法は，2001年のアメリカ同時多発テロ事件の発生を契機に制定された法律。この法律に基づき海上自衛隊がインド洋に派遣され，外国部隊に給油活動等を行った。

ウのイラク復興支援特別措置法とは，2003年のイラク戦争後，占領・統治し治安維持にあたるアメリカ軍，イギリス軍などの後方支援等に自衛隊等を派遣するための法律。陸上自衛隊と航空自衛隊がイラクに派遣され，人道復興支援活動と安全確保支援活動を行った。

エの海賊対処法とは，ソマリア沖・アデン湾の周辺海域で海賊行為が頻発していることを背景に，周辺海域を航行する船舶を護衛する目的で制定された法律。現在も海上自衛隊の航空機・護衛艦が派遣されている。正解は④。

【34】　①は不適。地方公共団体の首長も議会議員も住民の直接選挙によって選ばれる。これを二元代表制という。

②は適切。地方公共団体の首長が，議会が議決した条例の制定や改廃，予算について異議ある場合，首長は審議のやり直しを求めることができる。これを拒否権という。

③は不適。地方公共団体の首長は，地方公共団体の執行機関であり，市町村の組織を統括・代表し，また，事務を管理し執行する。具体的には，市町村の予算を調製・執行したり，条例の制定・改廃の提案及びその他議会の議決すべき事案について，議案を提出したりすることができる（地方自治法第147～149条）。

④は不適。市町村長や都道府県知事といった首長に対して，それぞれの地方議会が不信任を決議することができる。地方自治法に基づき，議員数の3分の2以上が出席する地方議会の本会議で，4分の3以上の賛成で成立する。不信任決議を受けた首長は，10日以内に議会を解散し，住民に信を問うことができるが，解散しなければ10日を過ぎた時点で自動的に失職する。正解は②。

【35】　地方自治法で規定されている住民の直接請求権の内容は以下の通り。

	必要な署名数	請求の相手	請求後に行われること
条例の制定・改廃	有権者の1/50以上	首長	20日以内に議会を召集し，結果を報告。
事務監査		監査委員	監査を行い，その結果を公表する。
議会の解散	有権者の1/3以上	選挙管理委員会	有権者の住民投票で解散するかどうかを問い，過半数の解散への賛成があれば議会を解散する。
議員・首長の解職		選挙管理委員会	有権者の住民投票で解職するかどうかを問い，過半数の解職への賛成があれば解職する。
主要な職員の解職		首長	議会の採択にかけ，議員定数の2/3以上が出席し，3/4以上が賛成すれば解職。

正解は①。

【36】　①のプライバシー権は，マスメディアによる暴露・公開から個人の平穏な私生活を守るために，19世紀末以来アメリカで発達してきた考え方。日本では，三島由紀夫の小説『宴のあと』（1960年）をめぐって，この小説のモデルとされた元外務大臣が，プライバシーの侵害を理由に謝罪広告と損害賠償を請求した事件が有名である。

　　　②のアクセス権には，公文書の閲覧・謄写など公の情報を入手し利用する「情報アクセス権」，もう一つは，マスメディアに受け手の側の市民が反論したり，意見広告を載せるなど送り手として参加する権利の２通りの意味がある。

　　　③の自己決定権とは，一定の個人的な事柄について，公権力から干渉されることなく，自由に決定する権利。日本では日本国憲法13条で保障されている幸福追求権の一部と考えられる。例えば，結婚・出産・治療・服装・髪型・趣味など，家族生活・医療・ライフスタイル等に関する選択，決定について公共の福祉に反しない限りにおいて尊重される。

　　　④の知る権利とは，国民が主権者として国の政治や行政についての情報を知ることのできる権利。民主主義国家での国民の基本的権利として，言論・報道の自由や情報公開法制化の基盤となる。正解は③。

【37】　若者の「政治的無関心」は今に始まったものではない。年齢別投票率の「順位」はほとんど変わっておらず，特に20代の投票率は他の年代に比べ，長期間にわたり最低で推移している。「シルバーデモクラシー」という言葉にみられるように，有権者全体のうち高齢者が占める割合が高く，また高齢者の投票率が高いと，選挙で当選したい政治家は，より多数の票を得やすい高齢者に配慮した政策を優先的に打ち出す傾向が強まる。政治への民意の反映という観点で，世代間に不公平が生じることが問題視されている。若者が魅力的な政策を望むのであれば，投票率を上げることで，若者の政治への関心の高さを政治家に対して示すことが重要である。正

解は①。

【38】　リクルート事件や金丸巨額脱税事件など，政治とカネの問題があいつぎ，政治改革が焦点となるなか，1993年６月に宮沢喜一内閣不信任案が可決され，衆議院が解散。７月の総選挙では1955年以来，長期一党支配を続けてきた自民党が過半数を割り込み，社会党や新生党，公明党，日本新党，民社党，新党さきがけ，社民連，参議院会派の民主改革連合の８党派による非自民連立の細川護熙政権が発足し，38年ぶりに政権交代を実現させた。正解は④。

Ⅵ　現代の経済

【39】　Aは正しい。「消費者物価指数」とは，消費者が購入する商品・サービスの価格変動を示す指数。総務省統計局が作成し，毎月発表している。「企業物価指数」とは，企業間で取引される財（工業製品・農林水産物・鉱産物・電力・都市ガス・水道などを対象）の価格の変動を示す指数。国内企業物価指数・輸出物価指数・輸入物価指数で構成され，日本銀行が毎月発表している。

　　　Bは誤り。「スタグフレーション（stagflation）」とは，高い失業率に代表される不況（stagnation）と，物価の上昇を意味するインフレーション（inflation）とが共存する状態を指す造語。正解は②。

【40】　多くの業者が同じ商品の扱いに参入し，競争が激化することにより，消費者はより良い価格で商品を入手することが可能となる。このような状態のことを「完全競争」という。一方，販売者の数が少なく競争も緩やかな独占や寡占などの状態が存在し，消費者が高値で商品を買うことになってしまう状態を「不完全競争」という。

　　　①は適切。「価格の下方硬直性」とは，価格が１度設定されると，その水準以下に下落することが困難となる性質や状態のこと。通常，供給過剰，需要の減少，技術革新によるコストダウンなどは市場価格の低下をもたらすはずであ

るが，市場の状況によって低下しがたい場合がある。下方硬直性の原因としては，（1）独占，寡占という市場構造による市場支配力を持つプライスリーダーの存在，（2）価格カルテルの設定，（3）価格に対する公的規制や介入，（4）需給不均衡への数量調整による供給側の対応などがあげられる。

②は不適。独占，寡占という市場構造において，市場支配力を持つプライスリーダーによって形成される価格を「管理価格」という。「公定価格」とは，政府または地方公共団体が，価格などにつき，指定または決定し，あるいは許可，認可した統制価格。社会主義計画経済では公定価格が原則。

③は適切。商品やサービスの販売にあたり，価格以外の要素によって各企業が相互に競争することを「非価格競争」という。商品の品質，機能，スタイル，デザイン，包装など商品面での競争，配送やアフター・サービスなどサービス面での競争，ブランド，イメージなど広告宣伝面での競争などがある。寡占市場における企業間の競争となる場合が多い。

④は適切。企業の市場独占を排し，自由公正な競争を維持することによって，経済活動の健全な発達を促すことを目的とする政策を「独占禁止政策」という。経済的強者による経済的弱者の支配，圧迫そして経済活動の制限は，自由競争の原則に反し，国民経済全体の利益からも，また消費者の立場からも有害であるとする理念から行われる。日本では1947年に独占禁止法が制定された。正解は②。

【41】　企業などの経済活動は，時として大気汚染など，経済にとってマイナスの要因である「外部不経済」を生じさせることがある。「市場の失敗」とよばれるものの一つである。また，これによって社会が負担する費用を「社会的費用」といい，社会的費用の一部をあらかじめコストに含める考え方を，「外部不経済の内部化」という。例えばリサイクル費用の一部を製品価格にあらかじめ含めて販売することなどがこれにあたる。

しかし，もし経済主体である企業が，大気汚染などにより周辺住民に健康被害を引き起こすといった，外部不経済を生じさせた場合には，過失の有無を問わず賠償責任を認める「無過失責任制」が大気汚染防止法（1968年）などにより導入されている。また，環境汚染防止の費用は汚染者が支払うべきであるという「汚染者負担の原則（PPP：Polluter Pays Principle）」が，公害防止事業費事業者負担法（1970年）により具体化されている。

公害の予防的制度として，開発事業を実施するにあたって，環境にどのような影響を及ぼすかについて事業者自ら調査，予測，評価を行い，その結果を公表して国民，地方公共団体から意見を聴き，環境保全の観点から総合的かつ計画的に，より望ましい事業計画を作り上げていこうとする「環境アセスメント（影響評価）法」（1997年）が制定されている。

「製造物責任」とは，欠陥ある製造物を流通させた製造業者等に無過失責任を負わせるもの。日本では製造物責任法（PL法）（1994年）によって定められている。また，「循環型社会形成推進基本法」（2000年）とは，大量生産・大量消費・大量廃棄型の経済社会から脱却し，生産から流通，消費，廃棄に至るまで物質の効率的な利用やリサイクルを進めることにより，資源の消費が抑制され，環境への負荷が少ない「循環型社会」の形成を推進する基本的な枠組みとなる法律。いずれも公害・環境問題とは無関係である。正解は①。

【42】　①「グズネッツの波」は，約20年の周期の景気循環。アメリカの経済学者サイモン・クズネッツが1930年にその存在を主張した。約20年という周期は，住宅や商工業施設の建て替えまでの期間に相当することから，建設需要に起因するサイクルとされる。

②「コンドラチェフの波」は，約50年の周期の景気循環。1925年，ロシアの経済学者コンドラチェフの研究でその存在が主張された。技術革新に起因するサイクルとされる。

③「キチンの波」は，約40か月の比較的短い

周期の景気循環。1923年，アメリカの経済学者キチンが論文の中でその存在を主張した。主に企業の在庫変動に起因するサイクルとされる。

④「ジュグラーの波」は，約10年の周期の循環。1860年，フランスの経済学者ジュグラーが著書の中でその存在を主張した。企業の設備投資に起因するサイクルとされる。正解は②。

【43】　①は不適。日本の高度経済成長期は，1954年12月から1973年11月までの約19年間。グラフ中，この期間の完全失業率は1％～2％である。

②は不適。第一次オイルショックは，1973年，第4次中東戦争の勃発にともない，石油価格が高騰し，世界経済に大きな衝撃を与えた出来事。グラフ中，第一次オイルショック以後の約10年間の有効求人倍率はおおむね0.6％～0.7％程度である。

③は不適。平成景気とは，1986～1991年の景気の拡張期間のことでバブル景気ともよばれる。グラフ中，この期間の完全失業率は2％台である。

④は適切。選択肢の文章通りの動きがグラフから読み取れる。正解は④。

【44】　①の「オフショアリング」とは，コスト削減などを目的に，企業が自社の業務の一部分や全部を海外に委託・移管すること。

②の「ポリシー・ミックス」とは，景気対策や物価対策のために，財政政策と金融政策を組み合わせること。

③の「ビルト・イン・スタビライザー」とは，景気の変動を自動的に安定化させるしくみのこと。「ビルトイン」は，国の財政構造に「あらかじめ組み込まれた」という意味であり，「スタビライザー」は「安定装置」を意味する。そのため自動安定化装置とも訳される。たとえば，所得税などの累進課税制度や雇用保険による失業等給付などの社会保障制度がこれにあてはまる。所得税の場合，個人の所得が増えると税率も増加する。したがって好況時には所得が増えるが納税額も増加するため，貨幣流通量の増加が抑制される。逆に，不況時には所得は減るが納税額も減少するため，消費の減少が緩和され

る。

④の「プライマリー・バランス」とは，国や地方自治体などの基礎的な財政収支のことをいう。一般会計において，歳入総額から国債等の発行（借金）による収入を差し引いた金額と，歳出総額から国債費等を差し引いた金額のバランスを見たもの。プライマリー・バランスがプラスということは，国債の発行に頼らずに，その年の国民の税負担などで国民生活に必要な支出がまかなえている状態を意味する。逆に，プライマリー・バランスがマイナスということは，国債等を発行しないと支出をまかなえないことを意味する。正解は③。

【45】　①は不適。中央銀行である日本銀行が，市中金融機関に対して預金を受け入れるとともに，最後の貸し手として資金を貸し出す役割のことを「銀行の銀行」という。この役割は中央銀行である日本銀行のみの役割である。日本政策投資銀行は，財務省所管の特殊会社，日本の政策金融機関である。一般の金融機関が行う金融などを補完・奨励し，長期資金の供給などを行い，日本の経済社会政策に金融上で寄与していくことを目的としている。具体的には事業再生，ベンチャー，「産・学・官」連携，国際協力や社会・環境活動など政策性が高いプロジェクトを支援するための融資や投資を行っている。

日本政策金融公庫は，国民生活金融公庫，中小企業金融公庫，農林漁業金融公庫，国際協力銀行の国際金融等業務などを，公的金融縮小を最大の目的として統廃合し，2008年に設立した政府金融機関。国の政策に基づいて，個人・中小企業・農林水産業者への融資，国内産業の国際競争力向上や海外での資源開発促進のための金融など一般の金融機関を補完する業務を行う。

②は不適。日本銀行法では，日本銀行の目的を，「我が国の中央銀行として，銀行券を発行するとともに，通貨及び金融の調節を行うこと」および「銀行その他の金融機関の間で行われる資金決済の円滑の確保を図り，もって信用秩序

の維持に資すること」と規定している。そのため，個人や一般企業を顧客とした取引はしていない。

③は不適。④は適切。金融政策は，物価の安定をはかり，景気変動を調整するために，日本銀行が「銀行の銀行」という働きを通して，通貨供給量（マネーストック）をコントロールする政策。金融政策は次の３つの方法によって行われる。（1）「公開市場操作（オープン・マーケット・オペレーション）」。日本銀行が金融市場で持っている国債などの有価証券を売買すること。日本銀行が買いオペレーション（＝国債を市中銀行から買う）を行えば，買うということはお金を支払うことだから，市中銀行にお金が供給＝通貨量を増やすことになる。したがって市中銀行の豊富な資金を，個人や企業は借りやすくなることから，不景気の時に行う政策である。逆に売りオペレーションを行えば，国債と引き換えに通貨を市中銀行から吸収できる。市中銀行が保有する通貨量を減らすこと，すなわち貸出資金を減らすことで，景気の過熱にブレーキをかけることができる。（2）「預金準備率操作」。日本銀行が市中金融機関から無利子で強制的に預かっている支払準備金の割合を支払準備率という。支払準備率を引き上げると，たくさん日本銀行に預けなくてはいけないので，市中銀行が保有する資金の量は減る。そのため企業への貸出しは抑えられ，企業の生産活動は控えめとなり景気にブレーキをかけることができる。逆に支払準備率を引き下げると，市中銀行が保有する資金の量は増え，貸出資金に余裕が出て，貸し出し量が増え，通貨量は増えるので，景気を回復させる効果をもつ。なお，預金準備率操作は，1991年を最後に行われていない。（3）「公定歩合（金利）政策」。公定歩合とは，銀行が日本銀行からお金を借りる時の利子率。公定歩合が上がると，市中銀行は企業などに貸し出す時の利子率を高くしないと損をするので，公定歩合が上がれば，銀行の利子率も上がるしくみとなっている。かつては公定歩合の上下が金融政策の中心だったが，1994年に金利自由化が完了し，「公定歩合」と預金金利との直接的な連動性はなくなった。こうした状況のもと，かつての「公定歩合」は，2006年から「基準割引率および基準貸付利率」と名称変更し，無担保コールレート（オーバーナイト物）の上限を画する役割を担っている。今日では公開市場操作が金融政策の中心的な手段となっている。正解は④。

【46】①の「クロヨン」とは，給与所得者，事業所得者，農業所得者の３業種間における所得税負担に関する格差のこと。給与所得者は，源泉徴収制度により所得をほぼ完全に把握されるが，申告の納税方法をとる事業所得者，農業所得者に関しては，税務当局が把握する所得に漏れが生じ，その結果，３者の所得把握率がそれぞれ９割・６割・４割になっているという意味で用いられる。

②の「課税の垂直的公平」とは，所得の高い者ほど税の負担能力も高く，より納税額が大きいのが公平であるという課税上の考え方であり，所得税の累進性の根拠ともなっている。一方，同じ所得水準にあり，同じ租税能力のある者については，同じ税額が徴収されるのが公平であるという考え方を水平的公平という。

③の「逆進課税」とは，ある租税の負担者の所得に対するその租税負担額の割合が，所得が上昇するにつれて低下するような性質の租税をいう。現在の日本の税制上は，逆進税は存在しないが，定額税や生活必需品に対する間接税は，所得が高い者も低い者も同じ税額を負担することになり，所得額が高くなるほど，そのなかに占める課税額の割合はしだいに減少していくので，逆進的性格をもっているといえる。

④の「価格先導性」とは，ある寡占化した市場で，そのリーダー格の大企業（プライスリーダー）が価格をまず決定し，その他の企業がみなこれに従って同一の価格を決定すること。たとえば新聞やビールの価格について，まず１社が一定の値上げを行い，ほかの企業も時間差をおいて順次同額の値上げを行うといったことをさす。正解は②。

【47】　D．日本に在住する外国人を含めて，20歳以上60歳未満の人がすべて加入する年金を「国民年金」という。

　　E．国民年金の2階部分に相当し，会社員や公務員が加入する年金を「厚生年金」という。厚生年金に加入している会社に就職すると，一定の要件を満たせば国籍にかかわらず加入義務が発生する。

　　F．1994年，年金法改正が行われ，厚生年金のうち定額部分の支給開始年齢を2001年から段階的に引き上げ，65歳となった。正解は②。

【48】　①のラッサール（1825〜1864）は，ドイツの社会主義者。当時のドイツではブルジョワジーと呼ばれる裕福な資産家が強い権力をもち，政府は彼らの財産が盗まれないように警備するガードマン（夜警）のような存在でしかなく，ラッサールは皮肉を込めて当時の政府を「夜警国家」とよんだ。

　　②のシュンペーター（1883〜1950）は，オーストリア生まれのアメリカの経済学者。企業者の行う不断のイノベーション（技術革新）が経済を変動させるという理論を構築した。

　　③のケネー（1694〜1774）は，フランスの経済学者。『経済表』（1758）を著し，財が地主・生産者・商工業者によって生み出され，分配されていく経済構造を明らかにした。17〜18世紀の絶対王政のもとで進められた経済政策である重商主義に対して，国家による経済統制を行き過ぎとして批判し，農業生産を基本とした自由な貿易によって経済を発展させると主張した。そのようなケネーの経済思想は，自由放任（レッセ・フェール）主義，重農主義と言われ，次に現れるイギリスのアダム・スミスの『諸国民の富』とともに来るべき資本主義時代の自由主義経済理論の原点となった。

　　④のリカード（1772〜1823）は，自由貿易を擁護する理論を唱えたイギリスの経済学者。主著『経済学及び課税の原理』（1819年）で，各国がそれぞれの生産性の高い分野に産業を「特化」するという「国際分業」を行い，自由な貿易を行うことが，全体の利益をもたらすことを

明らかにした。また自由貿易が行われれば，相対的に生産性の高い商品に生産が特化していくという比較優位の原理があることを明らかにした。正解は①。

【49】　●企業→家計；企業は家計から労働力を借りて商品やサービスを提供し，売上・利益を出す。その利益の一部を家計に給与として支払う。●家計→企業；個人は企業に代金を支払い，商品やサービスを得る。●家計・企業→政府；家計と企業は政府に税金を納める。●政府→家計・企業；政府は，税金を使って社会保障や公共サービスを家計や企業に提供する。

　　家計・企業・政府という3つの経済主体により，お金が社会の中を回り，社会の活動が支えられている。このようにお金が世の中を回ることを経済循環という。正解は①。

【50】　①は不適。株式会社の出資者を株主という。株主の責任は有限責任，すなわち会社債権者に対して直接には何ら責任を負うことはなく，一定額の出資義務を負うのみである。株主はすでに出資義務を完了しているので，債権者に対してそれ以上の責任を負うことはない。

　　②は不適。株主が保有する株式について，自由に他人に譲渡することができる原則を株式譲渡自由の原則という（会社法第127条）。

　　③は適切。「株主総会」は，株式会社の意思決定機関で，議決権を有する株主によって構成される。定款変更，解散，合併，取締役・監査役の選任・解任などについて，株主に賛否を投票してもらい，多数決で決める。株主1人につき1票ではなく，持っている株の数に応じて「議決権」が与えられるため，多く株を持つ人は多数決への影響力が強まる。

　　④は不適。「ドッジ・ライン」とは，1949年，連合国総司令部（GHQ）財政金融顧問として来日したアメリカのジョゼフ・ドッジの指導に基づき，1949年から吉田内閣が実施した一連の経済財政政策。

　　「企業の社会的責任（Corporate Social Responsibility；CSR）」とは，企業本来の商品の生産活動における責任のほか，企業自らの活

動が社会に大きな影響を及ぼすことに配慮して果たすべき責任のこと。このCSRに関する個別・具体的事項として次のようなものがあげられる。（1）コンプライアンス（compliance）；法令遵守のこと。遵守の対象は，具体的な法令だけではなく，社会規範全体を含むとされている。（2）メセナ（mecenat）；企業の社会貢献活動の一つで，特に企業の芸術・文化活動に対する支援のこと。（3）フィランソロピー（philanthropy）；公益目的の寄付行為や慈善事業，地域社会におけるボランティア活動などの企業の社会貢献活動のこと。（4）内部統制システム；企業内の不正行為を防止して経営活動の成果を会計基準に従って的確に開示するため社内の管理体制が求められるようになった。日本でも，2006年施行の会社法で，大企業を対象に，取締役の職務執行が法令や定款に適合しているかなどをチェックする体制の構築が義務づけられるようになった。正解は③。

倫理政経　正解と配点

問題番号		正　解	配　点
I	1	②	2
	2	④	2
	3	③	2
	4	①	2
II	5	③	2
	6	④	2
	7	④	2
	8	①	2
	9	②	2
	10	④	2
	11	②	2
III	12	④	2
	13	②	2
	14	②	2
	15	④	2
	16	①	2
	17	④	2
	18	③	2
IV	19	④	2
	20	②	2
	21	③	2
	22	⑤	2
	23	②	2
	24	④	2
	25	①	2

問題番号		正　解	配　点
V	26	②	2
	27	③	2
	28	④	2
	29	③	2
	30	②	2
	31	①	2
	32	①	2
	33	④	2
	34	②	2
	35	①	2
	36	③	2
	37	①	2
	38	④	2
VI	39	②	2
	40	②	2
	41	①	2
	42	②	2
	43	④	2
	44	③	2
	45	④	2
	46	②	2
	47	②	2
	48	①	2
	49	①	2
	50	③	2